全国卫生高等职业教育规划教材

供护理类专业用

病理学与病理生理学

主　　编　吴立玲　田新霞

编　　委　（按姓名汉语拼音排序）

包　莉（襄阳职业技术学院）　　　　田新霞（北京大学医学部）
丛　馨（北京大学医学部）　　　　　吴立玲（北京大学医学部）
董雅洁（承德医学院）　　　　　　　谢　兰（清华大学）
郝　雷（内蒙古医科大学）　　　　　徐　海（北京大学医学部）
贺慧颖（北京大学医学部）　　　　　徐晓艳（重庆三峡医药高等专科学校）
李　敏（北京大学医学部）　　　　　徐义荣（山西医科大学汾阳学院）
李晓蕾（贵州医科大学第三附属医院）　杨邵敏（北京大学医学部）
李子良（河北中医学院）　　　　　　袁宏伟（内蒙古医科大学）
刘清南（益阳医学高等专科学校）　　岳联革（黑龙江农垦职业学院）
马　莹（哈尔滨医科大学）　　　　　张婉霞（辽源职业技术学院）
钱　燕（安庆医药高等专科学校）　　郑晓东（哈尔滨医科大学大庆校区）
石穆穆（哈尔滨医科大学）　　　　　周晓红（河北中医学院）

学术秘书　丛　馨　贺慧颖

北京大学医学出版社

BINGLIXUE YU BINGLI SHENGLIXUE

图书在版编目（CIP）数据

病理学与病理生理学/吴立玲，田新霞主编. —北京：北京大学医学出版社，2018.6

ISBN 978-7-5659-1773-8

Ⅰ. ①病… Ⅱ. ①吴… Ⅲ. ①病理学 ②病理生理学 Ⅳ. ①R36

中国版本图书馆 CIP 数据核字（2018）第 059197 号

病理学与病理生理学

主　　编：吴立玲　田新霞
出版发行：北京大学医学出版社
地　　址：（100191）北京市海淀区学院路 38 号 北京大学医学部院内
电　　话：发行部 010-82802230；图书邮购 010-82802495
网　　址：http://www.pumpress.com.cn
E-mail：booksale@bjmu.edu.cn
印　　刷：北京强华印刷厂
经　　销：新华书店
责任编辑：韩忠刚　王孟通　　责任校对：金彤文　　责任印制：李　啸
开　　本：787mm×1092mm　1/16　　印张：19　　字数：486 千字
版　　次：2018 年 6 月第 1 版　2018 年 6 月第 1 次印刷
书　　号：ISBN 978-7-5659-1773-8
定　　价：65.00 元
版权所有，违者必究
（凡属质量问题请与本社发行部联系退换）

全国卫生高等职业教育规划教材修订说明

　　北京大学医学出版社于 1993 年和 2002 年两次组织北京大学医学部和 8 所开办医学专科教育院校的老师编写了临床医学专业专科教材（第 1 版和第 2 版），并于 2000 年组织编写了护理专业专科教材（第 1 版）。2007 年同时对这些教材进行了修订再版。因这两套教材内容精炼、实用性强，符合基层卫生工作人员的培养需求，受到了广大师生的好评，并被教育部中央广播电视大学选为指定教材。"十一五"期间，这两套教材中有 24 种被教育部评为**普通高等教育"十一五"国家级规划教材**，其中 3 种入选**普通高等教育精品教材**。

　　进入"十二五"以来，专科教育已归入职业教育范畴。为适应新时期我国卫生高等职业教育发展与改革的需要，在广泛调研、总结上版教材质量和使用情况的基础上，北京大学医学出版社启动了临床医学、护理专业高等职业教育规划教材的修订再版工作，并调整、新增了部分教材。本套教材有 22 种入选**"十二五"职业教育国家规划教材**，修订和编写特点如下：

　　1. 优化编写队伍　在全国范围内遴选作者，加大教学经验丰富的从事卫生高等职业教育工作的作者比例，力求使教材内容的选择具有全国代表性、贴近基层卫生工作人员培养需求，提高适用性；遴选知名专家担纲主编，对教材的科学性、先进性把关。

　　2. 完善教材体系　针对不同院校在专业基础课设置方面的差异，对部分专业基础课教材实行双轨制，如既有《人体解剖学》《组织学与胚胎学》，又有《人体解剖学与组织胚胎学》《正常人体结构》教材，便于广大院校灵活选用。

　　3. 锤炼教材特色　教材内容力求符合高等职业学校专业教学标准，基本理论、基本知识和基本技能并重，紧密结合国家临床执业助理医师、全国护士执业资格考试大纲，以"必需、够用"为度；以职业技能和岗位胜任力培养为根本，以学生为中心，使教材更适合于基层卫生工作人员的培养。

　　4. 创新编写体例　完善、优化"学习目标"；教材中加入"案例""知识链接"，使内容与实践紧密结合；章后附思考题，引导学生自主学习。力求体现专业特色和职业教育特色。

　　5. 强化立体建设　为满足教学资源的多样化需求，实现教材立体化、数字化建设，大部分教材配套实用的学习指导和数字教学资源，实现教材的网络增值服务。

　　本套教材主要供三年制高等职业教育临床医学、护理类及相关专业用，于 2014 年陆续出版。希望广大师生多提宝贵意见，反馈使用信息，以逐步修改和完善教材内容，提高教材质量。

护理专业教材目录

说明：1. "十二五"："十二五"职业教育国家规划教材（"十二五"含其辅导教材）。
   2. "十一五"：普通高等教育"十一五"国家级规划教材。
   3. " * "：普通高等教育精品教材。
   4. 辅导教材名称：《主教材名称＋学习指导》，如《内科护理学学习指导》。

序号	教材名称	版次	十二五	十一五	辅导教材	适用专业
1	医用基础化学	4		✓	✓	临床医学、护理类及相关专业
2	正常人体结构	1				护理类
3	人体解剖学	4	✓	✓	✓	临床医学、护理类及相关专业
4	组织学与胚胎学 *	4	✓	✓	✓	临床医学、护理类及相关专业
5	生理学	1				护理类
6	生物化学	1				护理类
7	病理学与病理生理学	1				护理类
8	病理学	4	✓		✓	临床医学、护理类及相关专业
9	病理生理学	4	✓	✓	✓	临床医学、护理类及相关专业
10	病原生物与免疫	1				护理类
11	医学免疫学与微生物学	5	✓	✓	✓	临床医学、护理类及相关专业
12	医学寄生虫学 *	4	✓	✓	✓	临床医学、护理类及相关专业
13	护理药理学	4	✓	✓	✓	护理类
14	护理学基础	4			✓	护理类
15	健康评估	2			✓	护理类
16	内科护理学	3	✓	✓	✓	护理类
17	外科护理学	3			✓	护理类
18	妇产科护理学	3		✓	✓	护理类
19	儿科护理学	3		✓	✓	护理类
20	传染病护理学	3		✓	✓	护理类
21	急诊护理学	3		✓	✓	护理类

续表

序号	教材名称	版次	十二五	十一五	辅导教材	适用专业
22	康复护理学	2	✓			护理类
23	精神科护理学	1				护理类
24	眼耳鼻喉口腔科护理学	1				护理类
25	中医护理学	1				护理类
26	护理管理学	5	✓	✓		护理类
27	社区护理学	2				护理类
28	老年护理学	1				护理类
29	医护心理学*	3		✓		临床医学、护理类
30	护理礼仪与人际沟通	1				护理类
31	护理伦理学	1				护理类

全国卫生高等职业教育规划教材编审委员会

顾　　　问　王德炳
主 任 委 员　程伯基
副主任委员　（按姓名汉语拼音排序）
　　　　　　曹　凯　付　丽　黄庶亮　孔晓霞　徐江荣
秘 书 长　王凤廷
委　　　员　（按姓名汉语拼音排序）
　　　　　　白　玲　曹　凯　程伯基　付　丽　付达华
　　　　　　高晓勤　黄庶亮　黄惟清　孔晓霞　李　琳
　　　　　　李玉红　刘　扬　刘伟道　刘志跃　马小蕊
　　　　　　任云青　宋印利　王大成　徐江荣　张景春
　　　　　　张卫芳　章晓红

序

近十余年来,随着国家教育改革步伐的加快,我国职业教育如雨后春笋般蓬勃发展,在总量上已与普通教育并驾齐驱,是我国教育体系构成的重要板块。卫生高等职业教育同样取得了可喜的成绩。开办卫生高等职业教育的院校与日俱增,但存在办学、培养不尽规范等问题。相应的教材建设也存在内容与职业标准对接不紧密、职教特色不鲜明、呈现形式单一、配套资源开发不足、不少是本科教材的压缩版或中职教材的加强版、不能很好地适应社会发展对技能型人才培养的要求等问题。

进入"十二五"以来,独立设置的高等职业学校(含高等专科学校)、成人教育学校、本科院校和有关高等教育机构举办的高等职业教育(专科)统称为高等职业教育,由教育部职业教育与成人教育司统筹管理。教育部发布了**《教育部关于"十二五"职业教育教材建设的若干意见》**等重要文件,陆续制定了各专业教学标准,对学制与学历、培养目标与规格、课程体系与核心课程等10个方面做出了具体要求。职业教育以培养具有良好职业道德、专业知识素养和职业能力的高素质技能型人才为根本,以学生为中心、以就业为导向。教学内容以"必需、够用"为度,教材须图文并茂,理论密切联系实际,强调实践实训。卫生高等职业教育有很强的特殊性,编好既涵盖卫生实践所要求具备的较完整知识体系又能体现职业教育特点的教材殊为不易。

北京大学医学出版社组织的临床医学、护理专业专科教材,是改革开放以来该专业我国第二套有较完整体系的教材,历经多年的教学应用、修订再版,得到了教育部和广大院校师生的认可与好评。斗转星移,转眼间距离2008年上一轮教材修订已5年,随着时代的发展,这两套教材中部分科目需要调整、教学内容需要修订。在大量细致调研工作的基础上,北京大学医学出版社审时度势,及时启动了这两套教材的修订再版工作,成立了教材编审委员会,组织活跃在卫生高等职业教育教学和实践一线的专家学者召开教材编写会议,认真学习教育部关于高等职业教育教材建设的精神,结合当前高等职业教育学生的特点,经过充分研讨,确定了教材的编写原则和编写思路,统一了教材的编写体例,强化了与教材配套的数字化教学资源建设,为使这两套教材成为优秀的立体化教材打下了坚实的基础。

相信经过本轮修订,在北京大学医学出版社的精心组织和全体专家学者对教材的精雕细琢下,这两套教材一定能满足新时期我国卫生高等职业教育人才培养的需求,在教材建设"百花齐放、百家争鸣"的局面中脱颖而出,真正成为好学、好教、好用的精品教材。

本轮教材修订工作得到了各参编院校的高度重视和大力支持,众多专家学者投入了极大的热情和精力,在主编带领下克服困难,以严肃、认真、负责的态度出色地完成了编写任务,谨在此一并致以衷心的感谢!诚恳地希望使用本套教材的广大师生能不吝提出建议与指正,使本套教材能与时俱进、日臻完善,为我国的卫生高等职业教育事业做出贡献。

感慨系之,欣为之序!

前言

病理学和病理生理学是研究患病机体的生命活动规律与机制的基础医学学科，也是介于基础医学与临床医学之间的桥梁课程。医学生在学习和掌握了正常人体的形态结构特点、代谢活动及功能调控相关知识的基础上，开始以患病的人体为研究对象，探讨疾病的病因；以功能、代谢和结构变化为重点，研究疾病发生、发展和转归的规律和机制。学习病理学及病理生理学有助于更深入地理解疾病发生的原因，掌握疾病发展所遵循的一般规律，更全面地解释患病过程中各种临床表现产生的原理，认识疾病的本质，并为进一步学习临床医学、护理学、药学和预防医学等专业课程奠定基础。

随着医学教育的蓬勃发展和教育改革的不断深化，国内出版的病理学与病理生理学教材针对不同的读者正在实现系列化和个性化。为适应高等护理教育发展，满足学习者的需要，我们对本课程中的病理学及病理生理学内容，进行了一体化整体设计，以方便学习者自主学习。

课程组根据护理学专业的培养目标及临床实践对护理人员的要求，本着"必需、够用"的原则，构建了课程体系，以指导教材的编写。教材在较为系统地呈现教学内容的同时，注重体现助学、导学、学用结合、贴近临床护理的设计思想。各章设有学习目标、临床案例分析、思考题等助学内容，适当增加一些与常见病理过程和常见疾病的防治与护理相关的病理学及病理生理学基础内容。

全书共15章，第一章为绪论，余章依顺序为疾病概论，细胞和组织的适应、损伤与修复，血液循环障碍，水与电解质代谢紊乱，酸碱平衡紊乱，炎症，肿瘤，心血管系统疾病，呼吸系统疾病，消化系统疾病，泌尿系统疾病，生殖系统和乳腺疾病，淋巴造血系统疾病，内分泌系统疾病，传染病与寄生虫病。本教材既是高等职业教育护理学专业学生的教材，也适合其他网络教育、普通高校同层次护理学专业学生使用，也可供给各层次护理学教师作为参考教材使用。

本教材由北京大学医学部、内蒙古医科大学和承德医学院等院校的多名在教学一线的教师联合编写。书稿历经自审、互审以及专家审定、修改和定稿的全过程，但限于编者的水平，书中不足之处及错误在所难免，敬请各位同道和读者批评指正。

吴立玲　田新霞

目录

第一章 绪论 …………………… 1
一、病理学与病理生理学的任务与内容 …………………………… 1
二、病理学与病理生理学在医学中的地位 ………………………… 2
三、病理学与病理生理学的研究方法 ……………………………… 2
四、病理学与病理生理学的学习方法 ……………………………… 3
五、病理学与病理生理学的发展简史 ……………………………… 4

第二章 疾病概论 ……………… 5
第一节 概述 …………………………… 5
一、健康的概念 …………………… 5
二、疾病的概念 …………………… 5
第二节 病因学 ………………………… 6
一、疾病发生的原因 ……………… 6
二、疾病发生的条件 ……………… 7
第三节 发病学 ………………………… 7
一、疾病发生、发展的一般规律 … 7
二、疾病发生的基本机制 ………… 8
第四节 疾病的转归 …………………… 9
一、康复 …………………………… 9
二、死亡 …………………………… 10

第三章 细胞和组织的适应、损伤与修复 ……………………… 12
第一节 细胞和组织的适应性反应 … 12
一、萎缩 …………………………… 12
二、肥大与增生 …………………… 13
三、化生 …………………………… 14
第二节 细胞和组织的可逆性损伤 … 15
一、细胞水肿 ……………………… 15
二、脂肪变性 ……………………… 15
三、玻璃样变性 …………………… 16
四、病理性钙化 …………………… 17
第三节 细胞和组织的不可逆性损伤 …………………………… 18
一、坏死 …………………………… 18
二、凋亡 …………………………… 20
第四节 损伤的修复 …………………… 21
一、再生 …………………………… 21
二、纤维性修复 …………………… 22
三、创伤愈合 ……………………… 23

第四章 血液循环障碍 ………… 27
第一节 充血与淤血 …………………… 27
一、充血 …………………………… 27
二、淤血 …………………………… 28
第二节 出血 …………………………… 29
一、原因和类型 …………………… 29
二、病理变化 ……………………… 30
三、出血对机体的影响 …………… 30
第三节 血栓形成 ……………………… 30
一、血栓形成的条件及机制 ……… 30
二、血栓形成的过程及其形态特点 … 31
三、血栓的结局 …………………… 33
四、血栓对机体的影响 …………… 33
第四节 栓塞 …………………………… 34
一、栓子运行的途径 ……………… 35

二、栓塞类型和对机体的影响 …… 35
第五节 梗死 …………………………… 37
　一、梗死形成的原因和条件 ……… 37
　二、梗死的类型及其形态特点 …… 37
　三、梗死对机体的影响及结局 …… 38
第六节 弥散性血管内凝血 …………… 39
　一、概述 …………………………… 39
　二、DIC 的病因及发病机制 ……… 39
　三、DIC 的分期 …………………… 41
　四、DIC 对机体的影响及临床表现 …… 42
　五、DIC 治疗的病理生理基础 …… 45
第七节 休克 …………………………… 46
　一、休克的原因和分类 …………… 46
　二、休克的发生、发展过程及其发病机制 …………………………… 47
　三、休克过程中细胞和物质代谢的变化 …………………………… 51
　四、休克过程中器官功能的改变 … 52
　五、休克防治的病理生理基础 …… 53

第五章 水与电解质代谢紊乱 … 55

第一节 水和电解质的正常代谢 …… 55
　一、体液的含量和分布 …………… 55
　二、体液中电解质组成与生理功能 … 56
　三、水的生理功能和水平衡 ……… 56
　四、体液的渗透压 ………………… 57
　五、水、电解质平衡的调节 ……… 58
第二节 水和钠代谢紊乱 ……………… 59
　一、低钠血症 ……………………… 59
　二、高钠血症 ……………………… 62
　三、等渗性脱水 …………………… 64
　四、水肿 …………………………… 64
第三节 钾代谢紊乱 …………………… 67
　一、低钾血症 ……………………… 67
　二、高钾血症 ……………………… 69

第六章 酸碱平衡紊乱 ………… 72

第一节 酸碱平衡及其调节机制 …… 72

　一、体液酸碱物质的来源 ………… 72
　二、酸碱平衡的调节机制 ………… 73
第二节 酸碱平衡紊乱的分类及常用检测指标 ………………………… 76
　一、酸碱平衡紊乱的分类 ………… 76
　二、反映血液酸碱平衡的常用检测指标及其意义 ………………… 77
第三节 单纯型酸碱平衡紊乱 ……… 78
　一、代谢性酸中毒 ………………… 78
　二、呼吸性酸中毒 ………………… 81
　三、代谢性碱中毒 ………………… 84
　四、呼吸性碱中毒 ………………… 86

第七章 炎症 …………………… 89

第一节 概述 …………………………… 89
　一、炎症的概念及原因 …………… 89
　二、炎症的局部表现和全身反应 … 90
　三、炎症介质 ……………………… 91
第二节 炎症的基本病理变化 ……… 93
　一、变质 …………………………… 93
　二、渗出 …………………………… 93
　三、增生 …………………………… 98
第三节 炎症的类型 …………………… 98
　一、炎症的病理学分类 …………… 98
　二、炎症的临床分型 ……………… 101
第四节 炎症的结局 …………………… 102
　一、愈复 …………………………… 102
　二、转为慢性 ……………………… 102
　三、蔓延播散 ……………………… 102
第五节 发热 …………………………… 103
　一、发热的原因 …………………… 103
　二、发热的发病机制 ……………… 105
　三、发热分期 ……………………… 106
　四、发热时机体的物质代谢及功能改变 …………………………… 107
　五、发热治疗的病理生理基础 …… 108

第八章 肿瘤 ……………………… 111

第一节 肿瘤的概述 ……………… 111
一、肿瘤的概念 ………………… 111
二、肿瘤的病因及发病机制 …… 112

第二节 肿瘤的形态学特性 …… 115
一、肿瘤的大体形态 …………… 115
二、肿瘤的组织形态 …………… 116
三、肿瘤的分化与异型性 ……… 117

第三节 肿瘤的生物学特征 …… 118
一、肿瘤的生长 ………………… 118
二、肿瘤的扩散 ………………… 119
三、恶性肿瘤的分级和分期 …… 120

第四节 肿瘤对机体的影响 …… 121
一、良性肿瘤对机体的影响 …… 121
二、恶性肿瘤对机体的影响 …… 121

第五节 肿瘤的命名与分类 …… 122
一、肿瘤的命名原则 …………… 122
二、肿瘤的分类 ………………… 123

第六节 良性肿瘤与恶性肿瘤的区别 ……………………… 125

第七节 癌前病变、异型增生和原位癌 …………………… 126
一、癌前病变 …………………… 126
二、异型增生 …………………… 126
三、原位癌 ……………………… 126

第八节 常见肿瘤举例 …………… 127
一、上皮组织肿瘤 ……………… 127
二、间叶组织肿瘤 ……………… 129
三、癌与肉瘤的区别 …………… 131
四、其他肿瘤 …………………… 132

第九节 肿瘤的病理诊断 ………… 133
一、病理组织学和细胞学诊断 … 133
二、免疫组织化学 ……………… 133
三、分子诊断 …………………… 134

第九章 心血管系统疾病 ……… 135

第一节 动脉粥样硬化 …………… 135
一、病因和发病机制 …………… 136
二、基本病理变化 ……………… 137
三、主要动脉的病理变化及对机体的影响 ………………… 138

第二节 高血压 …………………… 141
一、病因和发病机制 …………… 141
二、类型和病理变化 …………… 142

第三节 风湿病 …………………… 144
一、病因 ………………………… 144
二、基本病理变化 ……………… 144
三、各器官病变 ………………… 145

第四节 感染性心内膜炎 ………… 146
一、急性感染性心内膜炎 ……… 146
二、亚急性感染性心内膜炎 …… 147

第五节 心瓣膜病 ………………… 147
一、病因 ………………………… 147
二、类型和病理变化 …………… 147

第六节 心力衰竭 ………………… 148
一、心力衰竭的病因及分类 …… 148
二、心功能不全时机体的代偿 … 150
三、心力衰竭的发病机制 ……… 154
四、心力衰竭时机体的功能和代谢变化 …………………… 156
五、心力衰竭防治的病理生理基础 ……………………… 158

第十章 呼吸系统疾病 ………… 160

第一节 慢性阻塞性肺疾病 ……… 160
一、慢性支气管炎 ……………… 160
二、支气管哮喘 ………………… 162
三、肺气肿 ……………………… 162

第二节 慢性肺源性心脏病 ……… 165
一、病因和发病机制 …………… 165
二、病理变化 …………………… 165
三、临床病理联系 ……………… 166

第三节 肺炎 ……………………… 166
一、细菌性肺炎 ………………… 166
二、病毒性肺炎 ………………… 169

三、支原体肺炎 …………………… 169
第四节　肺硅沉着病 ……………………… 170
　　一、病因和发病机制 ……………… 170
　　二、病理变化 ……………………… 170
　　三、并发症 ………………………… 171
第五节　肺癌 ……………………………… 172
　　一、病因 …………………………… 172
　　二、病理变化 ……………………… 172
　　三、扩散途径 ……………………… 174
　　四、临床病理联系 ………………… 174
第六节　缺氧 ……………………………… 175
　　一、常用的血氧指标 ……………… 175
　　二、缺氧的类型及血氧变化特点 … 176
　　三、缺氧时机体的功能代谢变化 … 179
　　四、缺氧治疗的病理生理基础 …… 181
第七节　呼吸衰竭 ………………………… 182
　　一、呼吸衰竭的原因和发病机制 … 182
　　二、呼吸衰竭的主要代谢与功能
　　　　变化 ……………………………… 188
　　三、呼吸衰竭防治的病理生理
　　　　基础 ……………………………… 190

第十一章　消化系统疾病 ……… 192

第一节　胃炎 ……………………………… 192
　　一、急性胃炎 ……………………… 192
　　二、慢性胃炎 ……………………… 193
第二节　消化性溃疡 ……………………… 194
　　一、病因和发病机制 ……………… 194
　　二、病理变化 ……………………… 195
　　三、结局及并发症 ………………… 196
　　四、临床病理联系 ………………… 196
第三节　阑尾炎 …………………………… 197
　　一、急性阑尾炎 …………………… 197
　　二、慢性阑尾炎 …………………… 197
第四节　病毒性肝炎 ……………………… 197
　　一、病原体和传染途径 …………… 197
　　二、病因及发病机制 ……………… 198

　　三、基本病理变化 ………………… 199
　　四、临床病理类型 ………………… 200
第五节　肝硬化 …………………………… 201
　　一、门脉性肝硬化 ………………… 201
　　二、坏死后性肝硬化 ……………… 203
第六节　黄疸 ……………………………… 204
　　一、胆红素的代谢 ………………… 204
　　二、黄疸的分类 …………………… 204
　　三、病因、发病机制及临床表现 … 205
　　四、伴随症状 ……………………… 207
　　五、黄疸对机体的影响 …………… 207
　　六、黄疸的防治和护理原则 ……… 208
第七节　肝功能不全 ……………………… 208
　　一、肝功能不全对机体的影响 …… 209
　　二、肝性脑病 ……………………… 210
第八节　消化系统常见恶性肿瘤 ………… 216
　　一、食管癌 ………………………… 216
　　二、胃癌 …………………………… 216
　　三、大肠癌 ………………………… 218
　　四、原发性肝癌 …………………… 219

第十二章　泌尿系统疾病 ……… 221

第一节　肾小球肾炎 ……………………… 221
　　一、病因及发病机制 ……………… 221
　　二、基本病理变化 ………………… 222
　　三、临床表现 ……………………… 223
　　四、肾小球肾炎的常见病理类型 … 223
第二节　肾盂肾炎 ………………………… 228
　　一、病因及发病机制 ……………… 228
　　二、类型 …………………………… 228
第三节　肾衰竭 …………………………… 230
　　一、急性肾衰竭 …………………… 230
　　二、慢性肾衰竭 …………………… 234
　　三、尿毒症 ………………………… 238
第四节　泌尿系统常见肿瘤 ……………… 240
　　一、肾细胞癌 ……………………… 240
　　二、膀胱尿路上皮癌 ……………… 241

第十三章　生殖系统和乳腺疾病……243

第一节　子宫疾病…… 243
一、慢性子宫颈炎 …… 243
二、子宫颈上皮内瘤变和子宫颈浸润癌 …… 244
三、子宫体肿瘤 …… 245

第二节　滋养层细胞疾病…… 246
一、葡萄胎 …… 246
二、侵袭性葡萄胎 …… 247
三、绒毛膜癌 …… 247

第三节　卵巢肿瘤…… 248
一、卵巢肿瘤的分类 …… 248
二、常见卵巢肿瘤 …… 248

第四节　乳腺疾病…… 249
一、乳腺纤维腺瘤 …… 249
二、乳腺癌 …… 249

第五节　前列腺疾病…… 251
一、前列腺增生症 …… 251
二、前列腺癌 …… 251

第十四章　淋巴造血系统疾病……252

第一节　恶性淋巴瘤…… 252
一、霍奇金淋巴瘤 …… 252
二、非霍奇金淋巴瘤 …… 254

第二节　白血病…… 257
一、病因 …… 257
二、白血病的分类 …… 257
三、急性白血病 …… 258
四、慢性白血病 …… 258

第十五章　内分泌系统疾病……260

第一节　甲状腺疾病…… 260
一、甲状腺肿 …… 260
二、甲状腺功能低下 …… 262
三、甲状腺炎 …… 263
四、甲状腺肿瘤 …… 264

第二节　糖尿病…… 265
一、病因及发病机制 …… 265
二、病理变化 …… 266
三、临床病理联系 …… 266

第十六章　传染病与寄生虫病……268

第一节　结核病…… 268
一、病因和发病机制 …… 268
二、基本病理变化 …… 269
三、结核病基本病变的转化规律 …… 269
四、肺结核病 …… 269
五、肺外器官结核病 …… 271

第二节　伤寒…… 273
一、病因和发病机制 …… 273
二、病理变化和临床病理联系 …… 273

第三节　细菌性痢疾…… 274
一、病因和发病机制 …… 274
二、病理变化和临床病理联系 …… 275

第四节　流行性脑脊髓膜炎…… 275
一、病因和发病机制 …… 275
二、病理变化 …… 275
三、临床病理联系 …… 276

第五节　流行性乙型脑炎…… 276
一、病因和发病机制 …… 276
二、病理变化 …… 276
三、临床病理联系 …… 277

第六节　常见性传播疾病…… 277
一、尖锐湿疣 …… 277
二、梅毒 …… 277
三、获得性免疫缺陷综合征 …… 278

第七节　血吸虫病…… 279
一、病因及传播途径 …… 279
二、病理变化 …… 279
三、主要脏器病变及其后果 …… 280

中英文专业词汇索引……282

主要参考文献……286

第一章

绪 论

 学习目标

1. 掌握 病理学与病理生理学的任务与内容。
2. 熟悉 病理学与病理生理学的研究方法及其学习方法。
3. 了解 病理学与病理生理学在医学中的地位及其发展简史。

人类对疾病的认识经历了漫长的发展过程,从归因神鬼主宰到探求科学证据,从宏观整体到微观分子,从表象观察到揭示本质。在科学技术高度发达的今天,通过大量的动物和人体观察及实验,人们对疾病有了较为深入的了解和科学的认识。疾病是在一定病因作用下,机体内稳态(homeostasis)调节紊乱而导致的生命活动障碍。

一、病理学与病理生理学的任务与内容

病理学与病理生理学是以患病机体为对象,从形态结构、功能和代谢的角度研究疾病发生、发展及转归的规律和机制的科学,是沟通基础医学与临床医学的桥梁学科。其主要任务是研究:①病因学(etiology),即疾病发生的原因;②发病学(pathogenesis),即在病因作用下,疾病发生、发展的过程和机制;③病理变化(pathological change),即在疾病的发生、发展过程中,机体发生的功能、代谢和形态结构的变化与疾病的临床症状和体征之间的关系;④疾病的转归和结局等。

病理学与病理生理学的内容主要由病理学(pathology)和病理生理学(pathophysiology)组成。前者侧重从形态结构方面研究疾病,后者则侧重从功能和代谢方面研究疾病。但需要提及的是,任何疾病过程都会表现出不同程度的形态结构、功能和代谢等各方面的改变,尽管两者对疾病研究的角度和方法不同,但二者之间却存在着有机联系,不能截然分开。随着医学科学的发展,病理学与病理生理学的研究范围不断扩大,层次不断加深,不仅从器官、组织、细胞水平研究疾病,而且深入到亚细胞及分子水平,以便更加全面、更为深入地阐明疾病的本质。

本教材分为总论和各论两部分,总论主要阐述不同疾病发展过程中的普遍规律,即在多种疾病过程中可能出现的共同的形态结构、功能和代谢的变化,总论部分依次为细胞和组织的适应、损伤与修复、局部血液循环障碍、水和电解质代谢紊乱、酸碱平衡紊乱、炎症、肿瘤;各论主要阐述不同疾病发生、发展过程中的特殊规律,依次为心血管系统疾病、呼吸系

统疾病、消化系统疾病、泌尿系统疾病、生殖系统和乳腺疾病、造血系统疾病、内分泌系统疾病、传染病与寄生虫病。总论和各论之间存在共性和个性关系，认识疾病的共同规律有利于认识疾病的特殊规律，反之亦然。二者互为补充，有助于从本质上认识疾病。

二、病理学与病理生理学在医学中的地位

病理学与病理生理学在医学教育、临床诊疗和医学科学研究方面，都起着非常重要的作用。

在医学教育方面，病理学与病理生理学是主要的基础医学课程，也是介于基础医学和临床之间的重要桥梁课程，起着承前启后的作用。该课程不仅与前期的基础课程如解剖学、组织学、生理学、生物化学、免疫学、微生物学等均有密切的联系，又是以后学习临床医学各门课程的重要基础。

在临床诊疗方面，病理学通过活体组织检查、脱落细胞学检查及尸体解剖等，为临床提供准确病理诊断，也往往是最终的定性诊断，最具有权威性；病理生理学知识可以帮助各科临床医生分析患者出现各种临床症状、体征的原因，例如水、电解质代谢紊乱以及缺氧、休克、器官功能不全等，并采取有效的治疗措施。

在医学科学研究方面，心脑血管疾病、糖尿病、传染病、肿瘤等重大疾病的研究，都会涉及病理学及病理生理学内容。不断采用新的分子生物学技术及方法，研究疾病的病因、发病机制以及患病机体的代谢、功能、形态变化，为疾病的防治提供理论和实验依据。

三、病理学与病理生理学的研究方法

（一）人体病理学与病理生理学的研究方法

1. 活体组织检查（biopsy） 根据临床需要，用钳取、穿刺、局部切除、摘除等手术方法从患者病变部位取下组织进行病理检查，确立诊断，称为活体组织检查，简称"活检"。这是临床上最常用的一种检查方法，对疾病的及时确诊、指导治疗、判断疗效和预后起着重要作用，特别是对良、恶性肿瘤的鉴别以及某些疑难病例的确诊具有十分重要的意义。

2. 尸体解剖（autopsy） 尸体解剖简称尸检，即对死亡者的遗体进行病理解剖和后续的病理学观察，是病理学的基本研究方法之一。其主要方法是通过肉眼观察和显微镜观察，系统地检查全身各脏器、组织的病理变化，结合临床病史，做出全面的疾病诊断和死因分析。其目的在于：①确定诊断，查明死因，协助临床医生总结诊疗过程中的经验和教训，不断提高临床诊疗水平；②及时发现和确诊某些传染病、流行病、地方病和新发生的疾病，为疾病预防控制部门采取相关防治措施提供依据；③接受和完成医疗事故鉴定，明确责任，为解决医疗纠纷提供依据；④积累各种疾病的人体病理标本，一方面，这些标本可用于科学研究，进一步探讨疾病的本质，另一方面，也为病理学教学提供丰富素材。

3. 细胞学检查（cytology） 细胞学检查是指通过对患者病变部位脱落、刮取或穿刺抽取的细胞，直接或经离心沉降等方法处理后涂片、固定、染色，在光镜下观察，根据细胞的形态学特点而做出定性诊断。细胞学的标本可以来自宫颈刮取细胞、痰液、尿液等分泌、排泄物中的脱落细胞，也可以是经穿刺抽取的胸腔、腹腔、心包腔、关节腔、脑脊髓膜腔液体中的脱落细胞，还可以是经各种内镜刷涂片、印片采集的细胞，或经细针吸取技术（针外径0.6～0.9mm）直接或在影像技术引导下穿刺吸取出的全身各组织器官病变处的细胞等。细胞学检查操作简单，无创伤或创伤小，易于推广，不仅用于患者诊断，还广泛应用于体检。

4. 各种体液、排泄物中非细胞成分检查 除了血液、胸腔积液、腹水、尿液等的细胞

成分外,其中的非细胞成分,例如离子浓度、机体重要活性物质及其代谢产物、抗体、病原体、游离核酸成分等均可为疾病的诊断及治疗提供重要依据。

(二)实验病理学与病理生理学研究方法

1. 动物实验(animal experiment) 运用动物实验方法,在动物身上复制人类某些疾病的模型,进行观察研究,探讨疾病的病因、发病机制、病理改变及疾病的转归,寻找预防及治疗方法等。其优点在于不仅可以认识疾病的全貌,而且可以根据需要,人工控制条件,多次重复,反复验证研究的结果,以弥补人体观察的局限和不足,并可与人体疾病进行对照研究。因此,动物实验已成为病理学,尤其是病理生理学的主要研究方法。当然,动物和人体之间毕竟存在物种上的差异,不能把动物实验结果不加分析盲目地应用于人类。只有把动物实验结果与临床资料相互比较,进行综合分析后,才能借鉴和参考。

2. 组织和细胞培养(tissue and cell culture) 将某种组织或单细胞用适宜的培养基在体外进行培养,研究在各种因子作用下组织、细胞病变的发生和发展,称为组织培养和细胞培养。采用这种方法,既可建立组织细胞病理模型,也可观察某些干预因素对细胞分化、增殖及功能、代谢的影响,在细胞水平上揭示某些疾病的发生、发展规律。如致癌因素对细胞的生长、分化的影响及对基因结构及功能的影响等。这种研究方法的优点是针对性强、实验条件容易控制、周期短、见效快、节省开支,故已广泛应用于病理学与病理生理学的研究领域;缺点是孤立的体外环境与复杂的体内环境毕竟存在很大差别,故不能将体外研究结果与体内病变或药物作用的结果直接简单地等同看待。通过体外培养建立了不少人体和动物肿瘤细胞系或细胞株,这对研究肿瘤细胞的生物学特征和进行分子水平的研究起到了重要作用。

无论是人体标本,还是动物实验标本,均可采用大体观察、光学显微镜、电子显微镜等观察方法,并利用组织和细胞化学、免疫组织化学、细胞生物学、分子生物学等技术方法,从整体水平、器官系统水平、组织细胞水平以及分子水平进行研究。近年来,病理学与病理生理学研究方法正在发生重大变革,研究人员采用多种分子生物学新技术来研究细胞受体、离子通道、细胞信号转导变化以及细胞增殖、分化和凋亡调控等在疾病的发生和发展中的作用。现代医学研究证明,很多人类疾病都与基因结构及表达的改变有关,采用分子生物学技术发现与克隆疾病相关基因、检测基因结构及其表达、调控异常等将成为 21 世纪医学研究的重要内容。

四、病理学与病理生理学的学习方法

病理学与病理生理学是理论性和实践性都很强的学科,需要用整体、动态、发展的观点看待疾病,具体病变具体分析,以掌握疾病发生、发展和转归的基本规律。为此,在学习过程中应注意以下几点:

1. 用"动态"的观点认识疾病 任何疾病都是一个动态的演变过程,既要认识疾病各阶段的变化,又要掌握它们连续的动态过程。在观察病变时,既要看到它的现状,也要想到它的过去,并预测疾病的未来变化,较全面地认识疾病。

2. 正确认识总论与各论的关系 总论与各论之间有着密切的内在联系,学好总论是学习各论的必要基础,学习各论也必须联系运用总论知识,同时加深对总论的理解,两者互相联系,密切相关,学习时不可偏废。

3. 正确认识局部与整体的关系 人体是一个完整的有机整体。局部病变可累及全身,但又受整体所制约,二者之间相互影响、互为因果。因此,在认识和处理疾病时,既要注意局部,又要重视整体。

4. 正确认识形态结构、功能和代谢的关系　疾病过程中机体形态、功能与代谢变化互相联系,互相影响,互为因果。代谢改变是功能与形态结构改变的基础,功能改变往往又可导致形态结构改变,形态结构改变必然影响功能和代谢改变。在学习时,通过形态结构的改变去理解功能、代谢的变化,再由功能、代谢的变化去联想形态结构的改变,全面认识病变实质。

5. 重视病理学及病理生理学与临床的联系　学习的目的在于应用,掌握疾病本质是为了更好地理解疾病的复杂表现和指导防治。因此,要学会运用病理学及病理生理学的知识解释疾病现象,联系有关防治的问题,培养分析能力,提高学习效果。

五、病理学与病理生理学的发展简史

病理学是在人类探索和认识自身疾病的过程中应运而生的。在我国历史上,早在秦汉时期的《黄帝内经》中,就有关于疾病的发生和死后解剖的记载;隋唐时代巢元方所著的《诸病源候论》,较详细地记载了多种疾病的病因和表现;南宋时期著名法医学家宋慈所著的《洗冤录》,对尸体解剖、伤痕病变、中毒鉴定和烧灼等都有比较详细的记载,是世界上最早的一部法医学著作,对病理学的发展做出了卓越的贡献。在西方国家,经过两千多年的发展,在 18 世纪中叶,意大利医学家 Morgagni（1682—1771 年）根据积累的尸检材料创立了器官病理学（organ pathology）,标志着病理形态研究的开端;19 世纪中叶,随着光学显微镜的发明和使用,德国病理学家魏尔啸（Virchow,1821—1902 年）创立了细胞病理学（cytopathology）,认为细胞的形态及功能改变是一切疾病的基础,不仅对病理学,而且对整个医学的发展做出了具有历史意义的、划时代的贡献。

随后,经过近一个半世纪的发展,逐渐形成并完善了外科病理学、法医病理学、细胞病理学等病理学学科体系。半个多世纪以来,由于电子显微镜技术、特别是近 20 多年来细胞生物学、分子生物学、现代免疫学、现代遗传学等新兴学科及其分支的迅速兴起和发展,以及一系列新方法、新技术的相继建立,对病理学的发展产生了深刻的影响,相继建立了超微病理学（ultra-structural pathology）、分子病理学（molecular pathology）、遗传病理学（genetic pathology）等新的学科分支,促使病理学从细胞和亚细胞水平,深入到从分子水平、从人类遗传基因突变和染色体畸变等去认识有关疾病,研究疾病的病因和发病机制。这些进展和发现,不仅加深了对疾病本质的认识,同时也为许多疾病的防治开辟了新的前景。随着人类基因组计划的完成和后基因组计划的开展,病理学这门古老学科将会得到更快的发展。

相对而言,病理生理学是一门比较年轻的学科。19 世纪中叶,法国生理学家克劳德·伯纳德（Claude Bernard,1813—1878 年）首先倡导开展以研究活体的疾病为主要对象的实验病理学,开始在动物身上复制人类疾病的模型,用实验方法来研究疾病发生的原因和条件,以及疾病过程中功能、代谢的动态变化,这就是病理生理学的前身即实验病理学。

1879 年,俄国喀山大学最早成立病理生理学教研室,病理生理学作为一门独立课程正式开设。此后法国、苏联、东欧及其他一些国家都先后设立了病理生理学教研室或讲授病理生理学课程。我国自 1954 年起,在全国各高等医学院校陆续设立病理生理学教研室,并开设了病理生理学课程。经过几代病理生理学工作者的努力,我国病理生理学不断发展,在教学和科研方面取得了可喜的成就。

（吴立玲　田新霞）

第二章 疾病概论

1. **掌握** 健康与疾病的概念；疾病发生发展的一般规律和基本机制；死亡、脑死亡的概念及判断脑死亡的标准；植物状态与脑死亡的区别。
2. **熟悉** 疾病病因、条件的概念及其在疾病发生中的作用。
3. **了解** 传统死亡的概念及其各期特点。

第一节 概 述

一、健康的概念

世界卫生组织（World Health Organization，WHO）将健康（health）定义为："健康不仅是没有疾病或病痛，而且是一种躯体上、心理上和社会适应上的完好状态。"也就是说，健康不仅指人体组织结构和生理功能的正常，还包括人的心理活动及对社会生活的适应能力。

二、疾病的概念

疾病（disease）是机体在一定病因的作用下，出现形态结构异常，功能、代谢紊乱和心理、社会适应的异常状态。在躯体、心理和社会适应上表现出一系列的临床症状（symptom）和体征（sign）。症状是疾病过程中患者主观感觉到的异常现象，如头痛、发热、恶心、呕吐、心悸、失眠、烦躁、焦虑、抑郁等。体征是指通过临床各种检查发现的客观存在的异常，如局部红肿、血压升高、心脏杂音、肝脾大、肺部啰音等。

此外，某些患者在躯体上表现为疲乏无力，精神不振，反应低下；在心理上表现为烦躁易怒，失眠焦虑；在社会适应上表现为人际关系不和谐。临床检查常无明显的器质性病变，这种介于健康与疾病之间的生理功能低下状态，称为亚健康（subhealth），也有"次健康""第三状态""中间状态""灰色状态"等称谓。引起亚健康的原因可能与长期的工作学习负荷过大、心理应激、不良生活习惯、环境污染等多种因素有关。如果不及时调整，亚健康可以向疾病方向转化。

第二节 病因学

病因学（etiology）是研究疾病发生的原因和条件以及两者关系的科学，它为预防和治疗疾病及临床病因学防治提供科学依据。一般情况下，致病因素作用于机体，此时机体又具备了发病的条件就可以发病。例如，当机体过度疲劳、营养不良、抵抗力降低时，感染结核分枝杆菌就可引起结核病。

一、疾病发生的原因

疾病发生的原因简称病因，是指引起疾病必不可少的、决定疾病特异性的因素。病因的种类很多，主要有以下几类。

（一）外界致病因素

1. 生物因素　是最常见的病因，主要包括各种病原微生物，如细菌、病毒、真菌、衣原体、支原体、立克次体和寄生虫，如线虫、原虫、蠕虫等。它们通过一定途径引起机体某一部位发生感染性疾病。能否引起机体发病主要取决于病原体侵入机体的数量、毒力、侵袭力以及机体的免疫力和抵抗力。

2. 物理因素　如高温、低温、机械力、噪声、电离辐射、气压等引起的中暑、冻伤、刀割伤、骨折、耳聋等。这些因素能否引起机体发病主要取决于这些因素的强度和作用时间长短。

3. 化学因素　如强酸、强碱、氰化物、汞、有机磷农药、一氧化碳等无机毒物，甲醇、四氯化碳等有机毒物，毒蛇、斑蝥、蟾蜍等生物性毒物等。其致病作用与其性质、剂量、作用部位和机体的功能状态有关。有些毒物如氰化物、有机磷农药，即使剂量很小也可能导致严重的损害甚至死亡。很多毒物对机体的损伤有一定的部位选择性，如有机磷农药与胆碱酯酶结合并抑制其活性，引起呼吸中枢麻痹；一氧化碳主要与红细胞中的血红蛋白结合而导致缺氧。长期摄入的少量毒性物质，可以在体内积蓄引起慢性中毒。

（二）机体内部因素

1. 遗传因素　遗传物质基因的突变、染色体畸变等可引起遗传性疾病，遗传上的缺陷等可使某些疾病具有遗传易感性。如临床上性染色体畸变（47XXY）导致先天性睾丸发育不全（Klinefelter syndrome）（两性畸形）；基因突变（如基因缺失、点突变、插入和融合等）可引起相应的分子病，如位于X染色体上的凝血因子Ⅷ基因突变可引起血友病；常染色体数目异常（47, trisomy21）导致唐氏综合征。而糖尿病、高血压、精神分裂症、癌症等疾病的发生在家族成员中有一定的遗传倾向性。

2. 免疫因素　由免疫功能异常所引起的疾病称免疫性疾病，主要有以下三种类型：

（1）免疫缺陷病：由于免疫系统发育不全或遭受损害所致的免疫功能缺陷性的疾病。如先天性胸腺发育不全出现迪格奥尔格综合征、获得性免疫缺陷综合征（简称艾滋病）、先天性丙种球蛋白血症等。机体免疫功能低下或缺陷时，常易发生致病菌的感染和恶性肿瘤。

（2）变态反应性疾病：由于机体对某些抗原刺激产生异常激烈的免疫反应，导致组织细胞的结构和功能发生改变的疾病称变态反应性疾病，如青霉素、磺胺类药物、花粉或某些鱼、虾、牛奶等食物引起的荨麻疹、支气管哮喘、过敏性休克等变态反应性疾病。

（3）自身免疫性疾病：机体对自身抗原产生免疫反应，引起自身免疫病，如类风湿性关节炎、溃疡性结肠炎、系统性红斑狼疮等。

3. 营养因素　机体必需物质缺乏或过剩都可以引起疾病，如糖、蛋白质、脂肪摄入不足可引起营养不良；缺碘可引起甲状腺肿大；维生素 D 缺乏可引起佝偻病；摄入糖、蛋白质、脂肪过多会导致肥胖症；摄入维生素过多，可引起维生素中毒等。

（三）精神、心理及社会因素

疾病本身虽然是一种生物学现象，但作为生存于社会范围的人，其健康情况与其精神、心理及所处的社会环境息息相关。如环境污染、工作压力大、生活贫困等引起的精神紧张、抑郁、恐惧等消极、脆弱、悲观的心理状态，长期的怨恨、悲观、焦虑等心理状态导致失眠、心动过速、血压升高等可促进疾病的发生。

二、疾病发生的条件

疾病发生的条件是指在病因作用于机体的前提下，影响疾病发生发展的各种体内外因素。它们本身虽然不能引起疾病，但是可以左右病因对机体的影响或者直接作用于机体，促进疾病的发生，包括环境因素和机体状况，如年龄、性别、体温、营养状况等。其中能促进疾病发生、发展的因素又称之为诱因。如结核分枝杆菌是结核病发生的原因，但并不是所有感染了结核分枝杆菌的个体都会发生结核病，只有在过度劳累、营养不良、居住环境恶劣、长期忧郁等因素导致机体免疫功能低下时才容易患病。感染、心律失常、妊娠、分娩等是心力衰竭的诱因，可导致心功能不全者发生心力衰竭；高蛋白饮食、消化道出血因加重肝负担易诱发肝性脑病。

病因与条件在疾病发生中的关系可表现为：①病因决定疾病的特异性，但致病条件可影响疾病的发生和发展。但在少数疾病中，疾病是否发生，条件可起决定性作用。如单纯性疱疹病毒所致的单纯疱疹，原发感染消退后，病毒可潜居体内，每当过劳、情绪变化、环境改变、患发热性传染病等因素造成机体抵抗减退时，体内潜伏的病毒即被激发而发病，此病发生，条件就起了决定性作用。②并不是每一种疾病的发生都需要有条件的存在，如机械力、毒物中毒、高温等并不需要条件即可致病。③病因和条件是相对的。同一因素对某一种疾病是病因，而在另一疾病中则可能是条件。例如，营养不足本身是营养不良症的致病原因，但营养不足也可作为致病条件导致机体抵抗力降低，诱发机体罹患感染性疾病。

某些疾病的发生可能与多种因素有关，有时难以明确其到底是该疾病的病因还是条件，这些因素被统称为"危险因素"，如吸烟、肥胖、高脂血症、高血压、糖尿病被认为是动脉粥样硬化的危险因素。

第三节　发病学

发病学（pathogenesis）是研究疾病发生、发展规律及机制的科学。

一、疾病发生、发展的一般规律

病因作用于机体引起疾病后，疾病作为一个过程，按其本身的规律不断发展，经历一定的时程和阶段后，最终趋于结束。不同的疾病，在其发展过程中，既有其本身的规律，又存在一些共同的一般规律，现将一般规律归纳如下：

1. 损伤与抗损伤反应　疾病发生发展过程中，机体始终存在着损伤与抗损伤反应。损伤反应包括初始病因作用于机体所引起的原发性损伤以及疾病过程中所产生的继发性损伤；

而抗损伤反应则是机体针对损伤反应产生的防御反应和代偿反应。损伤与抗损伤反应相互抗争，其力量强弱的对比决定着疾病发展的方向和转归。当损伤占优势时，疾病向恶化的方向发展，甚至造成死亡；当抗损伤反应占优势时，则病情缓解并向痊愈发展。应当注意的是，抗损伤反应有一定局限性，并且有的损伤与抗损伤反应之间并无严格的界限。随着病情的发展和条件的改变，抗损伤反应可能转变为损伤反应。如休克早期，小动脉、微动脉收缩有助于动脉血压的维持，属抗损伤反应；但如果血管收缩时间过久，则会引起组织器官严重的缺血、缺氧，造成组织器官的损伤，而转变为损伤因素。临床上对疾病的防治应尽量支持和加强抗损伤反应并消除或减轻损伤反应，促进疾病痊愈。

2. 因果转化　在疾病发生、发展过程中，原始病因作用于机体后，产生某些变化，这些变化又可以转化为新的病因，引起新的变化，这个过程称为因果转化，是疾病发展的重要形式。在它的推动下，疾病发展有两种可能性：一种是良性循环，通过机体的抗损伤反应和及时妥善治疗，病情向康复方向发展；另一种是恶性循环，疾病进一步恶化，甚至死亡。如严重缺氧可引起呼吸中枢抑制，后果又加重缺氧，最后导致死亡。反之，如及时治疗，纠正缺氧，阻断恶性循环，疾病就向康复的方向发展。临床上需要仔细观察，认真分析病情变化，采取及时有效的措施，针对疾病过程中的主导环节，积极中止恶性循环，促使疾病向有利于机体的良性循环方向发展。

3. 局部与整体相互影响　机体作为一个有机的整体，疾病的表现可以是局部为主，也可以是全身为主。局部的任何病变都可通过神经 - 体液等途径引起不同程度的整体反应，而机体的整体反应又可以影响局部病变的发展，两者相互影响，相互促进。例如皮肤局部疖或痈的病变，全身也可出现发热、白细胞升高等反应；冠状动脉粥样硬化虽然是冠状动脉的局部病变，但它能使心肌缺血、缺氧而影响心脏功能，导致心排出量减少，使全身供血不足。所以，正确地认识局部与整体的相互关系，客观全面地分析疾病的发生、发展，对提高疾病的诊断和治疗水平具有重要意义。

二、疾病发生的基本机制

疾病发生、发展过程中，出现一系列功能、代谢紊乱和形态结构的变化，引起各种临床表现，这些变化的机制主要包括神经机制、体液机制、细胞机制和分子机制。

（一）神经机制

许多致病因素可以通过影响神经系统而导致疾病的发生：①直接损害神经系统导致疾病的发生、发展，如颅脑外伤、出血、梗死、感染、药物中毒等可直接损伤神经系统各部位，引起许多严重后果；②通过神经反射引起相应组织器官的功能和代谢变化，如腹部钝击伤引起迷走神经反射，可致心搏骤停；③通过影响神经递质的合成、释放、分解或影响神经递质与受体结合，阻断神经冲动的正常传递而导致疾病，如有机磷农药中毒就是由于乙酰胆碱酯酶失活，导致乙酰胆碱持续停留于突触和神经肌肉接头上，引起持续兴奋的结果；④通过引起大脑皮质功能紊乱，皮质与皮质下功能失调，而导致某些器官功能紊乱，如长期精神紧张、焦虑等因素引起大脑皮质及皮质下中枢功能紊乱，使迷走神经兴奋性异常而导致消化性溃疡的发生。

（二）体液机制

体液是维持机体内环境相对稳定和细胞代谢的重要因素，许多致病因素可直接或间接通过改变体液的量、成分或体液调节，导致内环境紊乱而引起疾病，如体液丢失可引起脱水、电解质的量和分布异常进而导致电解质紊乱或酸碱平衡紊乱。

体液因素常是由各种体液因子，如组胺、儿茶酚胺、前列腺素、激活的补体、活化的凝血物质、活化的纤溶物质、内皮素，以及细胞因子如白介素、肿瘤坏死因子等的性质（活性）和含量变化而引起紊乱的。它们通过内分泌、旁分泌和自分泌方式作用于靶细胞受体而发挥调节作用。如休克的发生、发展过程中，儿茶酚胺、血管紧张素、肿瘤坏死因子等体液和细胞因子起着极其重要的作用。

神经机制和体液机制密切相关，往往同时发生，协同参与疾病过程，故常称神经-体液机制。如长期精神紧张可引起大脑皮质及皮质下中枢的功能紊乱，使交感神经兴奋性增强，去甲肾上腺素释放增加，导致全身细小动脉痉挛硬化；同时，肾缺血使肾素分泌增加，血管紧张素-醛固酮系统激活，从而导致血压升高。这便是高血压发病的神经-体液机制。

（三）细胞机制

致病因素可通过多种方式使细胞损伤而导致疾病：①直接损伤细胞而造成疾病，如机械力、烧伤、强酸、强碱和化学毒物等；②引起细胞膜离子交换失衡，使细胞稳态破坏而致疾病，如缺氧导致细胞膜上的钠泵功能异常，细胞内钠离子大量积聚而致细胞水肿甚至坏死；③作用于细胞器，使细胞器功能障碍而致疾病，如氰化物中毒时，氰离子与细胞线粒体内细胞色素氧化酶结合而引起细胞生物氧化障碍。

（四）分子机制

随着分子生物学技术的发展，从分子水平对生命现象和疾病发生的机制进行研究，从本质上认识疾病时出现的功能、代谢障碍和形态结构的变化，这方面的研究正不断深入，近年来形成了分子病理学或分子医学，并发现了许多分子病和基因病。

1. 分子病　指因 DNA 遗传性变异而造成的一类以蛋白质异常为特征的疾病。主要包括：①酶缺陷病，如白化病；②蛋白质缺陷病，如地中海贫血；③膜病，即由于基因突变引起细胞膜特异性载体蛋白缺陷而造成膜转运障碍的疾病，如遗传性红细胞增多症；④受体缺陷病，如家族性高胆固醇血症、重症肌无力等。

2. 基因病　主要是指基因本身突变、缺失或其表达调控障碍而引起的疾病。人体细胞中有 23 对染色体，30 亿个碱基对，它们控制着细胞的各种功能和代谢变化。近年来，随着人类基因组计划的完成和后基因组计划的开展，对某些疾病（如糖尿病、高血压等）相关基因或易感基因的寻找也已取得重要进展。由一个致病基因引起的基因病称为单基因病，例如多囊肾。由多个基因共同控制其表达的疾病称为多基因病，例如原发性高血压、冠心病及糖尿病等。

第四节　疾病的转归

疾病的转归指疾病的结束过程。取决于损伤和抗损伤双方力量的对比和是否得到及时、有效的治疗，有康复和死亡两种情况。

一、康复

康复（rehabilitation）分为完全康复和不完全康复两种。

（一）完全康复

完全康复又称完全痊愈，是指病因清除或不起作用，患者的症状和体征完全消失，组织、细胞的功能、代谢和形态结构完全恢复正常，心理及社会适应均恢复正常状态。有些传染病如天花、麻疹等痊愈后机体可获得特异性免疫。

（二）不完全康复

不完全康复又称不完全痊愈，是指病因得到控制，患者的主要症状消失，但机体形态结构、代谢和功能尚未完全恢复，需要通过代偿才能维持相对正常的生命活动，有时会留下后遗症。

二、死亡

死亡（death）是机体所有生命活动完全性的不可恢复的停止，是个体生命活动的永远终止。死亡被视为一个过程，分为三个阶段：①濒死期，又称临终状态或濒临死亡阶段，主要是脑干以上的中枢神经系统受到抑制或功能丧失，而脑干以下中枢功能尚存，但因失去上位中枢的调控而出现功能紊乱。患者意识模糊或消失、反射迟钝，各系统功能进行性下降，心跳减弱、血压降低、呼吸微弱或出现不规则呼吸等。濒死期时间的长短因人因病而异。②临床死亡期，此期持续时间较短，一般为4～6分钟。主要是延髓以上中枢神经处于深度抑制状态，表现为各种反射消失、自主呼吸和心脏停搏。但组织细胞内仍然进行着微弱的代谢活动，生命活动并未完全终止。③生物学死亡期，是死亡过程的最后阶段。中枢神经系统及机体各重要器官的新陈代谢相继停止并出现不可逆变化，尸体相继出现尸冷、尸斑和尸僵，最后腐烂、分解。

濒死期和临床死亡期都属于死亡的可逆阶段，如能及时采取积极有效的抢救措施，可出现起死回生的效果。

随着医学的发展，人们对死亡有了新的认识并提出脑死亡（brain death）这个新的名词。脑死亡是指全脑，即枕骨大孔以上，包括大脑半球、间脑和脑干各部分功能的不可逆的永久性丧失以及机体作为一个整体功能的永久停止。其诊断标准为：①出现不可逆性昏迷和大脑无反应性；②自主呼吸停止，施行人工呼吸15分钟以上，患者仍不能恢复自主呼吸；③瞳孔散大、固定；④脑神经反射，如瞳孔反射、角膜反射、咳嗽反射、吞咽反射等消失；⑤脑电波消失，脑电图处于零电位；⑥脑血管造影检查脑血液循环完全停止。

确定脑死亡的意义在于，一旦确立脑死亡，就能精确地判断患者的死亡时间，提供死亡的法律依据；它可以协助医务人员确定终止复苏抢救的界限，减少无谓的人力和物力消耗，也能为器官移植争取良好的时机和提供法律根据。

脑死亡和植物状态是两个不同的概念。植物状态（植物人）是指因颅脑严重病变（外伤或大脑缺血缺氧等）导致脑认知功能完全丧失，患者无任何言语、意识、思维，但仍可有自主呼吸、脉搏、血压、体温等，能吞咽食物，有睡眠-醒觉周期及新陈代谢、生长发育等躯体的基本功能（见下表）。

表　脑死亡与植物状态临床鉴别

指标	脑死亡	植物状态
定义	全脑功能丧失	脑认知功能丧失
自主呼吸	无	有
意识	丧失	有睡眠-醒觉周期，无意识
脑干反射	无	有
恢复的可能性	无	有

（张婉霞）

 思考题

1．举例说明因果转化和损伤与抗损伤反应在实际工作中的指导意义。
2．什么是脑死亡？判断脑死亡的标准和意义是什么？

第三章

细胞和组织的适应、损伤与修复

学习目标

1. **掌握** 萎缩、增生、化生、细胞水肿、脂肪变、玻璃样变、坏死、凋亡、再生、纤维性修复的概念；坏死的类型、病理变化及结局；肉芽组织的结构与功能。
2. **熟悉** 修复的方式；皮肤创伤愈合的类型及特点；骨折愈合过程。
3. **了解** 各种组织的再生能力和过程；影响创伤愈合的因素。

第一节 细胞和组织的适应性反应

适应（adaptation）是指机体内、外环境发生变化时，细胞、组织和器官能通过改变自身代谢、功能和结构而得以存活的过程。适应在形态学上表现为萎缩、肥大、增生和化生。

一、萎缩

已发育正常的细胞、组织或器官的体积缩小，称萎缩。组织器官的萎缩常常伴有实质细胞数量减少。先天未发育和发育不全的组织器官体积小，并非萎缩。

（一）类型

萎缩可分为生理性萎缩和病理性萎缩。

1. 生理性萎缩 人体的许多组织和器官可随年龄增长而自然地发生萎缩，如青春期后胸腺的萎缩、绝经后卵巢及子宫的萎缩等。

2. 病理性萎缩 按病因的不同可分为：

（1）营养不良性萎缩：包括全身性或局部性萎缩。长期进食困难、慢性消耗性疾病（如结核病、恶性肿瘤）等，由于蛋白质等营养物质摄入不足或消耗过多，可引起全身性营养不良性萎缩。脑动脉粥样硬化时，因血液供应不足，可导致局部脑组织营养不良性萎缩。

（2）废用性萎缩：由于长期工作负荷减少而引起的萎缩，如下肢骨骨折长期卧床引起的腿部肌肉萎缩。

（3）去神经性萎缩：因外周神经、脑、脊髓损伤引起的效应器萎缩，如脊髓灰质炎所致的下肢肌肉萎缩。

（4）压迫性萎缩：器官或组织长期受压后引起的萎缩，如尿路梗阻时，肾盂积水压迫肾实质导致的萎缩（图3-1）。

> **知识链接**
>
> 以恶性肿瘤为代表的慢性消耗性疾病，可引起全身性营养不良性萎缩。最先发生萎缩的是脂肪组织，后依次为肌肉及肝、脾、肾等内脏，最后萎缩的是心脏和脑。最终全身衰竭的状态称为恶病质。

（5）内分泌性萎缩：内分泌器官功能低下，引起相应靶器官萎缩，如腺垂体功能低下时，引起的甲状腺、肾上腺、性腺等器官萎缩。

（二）病理变化

肉眼观：通常情况下，萎缩的器官均匀缩小，重量减轻。镜下观：萎缩器官的实质细胞体积变小和（或）数量减少，而间质内的纤维结缔组织和脂肪组织可以增生。如果间质增生明显，可形成假性肥大。萎缩的心肌细胞和肝细胞胞质内常出现脂褐素颗粒。

（三）影响和结局

萎缩的器官或组织功能下降，如肌肉萎缩后收缩力减弱。但萎缩是一种可逆性变化，轻度萎缩在病因去除后有可能恢复正常；持续萎缩的细胞则逐渐死亡而消失。

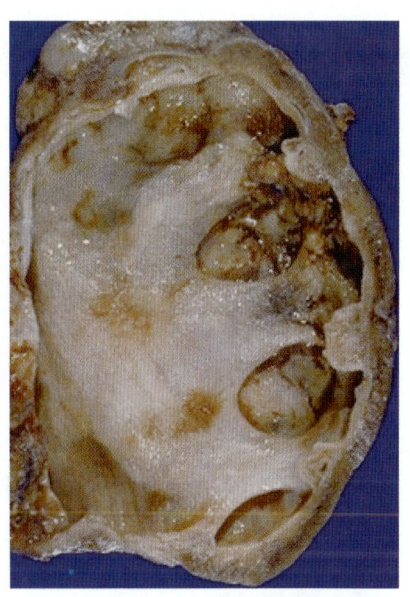

图3-1　肾压迫性萎缩

二、肥大与增生

肥大常常与增生相伴发生。一般来说，增殖能力较强的细胞，主要表现为增生，如乳腺；增殖能力较弱的细胞，主要表现为肥大，如子宫平滑肌。

（一）肥大

细胞、组织或器官的体积增大称为肥大。细胞的肥大导致组织和器官体积增大，重量增加，功能增强。若及时去除病因，肥大可以恢复正常。代偿性肥大的器官超过其代偿的限度时，会失代偿，如原发性高血压时，左心室心肌失代偿可发展为左心衰竭（表3-1）。

表3-1　肥大的类型

	分类	举例
生理性肥大	内分泌性肥大	妊娠期子宫
	代偿性肥大	运动员发达的骨骼肌
病理性肥大	内分泌性肥大	垂体肿瘤导致的肢端肥大
	代偿性肥大	原发性高血压引起的左心室心肌向心性肥大

（二）增生

组织、器官的实质细胞数量增多称为增生。常见的类型有：内分泌性增生（例如，雌激素水平过高时子宫内膜或乳腺腺体的过度增生）和代偿性增生（例如，部分肝切除后残存肝细胞大量增生）。

三、化生

因受刺激因素的作用，一种分化成熟的细胞转化为另一种分化成熟的细胞的过程，称为化生（metaplasia）。化生一般只发生在同源性细胞之间，即上皮细胞之间或间叶细胞之间。常见的化生类型有：

1. 上皮组织的化生

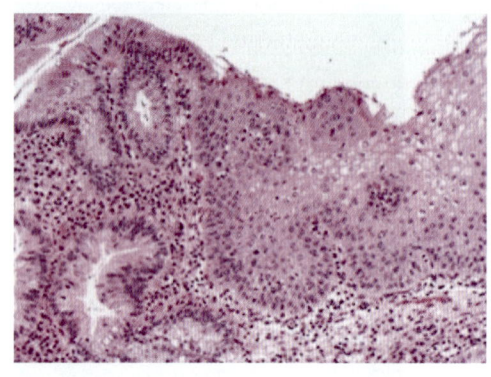

图 3-2　宫颈管的鳞状上皮化生

（1）鳞状上皮化生：最为常见。如慢性宫颈炎时，子宫颈管的柱状上皮化生成鳞状上皮（图3-2）；慢性支气管炎时，支气管的纤毛柱状上皮化生成鳞状上皮。

（2）肠上皮化生：慢性胃炎时，胃黏膜上皮可转化为小肠或大肠黏膜上皮，称为肠上皮化生。

2. 间叶组织的化生　间叶组织受到损伤或不良刺激时，其幼稚的成纤维细胞可转变为成骨细胞或成软骨细胞，称为骨或软骨化生。

化生是对不良环境的一种适应性改变，在一定程度上增强了对慢性刺激的抵御能力，但同时丧失了原有组织的某些功能。若化生反复发生或持续存在，可发展形成恶性肿瘤，如支气管黏膜鳞状上皮化生发展为鳞状细胞癌。

知识链接

肺癌中的鳞癌是与吸烟密切相关的一类恶性肿瘤。吸烟与被动吸烟均会对支气管黏膜造成损伤，久而久之发生鳞状上皮化生，还有可能在化生的基础上进一步发生癌变。

病例分析 3-1

男性，35岁。因外伤导致右侧胫骨骨折，住院治疗后又静养3个月，基本恢复正常。1周前，患者发现右侧小腿较左侧明显变细，遂回院复查咨询。

问题与思考：

1. 如果你是接诊护士，该如何解答患者疑问？
2. 如何指导骨折患者恢复？

第二节 细胞和组织的可逆性损伤

由于物质代谢障碍，在细胞内或细胞间质中出现异常物质或原有正常物质异常增多，称为变性（degeneration）。变性多是可逆的，在病因去除后可逐渐恢复正常。

一、细胞水肿

细胞内钠、水的过多聚集，称为细胞水肿，又称水变性，是最常见的细胞变性。多见于心、肝、肾等器官的实质细胞。

（一）病因和发生机制

主要由于缺氧、感染、中毒等因素，损伤了细胞内的线粒体，ATP生成减少，细胞膜Na^+-K^+泵功能障碍，导致细胞内钠和水积聚。

（二）病理变化

肉眼观：病变器官体积增大，重量增加，包膜紧张，颜色苍白无光泽。镜下观：细胞肿大，胞质内布满红染细小颗粒（图3-3）（电镜下为肿胀的线粒体、内质网等细胞器）；严重时整个细胞膨大如气球，胞质近乎透明，称气球样变，可见于病毒性肝炎（图3-4）。

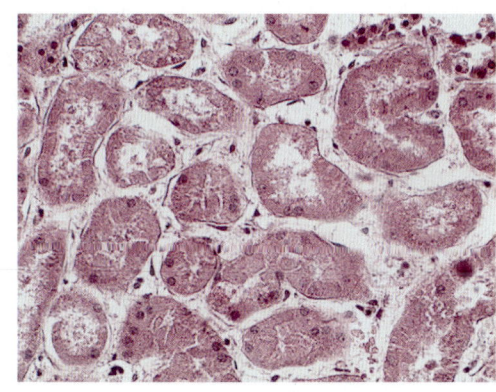

图3-3　肾小管上皮细胞水肿

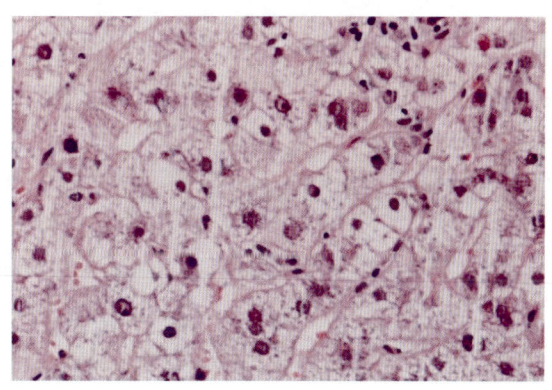

图3-4　肝细胞气球样变

（三）结局

水肿的器官、组织功能降低。当病因消除后，细胞形态可恢复正常，若病因持续存在，可发展为坏死。

二、脂肪变性

过多脂滴蓄积于非脂肪细胞，称脂肪变性，可发生于肝、心、肾等器官的实质细胞。临床上以肝细胞的脂肪变性最为常见，显著弥漫性肝脂肪变，称脂肪肝。

（一）病因和发生机制

感染、缺氧、中毒、营养不良、酗酒及过度肥胖等，可导致细胞内三酰甘油合成增多，或脂蛋白及载脂蛋白合成减少，脂滴蓄积在细胞内。

> **知识链接**
>
> 肝是脂质代谢的主要场所，脂质代谢的任何环节出现障碍，都有可能导致肝脂肪变性的发生。肝细胞脂肪变性的主要机制包括：①肝细胞内脂肪酸过多，如高脂饮食或营养不良时加速体内脂肪组织大量分解，过多的脂肪酸超出了肝细胞的氧化利用能力；②脂肪酸氧化障碍，缺氧、感染等可使线粒体受损，脂肪酸氧化受阻；③脂蛋白合成障碍，营养不良、四氯化碳中毒、胆碱缺乏等使载脂蛋白、脂蛋白合成减少，不能将脂肪及时转运而在肝细胞内堆积。

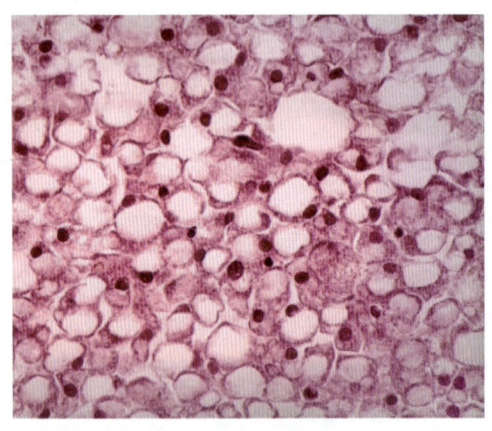

图3-5 肝细胞脂肪变性

（二）病理变化

肉眼观：脂肪变性的器官体积增大，颜色淡黄，质较软，切面有油腻感。镜下观：在石蜡切片中，脂肪被二甲苯溶解，故脂滴呈大小不等的圆形空泡，严重时可相互融合形成大空泡，细胞核被挤压到细胞一侧（图3-5）。苏丹Ⅲ染色可将脂滴染成橘红色，以利观察鉴别。心肌脂肪变多累及左心室内膜下和乳头肌，脂肪变的心肌肉眼观呈黄色，与正常的暗红色心肌相间排列，形似虎皮斑纹，称为"虎斑心"。

（三）结局

脂肪变性属于可逆性变化，轻度脂肪变对细胞功能一般没有影响，病因去除后可恢复。重度脂肪变性的细胞可进一步发展为坏死，并可继发器官硬化。

> **知识链接**
>
> 脂肪肝是一种可逆性疾病，如能早期发现，针对病因及时治疗，在进一步演变为肝硬化以前仍可得到逆转。脂肪肝的发生，主要因为饮食结构不合理或酗酒所致，因此，为预防本病的发生，应建立合理、平衡的饮食结构和规律的生活方式。不酗酒，常饮淡茶；积极治疗原发病；坚持适当的体育锻炼；保持心情舒畅。
>
> 适合脂肪肝患者的食物有：易消化的高蛋白食物，如鱼类、蛋类、乳类、动物肝、豆制品等，以及富含维生素的食物，如新鲜蔬菜和水果。

三、玻璃样变性

玻璃样变性（hyaline change）又称透明变性，是指细胞内或细胞间质中出现半透明状蛋白质蓄积，故得名玻璃样变性。HE染色呈均质红染。玻璃样变主要发生在结缔组织、血管壁，也可见于细胞内。

（一）结缔组织玻璃样变性

常见于瘢痕组织、动脉粥样硬化的纤维斑块、纤维化的肾小球、萎缩的子宫等，是胶原纤维老化的表现。肉眼观：呈灰白色，半透明样，质硬韧。镜下观：纤维细胞明显减少，胶原纤维增粗融合成均质红染结构（图3-6）。

（二）血管壁玻璃样变性

常见于缓进型高血压以及糖尿病时的肾、脑、脾等的细动脉。血浆蛋白质渗入血管壁，在血管内膜下沉积，血管壁增厚，管腔狭窄甚至闭塞，弹性下降，易发生破裂、出血，又称细动脉硬化（图3-7）。

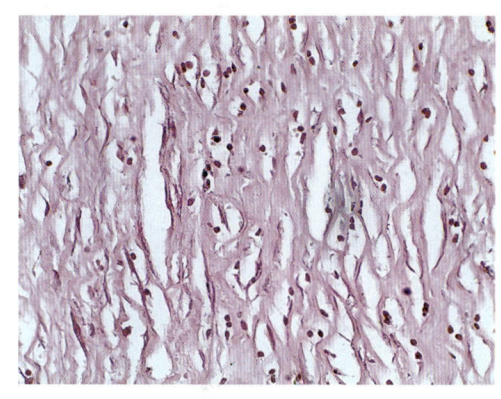
图3-6　结缔组织玻璃样变

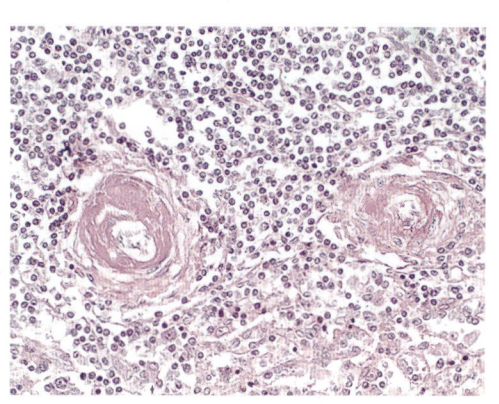
图3-7　脾小动脉玻璃样变

（三）细胞内玻璃样变性

通常为细胞质内见均匀红染的圆形小体。如肾小球肾炎时，近曲小管上皮细胞重吸收蛋白尿中的蛋白质，在细胞质内形成玻璃样变的圆形小体。酒精性肝病时，肝细胞内形成的Mallory小体。

四、病理性钙化

钙盐在骨和牙齿以外的组织沉积，称为病理性钙化，主要是磷酸钙和碳酸钙。在HE染色片中，钙化灶呈蓝色颗粒状或片块状。按发生原因不同，分为营养不良性钙化和转移性钙化两种类型。

（一）营养不良性钙化

钙盐沉积于局部坏死组织或其他异物内，此时机体钙磷代谢正常。如结核坏死灶、寄生虫卵和血栓等病灶内，常发生营养不良性钙化。

（二）转移性钙化

由于机体钙、磷代谢障碍（高血钙），钙盐沉积在正常组织（例如肾小管、肺泡和胃黏膜等），称为转移性钙化。甲状旁腺功能亢进、骨肿瘤、维生素D摄入过多等均可引起高血钙，导致转移性钙化。

知识链接

盲目补充钙剂及维生素D，会增加机体发生病理性钙化的可能。根据我国居民的营养调查，部分人群确实需要增加钙的摄取量，推荐的途径是养成饮用牛乳及乳制品的习惯，调整饮食结构。如需增加钙的摄入量，应听从医嘱，不应完全听信广告。

病例分析3-2

男性，61岁，肝功能异常，诊断为"门脉性肝硬化"。患者有近20年饮酒嗜好，每顿饮酒约150ml，每天2次。

问题与思考：

1. 根据诊断结果，请推断一下，患者的肝硬化是怎样发展而来的？
2. 请给该患者提出建议。

第三节 细胞和组织的不可逆性损伤

细胞遭受强烈病理性刺激时发生的不可逆性损伤，即细胞死亡，包括坏死和凋亡两大类型。

一、坏死

坏死（necrosis）是指活体内局部组织、细胞的死亡。坏死可由损伤因素直接作用引起，也可由细胞变性逐渐发展而来。

（一）坏死的基本病变

1. 细胞核的变化 细胞核的变化是细胞坏死的标志，表现为：①核固缩，染色质浓缩，细胞核体积缩小，染色变深；②核碎裂，核膜破裂，核崩解为小碎片散在于胞质中；③核溶解，染色质中的DNA和核蛋白，被细胞内的DNA酶和蛋白酶溶解，最终核完全溶解消失（图3-8）。

2. 细胞质的变化 胞质嗜酸性增强而红染，胞质内细胞器崩解呈颗粒状。随后，细胞膜破裂，整个细胞溶解、消失。

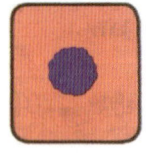  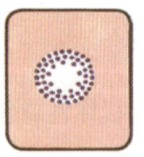

核固缩　　　核碎裂　　　核溶解

图3-8 坏死细胞核的变化

3. 间质的变化 实质细胞坏死后，间质也随之崩解或液化，最终与死亡细胞融合成一片模糊、红染无结构的颗粒状物质。

组织坏死早期不易辨认，其肉眼形态变化通常要在细胞死亡数小时后才出现。坏死组织又称失活组织，外观颜色苍白、混浊，无光泽；失去弹性；失去正常血液供应，针刺或清创切开时无新鲜血液流出；无感觉和运动功能。

（二）坏死的类型

1. **凝固性坏死** 坏死区蛋白质变性凝固，使坏死组织凝集成灰白色或黄白色固态，称为凝固性坏死。肉眼观：坏死组织质实干燥，与周围健康组织界限清楚，多见于心、脾、肾等器官的缺血性坏死（图3-9）。镜下观：坏死区细胞结构消失，但组织轮廓仍可保存一段时间。

干酪样坏死是凝固性坏死的特殊类型，多见于结核病。肉眼观：坏死组织因含较多脂质而呈微黄色，质松软、细腻，状似奶酪而得名。镜下观：坏死非常彻底，组织完全崩解，不见原有组织的轮廓，呈现一片红染无结构的颗粒状物。

2. **液化性坏死** 坏死组织被水解酶溶解而呈液态，称为液化性坏死。最常发生在富含水分和磷脂，或可凝固蛋白质较少的组织，如脑、脂肪。脑组织的液化性坏死又称脑软化。化脓性炎症时，浸润的中性粒细胞释放大量水解酶，引起炎性组织的液化性坏死及脓肿形成。急性胰腺炎时，胰腺组织释放脂肪酶而分解脂肪酸，也属于液化性坏死范畴。

3. **坏疽（gangrene）** 较大范围的组织坏死并继发腐败菌感染，称为坏疽。坏疽组织肉眼观呈黑色或暗绿色（图3-10），主要是由于腐败菌分解坏死组织产生的H_2S，与血红蛋白分解产生的Fe^{2+}结合形成硫化亚铁所致。坏疽可分为干性坏疽、湿性坏疽和气性坏疽三种类型（表3-2）。

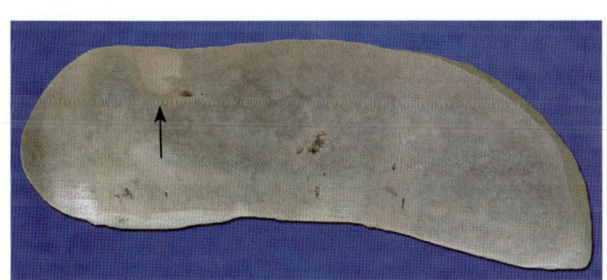

图3-9 脾凝固性坏死

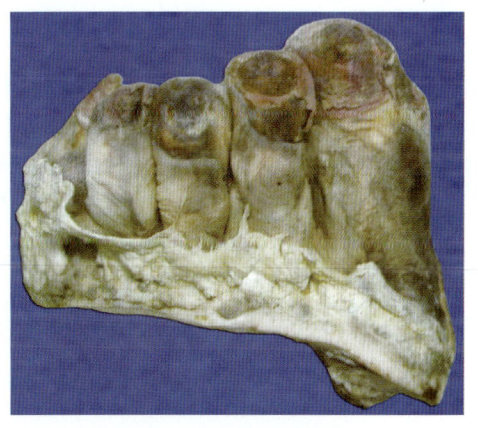

图3-10 足的干性坏疽

表3-2 干性坏疽、湿性坏疽和气性坏疽的区别

	干性坏疽	湿性坏疽	气性坏疽
好发部位	四肢末端，多见于足	与外界相通，且水分不易蒸发的脏器，如肠管、胆囊、子宫、肺等	深在的开放性损伤，尤其是战伤
发生原因	动脉阻塞，静脉回流通畅	动脉阻塞，静脉回流也受阻	动脉、静脉均受阻，同时合并厌氧的产气荚膜杆菌感染
病变特点	干燥，感染较轻，与周围正常组织界限清楚，臭味较轻	潮湿、肿胀，感染严重，与周围正常组织界限不清，恶臭	严重肿胀，坏死组织内部呈蜂窝状，按压有捻发音，与周围正常组织界限不清，奇臭
对机体影响	全身中毒症状相对较轻	全身中毒症状重，可危及生命	全身中毒症状严重，常危及生命

4. 纤维素样坏死　发生在结缔组织和小血管壁的一类坏死，常见于风湿病、系统性红斑狼疮、急进型高血压等。镜下，坏死组织呈颗粒状、条块状无结构的红染物质，似纤维素。

（三）坏死的结局

1. 溶解吸收　小范围坏死灶，可被中性粒细胞和坏死细胞释放的各种水解酶溶解液化，由淋巴管或血管吸收；不能吸收的碎片，则由巨噬细胞吞噬清除。

2. 分离排出　坏死灶较大而不能完全被溶解吸收时，中性粒细胞释放的水解酶可将坏死组织边缘溶解，使坏死组织与健康组织分离，进而排出体外。

> **知识链接**
>
> 　　不同部位的坏死，其坏死组织排出的途径不同，结局也不同。皮肤、黏膜坏死脱落形成的浅表缺损称糜烂，较深的缺损称溃疡。肺、肾等实质器官的组织坏死液化后可由气管、输尿管等自然管道排出，残留的空腔称为空洞。位置较深的坏死可在组织液化后自行穿破皮肤、黏膜或周围组织，排出坏死物，形成只有一个开口的病理性盲管称窦道，有两个以上开口的病理性管道称为瘘管。

3. 机化、包裹　坏死灶较大难以被溶解吸收或分离排出时，由新生的肉芽组织取代的过程称为机化（organization）。若坏死灶太大不能完全被机化，则由纤维结缔组织将其包绕，称为包裹。

4. 钙化　长时间存在的坏死灶内可有钙盐沉积形成营养不良性钙化。

二、凋亡

凋亡（apoptosis）是活体内单个或小团细胞受基因调控下发生的程序性细胞死亡。凋亡细胞皱缩，细胞核裂解，最终形成红染、圆形或卵圆形的凋亡小体。

> **知识链接**
>
> 　　细胞凋亡与坏死不同。凋亡细胞的质膜（细胞膜和细胞器膜）不破裂，不引发细胞自溶，也不引起炎症反应。而坏死的细胞膜则破裂，会迅速引发炎症反应。

病例分析 3-3

男性，68岁，患糖尿病20余年，平素不注意血糖控制，难以按医生指导行饮食控制，不规律服用降糖药，血糖控制不佳。近3年来，患者出现走长路后下肢乏力麻木，休息后可缓解；近半年多来，下肢麻木病情加重；近1个月来，左足局部组织糜烂，形成多个浅溃疡；近10天来，患者发热，体温高达39℃，全身酸痛，从左足拇指至足背部红肿，左足拇指逐渐变黑。鉴于病变较重，医生建议患者行截肢处理。

问题与思考：
1. 结合患者病情发展，该患者的病理诊断是什么？
2. 其发生机制是什么？

第四节 损伤的修复

机体对组织和细胞损伤后形成的缺损进行修补和恢复的过程，称为修复。修复有再生和纤维性修复两种形式。修复后可完全或部分恢复原有组织的结构和功能。

一、再生

组织缺损处，由周围的同种细胞分裂增生来完成修复的过程，称为再生。

（一）再生的类型（表3-3）

表3-3 再生的类型

类型		特点
生理性再生		生理状态下，新生的同种细胞补充更新不断老化、消耗的细胞、组织。例如：子宫内膜功能层周期性脱落后，新的内膜由基底层新生；衰老血细胞的更新
病理性再生	完全再生	修复后可完全恢复原有组织的结构及功能。多发生于损伤较轻、再生能力强的组织
	不完全再生	除再生外，还有纤维性修复参与。多发生于损伤严重、再生能力弱的组织

（二）各种组织细胞的再生能力

按再生能力的强弱，将人体细胞分为3类：

1. 不稳定细胞　再生能力最强。这类细胞在生理状态下也不断增殖，以代替衰亡的细胞，如表皮细胞、呼吸道和消化道黏膜的被覆细胞、生殖器官管腔的被覆上皮细胞、淋巴造血细胞等。

2. 稳定细胞　此类细胞在生理状态下增殖不明显，但受损伤后表现出较强的增殖能力，如肝、胰、涎腺、内分泌腺、肾小管的上皮细胞、成纤维细胞、内皮细胞、骨细胞等。平滑肌细胞和软骨细胞属于稳定细胞，但一般情况下其再生能力较弱。

3. 永久性细胞　这类细胞再生能力极弱或几乎没有再生能力，如神经细胞、骨骼肌细胞及心肌细胞,损伤后通过纤维性修复形成瘢痕。

(三)各种组织的再生过程

1. 上皮组织的再生

(1) 被覆上皮的再生:鳞状上皮缺损后,由创面边缘或底部的基底层细胞分裂增生,先形成单层上皮,再增生分化为鳞状上皮;胃肠黏膜的单层柱状上皮受损后,先由邻近的腺颈部干细胞分裂增生,产生立方形新生上皮细胞,之后增高变为柱状细胞。

(2) 腺上皮的再生:腺上皮的再生根据损伤情况不同而异,如果腺体的基底膜完整,可由残存细胞分裂补充,再生后可完全恢复原来腺体的结构和功能。如腺体基底膜遭严重破坏,则难以再生,而进行纤维性修复。

2. 血管的再生 毛细血管多以出芽的方式再生。首先,受损处内皮细胞分裂增生形成突起的幼芽;随后,内皮细胞增生并向外移动形成一条实心细胞索;在血流的冲击下,逐渐出现管腔,形成毛细血管,彼此吻合后形成毛细血管网;为适应功能的需要,新生的毛细血管还会进行后续的改建,可形成小静脉或小动脉。大血管断裂后需手术吻合,吻合处两侧内皮细胞分裂增生并相互连接,恢复内膜结构,管壁则由纤维性修复形成瘢痕。

3. 纤维组织的再生 纤维组织损伤后,静止状态的纤维细胞转变为成纤维细胞,未分化的间叶细胞也可分化为成纤维细胞。成纤维细胞有很强的合成胶原蛋白的功能,当其停止分裂后,在细胞周围形成胶原纤维,自身则成熟为纤维细胞。

4. 神经纤维的再生 神经纤维断裂后,如果与其相连的神经细胞仍存活,且断端距离较近(相距小于2.5cm),断离端无感染或异物,神经纤维可以完全再生。首先,断端远侧及近侧轴突崩解、吸收;然后,两端的神经膜细胞增生将断端连接;最后,近端轴突逐渐向远端生长直至末梢,多余的神经膜细胞溶解消失。此过程常需数月以上才能完成。若因断离端相距太远(大于2.5cm),或者两断端之间有感染、异物或者失去远端,再生的轴突不能达到远端,而与增生的结缔组织混杂形成创伤性神经瘤,临床上常出现顽固性疼痛。

> **知识链接**
>
> 干细胞是一类具有高度自我更新和多向分化潜能的细胞,在特定的条件下具有再生为机体各种组织细胞甚至器官的功能。干细胞可分为胚胎干细胞和成体干细胞。在临床治疗中,造血干细胞是应用较早的一类成体干细胞。造血干细胞移植可用于治疗白血病、重症再生障碍性贫血、恶性淋巴瘤等血液系统疾病,以及各种恶性肿瘤放化疗后引起的造血和免疫系统功能障碍等疾病。
>
> 干细胞的研究应用,将产生一种全新的医疗技术,就是再造人体正常的组织器官,从而使患者用上新的组织器官。对于干细胞的研究,必将在医学领域引发革命性进步,给全世界患者带来福音。

二、纤维性修复

组织缺损不能由同种细胞完全再生性修复时,则通过肉芽组织增生来实现修复的过程,称为纤维性修复,也称瘢痕性修复。

（一）肉芽组织

肉芽组织（granulation tissue）是由新生的毛细血管和增生的成纤维细胞构成的结缔组织，常伴有炎细胞浸润。

1. **肉芽组织的形态结构**　肉眼观：颜色鲜红，颗粒状，质地柔软湿润，触之易出血，形似鲜嫩的肉芽。镜下观：新生的毛细血管多垂直于创面生长，在毛细血管间有大量增生的成纤维细胞，及数量不等的中性粒细胞、巨噬细胞及淋巴细胞等炎细胞浸润（图3-11）。

2. **肉芽组织的功能**

（1）抗感染保护创面：肉芽组织中的中性粒细胞和巨噬细胞可吞噬细菌及部分组织碎片，将坏死组织溶解吸收。

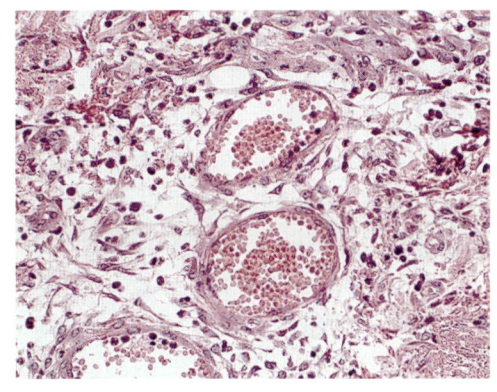

图 3-11　肉芽组织

（2）填补伤口及其他组织缺损。

（3）机化或包裹坏死组织、血栓、炎性渗出物及其他异物。

肉芽组织最终转变为瘢痕组织，表现为：成纤维细胞合成大量胶原纤维后逐渐转变为纤维细胞；多数毛细血管闭塞，数量减少，部分改建为小动脉和小静脉；炎细胞随创伤愈合慢慢减少或消失。

（二）瘢痕组织

瘢痕组织是肉芽组织在改建过程中形成的成熟纤维结缔组织。

1. **瘢痕组织的形态结构**　肉眼观：呈灰白色，半透明状，质地硬韧，弹性较差。镜下观：瘢痕组织由大量平行或交错排列的胶原纤维束组成，后期胶原纤维束发生玻璃样变性呈均质红染，其间有少量纤维细胞。

2. **瘢痕组织对机体的影响**

（1）有利方面：①填补并紧密连接创伤缺损，保持组织器官完整性；②其中玻璃样变性的胶原纤维抗拉力作用增强，可使愈合的伤口更加牢固。

（2）不利方面：①瘢痕收缩，会影响受累组织的功能，例如，发生在关节附近可引起关节活动受限，十二指肠溃疡瘢痕收缩可致幽门梗阻；②瘢痕粘连，器官之间或器官与体腔壁之间瘢痕性粘连可影响器官功能；③瘢痕疙瘩，瘢痕体质的患者可形成突出于皮肤表面的瘢痕疙瘩（图3-12）。

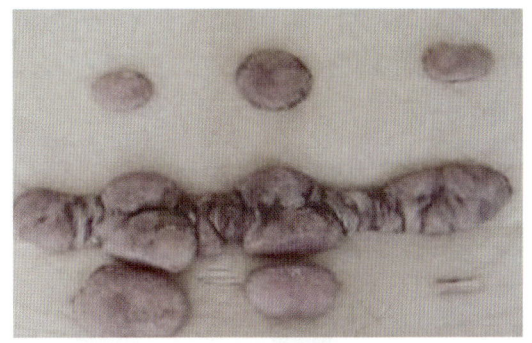

图 3-12　瘢痕疙瘩

三、创伤愈合

创伤愈合是指机体在外力作用下组织离断或缺损后的愈合过程，包括各种组织再生、肉芽组织增生及瘢痕形成等过程。

（一）皮肤创伤愈合

1. **创伤愈合的基本过程**　以手术切口的愈合为例，皮肤创伤愈合的基本过程如下：

(1) 伤口早期变化：数小时内迅速出现炎症反应，表现为局部充血，故局部红肿。伤口中的血液和渗出物很快凝固形成凝块，干燥后形成血痂皮，覆盖在伤口表面起暂时保护创口的作用。

(2) 伤口收缩：第2～3天开始，在伤口边缘的肌成纤维细胞的牵拉作用下，伤口迅速缩小，其意义在于缩小创面。

(3) 肉芽组织增生和瘢痕形成：第3天，肉芽组织开始生长，逐渐填平伤口。第5～6天起，成纤维细胞产生胶原纤维，伤后约一个月，瘢痕完全形成。

(4) 表皮再生：24小时内，伤口边缘的皮肤基底层细胞开始增生，在痂皮下面由周围向中心迁移，当这些细胞彼此相遇则停止迁移，并迅速分化成熟形成鳞状上皮。若伤口过大，再生上皮难以覆盖，则需要植皮。

2. 创伤愈合的类型

(1) 一期愈合：皮肤无菌手术切口的愈合属一期愈合，切口组织缺损少，创缘整齐、对合严密，炎症反应轻微（图3-13）。表皮再生在24～48小时内将伤口覆盖，肉芽组织在第3天就可从伤口边缘长入并很快填满伤口，第5～7天胶原纤维形成连接，达到临床愈合，即可拆除手术缝线。数月后形成一条白色线状瘢痕。

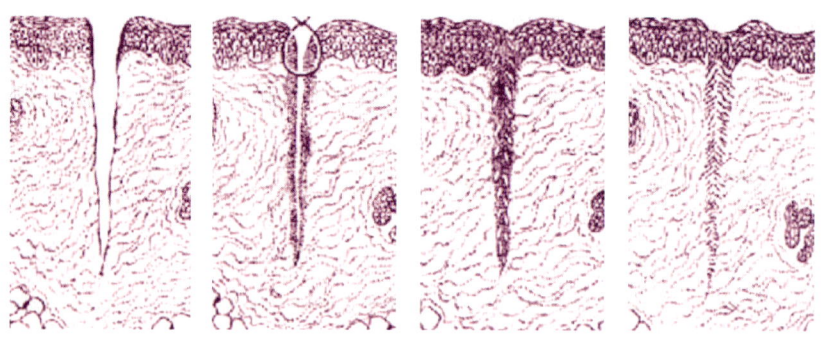

图3-13　一期愈合

(2) 二期愈合：见于组织缺损较大、创缘不整齐、无法严密对合或伴有感染的伤口。只有待感染被控制、坏死清除后，才能开始再生。故二期愈合的伤口愈合时间长，形成的瘢痕也较大（图3-14）。

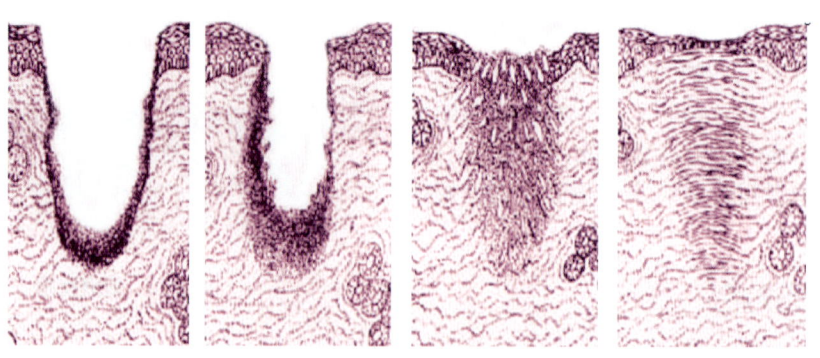

图3-14　二期愈合

在临床护理工作中，必须根据患者的年龄、营养状态、手术部位和切口的大小等实际情况决定手术切口的拆线时间。头面部因血供丰富，切口愈合迅速，术后4～5天可拆线；胸腹部切口需7~10天；下肢、腰背部切口需10~14天；腹部的减张缝合应不少于两周；较长的腹部切口可分次拆线，以防瘢痕薄弱，在腹腔内压的作用下形成腹壁疝。

（二）骨折愈合

骨骼的完整性或连续性的中断称为骨折，骨组织再生能力很强。骨折经过准确的复位和固定后，几个月内便可完全愈合，恢复正常结构和功能。骨折愈合过程可分为以下几个阶段：

1. 血肿形成　骨组织和骨髓血管丰富，骨折时血管断裂，大量出血形成血肿，数小时后血液凝固，将骨折断端连接。同时伴炎症反应，局部红肿。

2. 纤维性骨痂形成　骨折后第2~3天，肉芽组织机化血肿，继而逐渐纤维化，形成纤维性骨痂，此过程需2~3周。

3. 骨性骨痂形成　纤维性骨痂中的骨祖细胞分化为成骨细胞和成软骨细胞，并分别形成类骨组织和软骨组织。类骨组织由钙盐沉积形成骨组织，软骨组织也经软骨化骨演变为骨组织，至此形成骨性骨痂，虽连接牢固，但比正常骨组织脆弱，此阶段需4~8周。

4. 骨痂改建　骨性骨痂进一步改建成为成熟的板层骨、皮质骨和骨髓腔的正常结构。改建由成骨细胞和破骨细胞的协同作用完成，此期需数月甚至数年才能完成。

（三）影响创伤愈合的因素

1. 全身因素

（1）年龄因素：儿童和青少年的组织再生能力强，愈合快；老年人因血管硬化、生长因子产生减少等，愈合迟缓。

（2）营养因素：蛋白质、维生素C、磷、钙、锌等缺乏，可使肉芽组织及胶原形成不良，延缓伤口愈合。所以，术后患者适当补充营养，有利于伤口愈合。

（3）药物：肾上腺皮质激素能抑制炎症反应、肉芽组织形成并加速胶原纤维分解，故在创伤愈合过程中，要尽量避免使用这类药物。

2. 局部因素

（1）感染与异物：局部感染严重影响伤口愈合。细菌产生的毒素和酶，可造成组织坏死、基质溶解；炎症渗出物会增加伤口张力，使开始愈合的伤口裂开。对于有感染的伤口，只有在感染得到控制后，修复才能进行。此外，坏死组织及其他异物也妨碍伤口愈合，污染伤口应先行清创术，在确保没有感染的情况下缝合。

（2）局部血液循环：血液为组织再生提供所需的氧和营养，又关系着坏死物质的吸收及局部感染的控制。因此，局部血液供应充足，创伤愈合快，反之影响伤口愈合。

（3）神经支配：正常的神经支配，有利于伤口愈合。自主神经损伤会减少局部血流量，严重影响组织再生；局部神经性营养不良，也使创伤不易愈合。因此，对于有神经损伤的伤口，应先缝合神经，清创术中也要避免伤及神经。

（4）电离辐射：可破坏细胞，损伤血管，抑制组织再生而延缓愈合。

> **知识链接**
>
> 在患者伤口愈合过程中，应密切观察伤口愈合状况及患者的全身情况，注意清除坏死组织和生长不良的肉芽组织，控制局部感染，必要时缝合伤口，及时换药保持伤口干燥，并指导患者增强营养和局部血供以促进伤口愈合。

病例分析 3-4

男性，35岁，因急性化脓性阑尾炎发作而进行手术治疗。术后第3天患者体温39℃并感到手术切口处跳痛。换药发现切口处红肿明显并伴有脓液渗出，随即拆开缝线，排出约10ml脓液。后经冲洗消毒并放入引流条包扎，同时给予抗生素静脉输液。

问题与思考：
1. 皮肤创伤愈合可分为哪几类？
2. 该患者将来手术切口愈合属于几期愈合？

（包 莉）

 思考题

1. 化生有哪些类型？
2. 肉芽组织有什么主要功能？
3. 影响伤口愈合的因素有哪些？在临床护理工作中，应告知患者在伤口愈合过程中注意哪些问题？

第四章 血液循环障碍

学习目标

1. **掌握** 充血、淤血、血栓形成、血栓、栓塞、栓子、梗死、出血、水肿的概念；血栓形成的条件、血栓的结局及其对机体的影响；梗死的原因、类型和形态特点；弥散性血管内凝血（DIC）的概念、发病机制、分期、对机体的影响和临床表现；休克的概念、发病机制以及主要器官的功能变化。
2. **熟悉** 肺淤血和肝淤血的病理特点；栓子的运行途径；栓塞的类型和对机体的影响；梗死对机体的影响和结局；DIC的病因；血管内皮细胞在凝血、抗凝和纤溶过程中的作用；DIC实验室检查的原理和意义；休克的原因和分类。
3. **了解** 血栓形成的机制；DIC的触发因素；DIC诊断和防治的病理生理基础；休克防治的病理生理基础。

第一节 充血与淤血

一、充血

充血（hyperemia）指器官或局部组织血管内血液含量的增多。可分为动脉性充血和静脉性充血两类。

动脉性充血（arterial hyperemia）又称主动性充血（active hyperemia），简称充血。一般指器官或局部组织小动脉和毛细血管扩张，血输入量增多。

1. **病因和类型** 多种原因通过神经-体液作用，使血管舒张神经兴奋性增高或血管收缩神经兴奋性降低、舒血管活性物质释放增加等，引起小动脉扩张、血流加快，使动脉血输入微循环的灌注量增多。常见的有：①生理性充血，如进食后的胃肠道黏膜、运动时的骨骼肌和妊娠时的子宫充血等；②炎症性充血，主要是由于组胺、缓激肽等血管活性物质作用，使细动脉扩张充血；③减压后充血，指局部器官或组织长期受压，若突然解除压力，受压组织内的细动脉发生反射性扩张，导致局部充血，例如大量腹水压迫腹腔内脏器，如果一次性大量放腹水，局部压力迅速解除，于是腹腔内脏器迅速充血而导致患者短暂脑缺血甚至晕厥。后两种属于病理性充血。

2. 病理变化　动脉性充血的器官和组织，由于微循环内血液灌注量增多，使体积轻度增大。充血发生于体表时，由于局部微循环内氧合血红蛋白增多，局部组织颜色鲜红；因代谢增强，而使局部温度增高；可有搏动感。镜下见局部微动脉及毛细血管扩张，大量红细胞聚集。

3. 结局　动脉性充血是短暂的血管反应，原因消除后，局部血量恢复正常，通常对机体无不良后果。但在高血压或动脉粥样硬化的基础上，脑内动脉充血可致脑血管破裂，造成严重后果。

二、淤血

静脉性充血是一个被动的过程，又称被动性充血，简称淤血（congestion），指器官或局部组织由于静脉回流受阻使血液淤积于小静脉和毛细血管内。

1. 病因及发病机制　①静脉受压，使管腔发生狭窄或闭塞，如肿瘤压迫局部静脉；②静脉腔阻塞，常见于静脉血栓形成，且未能建立有效的侧支循环时；③心力衰竭，如二尖瓣狭窄和高血压引起的左心衰竭，导致肺淤血。

2. 病理变化　淤血的局部组织和器官肿胀，体积增大。发生于体表时，由于微循环的灌注量减少，血液内氧合血红蛋白减少，还原血红蛋白增多，局部皮肤发绀、温度下降。镜下见局部小静脉及毛细血管扩张、淤血，亦可伴有组织的水肿和出血。

> **知识链接**
>
> 发绀是指毛细血管内脱氧血红蛋白浓度达到 5g/dl 以上，暗红色的脱氧血红蛋白使皮肤、黏膜呈青紫色。发绀是缺氧的表现。

3. 结局　淤血比充血多见，具有重要的临床意义。淤血可发生于局部，亦可发生于全身，其对机体的影响，取决于淤血的范围、部位、程度、发生速度及侧支循环建立的状况。

淤血可使毛细血管流体静压升高以及毛细血管壁受损，通透性增加，导致局部组织发生水肿，严重时可发生漏出性出血。长期淤血，可引起：实质器官的细胞萎缩、变性，甚至发生坏死；间质结缔组织增生，使组织、器官逐渐变硬，称为淤血性硬化；此外，长期淤血还可引起静脉曲张、静脉血栓形成等后果。

4. 临床上常见重要器官的淤血

（1）肺淤血：主要发生于左心衰竭时。此时肺体积增大、暗红色，切面流出泡沫状血性液体。镜下可见肺泡壁毛细血管扩张、充血。严重时肺泡腔内可出现水肿液，少量的巨噬细胞和漏出的红细胞（图4-1）。当肺泡腔内的红细胞被巨噬细胞吞噬后，红细胞内的血红蛋白转变为含铁血黄素，在巨噬细胞的胞质内出现棕黄色颗粒。这种巨噬细胞常在左心衰竭的情况下出现，又被称为心力衰竭细胞。长期慢性淤血，可引起肺纤维结缔组织增生，肺质地变硬，加之含铁血黄素的沉积，使肺呈棕褐色，称为肺褐色硬化。

（2）肝淤血：常由右心衰竭引起。急性肝淤血时，肉眼可见肝体积增大、暗红色；镜下，小叶中央静脉和周围肝窦扩张充满红细胞，小叶中央少数肝细胞出现脂肪变性，但小叶外周肝细胞由于邻近血管而含氧量较高，细胞变性不明显。慢性肝淤血时，镜下见肝小叶中央静脉及其附近肝窦高度扩张淤血，中央静脉周围的肝细胞萎缩、坏死、崩解，小叶周边部肝细胞发生脂肪变性（图4-2）；肉眼见肝切面出现红黄相间的似槟榔样的条纹，称为槟榔肝。

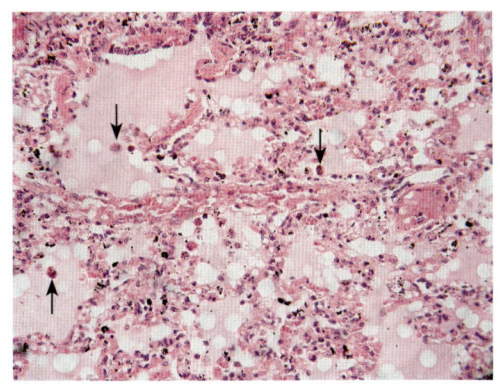

图4-1　慢性肺淤血

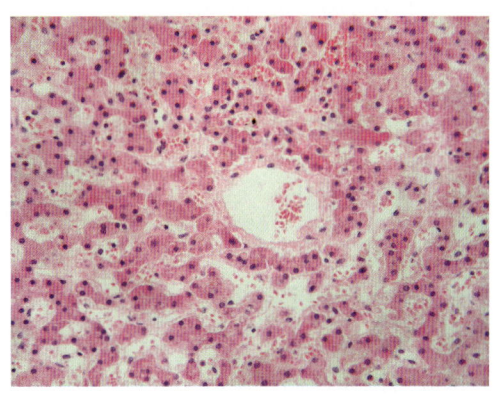

图4-2　慢性肝淤血

> **知识链接**
>
> 　　左心衰竭以肺循环淤血及心排血量降低为主要临床表现，具体包括：呼吸困难；咳嗽、咳痰、咯血；乏力、疲倦、运动耐量减低、头晕、心慌；少尿及肾功能损害。
> 　　右心衰竭以体循环淤血为主要表现，具体包括：食欲缺乏、恶心、呕吐；劳力性呼吸困难；身体低垂部位对称性凹陷性水肿；颈静脉波动增强、充盈、怒张；肝淤血性肿大伴右上腹压痛；严重时出现三尖瓣关闭不全反流性杂音。

第二节　出　血

出血（hemorrhage）指血液从血管或心脏逸出，称为出血。逸出的血液进入体腔和组织内为内出血，流出到体外为外出血。

一、原因和类型

出血有生理性出血和病理性出血两类。前者如正常月经的子宫内膜出血，后者多由创伤、血管病变及出血性疾病等引起。按血液逸出的机制可分为破裂性出血和漏出性出血。

（一）破裂性出血

破裂性出血指心脏或血管壁破裂所发生的出血。原因如下：①血管机械性损伤，如割伤、刺伤、弹伤等；②血管壁或心脏的病变，如心肌梗死室壁瘤、主动脉瘤、动脉粥样硬化斑块等破裂出血；③血管壁周围的病变侵蚀，如肿瘤侵及周围的血管而引起出血；④静脉破裂，如肝硬化时食管下段静脉曲张，破裂出血；⑤毛细血管破裂，多见于局部软组织的损伤。

（二）漏出性出血

漏出性出血是由于毛细血管和细小静脉壁通透性增高，血液因而漏出于管腔外。漏出性出血的原因很多，一般可归纳为：

1. **血管壁损害**　凡能引起血管内皮细胞损伤和基底膜完整性破坏的原因，均可引起漏出性出血，如严重的感染、缺氧、某些化学物质引起的中毒、维生素 C 缺乏等。

2. **血小板减少和血小板功能障碍**　再生障碍性贫血、白血病等可引起血小板生成不足；原发性血小板减少性紫癜、脾功能亢进等使血小板破坏增多；某些药物如阿司匹林可使血小板黏附与凝集功能降低。

3. 凝血酶原不足及某些凝血因子缺乏（血友病）。

二、病理变化

内出血可发生于身体的任何部位，血液积聚于体腔内时称为体腔积血，如胸腔积血、心包积血；血液积聚于组织内，量大时可形成血肿，如脑血肿、皮下血肿；皮肤和黏膜的出血在局部形成瘀点或瘀斑；呼吸道出血经口排出，称为咯血；消化道出血经口排出，称为呕血；血液从肛门排除，称为便血。

三、出血对机体的影响

出血对机体的影响取决于出血量、出血速度和出血部位。少量缓慢的漏出性出血，一般不会引起严重后果，但大范围的漏出性出血，如肝硬化引起的胃肠道黏膜广泛出血，可导致出血性休克。

破裂性出血，短时间丧失循环血量的 20%～25% 时，可发生出血性休克。发生在重要器官的出血，即使出血量不多，也可引起严重后果，如脑出血，尤其是脑干出血，患者可因呼吸、循环中枢受压而死亡。

一般的出血，多可自行停止，进入体腔或组织间隙的血液，可逐渐被吸收、机化或包裹。长期慢性出血，可引起贫血。

> **知识链接**
>
> 瘀斑指直径超过 1～2cm 的皮肤出血；瘀点指直径 1～2mm 的点状（毛细血管）出血；紫癜指直径 3～5mm 的全身性点状出血；鼻衄指鼻出血；咳血指咳痰内带有少量血液；咯血指呼吸道咯出大量血液；呕血指消化道呕吐出大量血液。

第三节　血栓形成

在活体的心脏或血管腔内，血液发生凝固或血液中的某些有形成分互相黏集，形成固体质块的过程，称为血栓形成（thrombosis）。所形成的固体质块称为血栓（thrombus）。

一、血栓形成的条件及机制

血栓形成是血液在流动状态中，由于血小板的活化和凝血因子被激活而发生的异常凝固。目前公认的血栓形成条件是由德国病理学家 Virchow 于 1856 年提出的三个条件：心血管内皮细胞的损伤、血流状态的改变、血液凝固性的增加。

（一）心血管内皮细胞的损伤

内皮细胞损伤后，暴露出内皮下胶原，可发生几方面的变化：①促使血小板黏集于局部，促发血小板释放 ADP 和血栓素 A_2（TAX_2）等，从而使更多的血小板不断地相互黏集（图 4-3）；②使血液中的Ⅻ因子活化形成Ⅻa，激活内源性凝血系统；③释放出组织因子，激活外源性凝血系统。

（二）血流状态的改变

血流缓慢或涡流形成时，都会使血液的层流状态发生改变，增加血小板与血管壁内膜的接触，还可使活化的凝血因子在局部堆积，有利于内源性和外源性凝血途径的启动，导致血栓形成。

（三）血液凝固性的增加

血液凝固性的增加是指血液比正常情况易于凝固的状态。血小板增多或黏性增加可使血液的凝固性增加，如妊娠、手术后。凝血因子质和量的改变也可增加血液的凝固性，如弥散性血管内凝血（DIC）和游走性血栓性静脉炎。

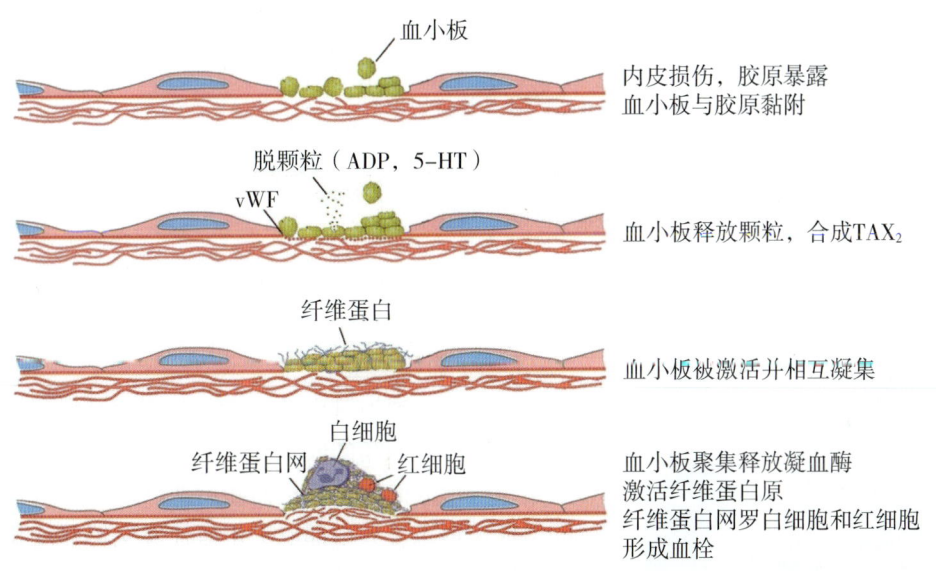

图 4-3　内皮损伤、血小板黏集示意图

必须强调的是上述血栓形成的条件往往是同时存在的，并常以某一条件为主，其中心血管内皮细胞损伤是血栓形成的先决条件，但在不同的条件下血流状态和血液凝固性增高也是重要因素。

二、血栓形成的过程及其形态特点

（一）血栓形成的过程

血栓形成（图 4-4）是以血小板黏附于暴露的血管内皮下胶原开始的。血管内皮损伤后，血小板黏附在暴露的胶原纤维上，随着内源性和外源性凝血系统的启动，血小板牢固地黏附于受损内膜表面，形成血小板小丘。上述过程可反复进行，血小板小丘不断增大、增多，构成珊瑚状多个血小板梁，这是血栓形成的第一步。在血小板小丘增大的同时，有白细胞混入，形成白色血栓（血栓头）。由于白色血栓突入血管腔内，下游产生涡流，又形成新的血小板堆积。这一过程不断进行，形成许多有分支的小梁，小梁间血流缓慢，凝血因子浓度增加，使纤维蛋白原变为纤维蛋白，呈细网状将白细胞和红细胞沉积其中，形成了红白相间、表面呈层纹状的混合血栓（血栓体）。血栓进一步增大，并顺血流方向延伸，使血管腔阻塞，局部血流停止，血液迅速凝固，形成暗红色的红色血栓（血栓尾）。

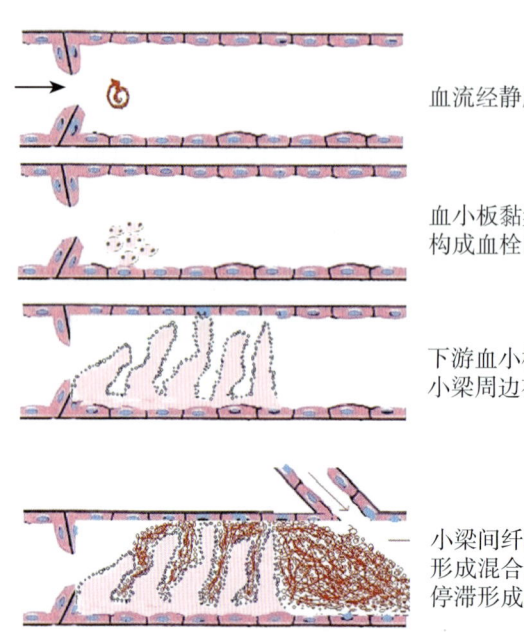

血流经静脉瓣后形成涡流

血小板黏集成堆
构成血栓的头部

下游血小板形成珊瑚状小梁
小梁周边有白细胞黏附

小梁间纤维素网罗大量红细胞，
形成混合血栓的体部，局部血流
停滞形成血栓的尾部

头　　体　　尾

图 4-4　血栓形成过程示意图

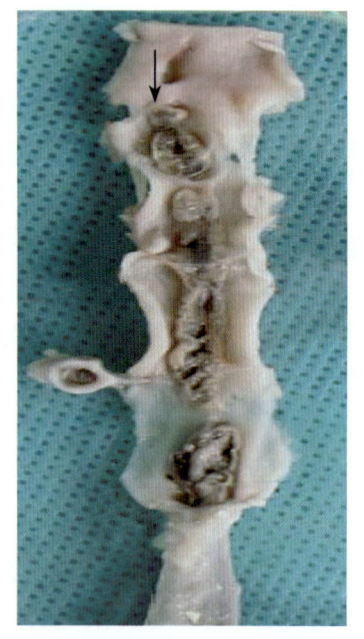

图 4-5　静脉血栓
箭头指血栓头部，静脉内可见圆柱状的血栓，红色干燥，与血管壁相连

（二）血栓类型

无论心脏或血管内的血栓，其形成过程都是以血小板黏附于内膜裸露的胶原开始，所以血小板黏集堆的形成是血栓形成的第一步，而随后血栓形成的过程及血栓的组成、形态、大小都取决于血栓发生的部位和局部血流速度。血栓类型可分为以下 4 种：

1. 白色血栓　白色血栓（pale thrombus）多发生于血流较快的心瓣膜、心腔内、动脉内或静脉性血栓的起始部，即形成延续性血栓的头部（图4-5）。肉眼观呈灰白色小结节，表面粗糙质实，与发生部位紧密黏着。镜下主要由血小板及少量纤维素构成，又称血小板血栓或析出性血栓。

2. 混合血栓　混合血栓主要见于延续性血栓的体部。心房颤动时心房内形成的球形血栓及心肌梗死时形成的附壁血栓均为混合血栓。肉眼观察呈红褐色与灰白色条纹相间的纹状结构。镜下见珊瑚状血小板小梁表面附着有白细胞，小梁间纤维蛋白网架形成，其内可见红细胞（图4-6）。

3. 红色血栓 红色血栓（red thrombus）构成延续性血栓的尾部。肉眼观察呈暗红色。新鲜时表面光滑、湿润、有弹性；陈旧时干燥易碎，容易脱落，造成栓塞。

4. 透明血栓 透明血栓（hyaline thrombus）又称微血栓，只有在显微镜下才能见到，主要由纤维素构成，见于弥散性血管内凝血（图4-7）。

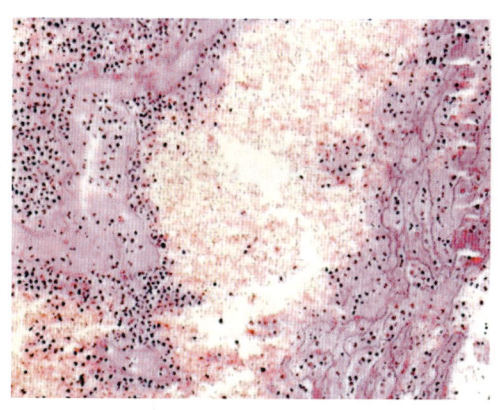

图4-6 混合性血栓

血小板小梁表面附着白细胞，小梁间纤维蛋白网形成

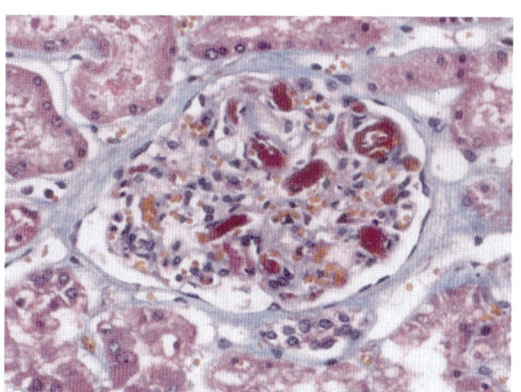

图4-7 透明血栓

Masson染色，肾小球毛细血管内可见嗜酸性红染的同质性的纤维素团块

三、血栓的结局

（一）软化、溶解、吸收

新近形成的血栓，由于血栓内纤溶酶原的激活和白细胞崩解释放的溶蛋白酶，可使血栓溶解。血栓溶解过程取决于血栓的大小及血栓的新旧程度。小的新鲜血栓可被完全溶解吸收。

（二）机化和再通

若纤溶酶系统的活力不足，血栓存在较久时则发生机化。由血管壁向血栓内长入肉芽组织，逐渐取代血栓，这一过程称为血栓机化。

较大的血栓约2周便可完全机化，此时血栓与血管壁紧密黏着不脱落。在血栓机化过程中，由于水分被吸收，血栓干燥收缩或部分溶解而出现裂隙，被新生的内皮细胞被覆于表面而形成新的血管，并相互吻合沟通，使被阻塞的血管部分地重建血流的过程，称为再通。

（三）钙化

血栓发生大量的钙盐沉着，称为血栓钙化，形成静脉石或动脉石。

四、血栓对机体的影响

血栓形成对破裂的血管起堵塞裂口和止血的作用。这是对机体有利的一面。如慢性消化性溃疡底部和肺结核性空洞壁的血管，在病变侵蚀前已形成血栓，避免了大出血的可能性。但多数情况下血栓形成对机体则造成不利的影响。

（一）阻塞血管

血栓可阻塞血管，其后果取决于组织、器官内有无充分的侧支循环。动脉血管未完全阻塞管腔时，可引起局部器官或组织缺血，导致实质细胞萎缩；若完全阻塞而又无有效的侧支循环，可引起局部器官或组织的缺血性坏死（梗死）。如脑动脉血栓引起脑梗死，心冠状动脉血栓引起心肌梗死，血栓性闭塞性脉管炎时引起患肢的坏疽等。静脉血栓形成，若未能建立有效的侧支循环，则引起局部淤血、水肿、出血，甚至坏死。如肠系膜静脉血栓可引起肠的出血性梗死。肢体浅表静脉血栓，由于有丰富的侧支循环，通常只在血管阻塞的远端引起淤血水肿。

（二）栓塞

血栓的整体或部分脱落成为栓子，随血流运行可引起栓塞。若栓子内含有细菌，可引起栓塞组织的败血性梗死或脓肿形成。

（三）心瓣膜病

见于心内膜炎，心瓣膜上反复发作的血栓形成及机化，可使瓣膜瓣叶粘连增厚变硬，腱索增粗缩短，引起瓣口狭窄或关闭不全，导致心瓣膜病。

（四）出血

见于DIC时，微循环内广泛性透明血栓形成，可引起全身广泛性出血和休克。

知识链接

血栓应与尸体凝血块（死后凝血块）相鉴别。尸体凝血块有弹性，光滑和匀质性红色，由血液的所有成分组成，主要为红细胞和纤维蛋白的混合物，形成于死后的血液迅速凝固（血凝块上层浅黄色，似鸡脂，下层暗红色）。因其与该处血管壁不粘连，故在尸检时可将血管内凝血块从血管内扯出。

病例分析4-1

男性，31岁，与人打架时，被锐器刺伤右小腿后侧腓肠肌处，该处形成开放性损伤，事后小腿肿胀、疼痛难忍，第二天出现红、肿、热、痛，体温达39.2℃；随后下肢高度肿胀，皮肤裂口处流出血水。在私人门诊用大量抗生素治疗，未见疗效；伤后约6天，右足拇指呈黑色；伤后约10天黑色达足背，与正常组织分界不清。后到医院治疗，行右下肢截肢术。

病理检查：下肢高度肿胀，足部污黑色，纵行剖开动、静脉后见动、静脉血管腔内均有暗红色与灰白色相间的固体物阻塞，长约9cm，与管壁黏着。固体物镜检为混合血栓。

问题与思考：
1. 该患者患有何种疾病？
2. 试阐述该病发病机制。

第四节　栓　塞

在循环血液中出现的不溶于血液的异常物质，随血流运行至远处阻塞血管腔的现象称为栓塞（embolism）。阻塞血管的物质称为栓子（embolus）。栓子可以是固体、液体或气体。

以脱落的血栓栓子引起栓塞最常见。脂肪滴、气体、羊水和癌细胞团等亦可引起栓塞。

一、栓子运行的途径

栓子运行途径一般与血流方向一致（图4-8）。其途径主要有：

1. 左心和大循环动脉内的栓子　栓塞于口径相当的动脉分支，如脑、肾、脾和下肢的动脉。

2. 右心和大循环静脉内的栓子　栓塞于肺动脉干或其分支。

3. 门静脉内的栓子　引起肝内门静脉分支的阻塞。

4. 交叉性栓塞或反常性栓塞　有房间隔或室间隔缺损者，心腔内的栓子可由压力高的一侧通过缺损处进入另一侧心腔，随动脉栓塞相应的动脉分支。

5. 逆向性栓塞　下腔静脉内的栓子，在胸、腹腔压力骤然增加时（如咳嗽、呕吐），可逆血流方向栓塞于下腔静脉所属的分支。

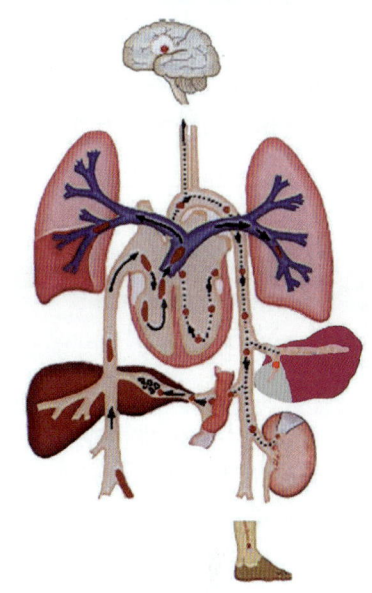

图4-8　栓子运行途径与栓塞模式图

二、栓塞类型和对机体的影响

栓塞对机体的影响取决于栓子的类型、大小、部位及侧支循环建立的情况等。

（一）血栓栓塞

由血栓脱落引起的栓塞称为血栓栓塞（thromboembolism），是栓塞中最常见的一种。由于血栓栓子的来源、栓子的大小和栓塞的部位不同，其对机体的影响也不相同。

1. 肺动脉栓塞　肺动脉血栓栓塞的栓子绝大多数来自下肢深部静脉，特别是腘静脉、股静脉和髂静脉，少数可来自盆腔静脉或右心附壁血栓。根据栓子的大小和数量，其引起栓塞的后果也有不同。由于肺具有肺动脉和支气管动脉双重血液供应，并有丰富的吻合支，较小的栓子栓塞于肺动脉的小分支，多见于肺下叶，常不引起严重后果。但若在栓塞前已有严重的肺淤血（如左心衰竭），吻合支不能有效地代偿时，局部可发生出血性梗死。若栓子较大，栓塞在肺动脉主干或其大的分支内，或栓子小而数量多，广泛栓塞于肺动脉分支时，患者可发生呼吸困难、发绀、休克，甚至猝死。

肺动脉栓塞导致猝死的机制：①肺动脉主干或大分支栓塞时，肺动脉内阻力急剧增加，致急性右心衰竭。②研究表明，肺栓塞刺激迷走神经，通过神经反射引起肺动脉、冠状动脉、支气管动脉和支气管的痉挛，致发生急性右心衰竭和窒息；肺栓塞的血栓栓子表面黏集血小板，释出5-HT及血栓素A_2，亦可引起肺血管的痉挛。

2. 体循环动脉栓塞　栓子大多数（80%）来自左心，如亚急性细菌性心内膜炎时心瓣膜赘生物、二尖瓣狭窄时左心房附壁血栓、心肌梗死的附壁血栓；少数发生于动脉粥样硬化溃疡或主动脉瘤表面的血栓；极少数来自腔静脉的栓子，可通过房、室间隔缺损进入左心，发生交叉性栓塞。动脉栓塞的主要部位为下肢和脑，亦可累及肠、肾和脾。栓塞的后果取决于栓塞的部位和局部的侧支循环情况以及组织对缺血的耐受性。当栓塞的动脉缺乏有效的侧支循环时，可引起局部组织的梗死。

> **知识链接**
>
> 栓子栓塞到脑内血管可引起脑软化灶,导致患者偏瘫、语言障碍等;栓塞到肠系膜上动脉可引起小肠梗死,导致患者急腹症;栓塞到肾内血管可引起肾梗死,导致血尿;栓塞到股动脉内可引起下肢坏疽。

> **病例分析 4-2**
>
> 女性,47岁,因患肺癌入院,住院二十多天以来,安静卧床休息,做各种化验及术前准备,一日如厕,突然晕倒,经抢救无效死亡。
>
> 尸体解剖记录摘要:营养状况尚好,无明显恶病质。心脏:未见明显变化。肺:右肺上叶近肺膜处见一直径约6cm肿物,切面灰白、实性、境界不清,有出血及坏死,该处肺膜与胸膜明显粘连。肺动脉主干:可见1.5cm×1.5cm×7.5cm血栓阻塞于肺动脉主干。
>
> 问题与思考:
> 1. 患者死亡的直接原因是什么?
> 2. 根据所学病理知识,试对该患者的死亡原因进行分析和解释。

(二)脂肪栓塞

脂滴进入血流,栓塞小血管的现象称为脂肪栓塞。多见于长骨骨折或脂肪组织有严重挫伤时,脂肪细胞释出脂滴进入血流。脂肪栓塞的后果取决于脂滴量和栓塞的部位。肺内少量的脂肪栓塞,不引起严重的后果。大量的脂滴广泛栓塞于肺循环时,可致急性肺水肿,严重者可发生右心衰竭而死亡。脑脂肪栓塞可引起脑水肿和点状出血。

(三)气体栓塞

多量空气迅速进入血液循环或原已溶解于血液内的气体迅速游离,均可造成气体栓塞。如分娩或流产时,由于子宫强烈收缩,空气被挤入破裂的子宫壁静脉窦;头颈手术、胸壁和肺创伤损伤静脉时,空气进入具有负压的静脉。空气进入右心后,由于心脏搏动,将空气和血液搅拌形成大量泡沫,当心脏收缩时可阻塞肺动脉出口导致猝死。一般迅速进入血液循环的空气量在100ml左右时,即可导致心力衰竭而死亡。

溶解于血液内的气体迅速游离引起的气体栓塞见于减压病。血液内溶解的空气量与大气压有关,压力越高,溶解度越大。沉箱作业的工人,由于沉箱内气压高,吸入的空气较多地溶解于血液、组织和脂肪组织内。如果从深水中上升到水面过于迅速,使原来的高压环境迅速降低,溶解于血液内的氧、二氧化碳和氮很快游离形成气泡,氧、二氧化碳会迅速被再溶解,而氮气溶解度低,小气泡很快形成较大气泡,在血管内形成的气体栓塞会引起局部组织的缺血和梗死。因而,又被称为"沉箱病"。

(四)羊水栓塞

在分娩过程中,羊水经破裂的子宫血管进入母体血液循环而引起的栓塞,称为羊水栓塞。这是分娩过程中一种较罕见的疾病,镜下栓塞的肺小血管内可见羊水成分,包括角化上皮、胎毛、胎脂、胎粪。由于患者对羊水成分发生剧烈的过敏反应，因此，发病迅速，突然出现呼吸困难、发绀和休克，绝大多数导致死亡。

（五）其他栓塞

肿瘤细胞在转移过程中可引起癌栓栓塞，寄生虫虫卵、细菌或真菌团和其他异物如子弹偶可进入血循环引起栓塞。

第五节 梗 死

任何原因出现的血流中断，导致局部组织缺血性坏死，均称为梗死（infarction）。梗死一般是由动脉阻塞引起局部组织的缺血、缺氧而坏死，但静脉阻塞，使局部血流停滞导致缺氧，亦可引起梗死。

一、梗死形成的原因和条件

（一）血管阻塞

血管阻塞是梗死发生的主要原因。绝大多数是由血栓形成和动脉栓塞引起。如冠状动脉或脑动脉粥样硬化继发血栓形成，可引起心肌梗死或脑梗死；动脉血栓栓塞可引起脾、肾、肺和脑的梗死。

（二）血管受压闭塞

血管受压闭塞见于血管外肿瘤的压迫，肠扭转、肠套叠和嵌顿疝时肠系膜静脉和动脉受压，卵巢囊肿扭转及精索扭转致血管受压等引起的坏死。

（三）动脉痉挛

如冠状动脉粥样硬化时，血管发生持续性痉挛，可引起心肌梗死。

（四）未能建立有效侧支循环

梗死的形成主要取决于血管阻塞后能否及时建立有效的侧支循环。有双重血液循环的肝、肺，血管阻塞后，通过侧支循环的代偿，不易发生梗死。一些器官动脉吻合支少，如肾、脾及脑，动脉迅速发生阻塞时，常易发生梗死。

（五）局部组织对缺血的耐受性和全身血液循环状态

如心肌与脑组织对缺氧比较敏感，短暂的缺血也可引起梗死。全身血液循环在贫血或心功能不全状态下，可促进梗死的发生。

二、梗死的类型及其形态特点

（一）梗死的一般形态特征

梗死灶的形状取决于该器官的血管分布方式。多数器官的血管呈锥形分布，如脾、肾、肺等，故梗死灶也呈锥形，切面呈楔形，或三角形，尖端指向器官门部的血管阻塞处（图4-9）。心冠状动脉分

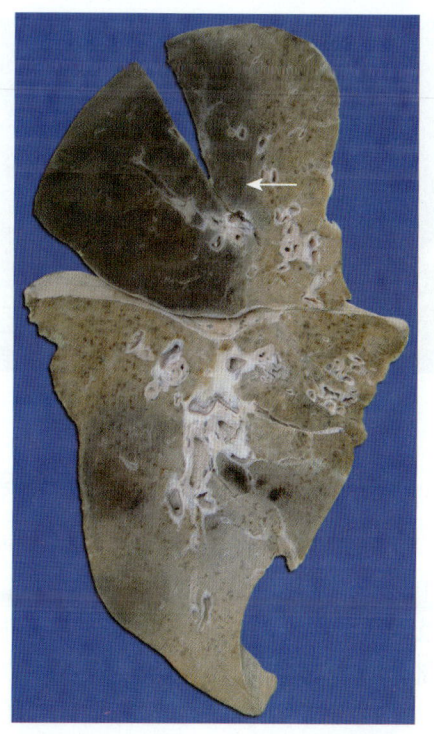

图4-9 肺梗死
箭头指示梗死区，略呈楔形，尖端指向肺门

支不规则,心肌梗死灶呈不规则形。肠系膜动脉呈放射状分支,肠梗死灶呈节段性。脑梗死为液化性坏死,新鲜时质软疏松,日久后可液化成囊。

（二）梗死类型

根据梗死灶内含血量的多少,将梗死分为以下两种类型。

1. 贫血性梗死　发生于组织结构较致密而侧支循环不充分的实质器官,如脾、肾、心肌和脑组织。肉眼见梗死灶呈灰白色,早期梗死灶周围有充血和出血带,晚期出血带变成褐色。镜下,梗死灶内的实质细胞可见核缩、核碎、核溶解等变化,组织轮廓尚存。晚期,病灶呈均质状结构,梗死灶周围可见肉芽组织和瘢痕组织形成。

2. 出血性梗死　常见于肺、肠等具有双重血液循环,组织结构疏松伴严重淤血的情况下,因梗死灶内有大量的出血,故称为出血性梗死,又称为红色梗死（red infarct）。

出血性梗死发生的条件：①严重淤血,如肺淤血是肺梗死形成的重要先决条件,因为在肺淤血情况下,肺静脉和毛细血管内压增高,影响了肺动脉分支阻塞后建立有效的肺动脉和支气管动脉侧支循环,引起肺出血性梗死；②器官组织结构疏松,如肠和肺的组织较疏松,梗死初起时,在组织间隙内可容纳多量漏出的血液,当组织坏死吸收水分而膨胀时,也不能把漏出的血液挤出梗死灶外,因而梗死灶为出血性。

(1) 肺出血性梗死：梗死灶常位于肺下叶,好发于肋膈角。常可多发性,病灶大小不等,呈锥形、楔形,尖端朝向肺门,底部紧靠肺膜,肺膜面有纤维素性渗出物。梗死灶质实,因弥漫性出血呈暗红色,略向表面隆起,久而久之由于红细胞崩解肉芽组织长入,梗死灶变成灰白色,病灶表面局部下陷。镜下见梗死灶呈凝固性坏死,可见肺泡轮廓,肺泡腔、小支气管腔及肺间质充满红细胞。早期红细胞轮廓尚保存,以后崩解。梗死灶边缘与正常肺组织交界处的肺组织充血、水肿及出血。临床上可出现胸痛、咳嗽及咯血、发热及白细胞总数升高等症状。

(2) 肠出血性梗死：多见于肠系膜动脉栓塞,或在肠套叠、肠扭转、嵌顿疝、肿瘤压迫等情况下引起出血性梗死。肠梗死灶呈节段性暗红色（图4-10）,肠壁因淤血、水肿和出血呈明显增厚,随之肠壁坏死致质脆,易破裂,肠浆膜面可有纤维素性渗出物被覆。临床上可有剧烈腹痛、呕吐,出现麻痹性肠梗阻、肠穿孔及腹膜炎,引起严重后果。

图4-10　肠出血性梗死伴坏疽

三、梗死对机体的影响及结局

梗死对机体的影响,取决于发生梗死的器官、梗死灶的大小和部位。肾、脾的梗死一般影响较小,肾梗死通常出现腰痛和血尿；肺梗死有胸痛和咯血；肠梗死常出现剧烈腹痛、血便和腹膜炎的症状；心肌梗死影响心脏功能,严重者可导致心力衰竭甚至猝死；脑梗死出现其相应部位的功能障碍,梗死灶大者可致死。四肢、肺、肠梗死等可继发腐败菌的感染而造成坏疽。

梗死灶形成时,引起病灶周围的炎症反应,血管扩张充血,有中性粒细胞及巨噬细胞渗出,继而形成肉芽组织,在梗死发生24~48小时后,肉芽组织已开始从梗死灶周围长入病灶内,小的梗死灶可被肉芽组织完全取代机化,日久变为纤维瘢痕。大的梗死灶不能完全机化时，则由肉芽组织和日后转变成的瘢痕组织加以包裹，病灶内部可发生钙化。脑梗死则可液化成囊腔，周围由增生的胶质瘢痕包裹。

（袁宏伟）

第六节　弥散性血管内凝血

一、概述

弥散性血管内凝血（disseminated intravascular coagulation，DIC）是在某些原发疾病的基础上，大量促凝物质入血，激活凝血因子和血小板，凝血酶增多，使微循环中形成广泛的微血栓，同时因消耗大量的凝血因子和血小板，继发性增强纤维蛋白溶解功能，机体出现以止血、凝血功能障碍为主要特征的病理生理过程。

DIC 的始动环节是大量促凝物质入血所引起的凝血系统激活。广泛微血栓的形成消耗大量凝血因子和血小板，加上纤溶功能的相继激活，使患者表现为出血、休克、器官功能障碍和微血管病性溶血性贫血等临床表现，是一种危重的综合征。DIC 是一种全身性的病理过程，由于引起 DIC 的原发疾病性质不同，因此其发病机制十分复杂，临床表现也形式多样，给 DIC 的诊断和治疗带来了困难。

二、DIC 的病因及发病机制

（一）DIC 的常见病因

DIC 并非一个独立的疾病，它是在某些原发疾病的基础上，经一定诱发因素作用而发生的病理生理过程。根据临床资料分析，可以引发 DIC 的基础疾病几乎遍及临床各科，其中，感染性疾病、恶性肿瘤、妇产科疾病、创伤和手术这四种类型的疾病是导致 DIC 的常见病因（表4-1）。在我国以感染性疾病最为常见，国外则多见于肿瘤。

上述原发疾病或病理过程存在以下能够激活凝血系统的因素：①组织损伤，释放组织因子（tissue factor，TF）；②血管内皮损伤；③细菌内毒素；④蛋白酶；⑤免疫复合物；⑥病毒等病原微生物。上述因素激活凝血系统，从而导致 DIC 的发生与发展，因此也称为 DIC 的触发因素。

一般情况下，当存在易发 DIC 基础性疾病的患者，且并发缺氧、酸中毒以及相继激活的纤溶系统、激肽系统和补体系统等可促进 DIC 发生、发展的因素时，临床诊断时应考虑其发生 DIC 的可能。

表4-1　DIC 的常见病因

类型	所占比例	主要疾病或病理过程
感染性疾病	31%～43%	革兰氏阴性或阳性菌感染引起的败血症，内毒素血症；严重病毒感染如病毒性肝炎、病毒性心肌炎；流行性出血热
肿瘤性疾病	24%～34%	急性白血病、食管癌、胃癌、结肠癌、胰腺癌、肝癌、胆囊癌、肾癌、前列腺癌、卵巢癌、子宫颈癌
妇产科疾病	4%～12%	流产、羊水栓塞、子宫破裂、宫内死胎、胎盘早剥、宫外孕、剖宫产手术等
创伤及手术	1%～5%	大面积烧伤，挤压伤综合征，严重软组织创伤，肝、脑、肺、胰腺等脏器大手术，器官移植术等

（二）DIC 的发生机制

DIC 的发生、发展过程因原发疾病不同而存在差异，发病机制也十分复杂。目前认为，各种原发疾病主要通过下面 4 个方面的机制引起 DIC：

1. 组织损伤，释放组织因子激活外源性凝血系统　临床上严重的创伤、烧伤、大手术、产科意外等导致的组织损伤，白血病治疗所导致的白血病细胞大量破坏，肿瘤组织坏死等情况，可释放大量 TF 入血，激活外源性凝血系统，启动凝血过程。目前认为 TF 释放引起的外源性凝血系统激活是引起 DIC 的主要途径。此外，TF-FⅦa 激活 FⅨ和 FⅩ产生的凝血酶（Ⅱ因子，FⅡ）可反馈激活 FⅩ、FⅪ，将传统的内、外源性凝血系统联合起来，扩大凝血反应，促进 DIC 的发生。

> **知识链接**
>
> 组织因子（tissue factor，TF）：又称为 FⅢ，是由 263 个氨基酸残基构成的跨膜糖蛋白，其蛋白上带负电荷的 γ-羧基谷氨酸能与 Ca^{2+} 结合，TF 通过 Ca^{2+} 与 FⅦ结合形成复合物而成为活化的 FⅦ（FⅦa）。TF/FⅦa 随后通过激活 FⅩ，启动外源性凝血系统。
>
> TF/FⅦa 除直接激活 FⅩ外，还可激活 FⅨ（FⅨa），促进更多的凝血酶（Ⅱ因子，FⅡ）生成。凝血酶又可激活 FⅪ（FⅪa），启动内源性凝血系统。

2. 血管内皮细胞损伤使凝血和抗凝平衡失调　缺氧、酸中毒、细菌和病毒感染、抗原-抗体复合物、内毒素等，均可损伤血管内皮细胞，尤其是微血管内皮细胞，进而引起以下凝血反应：①启动外源性凝血系统，血管内皮细胞损伤释放大量 TF；②抗凝血功能降低，内皮细胞受损，可使内皮细胞合成的血栓调节蛋白（thrombomodulin，TM）-蛋白 C（protein C，PC）系统和肝素-抗凝血酶-Ⅲ（AT-Ⅲ）系统功能降低，以及组织因子途径抑制物（tissue factor pathway inhibitor，TFPI）产生减少；③纤溶活性降低，血管内皮细胞产生组织型纤溶酶原激活物（tissue-type plasminogen activator，tPA）减少，而纤溶酶原激活物抑制物-1（plasminogen activator inhibitor type-1，PAI-1）增多，抑制纤维溶解功能；④血小板黏附、活化和聚集功能增强，内皮细胞损伤使一氧化氮（NO）、前列腺素（PGI_2）、ADP 酶等产生减少，抑制血小板黏附、聚集的功能降低；同时，使基底膜胶原暴露，胶原通过和血小板膜糖蛋白 GPIb 结合，引起血小板的黏附、活化和聚集功能增强；⑤启动内源性凝血反应，胶原纤维暴露后，可接触激活 FⅫ，启动内源性凝血系统；FⅫ活化后可激活激肽和补体系统，从而产生循环放大效应，加速内源性凝血反应，促进 DIC 的发生。

3. 血细胞大量破坏，血小板激活　除 TF 释放和血管内皮细胞损伤激活凝血途径外，血液中红细胞、白细胞及血小板也能激活凝血途径。例如①红细胞大量破坏：当异型输血、恶性疟疾、输入过量库存血、阵发性睡眠性血红蛋白尿发生时，可引起红细胞大量破坏。一方面，破坏的红细胞释放大量 ADP 和红细胞素，ADP 促进血小板黏附、聚集，导致凝血；另一方面，红细胞素具有 TF 样作用，激活凝血系统，促进 DIC 的发生。②白细胞激活和破坏：如急性早幼粒细胞白血病患者的白细胞胞质中含有大量 TF 样的促凝物质；放疗和化疗可导致白细胞破坏，大量 TF 样的促凝物质释放入血，启动凝血。此外，白细胞与血管内皮细胞相互作用，释放肿瘤坏死因子α（TNFα）、白细胞介素-1（IL-1）、干扰素等，加剧血管内皮细胞损伤与TF释放。③血小板的激活：血小板活化后通过直接形成血小板血栓、启动花生四烯酸代谢产生血栓素A_2（TXA_2），进而收缩血管及加强血小板聚集、释放凝血辅助因子PF3、激活FⅫ和FⅪ从而加速DIC的进程。在DIC的发生发展中，血小板多为继发性作用，只有在少数情况下，如血栓性血小板减少性紫癜时，血小板起原发性作用。

4. 促凝物质进入血液　某些病理条件下，下列因素也可以使促凝物质进入血液系统，激活凝血。例如①急性坏死性胰腺炎时，胰蛋白酶大量入血，可直接激活凝血酶原，促进凝血酶生成；②蛇毒和蜂毒等外源性促凝物质，可在Ca^{2+}参与下直接激活FⅩ，或直接将凝血酶原变为凝血酶，促进凝血；③许多肿瘤细胞能生成和分泌TF样促凝物质，激活凝血系统；④羊水栓塞时，羊水中含有TF样物质也能够激活凝血系统。

多数情况下，DIC的原发疾病可通过多种机制引起DIC的发生和发展。例如，严重感染引起DIC的机制包括：①内毒素及严重感染时产生的TNFα、IL-1等细胞因子促使血管内皮细胞表达TF，同时使TM、肝素等抗凝物质表达减少，使内皮细胞表面由抗凝变为促凝状态；②内毒素可损伤血管内皮细胞，使胶原暴露，胶原同血小板结合，促进血小板黏附、活化和聚集；③抗凝功能降低：严重感染可激活白细胞，释放蛋白酶和活性氧等炎症介质，进一步损伤血管内皮细胞；④纤溶功能降低，细胞因子可使血管内皮细胞产生tPA减少，PAI-1增多，使生成的血栓溶解障碍。综上，严重感染时，由于机体凝血功能亢进，抗凝和纤溶功能受损，加之血小板、白细胞激活，使凝血与抗凝血平衡发生紊乱，导致广泛微血栓的形成，机体止血、凝血功能严重障碍和出血倾向。

三、DIC的分期

DIC是一个动态发展的过程，即便是同一个患者，如果处于DIC的不同阶段，其病理变化及凝血与抗凝血平衡紊乱的特征也可能大不相同，因此可将DIC的病程分为不同的阶段，便于临床采取正确的诊疗措施。根据DIC的发展过程和其临床特点，典型的DIC可分为三期。

1. 高凝期　即发病初期，各种病因导致大量促凝物质入血，凝血系统被激活，凝血酶产生增多，血液凝固性异常增高，微循环中形成大量微血栓。部分患者可无明显临床症状，尤其对于急性DIC，该期极短，不易发现。此期实验室检查的特点为凝血时间缩短，血小板黏附性增高。

2. 消耗性低凝期　大量凝血酶的产生和微血栓形成，使凝血因子和血小板被大量消耗，同时因继发性激活纤溶系统，使血液处于消耗性低凝状态。此期患者可有明显的出血症状，也可能有休克或某脏器功能障碍的临床表现。实验室检查可见血小板数量和血浆纤维蛋白原（Fbg）含量明显减少，凝血时间明显延长。

3. 继发性纤溶亢进期　DIC发生、发展过程中产生大量凝血酶及FⅦa等激活了纤溶系统，产生大量纤溶酶，导致纤溶亢进和纤维蛋白（原）降解产物（FDP）的形成。该期患者大多有程度不等的出血症状，严重者出现休克和多器官功能衰竭（multiple organ dysfunction syndrome，MODS）的临床表现。实验室检测纤溶功能的指标对DIC病情的估计具有重要的临床参考价值。临床上常用的纤溶指标为：凝血酶时间、3P试验及D-二聚体检查。

（1）凝血酶时间：DIC患者的血浆中存在大量具有抗凝作用的FDP，导致同等剂量的凝血酶使患者血浆凝固所需的时间，明显比正常血浆凝固所需的时间长，称为凝血酶时间延长。

（2）即血浆鱼精蛋白副凝试验（plasma protamine paracoagulation test，3P试验）：鱼精蛋白可与FDP结合，将其加入患者血浆后，血浆中原与FDP结合的纤维蛋白单体与FDP分离后彼此聚合，形成不溶的纤维蛋白多聚体。DIC患者呈阳性反应。

（3）D-二聚体检查：D-二聚体（D-dimer，DD）是纤溶酶分解纤维蛋白多聚体的产物。原发性纤溶亢进时，因血中没有纤维蛋白多聚体形成，故D-二聚体并不增高。换言之，只有在继发性纤溶亢进时，血液中才会出现D-二聚体。因此，D-二聚体是反映继发性纤溶亢进的重要指标。

四、DIC对机体的影响及临床表现

DIC患者的临床表现因原发疾病的不同而呈现多样性和复杂性。由DIC单独引起的临床表现主要为出血、多器官功能障碍、休克和溶血性贫血。临床上导致DIC患者死亡的原因，通常是表现较为隐匿的、由大量微血管血栓引起的循环缺血及相应器官的不可逆损害。

（一）出血

出血是DIC患者最初的也是最常见的临床表现，70%～80%的患者在发病初期存在不同程度的出血表现，如皮肤瘀斑、紫癜、呕血、黑便、咯血、血尿、牙龈出血、鼻出血及阴道出血。严重患者同时多部位大量出血，轻者只有伤口或注射部位渗血不止等。DIC患者的出血一般比较突然，且用一般止血药治疗无效。DIC导致出血的机制可能与下列因素有关：

1. 凝血物质大量消耗而减少　在DIC发生、发展过程中，广泛微血栓的形成消耗大量血小板和凝血因子，虽然肝和骨髓可代偿性产生血小板和凝血因子，但若其消耗过多，代偿不足，则使血液中纤维蛋白原、凝血酶原、FV、FⅧ、FX及血小板明显减少，使凝血过程发生障碍，导致出血。故DIC又被称为消耗性凝血病。

2. 继发性纤溶系统激活　凝血过程中FⅫ被激活的同时，激肽系统也被激活，产生激肽释放酶，使纤溶酶原变成纤溶酶，从而激活纤溶系统。有些器官富含纤溶酶原激活物，如子宫、前列腺和肺等，当大量微血栓形成导致这些器官缺血、缺氧及变性坏死时，可释放大量纤溶酶原激活物。应激时，交感-肾上腺髓质系统兴奋，增多的肾上腺素等可促进血管内皮细胞合成和释放纤溶酶原激活物。缺氧等原因使血管内皮细胞损伤时，也可使纤溶酶原激活物的释放增多，从而激活纤溶系统，导致大量凝血酶生成。纤溶酶是活性较强的蛋白酶，除可使纤维蛋白降解外，还可水解多种凝血因子，如FV、FⅧ、凝血酶、FⅫ等，加剧凝血功能障碍，引起出血。

3. 纤维蛋白（原）降解产物形成　在凝血过程中，凝血酶使纤维蛋白原转变为纤维蛋白单体，最终交联形成纤维蛋白多聚体。纤溶系统激活后，纤溶酶分解纤维蛋白原，裂解成为纤维肽A（FPA）和纤维肽B（FPB），余下的X片段可继续分解为D片段和Y片段，Y片段可继续分解为D和E片段。如果纤溶酶分解纤维蛋白，则可使其分解为X'、Y'、D'、E'及各种二聚体、多聚体等片段。

纤溶酶水解纤维蛋白（原）产生的各种片段，统称为纤维蛋白（原）降解产物（FDP）。这些片段有很强的抗凝作用，如X、Y、D片段可妨碍纤维蛋白单体聚合；Y、E片段具有抗凝血酶作用。此外，大多数降解片段可与血小板结合，抑制血小板的黏附、聚集、释放等功能。因此，FDP形成是导致DIC出血的一种非常重要的机制。

4. 微血管损伤　在DIC的发生和发展过程中，各种原发疾病和继发性引发的缺氧、酸

中毒、细胞因子和自由基产生增多等因素可损伤微血管壁，导致微血管通透性增强，引起出血。

(二) 器官功能障碍

DIC 发生时，大量且广泛的微血栓可引起微循环障碍，导致缺血性器官功能障碍，是 DIC 患者死亡的主要原因。DIC 患者尸检或活检时常可见微血栓，典型的微血栓为纤维蛋白性血栓，亦可为血小板血栓。这些微血栓既可形成于局部，也可自别处转移而来。但有些患者虽有典型的临床症状，仍可因血栓尚未形成或继发性纤溶亢进使血栓溶解或纤维蛋白聚合不全等原因，病理检测未见微血栓。

微血栓阻塞组织器官内的微循环，引起不同器官缺血缺氧、局灶性坏死。轻者影响个别器官的部分功能，但微循环阻塞严重或持续时间较长则可引起器官功能衰竭。同时或相继出现两种或两种以上器官功能障碍，即发生多器官功能障碍综合征（MODS）。不同脏器受累可有不同的临床表现。①肾：肾内血栓可累及入球小动脉或肾毛细血管，严重时导致双侧肾皮质坏死及急性肾衰竭，临床表现为少尿、蛋白尿和血尿等症状。肾上腺微循环阻塞可导致肾上腺皮质出血性坏死、肾上腺皮质功能衰竭，患者具有明显休克症状和皮肤大片瘀斑的特征，称为华-弗综合征（Waterhouse-Friderichsen syndrome），又称为出血性肾上腺综合征。②肺：肺受累可损伤肺泡-毛细血管膜，可出现呼吸困难、肺出血及呼吸衰竭等临床表现。③心脏：心肌内微循环栓塞可损伤心肌细胞，引起心肌收缩力减弱，心输出量降低和心力衰竭。④肝：受累可引起门静脉回流受阻导致门静脉高压和肝衰竭，出现黄疸、消化道淤血、腹水等相关症状。⑤胃、肠道：可出现呕吐、腹泻、消化道出血。⑥脑：垂体受累发生缺血坏死，可引起席汉综合征（Sheehan syndrome）。神经系统受累可因微血管阻塞、蛛网膜下腔、脑皮质和脑干等部位出血，出现神志模糊、嗜睡、昏迷和惊厥等症状。

知识链接

华-弗综合征（Waterhouse-Friderichsen syndrome）：是取自于最早描述这类疾病的英国医生 Rupert Waterhouse 和丹麦儿科医生 Carl Friderichsen 的姓氏，又称为出血性肾上腺综合征。指机体受脑膜炎奈瑟菌、铜绿假单胞菌、肺炎链球菌、结核分枝杆菌、金黄色葡萄球菌以及巨细胞病毒感染时，导致肾上腺微循环阻塞，进而导致肾上腺皮质出血性坏死、肾上腺皮质衰竭，患者具有明显休克症状和皮肤大片瘀斑的特征。预防主要依靠定期注射疫苗。治疗则需要尽快给予大量抗生素，首选是青霉素、氯霉素，如今常用头孢曲松钠。

(三) 休克

DIC 常伴有休克。某些 DIC 的原发疾病能够直接导致休克，如严重创伤或烧伤、内毒素血症等，患病机体可以先后或同时出现 DIC 和休克的特征性病理变化。严重休克又促进 DIC 的发生，二者互为因果。DIC 可引起以下病理过程：①微血管阻塞。大量微血栓的形成阻塞微血管，尤其是毛细血管静脉端，阻塞了微循环的出路。②有效循环血量减少。广泛或严重出血丢失。③心泵功能降低。心肌因缺血、缺氧、毒素的作用而受损。肺内微血栓引起肺动脉高压，增加右心室后负荷，使心排血量减少。④血管床容量增加。F Ⅻ激活的同时，可使激肽系统、补体系统和纤溶系统激活，产生激肽、补体成分（C3a、C5a）等血管活性物质，C3a、C5a可使嗜碱性粒细胞和肥大细胞释放组胺等。激肽、组胺均可使微动脉和毛细血管前括约肌舒张。此外，纤溶过程产生的FDP小片段A、B可增强组胺、激肽的作用，促进微血管的扩张，增加外周血管床容量，使回心血量减少。上述因素使微循环有效血流量减少、回心血量降低、外周阻力降低以及心泵功能障碍导致的组织器官灌流不足，最终导致全身微循环障碍，促进休克的发生和发展。

> **知识链接**
>
> 休克（shock）：指机体在强烈致病因素作用下，有效循环血量急剧减少，组织血液灌流严重不足，引起组织细胞缺血、缺氧，各重要生命器官的功能、代谢障碍及结构损伤的病理过程。临床上表现为面色苍白、四肢湿冷、脉搏细速、脉压变小、神态淡漠、尿量减少和血压降低。

（四）贫血

DIC呈慢性病程时，红细胞受机械性损伤可导致微血管病性溶血性贫血。DIC患者外周血涂片中可见各种形态特殊的变形红细胞，其外形呈盔形、新月形、星形等，统称为裂体细胞（schistocyte）或红细胞碎片。裂体细胞及红细胞碎片的脆性高，易破裂发生溶血。

DIC发生时，在凝血反应的早期，纤维蛋白丝在微血管腔内形成细网状结构，血流中的红细胞通过网孔时可被黏着、滞留或挂在纤维蛋白细丝上，然后这些红细胞在血流不断的冲击和挤压下发生机械性破裂。此外，红细胞还可沉着于血管内皮细胞间的裂隙处，受血流的作用被挤压到血管外，出现扭曲、变形甚至破碎。除机械作用外，内毒素等也可降低红细胞的变形能力，使之更易破碎。一般情况下，外周血裂体细胞数大于2%时，对DIC具有辅助诊断意义。DIC早期因为溶血程度较轻，无明显临床表现，后期因大量红细胞被破坏，出现寒战、高热、血红蛋白尿和黄疸等溶血症状。

DIC的发生和发展是一个动态过程。微循环内血栓的形成和溶解存在不同程度的重叠。DIC发生的机制以及对机体的影响归纳如图4-11。

> **病例分析4-2**
>
> 男性，46岁，3周前无明显诱因发生咽痛，服药后稍好转，但于1周前咽痛加重，发热39.5℃，伴鼻出血和皮肤出血点，咳嗽，痰中带血，来院就诊。患者进食少，睡眠差，既往健康，无肝肾疾病史。查体：体温39.3℃，脉搏88次/分，呼吸28次/分，血压95/60mmHg，皮肤注射部位有血肿，皮下明显瘀斑。实验室检查：红细胞1.50×10^{12}/L、血红蛋白60g/L，白细胞16×10^9/L，血小板40×10^9/L。尿蛋白（++），RBC（+），WBC（+）。凝血酶原时间（PT）22s（正常值为15s），纤维蛋白原1.5g/L、3P试验（+++）、外周血红细胞碎片＞5%、D-二聚体试验阳性（++）。
>
> 问题与思考：
> 1. 患者发生DIC的原因及机制是什么？
> 2. 哪些是DIC的临床表现？

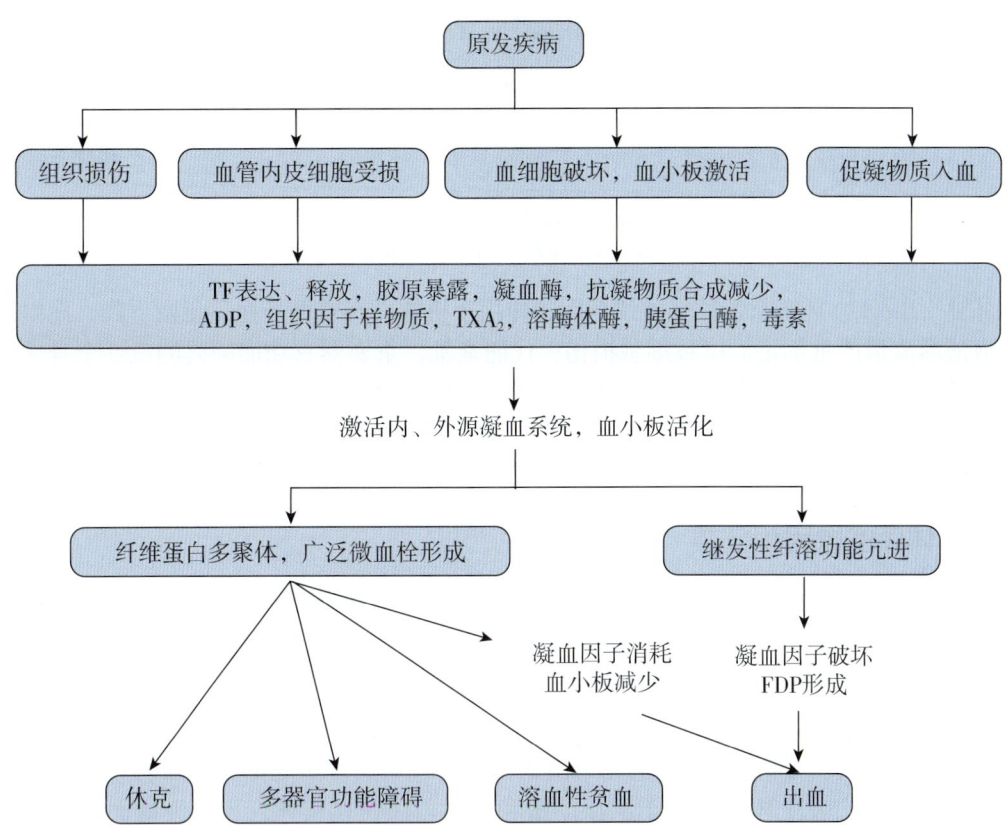

图 4-11　DIC 发生和发展的机制及其对机体的影响

五、DIC 治疗的病理生理基础

DIC 的治疗需建立在正确诊断的基础之上，其诊断需一整套复杂的标准，一般来说包括以下 3 个要素：①存在容易引起 DIC 的基础疾病；②有 DIC 的特征性临床表现，如出血、不易以原发疾病解释的器官功能障碍、休克、贫血等；③实验室检查发现血小板明显减少，Fbg 含量明显降低和 PT 明显延长这 3 项异常。在及早诊断的基础上，结合以下 3 个措施提高 DIC 的救治率：

1. 防治原发病　积极治疗原发病可预防和去除引起 DIC 的病因，这是防治 DIC、提高治愈率的重要措施。例如，对孕妇进行出、凝血指标检查和产程监护，针对病因进行抗白血病治疗、抗肿瘤治疗及抗休克治疗等。

2. 改善微循环　严重 DIC 患者常因 MODS 引起死亡，故 DIC 防治需注意保护重要脏器的功能。通常采取扩充血容量、解除血管痉挛、应用阿司匹林稳定血小板等疏通被微血栓阻塞的微循环，增加组织器官灌流量等措施，在防治 DIC 的发生和发展中具有重要作用。如果发生了器官功能衰竭，则应立即采用血液透析、人工心肺机等来维持相应的器官功能。

3. 建立新的凝血、抗凝和纤溶间的动态平衡　DIC 发病机制的起始环节是凝血系统激活和大量血栓形成，在 DIC 的高凝期可用 AT-Ⅲ、低分子肝素或其他新型抗凝剂等抗凝，从根本上抑制继发性纤溶的强度，这是 DIC 的主要治疗手段。消耗性低凝期和继发性纤溶亢进期不能使用肝素，可以输入浓缩血小板血浆、新鲜全血或冰冻血浆和冷沉淀等补充凝血因子。此外，在继发性纤溶亢进期，在使用抗凝剂 AT-Ⅲ和肝素治疗的基础上，还可以应用抗纤溶药物。

（郑晓东）

第七节 休 克

休克（shock）是指因各种强烈致病因子作用于机体，有效循环血量急剧下降，使组织微循环血液灌流量严重不足，以致细胞损伤、代谢紊乱，重要器官功能障碍的急性全身性病理过程。其主要临床表现有血压下降、脉搏细速、面色苍白、四肢厥冷、呼吸急促、尿少和表情淡漠等。其病情危重并迅速恶化，如不及时抢救，组织器官将发生不可逆性损害，甚至危及患者生命。

一、休克的原因和分类

引起休克的原因很多，如大量失血和（或）失液、大面积烧伤、严重感染、严重创伤、心功能障碍、过敏、强烈疼痛等，这些原因通过改变血容量、心脏泵血功能和血管容积引起休克的发生。休克的分类方法也是多样的，常见分类如下：

（一）按休克的原因分类

1. **失血性休克** 外伤出血、消化道出血、妇产科疾病等引起的大失血均可致失血性休克。失血后是否会发生休克取决于失血的量和速度，往往在快速、大量失血而救治不及时时，发生失血性休克。

2. **创伤性休克** 各种严重创伤、大手术、骨折等，特别是伴有一定量出血时常引起创伤性休克的发生。

3. **烧伤性休克** 大面积烧伤伴有大量血浆丢失者会导致烧伤性休克。

4. **感染性休克** 严重感染特别是革兰氏阴性细菌感染者常发生感染性休克。细菌的内毒素在引起感染性休克中起着非常重要的作用，故也称内毒素休克或中毒性休克。感染性休克常伴败血症，故又称败血症性休克。

5. **心源性休克** 大面积心肌梗死、急性心肌炎、心包填塞常可引起心排血量急剧下降、有效循环血量和组织灌流量下降，而发生心源性休克。

6. **过敏性休克** 某些有过敏体质的人在注射某些药物（如青霉素等）、血清制剂或疫苗时，可引起过敏性休克。

7. **神经源性休克** 常见于高位脊髓麻醉、脊髓损伤、剧烈疼痛等，这些可引起全身血管扩张、血管容量显著增大而导致休克。

（二）按休克发生的始动环节分类

引起休克的原因虽然很多，但有效循环血量减少所致的微循环障碍是休克发生的共同基础。而保障微循环灌注的3个基本条件分别是：充足的循环血量、良好的心泵血功能和正常的血管容积。各种病因一般通过改变其中的一个或多个条件，使有效循环血量急剧减少引起休克的发生。因此，休克的始动环节不外乎血容量减少、心泵血功能障碍和血管容积扩大，这些环节之间既相互影响又密切联系。根据始动环节不同，休克可以分为以下3类：

1. **低血容量性休克** 这类休克发生的始动环节是血容量的减少。快速大量失血、大面积烧伤、严重腹泻或呕吐等都可引起低血容量性休克。

2. 心源性休克　由于急性心泵血功能障碍，使心排血量急剧减少所引起的休克。常见于大面积心肌梗死（梗死范围超过左心室体积的40%），严重的心肌弥漫性疾病（如急性心肌炎、严重的心律失常等）和心包填塞等也可引起。

3. 血管源性休克　因外周血管（主要是微小血管）扩张，导致血管容积扩大引起的休克。此时，血容量和心泵血功能可能正常，但因广泛的小血管扩张，大量血液淤滞在外周血管，导致回心血量减少，主要见于过敏性休克和神经源性休克等。

（三）按休克时血流动力学的特点分类

1. 低动力型休克　也称低排高阻型休克，其血流动力学特点是心排血量低，而总外周血管阻力高。因皮肤血管收缩，血流量减少，使皮肤温度降低，故又称"冷休克"，临床上较常见。主要见于低血容量性休克、心源性休克、创伤性休克和大多数感染性休克。

2. 高动力型休克　也称高排低阻型休克，其血流动力学特点是心排血量高，而外周总阻力低。因皮肤血管扩张，血流量增多，使皮肤温度升高，故也称"暖休克"，见于部分感染性休克和过敏性休克。

3. 低排低阻型休克　常见于各类型休克的晚期阶段，是休克的失代偿表现。心排血量和外周阻力都降低是其血流动力学的特点。

二、休克的发生、发展过程及其发病机制

尽管不同类型休克的发生、发展过程有所差异，但其主要的病理生理学基础相同，即有效循环血量减少所致的微循环障碍。微循环指的是微动脉和微静脉之间的血液循环，由微动脉、后微动脉、毛细血管前括约肌、真毛细血管、通血毛细血管、动-静脉吻合支和微静脉组成（图4-12）。

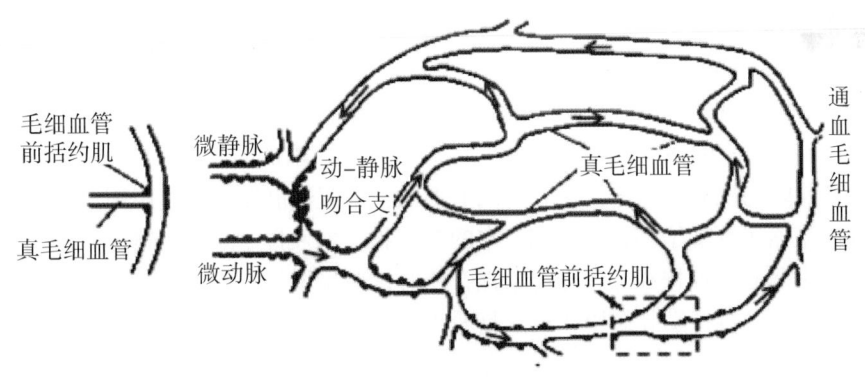

图4-12　正常微循环示意图

通常，毛细血管内的血流量取决于血容量、心输出量及血压，此外，微循环血管的舒缩状态也与之有关。根据休克时微循环变化的特点，一般将休克过程分为以下3期（以失血性休克为例）：

（一）缺血性缺氧期（微循环缺血期）

缺血性缺氧期发生在休克早期，此时机体处于应激状态，微循环变化的主要特点是微血管痉挛，表现为：①微动脉、后微动脉、毛细血管前括约肌明显收缩，微循环"前闸门"阻

力增大，使微循环灌流量明显减少；②动-静脉吻合支有不同程度的开放，部分血液从微动脉经动-静脉短路直接流入微静脉；③微静脉、小静脉对儿茶酚胺敏感性较低，虽然也发生收缩，但程度较小，出现微循环"灌少于流"的现象（图4-13）。因此，毛细血管前阻力明显升高，血液灌流显著减少，引起组织细胞的缺血和缺氧。

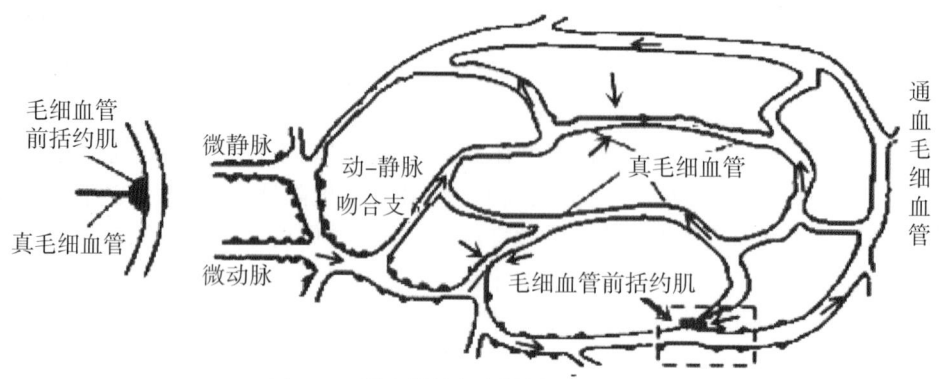

图4-13　缺血性缺氧期微循环示意图

此期，引起微循环改变的主要原因是：交感-肾上腺髓质系统兴奋，儿茶酚胺大量释放。不同类型的休克，可分别通过低血容量、内毒素、疼痛、血压降低等作用引起交感-肾上腺髓质系统兴奋，儿茶酚胺释放入血，通过与血管壁上的相应受体结合，引起外周血管活动改变。

同时，交感-肾上腺髓质系统兴奋，儿茶酚胺增多及血容量的减少又可引起肾缺血，使肾素-血管紧张素-醛固酮系统活动加强，产生大量血管紧张素Ⅱ，引起血管强烈收缩。增多的儿茶酚胺等还可促进内皮素、血栓素 A_2（thromboxane A_2，TXA_2）等强烈缩血管物质的生成。此外，血容量减少可反射性地使抗利尿激素分泌增多，引起内脏小血管收缩，进一步加重微循环的缺血。

此期，微循环的变化对机体有一定的代偿意义，故又称"休克代偿期"。其意义有：

1. 有助于血压和有效循环血量的维持　休克初期，由于儿茶酚胺等缩血管物质大量释放，引起肝、脾等储血器官的微血管收缩，起到"自身输血"，增加回心血量的作用。同时，由于微循环毛细血管前阻力比后阻力增大显著，使毛细血管中流体静压降低，组织液大量进入毛细血管；且抗利尿激素等释放增多，促进钠、水的重吸收，均发挥了"自身输液"作用。此外，交感神经兴奋还引起心跳加快和心收缩力增强，使心排血量增加，这些代偿性变化都有利于有效循环血量的补充，并维持动脉血压在正常范围或下降不明显，甚至比正常略为增高。

2. 血液重新分布，保证心、脑的血液供应　由于各血管壁分布的肾上腺素受体类型和密度不同，对儿茶酚胺的反应性各异，因而血管的舒缩改变有差异。皮肤、腹腔脏器的血管壁分布的α-肾上腺素受体占优势，通过结合儿茶酚胺可引起强烈收缩。而供应心脏血流的冠状动脉和脑血管以β-肾上腺素受体作用占优势，兴奋时可引起扩血管效应。再加上动脉血压维持的相对稳定，故在全身循环血量减少的情况下，心、脑等生命器官的血液供应仍能得到较充分的保证。因此，这种血液的重分布在紧急情况下具有重要的代偿意义。

由于上述一系列变化，此期患者主要表现为：皮肤苍白、四肢冰冷、血压轻度降低或正常（也可略高）、脉压减小、尿量减少、脉搏细速及烦躁不安。此期是治疗的关键期，如能早发现，及时补充循环血量，可改善微循环和恢复血压，阻止休克的发展。若患者救治不及时，则休克继续发展而进入淤血性缺氧期。

(二) 淤血性缺氧期 (微循环淤血期)

此期又称休克期、休克进展期。患者在休克初期如未能得到及时治疗，则微循环处于越来越严重的低灌流状态，于是体内糖的无氧酵解增强，乳酸等酸性代谢产物大量堆积而引起酸中毒。此期，微循环的主要变化为微循环的淤血，表现为：①后微动脉和毛细血管前括约肌对酸性环境的耐受性较差，因局部酸中毒，它们对血液中缩血管物质（主要是儿茶酚胺）的反应性降低而舒张，使微循环的血管容量扩大，而毛细血管前阻力减小；②微静脉、小静脉对酸性环境的耐受性较强，仍能在缩血管物质的作用下继续收缩，因此毛细血管后阻力增加，导致微循环血流缓慢；③毛细血管内淤血使毛细血管的流体静压增大，而缺氧又引起组胺的释放，使毛细血管的通透性增高，血浆渗出，血液浓缩，引起血流淤滞；④血液浓缩还会引起血细胞比容增大，血小板黏附、聚集，白细胞嵌塞等血流动力学的变化，可致微循环血流变慢甚至停止；⑤微循环淤血造成进入微循环的动脉血更少，回心血量显著减少。于是，微循环出现"灌而少流、灌大于流"的状态（图4-14）。

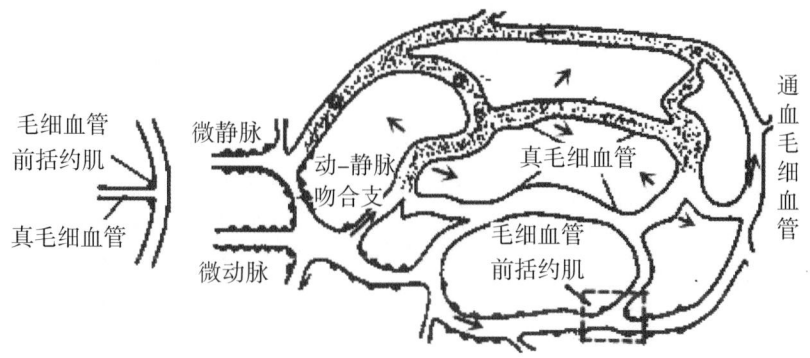

图4-14 淤血性缺氧期微循环示意图

休克期微循环变化的主要机制有：微循环血管对缩血管物质的反应性下降、扩血管物质大量生成，引起微循环血管扩张；血细胞黏附、聚集，引起淤血。后者一方面使回心血量和心排血量进一步降低；另一方面造成血液浓缩，黏滞性增高，血流更加缓慢，酸中毒不断加重。这时组织处于严重的淤血性缺氧状态中，休克进入失代偿期的恶性循环。

此期患者有典型的休克症状，表现为：血压显著降低，可出现发绀，反应迟钝甚至神志不清，尿量进一步减少，出现无尿等，严重者会发生心、肾、肺衰竭。如在这时仍未能得到及时治疗，则病情进一步发展到休克晚期（图4-15）。

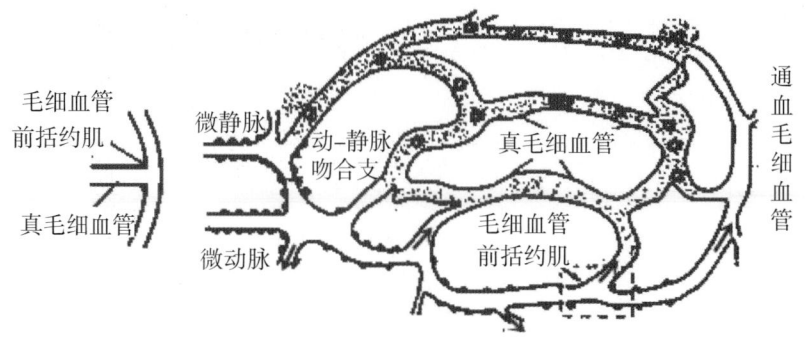

图4-15 微循环衰竭期微循环示意图

(三)休克难治期(微循环衰竭期)

此期的主要特点是微循环中有广泛微小血栓形成。

由于缺氧和酸中毒进一步加重,微血管麻痹、扩张,并对血管活性物质失去反应。高度淤血可使血流更加缓慢,血小板和红细胞易于聚集而形成微血栓,因而容易发生弥散性血管内凝血(disseminated inravascular coagulation,DIC)。此外,严重的缺氧和酸中毒也可损伤血管内皮细胞,使内皮细胞下面的胶原暴露,从而激活内源性凝血系统,引起DIC(图4-15)。微循环出现"不灌不流"现象。应当注意,休克过程中DIC发生时间的早晚与引起休克的原因有关,如严重创伤或重症感染者DIC发生较早,而失血性休克则DIC发生较晚。

DIC一旦发生,休克病情将进一步恶化,临床上常出现多部位严重出血和多器官功能障碍综合征(multiple organ dysfunction syndrome,MODS)。临床主要表现为:血压显著降低、意识模糊甚至昏迷、呼吸困难、浅表静脉严重萎陷,给治疗造成极大的困难,故本期又称休克难治期。

表4-2 休克分期及各期微循环特点和主要临床表现

休克分期	微循环特点	主要临床表现
休克早期	"少灌少流"	血压正常、略低、略高,脉压减小
(缺血缺氧期)	"灌小于流"	器官无明显损害,面色苍白、烦躁
休克期	"灌而少流"	血压明显下降,发绀
(淤血缺氧期)	"灌大于流"	器官出现损害,神志不清、淡漠
休克晚期		
(DIC期)	"不灌不流"	血压严重降低,昏迷,DIC、MODS等

总之,上述休克发生发展的3个时期,既有区别又有联系,其间并无明显的界限。前两期主要是微循环的应激反应,是可逆的;后一期出现微循环衰竭和生物膜损伤,使休克从可逆性向不可逆性阶段转化。

> **知识链接**
>
> 疾跑后突然停止而引起的晕厥称为重力性休克。多见于径赛运动员,常见于中、短跑。机体在进行运动时,外周血管大量扩张,血流量比安静时明显增加,此时依靠肌肉的舒缩以及胸腔负压的吸引作用,血液得以回心。当机体突然停止运动,肌肉的收缩作用骤然停止,使大量血液聚积在下肢,造成循环血量明显减少、血压下降、心跳加快而心搏出量减少,脑供血急剧减少而造成晕厥。所以,长跑等运动后不宜马上停下来。其实,不仅剧烈运动后突然停止不动会出现重力性休克,有时,人在长久站立、下蹲过久骤然站起、精神过分激动等情况下也可能引起重力性休克。

三、休克过程中细胞和物质代谢的变化

（一）休克时细胞的代谢改变

休克时，因微循环的灌流障碍，组织细胞的物质、能量供应不足，引起细胞代谢的紊乱。主要改变如下：

1. **能量代谢障碍** 休克时，由于微循环障碍引起组织缺血缺氧，细胞有氧氧化受阻，ATP生成减少，从而使细胞膜上的钠-钾泵功能降低，Na^+和K^+的转运出现障碍，导致细胞水肿和高钾血症。组织细胞的缺血、缺氧又可导致蛋白质和酶的合成减少，使细胞不能维持正常结构和功能。同时，组织细胞的缺血、缺氧和酸中毒，使脂酰CoA合成酶和肉毒碱脂酰转移酶的活性降低，从而脂肪酸的活化和转移发生障碍。此外，ATP减少和酸中毒可使溶酶体膜破裂，溶酶体酶释放导致细胞自溶和坏死。溶酶体酶释放又可引起多种有活性的多肽物质的产生，从而加重休克。

2. **酸碱平衡紊乱** 休克时由于组织缺氧，糖酵解过程增强，乳酸生成增多，而此时因肝缺氧，乳酸不能被充分利用，加之肾泌尿功能障碍，排酸保碱功能降低，可引起代谢性酸中毒。酸中毒又进一步加重微循环障碍和抑制心肌收缩，是休克恶化的重要因素。

（二）休克时细胞的损害

休克时，细胞首先发生损害的是生物膜，包括细胞膜、线粒体膜和溶酶体膜等，然后不断破坏细胞的结构和功能，最终可导致细胞死亡。

1. **细胞膜的损害** 细胞膜通透性增高是其早期变化，这会使更多Na^+和水内流进入细胞，而细胞内K^+外流增加，细胞膜内外Na^+、K^+分布明显变化，激活钠-钾泵，增加ATP的消耗，而此时ATP供应不足、细胞膜上受体腺苷酸环化酶系统受损，从而使控制细胞代谢过程的第二信使——cAMP含量减少，故细胞的代谢过程出现紊乱。造成休克时细胞膜损害的原因很多，主要有：①细胞内ATP生成不足，细胞膜无法维持正常结构和功能；脂肪酸氧化受阻，蓄积的脂肪酸和脂酰CoA与细胞内Na^+、K^+等阳离子结合形成"皂类"，破坏细胞膜上的脂类物质，导致细胞膜结构的损害。②休克时，由于组织细胞处于低灌流，产生的CO_2不易排出及乳酸蓄积等原因，引起酸中毒，可破坏细胞膜的结构和功能。③休克时产生的氧自由基也可通过膜脂质氧化反应来破坏生物膜。此外，内毒素、溶酶体酶的作用也可破坏细胞膜的结构和功能。

2. **线粒体膜的损害** 休克时，缺氧可减少线粒体合成ATP，但一般并不引起线粒体膜的明显损害，除非严重缺血、缺氧。ATP合成受抑制和线粒体呼吸功能障碍是线粒体膜损害的早期表现。此后，线粒体的超微结构变化（如基质颗粒减少等）；继而出现嵴内腔扩张、基质电子密度增加；最后嵴明显肿胀线粒体最终被破坏。但线粒体损害的原因尚不完全明确，可能与内毒素、酸中毒、氧自由基等的作用有关，另外，缺血导致线粒体合成ATP的辅助因子（如NAD、腺苷等）减少也可能参与其发生。

线粒体是细胞活动的"供能站"，一旦受损，细胞代谢出现障碍，最终导致细胞损害和死亡。

3. **溶酶体的损害** 正常细胞的溶酶体内含有多种水解酶（如组织蛋白酶、多肽酶、磷酸酶等），它们在溶酶体内处于无活性状态，一旦释放，就会激活而能溶解和消化细胞内、外各种大分子物质，尤其蛋白质。已证实，肝、脾等细胞在休克早期就出现溶酶体肿大、颗粒丧失和酶释放增加。给实验动物注射溶酶体或溶酶体酶，也会产生类似休克的各种病理生

理改变。此外，休克时使用溶酶体膜稳定药，已被证明对防止或减轻溶酶体膜的破裂起到了一定作用。休克时引起溶酶体损害的主要原因有：①组织细胞的缺血、缺氧、酸中毒及内毒素对溶酶体膜的直接破坏；②氧自由基对溶酶体膜磷脂的过氧化作用；③血浆补体被激活产生 C5a，刺激溶酶体酶的释放。

四、休克过程中器官功能的改变

休克时各器官功能都可发生变化，其中主要是心、肾、肺、脑等重要脏器的功能障碍。

（一）心功能的改变

除了心源性休克，其他休克早期，由于机体的代偿活动，冠状动脉的血液灌流量变化不大，因此心功能一般不受明显的影响。但随着休克过程的发展，机体产生多种有害因素，心肌可发生功能障碍，甚至可出现心力衰竭。其产生机制有：①交感-肾上腺髓质系统兴奋使心率加快，心收缩力加强，从而增加心肌耗氧量，加重心肌缺氧；②休克时，细胞代谢改变导致的酸中毒和高钾血症对心肌有损害作用；③内毒素和氧自由基对心肌的损害；④心肌抑制因子对心肌收缩的抑制作用；⑤休克时，动脉血压降低、心率加快使心舒张期缩短，冠状动脉灌流量减少；⑥心肌内 DIC 形成引起心肌缺血坏死。

（二）肾功能改变

肾是休克时最易受损伤的器官之一。在休克早期，即可发生急性肾衰竭，临床上主要有少尿或无尿、氮质血症等表现。休克初期发生的肾衰竭是一种功能性肾衰竭。发生机制是：①肾小动脉收缩，肾血流量减少，引起肾小球滤过率降低；②肾缺血使醛固酮和抗利尿激素分泌增加，促进肾小管对钠、水的重吸收。此时的肾衰竭是可逆性的，如能及时使休克逆转，则泌尿功能可恢复正常。但是，如果休克持续时间较长，肾缺血加重，可引起急性肾小管坏死，出现器质性肾衰竭。此时即便通过治疗措施使肾血流量恢复正常，也很难使肾泌尿功能在短时间内恢复正常，患者可因急性肾衰竭而死亡。

（三）肺功能的改变

随着休克的发展，肺功能也发生不同程度的改变。休克早期，机体在应激状态下，呼吸中枢兴奋使呼吸加深、加快，而通气过度，则引起呼吸性碱中毒。如果休克持续较久（12～17 小时），部分患者可出现进行性低氧血症和呼吸困难，以前称之休克肺，属于急性呼吸窘迫综合征（acute respiratory distress syndrome，ADRS），这常是休克致死的原因之一。其病理形态上，可见严重的间质性肺水肿、肺不张、肺毛细血管内微血栓栓塞和肺泡内透明膜形成。

休克肺的发生机制尚不完全明确，可能与下列因素有关：①肺毛细血管膜及肺泡上皮损伤，通透性增加。目前认为，在休克时主要是由于大量中性粒细胞聚集和黏附在肺小血管内，释放的氧自由基和溶酶体酶，损害血管内皮细胞和肺泡膜，使其通透性升高，形成间质性肺水肿。此外，缺氧及休克时产生的各种血管活性物质，如组胺、5-羟色胺、缓激肽、白细胞三烯及补体等都可使肺血管通透性增高。②肺内 DIC 或肺微血管的栓塞。在全身微循环发生 DIC 时，肺微循环内也可出现微血栓栓塞。此外，肺循环如同血液的滤器，体内静脉系统来源的栓子均可引起肺微血管栓塞。③肺泡表面活性物质生成减少、破坏增多。由于缺氧，肺泡Ⅱ型上皮细胞分泌表面活性物质减少以及肺泡内渗出液稀释和破坏肺泡表面活性物质，从而导致肺泡表面张力增高，肺的顺应性降低而发生肺不张。肺泡表面张力过高可使毛细血管内血浆进入肺泡，血浆蛋白凝固在肺泡内形成透明膜。

（四）脑功能的改变

由于脑组织耗氧量大，故其对缺氧极为敏感。休克早期，由于血液重新分布，可使脑血流量无明显变化，但因应激可有烦躁不安的表现。休克进一步发展，血压降低或脑内DIC形成，引起脑缺血、缺氧，使大脑皮质由兴奋转入抑制，患者出现表情淡漠，甚至发生昏迷。缺氧还可使脑血管壁通透性增加，导致脑水肿和颅内压增高，从而使脑功能障碍更趋严重。

此外，休克时肝血流量减少，可引起肝功能障碍；胃肠道因微血管痉挛也会发生缺血、淤血，引起肠壁发生水肿甚至坏死等。在休克、严重感染、创伤或大手术等急性疾病过程中，同时或相继出现两个或两个以上的器官功能障碍或衰竭，称为多器官功能障碍综合征（multiple organ dysfuction syndrome，MODS），或多器官衰竭（multiple organ failure，MOF），MODS是危重休克患者死亡的重要原因之一。

五、休克防治的病理生理基础

（一）去除病因

积极防治引起休克的原发病和去除致病因素（如止痛、止血、控制感染等）是防治休克的重要环节。

（二）改善微循环，提高组织灌流量

1. 补充血容量　各型休克发生后都有不同程度的有效循环血量不足，特别是低血容量性休克。血容量不足更是组织血液灌流不足的主要原因，因而必须及早补充血容量，以达到迅速改善微循环的目的。

2. 合理应用血管活性药物　对大多数休克患者在补充血容量的基础上给予扩张血管药物，可解除微循环血管痉挛，以改善微循环的血液灌流。缩血管药物因会降低微循环灌流量，故其有局限性。目前不主张在各型休克中长期和大量使用，尤其是低血容量性休克。但对于过敏性休克和神经源性休克，缩血管药物治疗效果良好，应当尽早使用。血压过低而不能及时补液时，可用缩血管药物来暂时提高血压以维持心、脑的血液供应。现在临床多根据实际情况，对患者交替使用舒缩血管药物，以达到更好的治疗效果。

3. 纠正酸碱平衡紊乱　休克过程中的主要酸碱平衡紊乱是代谢性酸中毒。酸中毒可加重微循环障碍，促进DIC的形成，抑制心功能，导致细胞损伤，因此纠正酸中毒在休克治疗过程中具有重要作用。

（三）保护心、肾、肺等器官的功能

尽早补充血容量、合理应用血管活性药物以及纠正酸中毒是保护各器官功能的有效措施。另外，针对不同器官损伤的情况，适当地给予吸氧，强心、利尿或人工冬眠等措施也是必要的，可避免器官的功能衰竭。

（四）营养支持

对严重感染、创伤的患者进行营养支持疗法有利于维持正氮平衡，建议提高支链氨基酸的比例，并嘱患者经口摄食。临床发现经胃肠道适当补充谷氨酰胺，可提高机体对休克的耐受力。

病例分析 4-3

男性，12岁。2小时前因玩耍，不慎从高处坠落，事后由他人救起，心慌、出汗。查体：面色苍白、脉搏细速、哭闹不安，四肢冷、出汗，臀部、右下肢根部及背部有多处瘀斑和血肿。BP 72/50mmHg，HR 122次/分，T 36.2℃。伤后送医院，途中患者渐转入昏迷，皮肤大面积瘀斑，最终抢救无效死亡。

问题与思考：
1. 患者可能发生哪种类型休克？
2. 送院前查体时，患者处于休克的哪个发展阶段？其微循环特点有哪些？
3. 根据所学知识，提出抢救此患者的原则。

（钱　燕）

 思考题

1. 简述动脉性充血及静脉性淤血的区别。
2. 简述肺淤血、肝淤血的病理特点。
3. 简述血栓形成条件。
4. 简述血栓的类型及各自特点。
5. 为什么严重感染会产生 DIC？
6. 为什么 DIC 会引起休克？
7. 什么是裂体细胞？它是怎么产生的？
8. 简述休克的概念、分期及其微循环变化特点。
9. 何为休克肺？简述其发病机制及对机体的影响。

第五章

水与电解质代谢紊乱

学习目标

1. 掌握 低钠血症、高钠血症、水肿的概念及发生机制；各种类型水、钠代谢紊乱的特点及对机体的影响；高钾血症和低钾血症的概念及对机体的影响。
2. 熟悉 引起各种类型水、电解质紊乱的主要原因。
3. 了解 各种类型水、电解质紊乱防治的病理生理基础。

第一节 水和电解质的正常代谢

水是机体含量最多的物质，对于维持生命活动不可或缺。水和溶解于其中的溶质组成体液（body fluid），广泛分布于细胞内外。体液中的各种无机盐、一些低分子有机物等以离子状态溶于其中，称为电解质。

水和电解质代谢受到神经-内分泌调节。许多器官系统的疾病，一些全身性的病理过程，都可以引起或伴有水、电解质代谢紊乱；外界环境的某些变化、医源性因素也常导致水、电解质代谢紊乱。如果得不到及时纠正，水、电解质代谢紊乱本身又可使全身各器官系统特别是心血管系统、神经系统的生理功能和机体的物质代谢发生相应的障碍，严重时可导致死亡。

一、体液的含量和分布

成年男性的体液总量约占体重的60%，其中分布于细胞内的液体称为细胞内液（intracellular fluid，ICF），约占体重的40%；分布于细胞外的液体称为细胞外液（extracellular fluid，ECF），约占体重的20%。细胞外液构成了人体的内环境，是沟通组织细胞之间和机体与外界之间的媒介。细胞外液中的血浆占体重的5%，其余15%为组织间液（interstitial fluid），即浸润在细胞周围的液体。细胞外液中有极少一部分特殊的分泌液，如脑脊液、关节囊液及胃肠分泌液等，为上皮细胞所分泌产生，分布于一些密闭的腔隙（如关节腔、颅腔、腹膜腔、胸膜腔）中，称第三间隙液，也称跨细胞液（transcellular fluid）（图5-1）。

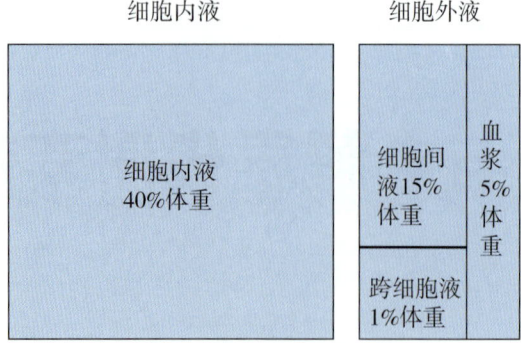

图 5-1 人体体液分布示意图

体液的含量和分布可因年龄、性别和体型的胖瘦而存在明显的个体差异（表5-1）。从婴幼儿到成年人，体液占体重的比例逐渐减少。脂肪组织含水量较少，而肌肉组织含水量较多，因此肥胖者体液总量低于肌肉发达者，女性因脂肪组织较多，体液总量低于男性。因此，老年人、女性和肥胖者对缺水的耐受性较差。

表 5-1 影响体液容量的因素

	体液占体重百分比（%）		
	成年男性	成年女性	婴儿
正常	60	50	70
消瘦	70	60	80
肥胖	50	42	60

二、体液中电解质组成与生理功能

体液中主要的电解质包括 Na^+、K^+、Ca^{2+}、Mg^{2+}、Cl^-、HCO_3^-、HPO_4^{2-} 及 SO_4^{2-} 等，它们在细胞内、外液的分布差异很大。细胞内液中主要阳离子为 K^+，主要阴离子是 HPO_4^{2-} 及蛋白质；细胞外液中主要阳离子为 Na^+，阴离子以 Cl^- 和 HCO_3^- 为主。Na^+ 浓度的正常值是 135～145mmol/L，平均值为 140mmol/L，Cl^- 浓度的正常值是 98～108mmol/L，平均值为 104mmol/L。

各部分体液中所含阳离子和阴离子的总量是相等的，故能维持体液的电中性。细胞外液中的组织间液和血浆的电解质在构成和数量上大致相等，在功能上可以认为是一个体系，两者的主要区别在于血浆含有较高浓度的蛋白质（7%），而组织间液的蛋白质含量仅为 0.05%～0.35%，这与蛋白质不易透过毛细血管壁进入组织间液有关，因此对于维持血浆胶体渗透压和稳定血管内液有重要意义。

电解质的主要生理功能包括维持体液的渗透平衡和酸碱平衡，维持神经、肌肉、心肌细胞的静息电位，参与动作电位的形成，参与新陈代谢。

三、水的生理功能和水平衡

（一）水的生理功能

水是机体含量最多的物质，是维持正常生理活动的基础，水的生理功能是多方面的：

1. **提供生化反应的场所，参与物质代谢**　水是良好的溶剂，能使物质溶解，也是体内所有生化反应的场所；水有利于营养物质和代谢产物的运输；同时还参与水解、水化、加水脱氢等反应。

2. **调节体温**　水的比热大，能吸收代谢过程中产生的大量热量而不使体温大幅升高。水的蒸发热大，1g水完全蒸发可吸收约575cal热量，所以通过皮肤对水的非显性汗（不感蒸发）和汗液蒸发就能散发大量的热量，使产热和散热保持平衡，维持体温恒定。

3. **润滑作用**　水可以减少器官活动时组织间的摩擦力。如关节囊的滑液有助于关节的运动，胸膜腔、心包腔和腹膜腔的浆液可减少组织间的摩擦，泪液有利于眼球的转动而防止眼球干燥，唾液可保持口腔和咽部湿润而有利于吞咽。

4. **结合水的作用**　体内相当一部分水是与蛋白质、黏多糖、磷脂等结合，以结合水的形式存在，发挥其复杂的功能。结合水的多少与组织器官的坚实程度有关，心脏以结合水为主，而血液以自由水为主，所以心脏坚实柔韧，具有良好的舒缩性，而血液则具有良好的流动性。

（二）水平衡

正常人每天水的摄入和排出处于动态平衡之中，每天平均摄入和排出量为2000~2500ml（表5-2）。

水的来源有3个，即饮水、食物含水和代谢生成的水。成人每天饮水量波动在1000~1300ml，食物含水量700~900ml，三大营养物质（糖、脂肪、蛋白质）在代谢过程中生成的代谢水，称内生水，每天约300ml。

机体排出水分的途径有4个，即肾排水（尿）、皮肤排水（显性汗和非显性汗）、肺排水（呼吸蒸发）和消化道排水（粪）。正常成人每天排出的尿量为1000~1500ml，由皮肤蒸发的水分（非显性汗）约500ml，通过肺呼吸排出的水分约400ml，每天随粪便排出的水量约100ml。当气温达28℃时，汗腺开始排汗，称为显性出汗。汗液为低渗溶液，含NaCl约0.2%，并含少量K^+。因此，在高温环境下活动导致大量出汗时，会伴有电解质的丢失，应注意补充水、Na^+和K^+。出汗多少与活动量有关，汗液量变化范围很大。

需要指出的是，尿量视水分的摄入情况和其他途径排水的多少而有增减，但正常成人每天至少必须排出500ml尿液才能清除体内的代谢废物，当尿量少于400ml/d时，称为少尿。

表5-2　水的出入量

	摄入量（ml/d）		排出量（ml/d）
食物中水	700~900	皮肤蒸发	500
代谢水	300	肺呼出	400
饮水	1000~1300	粪便排水	100
		肾排水	1000~1500
总量	2000~2500		2000~2500

四、体液的渗透压

溶液渗透压的大小主要取决于溶质颗粒数目的多少，而与颗粒的大小、电荷或分子量无关。血浆渗透压的正常范围为280~310mmol/L，90%~95%来源于单价离子Na^+、Cl^-和HCO_3^-，剩余的5%~10%由Ca^{2+}、Mg^{2+}等其他离子、葡萄糖、氨基酸、尿素以及蛋白质等构成。通常细胞内、外液的渗透压基本相等。

由蛋白质等大分子（胶体颗粒）形成的渗透压，称为胶体渗透压，血浆中由蛋白质所产生的胶体渗透压极小，仅占血浆总渗透压的 1/200，与晶体渗透压比微不足道，因此血浆渗透压主要由晶体渗透压构成。但由于蛋白质等大分子胶体物质不能自由透过毛细血管壁，决定了血管内外两侧水的平衡，是维持血管内外液体交换和血容量的重要因素。

五、水、电解质平衡的调节

水、电解质平衡是指体液的容量、电解质浓度和渗透压保持相对恒定，这是通过神经-内分泌系统的调节实现的，特别是某些激素的作用，其中主要有：抗利尿激素（antidiuretic hormone，ADH）、醛固酮（aldosterone）、和心房钠尿肽（atrial natriuretic peptide，ANP）等。

（一）渴觉中枢

渴觉中枢位于下丘脑视上核的侧面。渴觉中枢兴奋的主要刺激是血浆晶体渗透压的升高，当机体水分不足或摄入食盐过多时，晶体渗透压升高，可使渴觉中枢的神经细胞脱水，产生口渴感，因而主动饮水增多。

（二）抗利尿激素

抗利尿激素由下丘脑视上核和室旁核的神经元分泌，储存于神经垂体。ADH 能提高肾远曲小管和集合管对水的通透性，从而使水的重吸收增加（图 5-2）。

促使 ADH 释放的主要刺激是血浆晶体渗透压的增高和循环血量的减少。当机体失去大量水分而使血浆晶体渗透压增高时，下丘脑视上核或其周围区的渗透压感受器促使 ADH 释放增多，促使肾远曲小管和集合管对水的重吸收增多而使血浆渗透压有所下降。大量饮水时的情况正好相反。由于 ADH 释放减少，肾排水增多，血浆渗透压得以回升。血容量过多时，可刺激左心房和胸腔内大静脉的容量感受器，反射性地引起 ADH 释放减少，结果引起利尿而使血容量减少。反之，当失血等原因使血容量减少时，ADH 可因容量感受器所受刺激减弱而释放增加，尿量减少而有助于血容量的恢复。

虽然循环血量减少可刺激 ADH 释放，但不如渗透压的刺激敏感。一般认为，只有当细胞外液容量减少 10% 以上时，才能刺激 ADH 的释放；而细胞外液渗透压有 1%～2% 变动时，就可以影响 ADH 的释放。

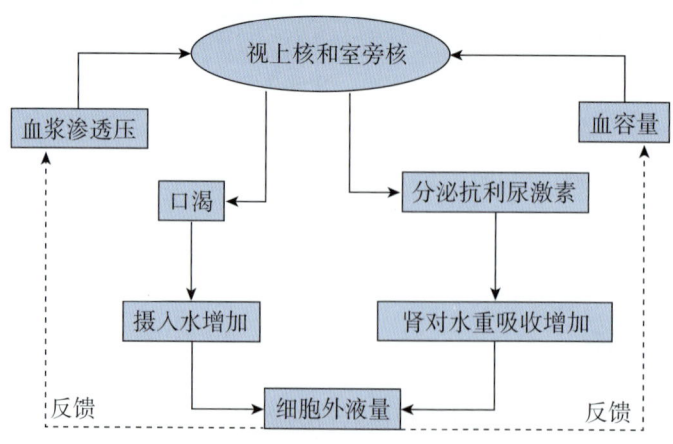

图 5-2　抗利尿激素的调节及其作用机制示意图

（三）醛固酮

醛固酮是肾上腺皮质球状带分泌的盐皮质激素，主要作用是促进肾远曲小管和集合管对 Na^+ 和水的重吸收，补充循环血量，同时也促进 K^+ 和 H^+ 的排出，所以说醛固酮有保钠、保水、排钾、排氢的作用。

醛固酮的分泌主要受肾素-血管紧张素系统和血浆 Na^+、K^+ 浓度的调节。引起其分泌增多的刺激主要是有效循环血量的减少。当失血等原因使血容量减少，动脉血压降低时，肾血流量不足导致肾素分泌增多，激活肾素-血管紧张素系统，使醛固酮的合成和分泌增多。

另外，心房钠尿肽具有强烈而短暂的利尿、排钠及松弛血管平滑肌的作用。水通道蛋白（aquaporin，AQP）也对水的吸收与分泌起到重要的调节作用。

第二节　水和钠代谢紊乱

病理状态下，机体内环境稳态被打破，出现水、电解质和酸碱平衡紊乱。水、钠代谢紊乱常同时或先后发生，关系密切，往往同时伴有体液容量和渗透压的变化。

水和钠代谢紊乱有多种分类方式，根据体液容量可以分为体液容量不足和容量过多，容量不足可引起机体不同程度脱水；容量过多可引起水中毒，或者水肿。

进一步依据体液的渗透压可以分为：

综合血钠的浓度和体液容量又可以分为：

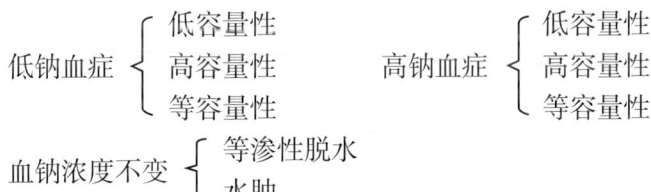

本节将按照血钠的浓度和体液容量来依次阐述。

一、低钠血症

低钠血症（hyponatremia）是指血清钠浓度 < 135mmol/L，常伴血浆渗透压下降。根据体液容量可分为低容量性、等容量性和高容量性低钠血症。

（一）低容量性低钠血症

低容量性低钠血症（hypovolemic hyponatremia）是指低钠血症伴有细胞外液容量减少，又称为低渗性脱水（hypotonic dehydration），特征是体内失钠多于失水、血清钠浓度 < 135mmol/L、血浆渗透压 < 280mmol/L。

1. 原因和机制　常见的原因是机体经肾或肾外途径丢失大量的水和钠后只补水而未补钠，往往和治疗措施不当有关，常属继发性变化（表5-3）。

（1）经肾丢失

1）长期使用利尿剂：例如氢氯噻嗪、呋塞米等可抑制肾小管对钠的重吸收。

2）渗透性或溶质性利尿：如大量使用甘露醇等脱水剂，糖尿病酮症酸中毒、血糖明显升高和烧伤等。

3）肾小管-间质疾病：如慢性间质性肾炎、肾小管酸中毒、Bartter综合征和Gitelman综合征等。

4）少尿型急性肾损伤恢复期和尿路梗阻解除早期：急性肾损伤恢复期时，由于受损肾小管重吸收功能未完全恢复，加上少尿期聚集在体内的大量溶质经肾小球滤过，形成渗透性利尿，最多时每天尿量可达20L。

5）慢性肾功能不全时，肾对水和钠调节能力下降。

6）醛固酮减少，导致远端肾小管重吸收水钠减少。

（2）肾外丢失

1）胃肠道丢失：这是临床最常见的原因，大多因呕吐、腹泻，部分因胃肠手术后引流导致大量含钠消化液丢失。

2）经皮肤丢失：见于大面积烧伤或大量出汗后只补充水分而不补钠。

3）液体积聚在第三间隙：如腹膜炎、胰腺炎形成大量腹水，胸膜炎形成大量胸腔积液等只补水时。

4）脑性失盐综合征：颅内肿瘤、出血、外伤等中枢神经系统损伤所致的低钠血症。

表5-3 低容量性低钠血症的病因

水、钠丢失途径	举例
肾性	长期使用利尿剂
	醛固酮减少
	急性肾损伤恢复期
胃肠道	呕吐
	腹泻
皮肤	大面积烧伤
液体积聚在第三间隙	大量胸腔积液
	大量腹水

2. 对机体的影响　低容量性低钠血症对机体的影响主要与细胞外液容量减少和渗透压降低的程度相关。

（1）细胞外液容量减少：血钠降低使水由细胞外液向渗透压相对较高的细胞内转移，使细胞外液容量进一步减少，血容量减少，容易较早发生低血容量性休克。轻者出现直立性低血压，严重时易出现脉搏细速、静脉塌陷、血压下降、四肢厥冷等周围循环衰竭的症状。

（2）明显脱水体征：例如皮肤弹性减退甚至丧失、眼窝凹陷和婴儿囟门内陷、体重下降等。

（3）细胞水肿：因水转移到细胞内，导致细胞肿胀、代谢紊乱，严重者可致脑水肿，引起中枢神经系统功能紊乱。

（4）尿的变化

1）尿量：由于渗透压降低可抑制渗透压感受器，使患者早期无渴感而不思饮水，又致

ADH 分泌减少，肾小管重吸收水相应减弱，故早期尿量无明显减少而尿比重低；严重脱水时，ADH 分泌增多，肾重吸收水分增多使尿量减少。

2）尿钠：经肾失钠所引起的低钠血症，尿钠含量增多（＞20mmol/L）；由肾外原因引起者，因肾血流量不足而激活肾素-血管紧张素-醛固酮系统，肾小管上皮细胞对钠重吸收增加，尿钠含量减少（＜10mmol/L）。

3. 防治的病理生理基础

(1) 积极防治原发病、去除病因，防止采用不适当的输液疗法。

(2) 注意观察记录患者体液出入量、体重增减、生命体征、尿量、皮肤及黏膜等情况，评估患者液体平衡状态。

(3) 合理补钠：输液原则一般以补充等渗的含钠溶液为主，以恢复细胞外液的容量和渗透压。轻、中度者静脉滴注生理盐水即可，极少数重度者应先恢复血容量，改善血液循环；对细胞外渗透压明显降低者可适当补高渗盐水，增加细胞外液渗透压，解除细胞肿胀。若有休克，则按休克处理原则积极抢救。

(二) 等容量性低钠血症

等容量性低钠血症（isovolemic hyponatremia）是指细胞外液容量基本正常的低钠血症。

1. 原因和机制

(1) 抗利尿激素分泌增加：抗利尿激素分泌失调综合征（syndrome of inappropriate ADH secretion，SIADH）是引起 ADH 分泌增加，导致等容量性低钠血症的最常见原因。某些恶性肿瘤（如肺癌）、中枢神经系统疾病（如脑外伤）及肺部病变（如肺结核）等均可使 ADH 分泌异常增多；恐惧、疼痛、失血、休克、外伤和一些药物（如卡马西平、环磷酰胺、吗啡等）也可引起 ADH 分泌增多。

(2) 大量补充水和低钠溶液：大量饮用水或低钠饮料、精神性烦渴、静脉输注无钠或低钠溶液或水灌肠可引起尿液增多，伴随 Na^+ 的丢失，一般为正常容量性低钠血症。但当摄入液量明显超过最大排尿能力时，表现为高容量性低钠血症。

(3) 甲状腺功能减退和糖皮质激素缺乏：患者 ADH 增多而并发等容量性低钠血症。

(4) 肾上腺皮质功能低下：醛固酮分泌减少引起水、钠排泄增多，皮质醇减少可促进 ADH 分泌，引起水排泄减少。

2. 对机体的影响　轻度的等容量性低钠血症对机体无影响，当低钠血症严重时可能会由于脑水肿导致中枢神经系统功能紊乱。

3. 防治的病理生理基础　首先需辨识病因，解除原发疾病。此外治疗的重要方面是限制水的摄入量。当出现中枢神经系统症状时，有必要使用利尿药及高渗盐溶液。

(三) 高容量性低钠血症

高容量性低钠血症（hypervolemic hyponatremia）是指体内总钠和体液容量均增加，但体液容量增加更为明显而导致低钠血症。由于低渗的细胞外液过度增多，这种低钠血症也称之为水中毒（water intoxication）。

1. 原因和机制

(1) 水排出减少：包括充血性心力衰竭、肝硬化合并腹水、肾病综合征等引起有效血容量不足，ADH 分泌增加、肾小球滤过率下降，引起水钠排泄减少，并且以水增多为主。

(2) 水摄入过多：如精神性饮水过度、静脉输入过多水或低钠溶液、水灌肠等均可导致高容量性低钠血症，尤其见于严重的肾衰竭患者。

2. 对机体的影响　由于血钠降低，水分向渗透压相对高的细胞内转移而引起细胞水肿，结果使细胞内、外液容量均增多而渗透压都降低。急性水中毒时，由于脑神经细胞水肿和颅内压增高，故脑症状出现最早而且突出，可发生各种神经精神症状，如凝视、失语、精神错乱、定向障碍、嗜睡、烦躁等，并可有视神经盘水肿，严重者可因发生脑疝而致呼吸、心搏骤停。

3. 防治的病理生理基础　治疗原发病，限制水的摄入量。当出现严重中枢神经系统症状时，有必要迅速使用利尿药及高渗盐溶液，以纠正脑细胞水肿。

病例分析 5-1

男性，18个月，因腹泻、呕吐3天入院。起病以来，每天腹泻5～6次，均为水样便，时有呕吐，不能进食。入院后每日补5%葡萄糖溶液1000ml，2天后发现尿量减少，腹胀。

查体：精神萎靡，体温37.5℃（肛），脉搏细速，150次/分，呼吸浅快，55次/分，血压80/50mmHg，四肢厥冷，皮肤弹性减退，两眼凹陷，前囟下陷，腹胀，肠鸣音减弱，腹壁反射消失，膝反射迟钝。实验室检查：血清Na^+ 128mmol/L，血清K^+ 3.2mmol/L。

问题与思考：
患者发生何种水、电解质紊乱？原因是什么？

二、高钠血症

高钠血症（hypernatremia）是指血清钠浓度＞145mmol/L、血浆渗透压＞310mmol/L。根据体液容量可分为低容量性、等容量性、高容量性高钠血症。

（一）低容量性高钠血症

低容量性高钠血症（hypovolemic hypernatremia）是指伴有细胞外液容量减少的高钠血症，又称为高渗性脱水（hypertonic dehydration），特征是体内失水多于失钠、血清钠浓度＞145mmol/L、血浆渗透压＞310mmol/L。

1. 原因和机制

（1）水摄入不足：常见于水源断绝、进食困难、昏迷或频繁呕吐、脑外伤、脑血管意外导致渗透压感受器不敏感等。

（2）水丢失过多

1）肾性丢失：渗透性利尿，多见于应用袢利尿剂和渗透性利尿剂后，还可见于中枢性和肾性尿崩症。

2）非肾性丢失：①经皮肤、呼吸道失水。见于高热、高温环境、剧烈运动、甲状腺功能亢进或过度通气时，会通过皮肤或呼吸道不感蒸发而丢失几乎不含电解质的纯水或低渗汗液。②经胃肠道失水。呕吐、腹泻及消化道引流等可引起等渗或含钠量低的消化液丢失。腹泻是最常见原因，尤其见于渗透性腹泻，如甘露醇、乳果糖、糖类吸收不良等。病毒性胃肠炎时，失水多于失钠，为高渗性脱水，而分泌性腹泻引起的是等渗性或低渗性脱水。

以上情况在渴感正常的人，有水喝及能喝水的情况下，很少引起高渗性脱水。因为在失水的早期，血浆渗透压稍有升高就会刺激渴觉中枢，饮水后血浆渗透压即可恢复。若补水不及时，再由皮肤和呼吸道蒸发丢失水，失水多于失钠就会造成高渗性脱水（表5-4）。

表 5-4 低容量性高钠血症的病因

病因	举例
水摄入不足	昏迷
	水源断绝
	渴感丧失
水丢失过多	渗透性利尿
	尿崩症
	过度通气
	严重出汗

2. 对机体的影响

（1）口渴：是高渗性脱水的特征性临床表现，由于细胞外液渗透压增高刺激渴觉中枢，导致口渴，是机体重要的保护机制。

（2）细胞脱水：由于细胞外液高渗，细胞内液向细胞外转移，导致细胞脱水。脑细胞脱水引起中枢神经系统功能障碍，如出现幻觉、嗜睡、抽搐，甚至昏迷。脑细胞严重脱水而引起脑体积显著缩小时，颅骨和脑皮质之间的血管张力增大，可能引起局部脑出血和蛛网膜下隙出血。

（3）脱水热：脱水严重的患者，尤其是小儿，由于皮肤蒸发的水分减少导致机体散热减少而使体温升高，即所谓脱水热。

（4）尿的变化

1）尿量：细胞外液渗透压增高刺激下丘脑感受器，引起 ADH 分泌增多，使肾小管对水的重吸收增多，从而引起尿少而尿比重增高。

2）尿钠：早期可因尿少而使尿钠增高；对于晚期和重症病例，可因血容量减少，刺激肾素-血管紧张素系统，醛固酮分泌增多而使尿钠降低。

3. 防治的病理生理基础

（1）消除病因，积极防治原发病。

（2）注意观察患者生命体征、尿量、皮肤及黏膜情况；高渗性脱水时血钠浓度高，但患者仍有钠丢失，故治疗过程中，首先应给予生理盐水，待缺水得到一定程度纠正后，还应补充一定量的含钠溶液，以免细胞外液转为低渗。

（3）必要时还应适当补充钾盐，原因包括：高钠血症刺激醛固酮释放，使尿钾增多，此外细胞脱水导致细胞内钾向细胞外转移，而细胞脱水纠正后，钾返回到细胞内容易导致血钾降低。

知识链接

低容量性高钠血症补液的液体选择：严重低血容量时，给予等张生理盐水，纠正容量不足、高渗和高钠血症。待血流动力学稳定后，给予 0.45% 低张盐水或 5% 葡萄糖溶液，以进一步降低血 Na^+ 和血浆渗透压。轻、重度高钠血症患者，可直接应用 0.45% 低张盐水或 5% 葡萄糖溶液。

（二）等容量性高钠血症

等容量性高钠血症（isovolemic hypernatremia）的特征是血钠轻微升高而细胞外液量无明显变化，又称为原发性高钠血症。原因包括：

1. 肾外丢失　多见于发热和高分解代谢状态，经皮肤和呼吸道失水。
2. 肾性丢失　ADH合成或释放障碍（中枢性尿崩症），集合管对ADH反应缺陷（肾性尿崩），以及激素降解过快。此种情况下，以水丢失为主且丢失量较小，由于无明显钠丢失，故机体总钠含量和体液量基本正常。

对机体的影响取决于细胞外液渗透压升高幅度，治疗时给予5%葡萄糖溶液治疗，以补充水分降低血钠浓度。

（三）高容量性高钠血症

高容量性高钠血症（hypervolemic hypernatremia）是细胞外液量增多的高钠血症，临床少见。原因主要见于医源性盐摄入过多，例如因注射高张盐水或代谢性酸中毒、高钾血症、心搏、呼吸骤停时输注大量碳酸氢钠所致。

具有高钠血症的特征，例如口渴和尿液浓缩。细胞外液量增多可能导致循环超负荷、水肿和高血压。治疗时应消除原发病，合理使用利尿药。

三、等渗性脱水

等渗性脱水（isotonic dehydration）是指水、钠等比例丢失，血清钠浓度135～145mmol/L、血浆渗透压280～310mmol/L。

等渗性脱水的常见病因有：腹泻、呕吐、失血以及大面积烧伤等。随着细胞外液的减少，许多适应性反应会被引发，包括醛固酮和ADH的释放。

等渗性脱水的临床表现与血容量减少有关，包括直立性低血压、口渴、休克等。等渗性脱水既能因为水分的大量缺失逐步转变为高渗性脱水，又能因为Na^+的过度缺失逐渐转变为低渗性脱水。治疗时应该去除原发病，输注等渗盐溶液。

3种类型脱水的比较见表5-5。

表5-5　3种类型脱水的比较

	高渗性脱水	低渗性脱水	等渗性脱水
发病原因	水摄入不足或丢失过多	体液丢失而单纯补水	水和钠等比例丢失
渗透压（mmol/L）	>310	<280	280～310
血清钠（mmol/L）	>145	<135	135～145
脱水部位	细胞内液丢失为主	细胞外液丢失为主	细胞外液丢失为主
主要表现	口渴、尿少、脑细胞脱水	脱水体征、休克、脑细胞水肿	口渴、尿少、脱水体征、休克
尿氯化钠	有	减少或无	减少
治疗	葡萄糖溶液加生理盐水	生理盐水或高渗盐水	生理盐水加葡萄糖溶液

四、水肿

水肿（edema）是指过多的液体在组织间隙或体腔中积聚，过多的体液在体腔中积聚又称为积水（hydrops）或积液，如胸腔积液、腹水、心包积液、脑积水等。水肿不是独立的疾病，而是多种疾病常见的一种病理过程。

（一）水肿的分类

1. 根据水肿波及范围，可分为全身性水肿和局部性水肿。
2. 根据水肿发生的器官、组织，可分为脑水肿、肺水肿、皮下水肿及视神经盘水肿等。
3. 根据水肿的发病原因，可分为心源性水肿、肾性水肿、肝性水肿、炎性水肿及营养不良性水肿等。
4. 根据水肿液存在的状况，可分为显性水肿（frank edema）和隐性水肿（recessive edema）。皮下水肿是全身或局部水肿的一个重要体征。皮下水肿时可见水肿区皮肤苍白、肿胀、皱纹浅平，手指按压可有凹陷，称为凹陷性水肿或显性水肿。正常情况下，组织间液体是结合水，与组织间隙中的胶体网状物（化学成分是透明质酸胶原及黏多糖等）结合，不能自由流动。当组织液增加时，水肿液首先与胶体网状物呈凝胶态结合，因不能自由移动，临床无肉眼可见的凹陷性水肿，称为隐性水肿。当水肿液继续增多，超过了胶体网状物的吸附能力时，组织间出现游离水。在水肿部位用手指按压使游离液体向按压点周围散开，形成凹陷，压力去除，液体又流回，凹陷平复。

（二）水肿的发病机制

生理情况下，人体的组织间液处于不断的交换与更新之中，而组织间液容量相对恒定，这种恒定有赖于血管内外液体交换平衡和体内外液体交换平衡。如果这两种平衡被破坏，就有可能导致组织间隙或体腔中过多体液积聚。具体机制包括：

1. 组织液生成大于回流

（1）毛细血管血压增高：毛细血管血压主要受静脉压的影响。当心功能不全、缩窄性心包炎等造成静脉回流受阻时，静脉压增高，毛细血管血压增高，使血管内液体流出增加。

（2）血浆胶体渗透压下降：血浆胶体渗透压的高低主要取决于血浆白蛋白的含量。当血浆白蛋白含量减少时，血浆胶体渗透压降低，主要见于肾病综合征造成的蛋白尿，以及严重营养不良或肝硬化时白蛋白合成减少引起的低蛋白血症。

（3）微血管壁通透性增高：血管壁是半透膜，水与电解质可自由通过，但血管内蛋白质基本不能经微血管滤出，所以血浆胶体渗透压远高于组织液胶体渗透压。当炎症和过敏反应时，炎症因子可使微血管壁通透性增高，血浆蛋白从毛细血管滤出，造成组织间液的胶体渗透压升高，促进血管内溶质和水分滤出。因微血管壁通透性增高产生的水肿液称为渗出液（exudate），而微血管壁通透性无明显变化时产生的水肿液称为漏出液（transudate）。判断水肿液的性质是临床上鉴别引起腹水及胸腔积液原因的重要方法（参见表 7-2）。

（4）淋巴回流受阻：见于肿瘤、丝虫病等引起淋巴管阻塞，手术和外伤等引起淋巴管损伤。

2. 水钠潴留　正常人钠与水的摄入和排出处于动态平衡的状态，肾在调节水钠平衡中起关键作用。当肾小球肾炎、肾衰竭、原发性醛固酮增多症及抗利尿激素异常分泌综合征时，肾小球滤过减少和（或）肾小管重吸收增加，导致肾排泄水钠减少，液体在体内潴留并不断进入组织间隙，水钠潴留往往是产生全身性水肿的重要机制。

（三）全身性水肿的发病机制

不同原因引起的水肿临床表现各不相同。心源性水肿首先出现在身体的低垂部，例如脚踝部位；肝性水肿以腹水为主；肾性水肿先表现为晨起眼睑或颜面部水肿。

1. 心源性水肿　左心衰竭引起肺水肿，右心衰竭引起全身性水肿，习惯上将后者称为心源性水肿（cardiac edema）。发生机制主要与毛细血管静脉压增高、心排血量减少和有效循环血量降低导致的肾小球滤过率下降以及肾小管重吸收增加造成的水钠潴留有关。

2. **肝性水肿**　由肝疾患引起的水肿称为肝性水肿，最常见的原因是肝硬化。发病机制包括门静脉高压、肝淋巴液生成增多、低蛋白血症和水钠潴留。

3. **肾性水肿**　有肾病性水肿和肾炎性水肿之分。肾病性水肿见于肾病综合征，在临床上具有大量蛋白尿、重度水肿、高脂血症和低蛋白血症等四大特征。其发生机制主要在于肾小球滤过膜通透性增高，造成蛋白质从尿液中大量丢失，血浆蛋白显著降低，血浆胶体渗透压降低引起组织液生成大于回流。另外，因患者有效循环血量减少和肾小球滤过率降低，通过激活肾素 - 血管紧张素 - 醛固酮系统，继发性引起水钠潴留而加重水肿。肾炎性水肿主要见于急、慢性肾小球肾炎，水肿的发生主要和肾小球滤过率降低以及水钠潴留相关。

（四）对机体的影响

水肿对机体的影响可因水肿的类型、发生部位、程度和持续时间而不同。水肿发生在四肢和体表的影响较小；发生在重要器官的影响较大，后果严重，如喉头水肿可引起窒息；脑水肿可引起颅内压增高和脑功能障碍，甚至发生脑疝。另外，水肿形成后，积聚在组织间隙的大量液体，使细胞与毛细血管之间的距离增大，营养物质在细胞之间的弥散效率降低，不利于组织细胞的正常营养供应。

水肿在特定情况下对机体也有有利的一面：①减轻心脏负荷，当全身性水肿时，过多的体液聚积于组织间隙，在一定程度上避免了因血容量过度增大，容量（前）负荷增加对心功能产生的不利影响；②有助于机体抗损伤，炎性水肿所产生的渗出液可发挥稀释毒素、吸附有害物质、输送抗体或药物、防止病原菌和有利于吞噬细胞游走等综合作用，以增强机体的抗损伤能力。

（五）水肿防治的病理生理基础

1. **治疗原发病，消除病因**　如心源性水肿，应以防治心力衰竭为主，除应用减轻心室重构的药物外，还需使用利尿药和适当限制钠盐摄入。

2. **预防压疮和感染**　水肿患者特别是卧床时，由于增加了持重部位的压力，容易造成压疮。

病例分析 5-2

男性，6岁，因全身水肿伴尿少7天，加重2天入院。患者7天前出现水肿，以双眼睑部位为重，逐渐发展至全身，尿少，无尿频、尿急、尿痛。

查体：体温36.7℃（肛），脉搏90次/分，呼吸30次/分，血压120/80mmHg，双眼睑严重水肿，颜面水肿、双下肢凹陷性水肿。实验室检查：尿色黄，蛋白质（++++）。总蛋白40g/L（正常值20～30g/L），白蛋白18g/L（正常值34～54g/L），球蛋白25g/L（正常值20～30g/L），血清总胆固醇12.2mmol/L（正常值3.37～5.7mmol/L）。

问题与思考：

该患儿发生水肿的原因是什么？

第三节 钾代谢紊乱

钾是体内最重要的无机阳离子之一，在体内电解质中的含量仅次于钠，其中98%存在于细胞内，是细胞内含量最高的阳离子，血清钾浓度在3.5～5.5mmol/L。

钾的主要来源是食物，正常膳食中含有较丰富的钾供人体需要，每天从饮食中可摄取2～4g钾，经小肠吸收入血。钾的排泄途径有尿、汗液和粪便，肾是排钾的主要器官，每天排出的钾约90%经肾随尿液排出体外。肾排钾的特点是多吃多排，少吃少排，不吃也排。在钾摄入极少或几乎无摄入的情况下，肾每天仍能排出一定量的钾，因此，对禁食和使用利尿剂的患者，应注意适当补钾。

机体通过以下几条途径维持血钾的平衡：①通过细胞膜 Na^+-K^+ 泵，改变钾在细胞内外的分布；②通过细胞内外的 H^+-K^+ 交换，影响细胞内外液钾的分布；③通过肾小管上皮细胞内外跨膜电位的改变影响其排钾量；④通过醛固酮和远端小管液流速来调节肾排钾量；⑤通过结肠排钾及出汗形式排钾。

钾的生理功能主要包括维持细胞新陈代谢、维持细胞膜静息电位、维持细胞内液渗透压和调节酸碱平衡。

> **知识链接**
>
> 含钾较多的食物
> （1）肉类：瘦猪肉、猪肝、猪肾等。
> （2）粮食：荞麦、玉米、红薯、大豆等。
> （3）水果：香蕉含钾最高。
> （4）蔬菜：菠菜、苋菜、香菜、油菜、甘蓝、芹菜、大葱、青蒜、莴苣、土豆、山药、鲜豌豆、毛豆等。
> （5）海藻类：每100g紫菜含钾1640mg，是含钠的175倍；海带含钾是含钠的22倍。
> （6）茶叶中含有1.1%～2.3%的钾，所以茶水是夏季最好的补钾饮品。

一、低钾血症

血清钾浓度低于3.5mmol/L称为低钾血症（hypokalemia），是临床上较为常见的病理过程。低钾血症时，机体的含钾总量不一定减少，例如当细胞外钾向细胞内转移时也可导致低钾血症。但是，在大多数情况下，低钾血症的患者也伴有体内钾总量的减少。

（一）原因和机制

1. 钾摄入不足　一般饮食含钾都比较丰富，只要能正常进食，机体就不致缺钾。长期不能进食（如消化道梗阻、昏迷及手术后长期禁食）及长期输液未予补钾者，会出现缺钾和低钾血症。

2. 钾丢失过多

（1）经消化道丢失：这是小儿失钾最重要的原因。主要见于频繁呕吐、腹泻、胃肠减压等，发生机制为：①消化液含钾量高，容易失钾；②上述原因导致继发性醛固酮分泌增加，肾排钾增多；③呕吐、胃肠引流引起代谢性碱中毒，加重缺钾。

（2）经肾失钾：这是成人失钾最重要的原因。引起肾排钾增多的常见因素有：①使用某些利尿剂，如噻嗪类利尿剂和袢利尿剂能使肾排钾增多；②醛固酮分泌过多，原发性或继发性醛固酮增多症、库欣综合征等使肾上腺皮质激素分泌亢进，促使钾排出增多；③远端肾小管性酸中毒，肾小管上皮细胞排 H^+ 减少，使得 Na^+-K^+ 交换增强，尿 K^+ 丢失增多；④渗透性利尿，如急性肾衰竭多尿期，患者肾小管原尿中尿素、肌酐等增多，可产生渗透性利尿作用，使尿 K^+ 排出明显增加。

（3）经皮肤失钾：汗液含钾只有 9mmol/L，因此在一般情况下，出汗不致引起低钾血症。但在高温环境中进行重体力劳动时，大量出汗亦可导致钾的丧失。

3. 细胞外钾向细胞内转移

（1）碱中毒：促进 K^+ 进入细胞和尿排 K^+ 增多。

（2）胰岛素治疗：由于每合成 1g 糖原，需同时动员 0.5mmol 的 K^+ 进入细胞，故临床上应用大剂量胰岛素治疗糖尿病时，可促使大量的 K^+ 进入细胞，引起血钾浓度下降。

（3）甲状腺功能亢进：甲状腺素能激活 Na^+-K^+-ATP 酶，引起细胞摄 K^+ 过多而引发低钾血症。

（4）某些毒物中毒：如钡中毒、粗制棉籽油中毒（主要毒物为棉酚），由于钾通道被阻滞，使钾外流减少。

（5）低钾性周期性麻痹：是一种遗传性疾病，发作时细胞外液钾进入细胞内，血清钾急剧减少，剧烈运动、应激等是常见的诱发因素，发生机制目前尚不清楚。

（二）对机体的影响

血清钾降低的速度、程度和持续时间决定着低钾血症对机体的影响程度。一般而言，血清钾降低速度越快，或血清钾浓度越低，则对机体的影响越大。慢性失钾者临床症状不明显。

1. 对神经、肌肉的影响　急性低钾血症时，细胞外 K^+ 浓度快速降低，使细胞内外 K^+ 浓度差增大，静息电位负值加大，静息电位与阈电位之间的距离增大，引起细胞兴奋所需的刺激强度增大，即兴奋性降低。这种因静息电位和阈电位之间距离增大而导致神经和肌肉兴奋性降低的情况称为超极化阻滞。患者出现腱反射减弱甚至消失，四肢无力，以下肢肌肉最为明显，严重时出现肌肉麻痹，呼吸肌麻痹是重要的死亡原因。还可出现胃肠道和泌尿道平滑肌功能紊乱，包括腹胀、麻痹性肠梗阻、便秘和尿潴留。

2. 对心脏的影响　低钾血症可影响心肌的电生理特征，使心肌兴奋性增高、自律性升高、传导性降低、收缩性先高后低。患者可出现各种心律失常，如期前收缩、房室传导阻滞等，严重时甚至发生心室纤颤。

低钾血症时心电图的变化是 T 波低平增宽，出现 U 波，S-T 段压低，P-R 间期延长，Q-T 间期延长及期前收缩等特征。

3. 对肾的影响　见于慢性低钾血症。肾长期缺钾使集合管和远曲小管上皮细胞损害，对 ADH 反应性降低，造成病变的肾小管重吸收水减少，可引起多尿。

4. 对酸碱平衡的影响　低钾血症可引起代谢性碱中毒。其发生机制是：

（1）细胞内、外 K^+-H^+ 交换：血钾降低，细胞内 K^+ 移到细胞外，而细胞外 H^+ 移到细胞内，使细胞外 H^+ 浓度降低，发生碱中毒。

（2）肾小管上皮细胞排 H^+ 增加：低钾血症时，肾小管上皮细胞内 K^+ 浓度降低，以致肾

小管 K^+-Na^+ 交换减弱，H^+-Na^+ 交换增强，结果血浆 H^+ 浓度下降，形成碱中毒。此时，随尿排出的 H^+ 增加使尿液呈酸性，称为反常性酸性尿（paradoxical aciduria）。

5．对骨骼肌的影响　严重缺钾的患者进行肌肉剧烈活动时，因运动引起的舒血管反应丧失，造成肌肉缺血。骨骼肌细胞可发生坏死，造成横纹肌溶解。

（三）防治的病理生理基础

1．积极治疗原发病，去除病因。

2．适当补钾　轻度低钾血症者，应尽早恢复食用富含钾的食物来纠正。重度低钾血症者，首选口服补钾，每日口服氯化钾 40～120mmol 为宜。若病情严重或不能口服，可采用静脉滴注补钾，但必须按低浓度（30～40mmol/L）、慢滴速（10～20mmol/h）、见尿量（大于 400ml/d）、有心电图监护等原则进行，严禁静脉注射钾，以防医源性高血钾症的发生。

3．防治心律失常等严重并发症。

> **知识链接**
>
> **补钾的种类**
>
> 氯化钾：含钾 13.4mmol/g，含钾量高，可口服和静脉用药；由于胃肠副作用大，以及可引起血氯升高加重酸中毒，故不宜用于肾小管酸中毒等伴高氯血症患者。
>
> 枸橼酸钾：含钾 9mmol/g，枸橼酸根经肝代谢后生成碳酸根，可同时纠正酸中毒；但不适用于肝功能明显受损时。
>
> 谷氨酸钾：含钾 4.5mmol/g，适用于肝衰竭者。
>
> 门冬氨酸钾镁：含钾 3.0mmol/g 和镁 3.5mmol/g，可促进钾离子进入胞内，而镁离子和钾离子有协同作用，有利于纠正细胞内低钾，尤其适用于伴低镁血症患者。

二、高钾血症

血清钾浓度高于 5.5mmol/L 称为高钾血症（hyperkalemia）。

（一）原因和机制

1．钾摄入过多　在肾功能正常时，由于机体排钾代偿机制完善，过多摄入高钾食物和含钾药物，并不易引起高钾血症。但肾功能不全和糖尿病等患者可因钾摄入过多而引起高钾血症。此外，静脉内过多、过快地输入钾盐，或输入大量库存血有可能起高钾血症。

2．肾排钾减少　是引起高钾血症的最主要原因。常见于：

（1）肾小球滤过率下降：急性肾衰竭多见。

（2）肾小管分泌 K^+ 减少：见于醛固酮减少症，如肾上腺皮质功能减退（Addison 病）或肾小管对醛固酮不敏感，如长期应用保钾利尿剂会抑制肾小管对醛固酮反应的作用。

3．细胞内钾转到细胞外

（1）酸中毒：细胞外液 H^+ 浓度升高，H^+ 进入细胞内被缓冲，而细胞内 K^+ 转移到细胞外以维持电荷平衡，所以酸中毒常伴发高钾血症。

（2）细胞分解破坏：如溶血、严重创伤时，细胞破坏而使细胞内 K^+ 大量释放到细胞外。

（3）组织缺氧：组织缺氧使细胞 ATP 生成减少，膜钠泵功能障碍，细胞 Na^+-K^+ 交换减弱，细胞外 K^+ 增多。

（4）胰岛素缺乏与高血糖：糖尿病时，患者体内胰岛素不足，糖原合成减弱，K^+进入细胞减少。同时高血糖使血浆渗透压升高，水分从细胞内转移至细胞外，细胞内钾离子浓度增高，可促进K^+从细胞内外逸，两者均可促成血清K^+浓度升高。

（5）高钾性周期性麻痹：发作时细胞内钾向细胞外转移，是一种常染色体显性遗传性疾病，表现为周期性反复发作的肌麻痹。

（二）对机体的影响

1. 对神经、肌肉的影响　骨骼肌兴奋性随着血钾升高表现为先升高后降低，可出现感觉异常、乏力、肌肉疼痛等症状，严重时可出现麻痹、呼吸衰竭。

2. 对心脏的影响　高钾血症可引起各种心律失常，尤其是一些致死性心律失常，如心室纤颤、心脏停搏等，已成为高钾血症对机体的最主要危害。对心肌电生理特性的影响是兴奋性先高后低、传导性降低、自律性降低、收缩性降低。

高钾血症特征性的心电图是T波高尖、P波低平、QRS复合波增宽。心率减慢伴心律失常甚至停搏。心肌自律性、传导性和兴奋性均降低是构成心搏骤停的异常电生理活动的基础。

3. 对酸碱平衡的影响　高钾血症可引起代谢性酸中毒。其发生机制是：

（1）高钾血症时，细胞外液K^+移到细胞内，而细胞内液H^+移到细胞外，引起细胞外液酸中毒。

（2）高血钾使肾小管上皮细胞内K^+浓度增高，造成肾小管K^+-Na^+交换增强，H^+-Na^+交换减弱，尿排K^+增加，排H^+减少，尿液呈碱性，称为反常性碱性尿（paradoxical alkaluria）。

（三）防治的病理生理基础

1. 积极治疗原发病　去除引起高钾的原因。

2. 停用一切含钾的药物或溶液　如钾制剂（静脉、口服）、保钾利尿剂、库存血以及含钾食物。

3. 拮抗高K^+对心肌的毒性作用　静脉输入钙剂（如葡萄糖酸钙）和钠剂（如乳酸钠或$NaHCO_3$溶液），发挥Ca^{2+}、Na^+对K^+的拮抗效应，使高K^+对心肌的毒性作用减轻或消除。

4. 降低血钾

（1）葡萄糖和胰岛素同时静脉注射可促使钾进入细胞内。

（2）可口服阳离子交换树脂，或经腹膜透析和血液透析（人工肾）排钾。

病例分析 5-3

女性，26岁，因大面积烧伤和严重呼吸道烧伤入院。

查体：头面及胸腹部烧伤，面积约占85%（Ⅲ度占60%）。经全面积极处理，病情趋于稳定。第28天发现创面感染，随后患者体温升至39.2℃，血细菌培养阳性（主要为绿脓杆菌），血压降至70/50mmHg，尿量400ml/d，pH 7.088，HCO_3^- 9.8mmol/L，$PaCO_2$ 33.4mmHg，血K^+ 6.8mmol/L，血Na^+ 131mmol/L，血Cl^- 102mmol/L。心电图显示：P波压低、增宽，P-R间期延长，QRS综合波增宽，T波高尖，Q-T间期缩短。虽经积极救治，病情仍无好转，最终于第33天时引发心室纤颤和心脏停搏死亡。

病例分析 5-3

问题与思考：
1. 患者血钾增高的原因是什么？
2. 导致患者死亡的原因是什么？

（谢兰 吴立玲）

1. 简述低钠血症、高钠血症各自的特点。
2. 试述水肿的发病机制。
3. 低钾血症和高钾血症均可引起肌麻痹，其机制有何不同？

第六章

酸碱平衡紊乱

1. **掌握** 代谢性酸中毒、呼吸性酸中毒、代谢性碱中毒和呼吸性碱中毒的概念、原因、发生机制及机体的代偿调节反应;酸中毒对心血管系统及中枢神经系统的损伤作用及其机制;酸碱平衡常用指标的正常范围及其意义。
2. **熟悉** 体内酸性和碱性物质的来源;缓冲系统、肺、肾及细胞内外离子交换在酸碱平衡调节中的作用;酸碱中毒与血钾变化的相互关系;碱中毒对神经肌肉的影响及原理;判断酸碱平衡紊乱的基本方法。
3. **了解** 代谢性酸中毒、呼吸性酸中毒、代谢性碱中毒、呼吸性碱中毒的防治和护理原则;阴离子间隙的概念和计算方法。

人体的体液环境须具有适宜的酸碱度才能维持正常的代谢和功能活动。在生理状态下,动脉血 pH 保持在 7.35~7.45(平均为 7.4),为一变动范围狭窄的弱碱性环境。在病理情况中,许多因素可引起体内酸碱物质的含量变化或机体的调节机制障碍,导致体液酸碱度的稳定性被破坏,这种现象称为酸碱平衡紊乱(acid-base balance disturbance)。

第一节 酸碱平衡及其调节机制

在生命活动过程中,虽然体内不断生成酸性或碱性物质,也经常从体外摄入酸性或碱性食物,但机体通过多方面的调节作用,使血液 pH 稳定在正常范围内。

一、体液酸碱物质的来源

在化学反应中,凡能释放出 H^+ 的化学物质称为酸,如盐酸(HCl)、硫酸(H_2SO_4)和碳酸(H_2CO_3)等,根据释放 H^+ 的难易程度又可将酸性物质分为强酸和弱酸;反之,凡能接受 H^+ 的化学物质称为碱,如碳酸氢根(HCO_3^-)、氢氧根(OH^-)和氨(NH_3)等,根据接受 H^+ 的难易程度将碱性物质分为强碱和弱碱。

(一)酸性物质的来源

酸性物质主要通过体内代谢产生,少量来自食物。在普通膳食条件下,正常人体内酸性物质的生成量远远超过碱性物质。

1. 挥发酸（volatile acid） 糖、脂肪和蛋白质在分解代谢过程中，氧化的最终产物二氧化碳（CO_2）在碳酸酐酶催化下与 H_2O 结合生成碳酸（H_2CO_3）。正常成人在安静状态下每天可生成约 300～400L CO_2，如全部转变成 H_2CO_3 可释放出约 15molH^+，成为体内酸性物质的主要来源。H_2CO_3 随血液循环运至肺部后重新分解成 CO_2 气体经肺排出体外，故称为挥发酸。

2. 固定酸（fixed acid） 体内代谢过程中还可产生有机酸和无机酸。主要包括由糖代谢产生的丙酮酸和乳酸，脂肪代谢产生的 β-羟丁酸和乙酰乙酸，蛋白质分解代谢产生的硫酸、磷酸和盐酸等。正常成人每天由固定酸释放出的 H^+ 约为 50～100mmol。一般情况下，蛋白质分解是固定酸的主要来源，故体内固定酸的生成量与食物中蛋白质的摄入量成正比。此外，固定酸还可来自某些食物如醋酸，某些药物如水杨酸也呈酸性。此类酸性物质须经肾随尿排出，故称为固定酸或非挥发酸。

（二）碱性物质的来源

碱性物质主要来源于摄入的蔬菜和瓜果等，这类物质含有丰富的有机酸盐，如柠檬酸盐和苹果酸盐等，均可与 H^+ 发生反应转化为柠檬酸和苹果酸等，其中的 Na^+ 或 K^+ 则与 HCO_3^- 结合生成弱碱性盐。体内代谢产生的碱性物质很少，主要是氨基酸脱氨基产生的氨。

二、酸碱平衡的调节机制

机体对体液酸碱度的调节主要通过体液缓冲系统以及肺和肾对酸碱平衡的调节来实现的。

（一）体液缓冲系统

1. 体液缓冲系统的组成 缓冲系统是由一种弱酸及其相对应的弱酸盐构成的缓冲对组成，具有缓冲酸或碱的能力（表6-1）。

表6-1 体液缓冲系统

缓冲系统	主要缓冲特点
碳酸氢盐缓冲系统（HCO_3^-/H_2CO_3）	缓冲固定酸，不能缓冲挥发酸，决定血液pH的高低，细胞外液含量最高
磷酸盐缓冲系统（$HPO_4^{2-}/H_2PO_4^-$）	在细胞内和肾小管发挥缓冲作用
蛋白质缓冲系统（Pr^-/HPr）	细胞内缓冲
血红蛋白缓冲系统（Hb^-/HHb、$HbO_2^-/HHbO_2$）	缓冲挥发酸的主要系统

（1）碳酸氢盐缓冲系统：细胞外液中由 $NaHCO_3/H_2CO_3$ 构成，细胞内液中由 $KHCO_3/H_2CO_3$ 构成。$NaHCO_3$ 缓冲固定酸的能力占缓冲体系总量的53%，是细胞外液含量最高的缓冲碱。

知识链接

血浆 $NaHCO_3$ 与 H_2CO_3 的浓度比值决定血液pH的高低。正常人血浆 $NaHCO_3$ 浓度为24mmol/L，血浆 H_2CO_3 浓度为1.2mmol/L，两者浓度比20/1。该比值是决定动脉血pH保持7.4的关键。当两者的绝对浓度发生变化时，如血浆 $NaHCO_3$ 浓度减少到18mmol/L，只要机体通过代偿调节使血浆 H_2CO_3 浓度降到0.9mmol/L，两者浓度比仍能维持在20/1，血浆pH就不会发生明显变动。

（2）其他缓冲系统：磷酸盐缓冲系统存在于细胞内、外液中，主要在细胞内和肾小管发挥缓冲作用；蛋白质缓冲系统存在于细胞内和血浆中，只有当其他缓冲系统都被调动后，其作用才显现出来，主要在细胞内发挥缓冲作用；血红蛋白和氧合血红蛋白缓冲系统是红细胞特有的缓冲系统，主要在缓冲挥发酸中发挥作用。

2. 缓冲系统的作用机制　以碳酸氢盐缓冲系统为例来说明缓冲系统在酸碱平衡调节中的作用。

$$HCl+NaHCO_3 \longrightarrow NaCl+H_2CO_3$$

盐酸（强酸）进入血浆后，与碳酸氢钠发生反应，生成中性的氯化钠和碳酸（弱酸），随血液循环进入肺分解为二氧化碳排出，血液 pH 不会发生明显的变化。

$$NaOH+H_2CO_3 \longrightarrow H_2O+NaHCO_3$$

氢氧化钠（强碱）入血后与碳酸发生反应，生成水和碳酸氢钠（弱碱），随血液循环入肾排出。

总之，在调节酸碱平衡的过程中，当体液酸碱物质含量发生改变时，缓冲系统通过接受 H^+ 或释放 H^+ 的方式，化强酸为弱酸，变强碱为弱碱，来减少体液 pH 变动的程度。

（二）肺的调节作用

肺通过中枢和外周呼吸运动的调节改变呼吸的频率和幅度，改变 CO_2 排出量以调节血浆碳酸浓度，使血浆 $NaHCO_3$ 与 H_2CO_3 比值接近正常，保持血浆 pH 相对恒定。

1. 呼吸运动的中枢调节　延髓中枢化学感受器对动脉血二氧化碳分压（$PaCO_2$）的变化非常敏感。$PaCO_2$ 升高可以增加脑脊液 H^+ 的含量，兴奋呼吸中枢使呼吸运动加深、加快，肺泡通气量增加。当 $PaCO_2$ 进一步增加超过 80mmHg 时呼吸中枢反而被抑制，称为二氧化碳麻醉（CO_2 narcosis）。

2. 呼吸运动的外周调节　主动脉体和颈动脉体的外周化学感受器可感受动脉血氧分压（PaO_2）、$PaCO_2$ 和血浆 pH 的刺激。当缺氧、$PaCO_2$ 升高或血浆 pH 降低时，通过外周化学感受器反射性兴奋呼吸中枢使呼吸加深、加快，增加 CO_2 排出。

（三）肾的调节作用

机体在代谢过程中产生大量的酸性物质，需不断消耗 $NaHCO_3$ 和其他碱性物质来中和，因此，机体需及时补充碱性物质和排出多余的 H^+。肾排泄固定酸，通过泌 H^+ 和 $NaHCO_3$ 的重吸收（排酸保碱）作用调节 pH 的相对恒定。其主要的作用机制是：

1. $NaHCO_3$ 的重吸收　通过肾小球滤过的 $NaHCO_3$ 有 85%~90% 在近曲小管被重吸收，其余部分在远曲小管和集合管被重吸收。正常情况下，随尿液排出体外的 $NaHCO_3$ 仅为滤出量的 0.1%，以保证血液中最重要的缓冲碱不随尿液丢失。

肾小管上皮细胞内含有丰富的碳酸酐酶，能催化 CO_2 和 H_2O 生成 H_2CO_3，再解离成 H^+ 和 HCO_3^-，细胞内的 H^+ 与肾小球滤液中的 Na^+ 进行交换排入肾小管腔，并与滤过的 HCO_3^- 结合成 H_2CO_3，再分解为 H_2O 和 CO_2，H_2O 随尿排出，CO_2 又弥散回肾小管上皮细胞。进入肾小管上皮细胞的 Na^+ 与 HCO_3^- 经 Na^+-HCO_3^- 转运体重吸收入血（图6-1）。

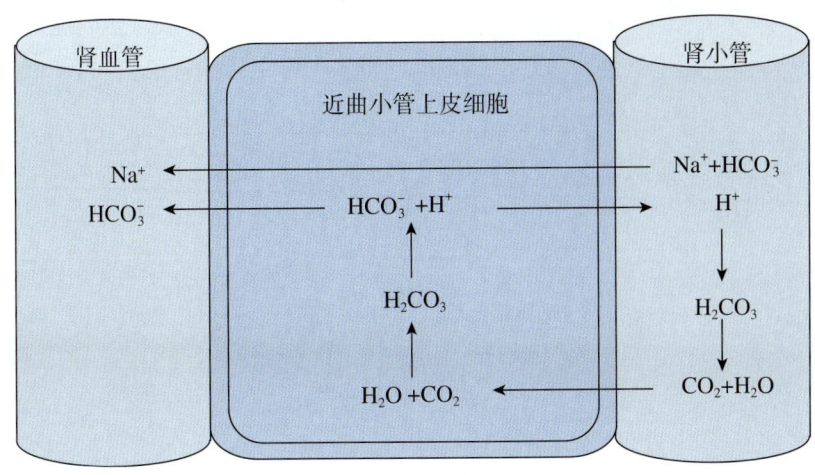

图 6-1　NaHCO$_3$ 的重吸收

2. 磷酸盐酸化　磷酸盐酸化是肾小管排 H$^+$ 的重要方式。近曲小管滤液中主要为碱性磷酸盐，当尿液流经远曲小管和集合管时，肾小管上皮细胞向管腔内泌 H$^+$，H$^+$ 与滤液中的 Na$^+$ 交换，将碱性 Na$_2$HPO$_4$ 转变成酸性 NaH$_2$PO$_4$，并随尿液排出体外。回吸收的 Na$^+$ 与远曲小管上皮细胞内的 HCO$_3^-$ 生成新的 NaHCO$_3$ 回流入血（图 6-2）。当尿液 pH 低于 4.8 左右时，Na$_2$HPO$_4$ 与 NaH$_2$PO$_4$ 的比值由原来的 4∶1 变为 1∶99，尿中所有碱性磷酸盐几乎都已转变为酸性磷酸盐，很难再进一步增加 H$^+$ 的排泄。

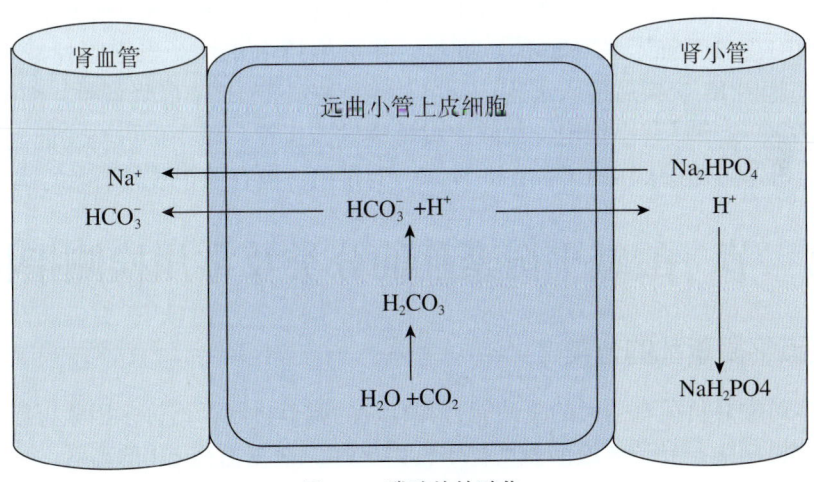

图 6-2　磷酸盐的酸化

3. NH$_4^+$ 的排出　NH$_4^+$ 的生成和排出具有 pH 依赖性，酸中毒越严重，尿排 NH$_4^+$ 量越多。谷氨酰胺在肾小管上皮细胞内由谷氨酰胺酶水解最终生成氨（NH$_3$），NH$_3$ 为脂溶性，生成后弥散进入管腔，与上皮细胞生成的 H$^+$ 结合成铵（NH$_4^+$），最终以氯化铵（NH$_4$Cl）的形式排出体外。而肾小管上皮细胞内生成的 HCO$_3^-$ 与来自管腔的 Na$^+$ 同向转运入血（图 6-3）。

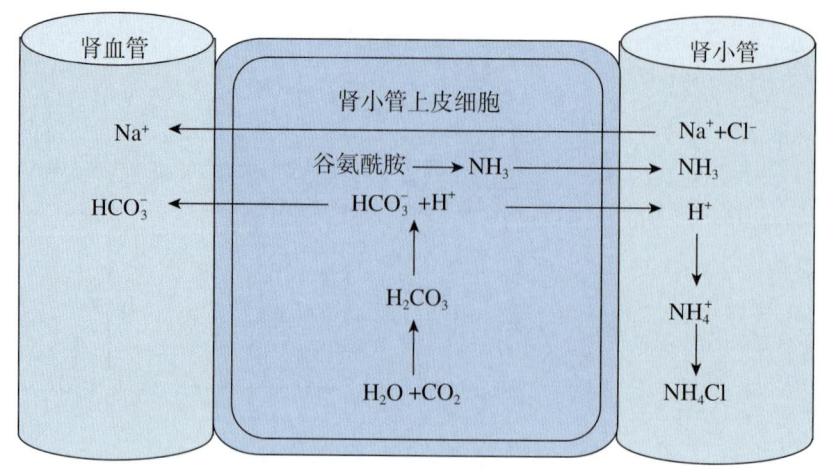

图 6-3 NH_4^+ 的排出

综上所述,肾排酸保碱能力在排泄固定酸和维持血浆 $NaHCO_3$ 浓度中发挥重要的作用。肾小管上皮细胞生成碳酸,解离出 H^+ 与管腔中 Na^+ 交换是肾调节体液酸碱平衡的主要方式。肾小球滤过的 $NaHCO_3$ 通过重吸收入血,防止细胞外液 $NaHCO_3$ 的丢失。如还不足以维持细胞外液 $NaHCO_3$ 浓度,则通过磷酸盐酸化和泌 NH_4^+ 过程生成新的 $NaHCO_3$ 回流入血,以补充机体的消耗。如果体内 $NaHCO_3$ 含量过高,肾可减少 $NaHCO_3$ 的生成和重吸收,从而维持血液 $NaHCO_3$ 浓度的相对恒定。

4. 组织细胞的调节 组织细胞(红细胞、肌细胞和骨骼肌)调节酸碱平衡主要以离子交换方式(H^+-K^+、H^+-Na^+、K^+-Na^+ 等)进行,并可维持电中性。当细胞外液 H^+ 浓度增高时,通过与细胞内 K^+ 交换后进入细胞,反之,当细胞外液 H^+ 浓度降低时,细胞内的 H^+ 通过与血浆中的 K^+ 交换后移出细胞,故酸中毒可继发高血钾,碱中毒可继发低血钾。当血浆 HCO_3^- 升高,机体可通过 Cl^--HCO_3^- 促进 HCO_3^- 的排出,也有助于酸碱平衡的调节。

第二节 酸碱平衡紊乱的分类及常用检测指标

一、酸碱平衡紊乱的分类

尽管机体对酸碱负荷有强大的缓冲能力和有效的调节机制,但许多因素可以引起酸碱负荷过重或调节机制障碍导致体液酸碱度稳定性的破坏。根据血液 pH 的高低,可将酸碱平衡紊乱分为两大类,pH 降低称为酸中毒;pH 升高称为碱中毒。HCO_3^- 的浓度变化主要受代谢性因素的影响,由 HCO_3^- 浓度原发性降低或增高引起的酸碱平衡紊乱称为代谢性酸中毒或代谢性碱中毒。H_2CO_3 浓度变化主要受呼吸性因素的影响,由 H_2CO_3 浓度原发性增高或降低引起的酸碱平衡紊乱称为呼吸性酸中毒或呼吸性碱中毒。当体内酸碱物质的含量已发生改变,但血液 pH 仍在正常范围内的称为代偿性酸中毒或碱中毒。如果血液 pH 低于或高于正常范围则称为失代偿性酸中毒或碱中毒。

二、反映血液酸碱平衡的常用检测指标及其意义

(一) pH

溶液的酸碱度取决于所含 H^+ 的浓度。由于血液 H^+ 很少，故采用 H^+ 浓度的负对数即 pH 表示。正常人动脉血 pH7.35～7.45，平均为 7.4。pH 可反映酸碱平衡紊乱的性质、严重程度及代偿情况。pH 降低为失代偿性酸中毒；pH 升高为失代偿性碱中毒。pH 值在正常范围内，有 3 种可能，即酸碱平衡正常、代偿性酸碱平衡紊乱或酸碱中毒相互抵消的混合型酸碱平衡紊乱。但 pH 的变化不能区分引起酸碱平衡紊乱的原因是呼吸性还是代谢性。

(二) 动脉血二氧化碳分压 ($PaCO_2$)

$PaCO_2$ 是指物理溶解于动脉血浆中的 CO_2 分子所产生的张力，正常范围是 33～46mmHg，平均为 40mmHg。$PaCO_2$ 乘以 CO_2 的溶解系数 (0.03) 等于血浆 H_2CO_3 浓度，因此，$PaCO_2$ 降低，H_2CO_3 浓度相应下降，$PaCO_2$ 升高，H_2CO_3 浓度相应增高。$PaCO_2$ 与肺泡通气量成反比，故测定 $PaCO_2$ 可了解肺泡通气量情况，是反映呼吸性酸碱平衡紊乱的重要指标。$PaCO_2$ 原发性升高表示有 CO_2 潴留，见于呼吸性酸中毒；$PaCO_2$ 原发性降低表示肺通气过度，见于呼吸性碱中毒。在代谢性酸中毒或碱中毒时，由于呼吸的代偿，$PaCO_2$ 可发生继发性降低或升高。

(三) 标准碳酸氢盐和实际碳酸氢盐

标准碳酸氢盐 (standard bicarbonate，SB) 是指全血在标准条件下 (温度 38℃，血红蛋白完全氧合，用 $PaCO_2$ 为 40mmHg 的气体平衡) 所测得的血浆 HCO_3^- 含量。因标准化后检测已排除呼吸因素对 HCO_3^- 的影响，故 SB 是判断代谢因素的指标。实际碳酸氢盐 (actual bicarbonate，AB) 是指隔绝空气的动脉血液标本，在患者实际血氧饱和度、体温和 $PaCO_2$ 条件下测得的血浆 HCO_3^- 浓度，故受代谢和呼吸因素的双重影响。正常人 SB 与 AB 相等，范围 22～27mmol/L，平均为 24mmol/L。代谢性酸中毒时，两者均降低；代谢性碱中毒时，两者均升高。AB 与 SB 的差值反映了呼吸因素对酸碱平衡的影响，若 AB > SB 提示有 CO_2 潴留，可见于呼吸性酸中毒，若 AB < SB 提示有 CO_2 排出过多，可见于呼吸性碱中毒。

(四) 碱剩余

碱剩余 (base excess，BE) 是指在标准条件 (温度 38℃，血红蛋白完全氧合，用 $PaCO_2$ 为 40mmHg 的气体平衡) 下，将 1L 全血或血浆滴定到 pH7.4 所需的酸或碱量，正常范围 −3～+3mmol/L。体内缓冲碱减少如代谢性酸中毒时，须用碱将血液滴定到 pH7.4，BE 用负值表示；体内缓冲碱增多如代谢性碱中毒时，需用酸将血液滴定到 pH7.4，BE 用正值表示。

(五) 阴离子间隙

阴离子间隙 (anion gap，AG) 是指血浆中未测定阴离子 (undetermined anion，UA) 量与未测定阳离子 (undetermined cation，UC) 量的差值，由血 Na^+ 浓度减去 Cl^- 和 HCO_3^- 浓度而获得，正常范围为 10～14mmol/L (图 6-4)。AG 可间接反映血浆中固定酸的含量，其增高的临床意义较大。测定 AG 可帮助区分引起代谢性酸中毒的原因和诊断混合型酸碱平衡紊乱。

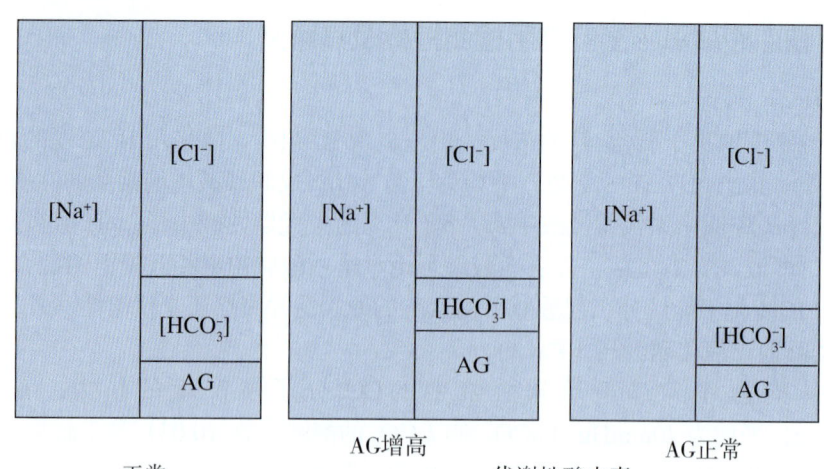

图 6-4　正常和代谢性酸中毒时血浆中阴离子间隙示意图

在上述指标中，pH 是反映体液酸碱平衡紊乱的性质、程度与代偿情况的指标；$PaCO_2$ 是反映血浆 H_2CO_3 含量的指标；碳酸氢盐浓度反映血中最主要的碱储备；碱剩余反映的是血中碱性物质的总量；阴离子间隙反映血浆中固定酸的含量。综合分析血浆 pH、H_2CO_3、$NaHCO_3$ 及 AG 的变化，可以判断酸碱平衡紊乱的原因和类型。

第三节　单纯型酸碱平衡紊乱

一、代谢性酸中毒

（一）概念

代谢性酸中毒（metabolic acidosis）是指血浆 HCO_3^- 浓度原发性减少，以致血浆 pH 降低为特征的酸碱平衡紊乱，临床上最为常见。

（二）原因与发生机制

1. 固定酸生成过多　引起代谢性酸中毒的原因有产酸与入酸增加、排酸减少及 $NaHCO_3$ 丢失过多（表6-2），主要是由于机体代谢紊乱引起固定酸产生过多所致。常见有：①乳酸酸中毒，当各种原因如休克、心力衰竭、缺氧、严重贫血等引起组织低灌注或缺氧时，细胞内的葡萄糖有氧氧化障碍而无氧酵解增强，导致乳酸生成增加产生乳酸酸中毒。②酮症酸中毒，见于体内脂肪被大量动员的情况。糖尿病、严重饥饿及酒精中毒时，因葡萄糖利用减少或糖原储备不足，使脂肪分解加速，形成大量酮体（β-羟丁酸和乙酰乙酸等），当其量超过外周组织的氧化能力及肾排出能力时，便可发生酮症酸中毒。

表 6-2　代谢性酸中毒的原因

分类	原因
产酸过多	无氧酵解引起乳酸增加，糖代谢紊乱时酮体增加
入酸过多	过量服用含氯或有机酸的药物
排酸减少	肾小球滤过率减少及肾功能不全时肾小管泌 H^+ 功能障碍导致固定酸排泄障碍
HCO_3^- 丢失过多	腹泻、肠液引流时下消化道液体丢失

2. 肾排酸保碱功能障碍　肾功能不全时，可使肾小管泌 H^+ 和重吸收 HCO_3^- 减少而引起代谢性酸中毒；当肾小球功能严重受损时，体内固定酸不能充分滤过而造成血中固定酸增加，加重代谢性酸中毒；长期或大量应用碳酸酐酶抑制剂如乙酰唑胺，可抑制碳酸酐酶活性，使肾小管上皮细胞生成 H_2CO_3 减少，肾小管泌 H^+ 和重吸收 HCO_3^- 障碍，导致代谢性酸中毒。

3. HCO_3^- 丢失过多　胰液、肠液和胆汁中有较多的 $NaHCO_3$。严重腹泻、小肠及胆道瘘管、肠吸引术等均可造成下消化道液中的 $NaHCO_3$ 大量丢失，血浆 $NaHCO_3$ 减少。

4. 其他　外源性摄取固定酸过多如水杨酸中毒，需消耗 $NaHCO_3$ 来缓冲，导致酸性物质多而碱性物质少；含氯的酸性药物如氯化铵摄入过多，在体内可解离出 HCl。

（三）分类

将代谢性酸中毒依 AG 值的变化分为 AG 增高型代谢性酸中毒和 AG 正常型代谢性酸中毒（图6-4）。

1. AG 增高型代谢性酸中毒　是指除含氯以外的任何固定酸血浆浓度增高的代谢性酸中毒。其特点是血浆固定酸含量增多，AG 增高，血氯正常，又称正常血氯代谢性酸中毒。常因固定酸生成过多或排出减少及水杨酸中毒等引起。

2. AG 正常型代谢性酸中毒　是指 HCO_3^- 浓度下降而同时伴有 Cl^- 浓度升高的代谢性酸中毒。其特点是 AG 正常，血氯增高，又称高血氯性代谢性酸中毒。常因 HCO_3^- 丢失过多、肾功能不全时肾泌 H^+ 减少、使用碳酸酐酶抑制剂及含氯的酸性盐摄入过多等导致。

（四）机体的代偿调节

体液缓冲系统、肺和肾的调节是维持酸碱平衡的重要机制，也是机体发生酸碱平衡紊乱后进行代偿的重要环节。代谢性酸中毒时，机体的代偿调节主要表现为：

1. 血浆的缓冲　代谢性酸中毒时，血浆中的 HCO_3^- 与增多的 H^+ 发生中和反应生成弱酸 H_2CO_3，缓解血液 pH 的降低，但血浆 HCO_3^- 含量因消耗而减少。

2. 细胞内外离子交换和细胞内的缓冲　酸中毒 2～4 小时后，通过细胞内外离子交换方式使细胞外液增多的 H^+ 向细胞内转移，与细胞内缓冲碱（Pr^-、Hb^-、HPO_4^{2-} 等）结合，同时，细胞内 K^+ 向细胞外转移，使血 K^+ 浓度升高。在肾小管上皮细胞内，由于 H^+ 浓度升高，H^+ 与管腔内 Na^+ 交换增加，而使 K^+ 与管腔内 Na^+ 交换减少，故酸中毒易引起血钾增高（图6-5）。

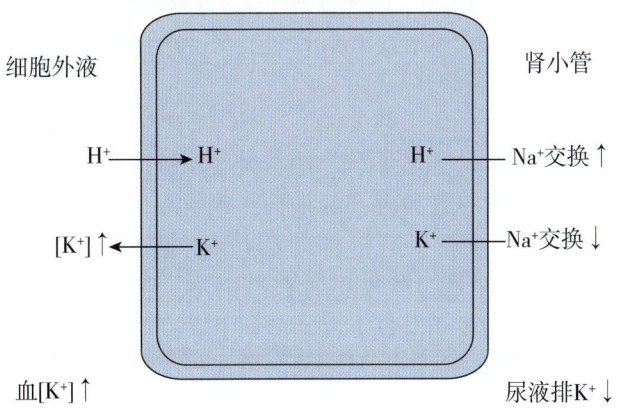

图6-5　酸中毒引起血钾升高的机制

3. 肺的代偿调节　血液中 H^+ 浓度增加或 pH 降低，可通过刺激外周化学感受器反射性兴奋呼吸中枢，使呼吸加深加快，改变肺通气量。肺的代偿反应十分迅速，在数分钟内可通过增加肺通气量使 CO_2 排出增多，$PaCO_2$ 代偿性降低，其意义在于当代谢性酸中毒发生使 HCO_3^- 浓度原发性减少后，H_2CO_3 继发性降低，使两者浓度比接近 20∶1，血液 pH 趋于正常。

> **知识链接**
>
> 　　严重代谢性酸中毒如糖尿病酮症酸中毒时，患者可出现规则的、深大而慢的呼吸，称为库斯毛（Kussmaul）呼吸。

4. 肾的代偿调节　除肾功能异常引起的代谢性酸中毒外，其他原因导致的代谢性酸中毒，肾通过加强排酸保碱能力来发挥重要的代偿作用。酸中毒时，肾小管上皮细胞中碳酸酐酶和谷氨酰胺酶活性增高，H_2CO_3 生成增加，肾小管泌 H^+、泌氨和重吸收 $NaHCO_3$ 增加，从尿中加速酸性物质的排泄和碱性物质的重吸收。由于从尿中排出的 H^+ 增多，尿液呈酸性。但高血钾引起的酸中毒时，因肾小管细胞 K^+-Na^+ 交换增强，而 H^+-Na^+ 交换减弱，随尿排出的 H^+ 减少，尿液呈碱性，称为反常性碱性尿（图 6-6）。

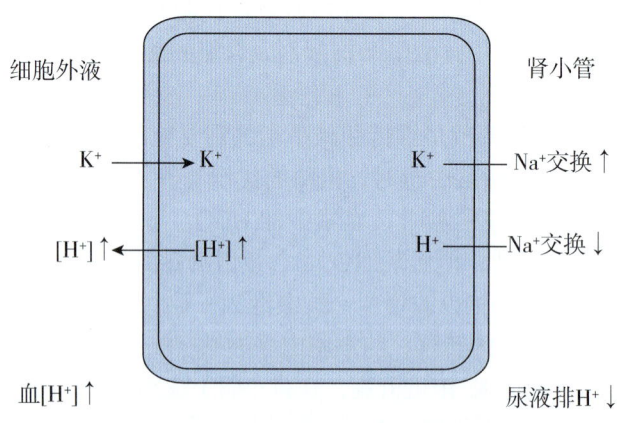

图 6-6　高血钾性酸中毒时产生反常性碱性尿的机制

（五）对机体的影响

代谢性酸中毒时主要表现为心血管系统和中枢神经系统的功能异常。

1. 心血管系统　酸中毒对心脏和血管的损伤作用主要表现在：①心律失常，酸中毒使血钾升高，高血钾易引起心律失常，严重者可发生传导阻滞和心室纤颤，甚至心脏停搏；②心肌收缩力降低，酸中毒主要通过减少心肌 Ca^{2+} 内流、肌质网 Ca^{2+} 的释放和竞争性抑制 Ca^{2+} 与肌钙蛋白结合而使心肌收缩力降低；③血管对儿茶酚胺的敏感性降低，H^+ 浓度增高可使毛细血管前括约肌和微动脉平滑肌对儿茶酚胺的反应性降低，血管张力降低。

> **知识链接**
>
> 休克时,组织缺血、缺氧引起的酸中毒可使毛细血管前括约肌及微动脉平滑肌对儿茶酚胺的反应性降低,缩血管药物的升压反应不良。如果先纠正酸中毒,会增加缩血管药物的疗效。但单纯酸中毒本身不至于造成明显的血压下降。

2. 中枢神经系统　代谢性酸中毒可引起中枢神经系统功能抑制,如反应迟钝、嗜睡等,严重者可出现昏迷。其发生机制是:①脑组织能量供应不足,pH 降低时生物氧化酶的活性被抑制,使氧化磷酸化过程减弱,ATP 生成减少;②抑制性神经递质增加,酸中毒使脑组织谷氨酸脱羧酶活性增高,使抑制性神经递质 γ-氨基丁酸生成增多。

3. 反映酸碱平衡的常用指标的变化趋势　代谢性酸中毒通过以上各种代偿调节后,若能使 HCO_3^-/H_2CO_3 的浓度比接近 20:1,血液 pH 可在正常范围内,称为代偿性代谢性酸中毒;若血浆 HCO_3^-/H_2CO_3 的浓度比仍降低,血浆 pH 下降,称为失代偿性代谢性酸中毒。血浆 HCO_3^- 浓度原发性降低,BE 负值增大;通过呼吸代偿后,$PaCO_2$ 继发性降低,可继发血 K^+ 升高。

(六)防治的病理生理基础

及时去除引起代谢性酸中毒的病因,如纠正水和电解质紊乱,恢复有效循环血量,改善肾功能。

合理应用碱性药物对症治疗。碱性药物治疗可较快地补充缓冲碱,使血液 pH 调整到正常。首选使用碳酸氢钠,因其可直接补充血浆中减少的缓冲碱,作用迅速;也可选用作用较缓慢的碱性药物乳酸钠,乳酸钠可经肝有氧代谢生成乳酸和 $NaHCO_3$,故缺氧、乳酸酸中毒和患有肝疾患的患者不宜使用。

> **病例分析 6-1**
>
> 一位糖尿病患者,因血糖控制不稳定就诊。血气分析显示:血 pH 7.30,血浆 $NaHCO_3$ 16mmol/L,$PaCO_2$ 32mmHg,血清 Na^+ 139mmol/L,血 Cl^- 103 mmol/L。
> 问题与思考:
> 1. 该患者发生了哪种类型的酸碱平衡紊乱?
> 2. 试分析其产生的原因及机制。

二、呼吸性酸中毒

(一)概念

呼吸性酸中毒(respiratory acidosis)是以血浆 H_2CO_3 浓度原发性增高,以致血浆 pH 降低为特征的酸碱平衡紊乱。依病程分为急性呼吸性酸中毒和慢性呼吸性酸中毒两类。

(二)原因与机制

1. CO_2 排出减少　多种原因均可导致外呼吸通气障碍,使 CO_2 排出受阻,这是引起呼吸性酸中毒的常见原因(表 6-3)。

表 6-3 呼吸性酸中毒的常见原因

原因	常见疾病
CO_2 排出减少	呼吸中枢抑制：颅脑损伤、脑血管意外、麻醉镇静药过量、酒精中毒
	呼吸肌麻痹：重症肌无力、有机磷中毒
	呼吸道阻塞：喉头痉挛、气管异物、慢性阻塞性肺疾病
	胸部疾病：胸部创伤、胸腔积液、胸廓畸形
	肺部疾病：肺气肿、肺炎、支气管哮喘
CO_2 吸入过多	通气不良

2. CO_2 吸入过多　较少见。通气不良的环境 CO_2 增多，使机体吸入 CO_2 过多。

（三）机体的代偿调节

呼吸性酸中毒时体内 CO_2 排出受阻使血中 H_2CO_3 增多，由于血浆碳酸氢盐缓冲系统不能缓冲挥发酸，血浆其他缓冲碱含量较低，缓冲 H_2CO_3 的能力极为有限，且呼吸性酸中毒发生的最主要环节是肺通气功能障碍，故呼吸系统难以发挥代偿作用。主要通过细胞内外离子交换和细胞内的缓冲及肾的代偿调节。

1. 细胞内外离子交换和细胞内的缓冲　这是急性呼吸性酸中毒的主要代偿方式。当血浆 CO_2 不断升高时可迅速弥散进入红细胞，CO_2 和 H_2O 在碳酸酐酶的作用下生成 H_2CO_3，进一步解离成 H^+ 和 HCO_3^-，H^+ 被 Hb^- 所缓冲，HCO_3^- 与血浆中 Cl^- 交换释放入血，使血浆 HCO_3^- 浓度轻度升高，血 Cl^- 降低。此外，血浆中 CO_2 和 H_2O 结合可生成少量 H_2CO_3，解离出 H^+ 和 HCO_3^-，H^+ 与细胞内 K^+ 交换，进入细胞内的 H^+ 可被蛋白质缓冲，K^+ 外移使血 K^+ 浓度升高，而 HCO_3^- 留在血浆中，使其浓度升高（图 6-7）。

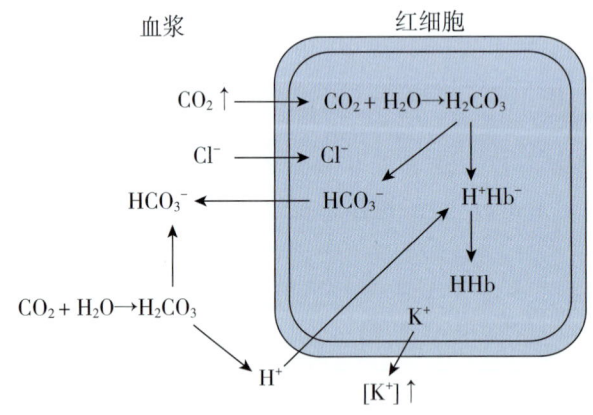

图 6-7 急性呼吸性酸中毒时机体的代偿调节

知识链接

急性呼吸性酸中毒时，尽管有细胞内外离子交换的代偿，但由于其反应速度慢，离子交换的量有限，故急性呼吸性酸中毒时血 pH 降低较慢性呼吸性酸中毒更为明显。

2. 肾的代偿调节　由于肾对酸碱平衡的调节较为缓慢，在急性呼吸性酸中毒时往往来不及发挥代偿作用，故肾的代偿是慢性呼吸性酸中毒的主要代偿方式。慢性呼吸性酸中毒一般是指持续 24 小时以上的 CO_2 潴留。$PaCO_2$ 升高和 H^+ 浓度增加可刺激肾小管上皮细胞的碳酸酐酶和谷氨酰胺酶活性，表现为泌 H^+、排 NH_4^+ 和重吸收 HCO_3^- 增加，H^+ 随尿排出，血浆 HCO_3^- 浓度代偿性增加。

（四）对机体的影响

1. 心血管系统　呼吸性酸中毒对心血管系统的影响与代谢性酸中毒相似。主要表现为由血浆 H^+ 浓度升高及高血钾引起心律失常、心肌收缩力减弱甚至心力衰竭。

2. 中枢神经系统　急性呼吸性酸中毒常引起较代谢性酸中毒更为明显的中枢神经系统功能紊乱。这是因为：①中枢酸中毒更明显。CO_2 为脂溶性，血液潴留的 CO_2 可迅速通过血-脑屏障，使脑内 H_2CO_3 含量明显升高。而水溶性的 HCO_3^- 通过血-脑屏障较为缓慢，脑脊液内 HCO_3^- 含量代偿性升高需要较长时间。故急性呼吸性酸中毒时，脑脊液 pH 的降低较血液 pH 降低更为明显。②颅内压升高。高浓度 CO_2 可引起脑血管扩张，使脑血流量增加，引起颅内压增加。③ CO_2 潴留常伴有不同程度的缺氧，故患者中枢神经系统功能紊乱的表现更明显。

3. 反映酸碱平衡的常用指标的变化趋势　急性呼吸性酸中毒时，肾来不及代偿急剧增加的 CO_2，故 HCO_3^-/H_2CO_3 的浓度比减小，血 pH 降低。$PaCO_2$ 原发性升高，而 HCO_3^- 含量变化不明显，通常 $PaCO_2$ 每升高 10mmHg，HCO_3^- 可代偿性升高 1mmol/L。

慢性呼吸性酸中毒时，由于肾可代偿大量潴留的 CO_2，$PaCO_2$ 原发性升高，HCO_3^- 也代偿性升高，通常 $PaCO_2$ 每升高 10mmHg，HCO_3^- 可升高 3.5 mmol/L，使两者比值可接近 20∶1，血 pH 略降低，BE 为正值。

（五）防治的病理生理基础

积极防治原发病，尽快改善肺泡通气功能是防治呼吸性酸中毒的首要措施。如畅通呼吸道、控制感染、解痉及使用人工呼吸器等。呼吸性酸中毒患者一般不宜使用 $NaHCO_3$ 治疗，因呼吸性酸中毒经肾代偿后血浆 HCO_3^- 继发性增高，若再给予 HCO_3^-，可能导致医源性代谢性碱中毒。此外，HCO_3^- 与 H^+ 结合后生成的 H_2CO_3 须经肺排出，在通气功能障碍时，H_2CO_3 释放出的 CO_2 不能及时排出体外，可能引起血浆 $PaCO_2$ 进一步升高，使病情恶化。对 pH 降低较为明显的呼吸性酸中毒患者可适当给予碱性药物。

病例分析 6-2

男性，慢性支气管炎反复发作10余年，因上呼吸道感染，咳喘加重入院。血气及电解质检查：pH 7.32，$PaCO_2$ 61mmHg，HCO_3^- 33mmol/L，Na^+ 140mmol/L，Cl^- 94mmol/L，K^+ 4.5 mmol/L。

问题与思考：
1. 该患者发生了哪种类型的酸碱平衡紊乱？
2. 试分析其产生的原因及机制。

三、代谢性碱中毒

（一）概念

代谢性碱中毒（metabolic alkalosis）是以血浆 HCO_3^- 浓度原发性增加，以致 pH 升高为特征的酸碱平衡紊乱。

（二）原因与机制

引起代谢性碱中毒的常见原因是经消化道或肾丢失 H^+ 过多（表 6-4）。

表 6-4　代谢性碱中毒的原因

原因	常见疾病
胃失 H^+	频繁呕吐、胃液引流
肾失 H^+	低氯性碱中毒：应用利尿剂（如呋塞米、噻嗪类等）
	醛固酮增高：肾上腺皮质增生或肿瘤、脱水等
低钾血症	缺钾性碱中毒：摄钾减少、呕吐、腹泻、胃肠液引流
HCO_3^- 摄入过多	输入过量 $NaHCO_3$、大量输入库存血等

1. **胃失 H^+**　频繁呕吐以及胃液引流时，含丰富 H^+ 的酸性胃液直接大量丢失，造成血浆 HCO_3^- 因潴留而浓度升高，发生代谢性碱中毒。此外，大量丢失胃液造成缺氯、缺钾和有效循环血量减少也是引起代谢性碱中毒的因素。

2. **肾失 H^+**　①呋塞米及氢氯噻嗪等利尿剂可抑制肾髓袢升支对 NaCl 和水的重吸收，使到达远曲小管的尿液增加，NaCl 含量增高，尿液流速加快，可促进远曲小管细胞泌 H^+、泌 K^+ 增加，Na^+ 和 HCO_3^- 重吸收增加，Cl^- 以氯化铵的形式随尿排出，引起低氯性碱中毒。②无论是因肾上腺皮质增生或肿瘤引起的原发性醛固酮分泌增多还是因细胞外液容量减少、创伤等刺激引起的继发性醛固酮分泌增多，只要肾上腺皮质激素增加，就可增加肾远曲小管和集合管 H^+、K^+ 的排泌，促进 HCO_3^- 的重吸收，导致代谢性碱中毒及低钾血症，低钾血症又促进碱中毒的发展与维持。

3. **低钾血症**　机体缺钾时，因细胞外液 K^+ 浓度降低，引起细胞内 K^+ 外移，为维持电荷平衡，细胞外液 H^+ 移入细胞，造成细胞外液代谢性碱中毒。同时，因肾小管上皮细胞内缺钾，使 K^+-Na^+ 交换减少，排 K^+ 减少，代之以 H^+-Na^+ 交换增强，排 H^+ 增多，HCO_3^- 重吸收增多，造成低钾性碱中毒。

4. **碱性物质输入过多**　常见于纠正代谢性酸中毒输入过量 $NaHCO_3$ 时，或大量输入库存血，抗凝剂枸橼酸钠在体内氧化产生碳酸氢钠后，尤其是在肾的排泄能力减退时，均可引起代谢性碱中毒。

（三）机体的代偿调节

1. **血液的缓冲**　细胞外液 HCO_3^- 过多可与 H^+ 反应，生成 H_2CO_3。但在大多数缓冲对的组成成分中，碱性成分远多于酸性成分，故机体对碱性物质的缓冲能力较弱。

2. **细胞内外离子交换和细胞内的缓冲**　碱中毒时，细胞外液 H^+ 浓度降低，于是细胞内 H^+ 外移，而细胞外 K^+ 内移，使血 K^+ 浓度降低。同时，肾小管上皮细胞 H^+-Na^+ 交换减少，排 H^+ 减少，而 K^+-Na^+ 交换增强，肾排 K^+ 增加，故碱中毒常伴有低血钾（图 6-8）。

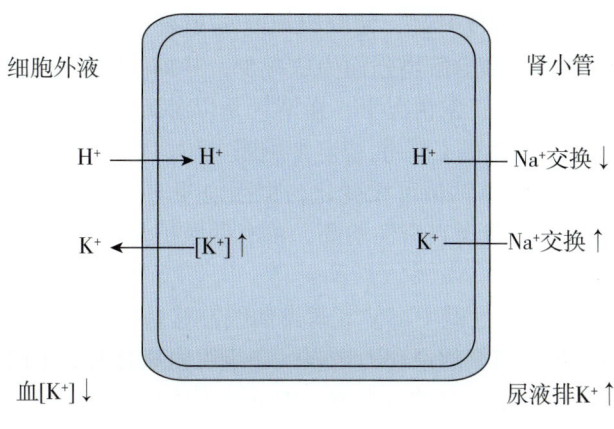

碱中毒→低血钾

图 6-8 碱中毒引起血钾降低的机制

3. 肺的代偿调节 血浆 H^+ 浓度降低和 pH 升高可抑制呼吸中枢，使呼吸变浅、变慢，肺泡通气量降低，$PaCO_2$ 升高，血浆 H_2CO_3 浓度继发性升高，其代偿意义是使 HCO_3^-/H_2CO_3 的浓度比接近 20∶1。

4. 肾的代偿调节 血浆 H^+ 降低和 pH 升高抑制肾小管上皮细胞内碳酸酐酶与谷氨酰胺酶活性，肾泌 H^+、泌 NH_4^+ 减少，重吸收 HCO_3^- 减少，从而使血浆 HCO_3^- 浓度降低。由于随尿排出的 H^+ 减少而 HCO_3^- 增加，尿液呈碱性。但在缺钾性碱中毒时，因肾小管上皮细胞缺钾使 K^+-Na^+ 交换减少，H^+-Na^+ 交换增强，尿液中 H^+ 增多，使尿呈酸性，称为反常性酸性尿（图 6-9）。

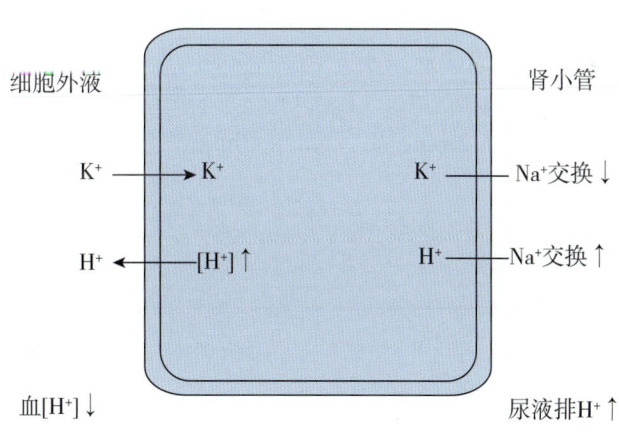

低血钾继发碱中毒→反常性酸性尿

图 6-9 缺钾性碱中毒引起反常性酸性尿的机制

（四）对机体的影响

代谢性碱中毒时缺乏特有的症状或体征，且常被原发疾病所掩盖。在急性或严重代谢性碱中毒时，主要的功能与代谢障碍有：

1. 中枢神经系统功能障碍 严重的代谢性碱中毒时患者常出现烦躁不安、精神错乱、谵妄等中枢神经系统兴奋的症状，这与 γ-氨基丁酸含量降低，使其对中枢神经系统的抑制作用减弱有关。碱中毒时，血浆 pH 升高，使脑组织内 γ-氨基丁酸转氨酶活性增高，而谷氨酸脱羧酶活性降低，使 γ-氨基丁酸分解增强而生成减少，其抑制中枢神经系统的作用减弱。

2. 神经肌肉兴奋性增高　正常情况下，血清钙是以游离钙与结合钙的形式存在，pH 可影响两者之间的相互转变。游离的 Ca^{2+} 能稳定细胞膜电位，对神经肌肉细胞的兴奋性有抑制作用。代谢性碱中毒时，血清总钙量可无变化，但因血浆 H^+ 浓度下降使游离钙转化为结合钙而致游离钙减少，造成神经肌肉兴奋性增高，可有四肢感觉异常、腱反射亢进及手足搐搦等临床表现。

3. 氧解离曲线左移　代谢性碱中毒使氧解离曲线左移是受血浆 pH 的影响所致。碱中毒时，血浆 pH 升高，血红蛋白与氧的亲和力增强，在组织内氧合血红蛋白不易释放氧。

4. 反映酸碱平衡的常用指标的变化趋势　根据疾病的严重程度和机体的代偿反应，血浆 HCO_3^-/H_2CO_3 的浓度比可正常或升高，出现代偿性或失代偿性代谢性碱中毒。HCO_3^- 含量原发性升高，BE 正值加大；$PaCO_2$ 发生继发性升高；血钾继发性降低。

（五）防治的病理生理基础

积极去除引起代谢性碱中毒的原因及诱发因素，如补充血容量，纠正低血钾、低血氯等。代谢性碱中毒常给予生理盐水治疗，因生理盐水含 Cl^- 量高于血浆，通过提高血 Cl^- 含量使肾小管重吸收 Cl^- 增加，而对 HCO_3^- 的重吸收减少，达到治疗目的。如合并低钾血症，则应同时补充氯化钾。对于严重的代谢性碱中毒患者，可给予少量含氯酸性药物如 NH_4Cl。

病例分析 6-3

男性，45 岁，因阑尾脓肿破裂引起化脓性腹膜炎。手术切除阑尾，行腹腔引流，因术后肠功能恢复不良，一直未进食，静脉输入生理盐水和葡萄糖液治疗，并进行胃肠减压。5 天后出现手麻，肌肉软弱无力。

实验室检查：动脉血 pH 7.56，$PaCO_2$ 37.5 mmHg，BE +10.6 mmol/L，$NaHCO_3$ 38.2 mmol/L，K^+ 3.2 mmol/L，Na^+ 140 mmol/L，Cl^- 105 mmol/L。

问题与思考：
1. 分析该患者水、电解质和酸碱平衡紊乱的类型。
2. 简述其发生的机制。

四、呼吸性碱中毒

（一）概念

呼吸性碱中毒（respiratory alkalosis）是指血浆 H_2CO_3 浓度原发性减少，以致血浆 pH 升高为特征的酸碱平衡紊乱。

（二）原因与机制

呼吸性碱中毒主要见于各种原因引起的肺通气过度（表 6-5）。

表 6-5　呼吸性碱中毒的原因

原因	常见疾病
低氧血症	低张性缺氧、肺炎、肺水肿
呼吸中枢兴奋	中枢神经系统疾患：脑炎、脑血管意外、颅脑损伤及脑肿瘤等
	精神障碍：癔症
	代谢过盛：甲状腺功能亢进、高热
	感染：革兰氏阴性杆菌感染
	药物刺激：水杨酸、氨
呼吸机使用不当	通气量过大

（三）机体的代偿调节

呼吸性碱中毒由各种原因导致肺通气过度引起，故肺的代偿调节作用不明显。其主要代偿方式为：

1. 细胞内外离子交换和细胞内的缓冲　这是急性呼吸性碱中毒时机体的主要代偿方式。肺泡通气过度致血浆 H_2CO_3 迅速降低，而 HCO_3^- 浓度相对升高。此时机体的代偿调节表现为：①细胞内 H^+ 外逸。细胞内血红蛋白等缓冲物释放 H^+ 出细胞，与细胞外液中的 HCO_3^- 结合形成 H_2CO_3，使血浆 H_2CO_3 有所回升，HCO_3^- 浓度相应下降。此时，细胞外 K^+ 进入细胞内致血 K^+ 浓度降低。②血浆 HCO_3^- 进入红细胞。部分血浆 HCO_3^- 通过与 Cl^- 交换进入红细胞，与红细胞内的 H^+ 生成 H_2CO_3，再分解成 CO_2 和 H_2O，CO_2 逸出红细胞以提高 $PaCO_2$，此时，血 Cl^- 浓度可增高（图6-10）。上述代偿作用是较为有限的，故本型碱中毒常为失代偿。

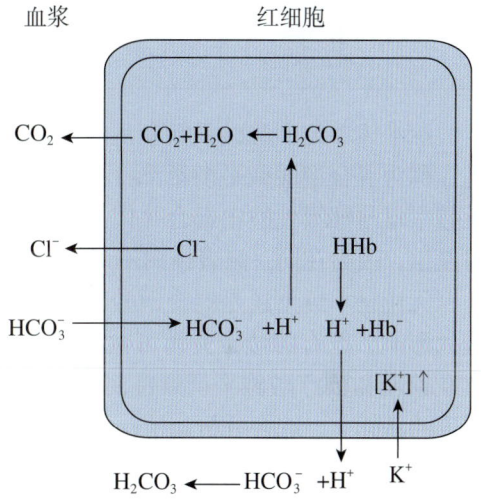

图 6-10　急性呼吸性碱中毒时机体的代偿调节

2. 肾的代偿调节　这是慢性呼吸性碱中毒的主要代偿方式。碱中毒时肾小管上皮细胞内碳酸酐酶与谷氨酰胺酶活性降低，使 H^+ 的排泌、NH_3 的产生减少，对 HCO_3^- 的重吸收亦减少，尿液的酸化能力降低而呈碱性。

3. 酸碱平衡的常用指标及变化趋势　急性呼吸性碱中毒时，血液和细胞缓冲系统代偿能力较弱，而肾来不及发挥代偿作用，故常为失代偿，血 pH 升高，$PaCO_2$ 原发性降低，HCO_3^- 无明显变化，BE 基本不变。通常 $PaCO_2$ 每降低 10mmHg，血浆 AB 下降 2mmol/L。

慢性呼吸性碱中毒时，根据肾的代偿能力，血 pH 可在正常范围或稍高，表现为代偿性或失代偿性呼吸性碱中毒。$PaCO_2$ 原发性降低，HCO_3^- 代偿性降低，BE 负值增大。通常 $PaCO_2$ 每降低 10mmHg，HCO_3^- 下降 5mmol/L。

（四）对机体的影响作用

呼吸性碱中毒对机体的损伤作用与代谢性碱中毒相似，可引起低钾血症和组织缺氧，但更易出现感觉异常、意识障碍、抽搐、眩晕等。且 $PaCO_2$ 降低可使脑血管痉挛收缩，使脑血流量减少。

（五）防治的病理生理基础

以治疗原发病和去除引起通气过度的原因为主要措施。对发病原因不易很快去除或呼吸性碱中毒较严重者，可用纸袋罩于患者口鼻，使其反复吸入呼出的含 CO_2 较多的气体，以提高血浆 H_2CO_3 浓度。对精神性通气过度患者可适当使用镇静剂。

病例分析 6-4

男性，58岁，因胃溃疡出血入院，做胃大部切除术。术后患者担心自己的预后，情绪非常紧张，感觉手足发麻，切口疼痛。查体：体温36.8℃，心率92次/分，呼吸浅快，27次/分，血压100/60mmHg。腹部伤口无异常。实验室检查：Na^+ 140mmol/L，K^+ 4.5mmol/L，Cl^- 103mmol/L，动脉血pH 7.52，$PaCO_2$ 22.1mmHg，$NaHCO_3$ 21.2mmol/L，BE +4.9mmol/L。

问题与思考：
1. 该患者是否发生了酸碱平衡紊乱？
2. 简述其产生的机制。

除上述单纯型酸碱平衡紊乱外，在同一患者体内还可存在两种或两种以上的酸碱平衡紊乱，称为混合型酸碱平衡紊乱（mixed acid-base disorders），临床上以呼吸性酸中毒合并代谢性酸中毒与呼吸性酸中毒合并代谢性碱中毒较为常见。呼吸性酸中毒和呼吸性碱中毒不会同时发生，因为在同一患者体内不可能同时发生 CO_2 过多又过少。

无论是单纯型还是混合型酸碱平衡紊乱，都不是一成不变的，随着疾病的发展，治疗措施的影响，原有的酸碱失衡可被纠正，也可能转变成或同时合并其他类型的酸碱平衡紊乱。故在诊断和治疗酸碱平衡紊乱时，一定要结合患者的病因，在监测血 pH、$PaCO_2$ 及 HCO_3^- 浓度的基础上，综合分析病情，及时作出正确诊治。

（刘清南）

思考题

1. 简述肾对酸碱平衡调节的机制。
2. 分析代谢性酸中毒时中枢神经系统发生抑制的机制。
3. 分析呕吐患者最易发生的酸碱平衡紊乱类型及其机制。

第七章 炎 症

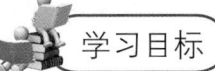

1. 掌握　炎症、炎症介质、渗出、趋化作用、脓肿、蜂窝织炎、伪膜性炎、肉芽肿性炎的概念；炎症的原因、局部表现和全身反应、炎症的基本病理变化；发热、外致热原、内生致热原的概念；发热的分期；发热时机体代谢与功能的变化。
2. 熟悉　炎症的常见病理类型及其病变特点、炎症结局；发热时的体温调节机制和发热的处理。
3. 了解　炎症介质的类型及其作用、炎症的临床分型、炎细胞的形态学特点。发热的意义。

第一节　概　述

一、炎症的概念及原因

炎症（inflammation）是具有血管系统的活体组织对各种损伤因子的刺激所发生的以防御反应为主的基本病理过程。

在炎症过程中，一方面，损伤因子可直接或间接造成组织和细胞的损伤；另一方面，机体通过血管扩张、白细胞渗出，而杀伤和包围损伤因子。同时，机体发生修复反应。所以，炎症是损伤、抗损伤和修复的统一过程。

炎症疾病是临床上的常见病，如疖、痈、外伤感染、阑尾炎、胃炎、肝炎、肾炎、肺炎等。

能够引起组织损伤而导致炎症反应的因素统称为致炎因子。致炎因子种类繁多，包括以下几大类：

（一）物理因子

高温、低温、紫外线、电离辐射、放射线、切割、撞击、挤压等造成组织损伤后，均可引起炎症反应，属非感染性炎症。

（二）化学因子

外源性化学物质，如强酸、强碱、甲醛、芥子气、松节油的损伤均可引起炎症；酗酒可引起胃炎、肝炎，吸烟可导致气管炎、肺炎等；一些药物也可引起炎症，如抗结核药物异烟肼、利福平、对氨水杨酸等可引起肝损伤，出现肝炎样改变。

内源性化学物质,如坏死组织的分解产物、体内代谢产物的堆积,也可以引起炎症。例如,在缺血引起的新鲜梗死灶的边缘可见炎症反应;肾衰竭时,尿素在体内的堆积可引起肺炎改变;胆道阻塞,胆汁可引起肝损伤和炎症。

(三)生物性因子

细菌、病毒、真菌、支原体、立克次体、螺旋体和寄生虫等生物因子引起的炎症,称为感染(infection),是临床上最常见和最重要的一类炎症。

生物因子的致病作用,与病原体的数量、毒力及机体的反应性有关。细菌和病毒等病原体在机体内繁殖,一方面,可以直接或间接损伤宿主细胞,引起细胞溶解坏死;另一方面,还可以通过释放毒素或通过免疫反应而损伤组织,引起炎症。真菌一般不产生毒素,但具有弱抗原性,可引起变态反应导致组织损伤和炎症。寄生虫在细胞、组织内寄生,可以通过机械作用而损伤组织,也可以通过抗原作用,引起免疫损伤。

(四)免疫反应

四型超敏反应均能造成组织损伤而引起炎症。Ⅰ型超敏反应,如蚊虫叮咬引起的皮疹,花粉过敏引起的支气管哮喘;Ⅱ型超敏反应,如抗基底膜性肾小球肾炎;Ⅲ型超敏反应,如免疫复合物性肾小球肾炎、类风湿关节炎、系统性红斑狼疮等自身免疫性疾病,均属免疫反应引起的炎症;Ⅳ型超敏反应,如结核病、接触性皮炎、异体器官移植引起的排斥反应。

(五)异物

手术缝线、二氧化硅晶体以及物质碎片等残留在机体组织内,均可导致炎症反应。

二、炎症的局部表现和全身反应

(一)炎症的局部表现

炎症局部的典型临床表现包括红、肿、热、痛和功能障碍。局部发红是由于炎症介质引发血管扩张、充血所致;局部肿胀是由于血管通透性增高,血浆和白细胞渗出所致,特别是炎性水肿;病变部位温度增高是充血及代谢增强所致;局部疼痛是炎症介质、渗出物刺激和压迫神经末梢所致;病变所累及部位的功能障碍是实质及间质细胞变质、代谢异常、机械性阻塞、压迫和疼痛所致。

> **知识链接**
>
> 炎症的名称来源:在公元1世纪,罗马百科全书编纂人Aulus Celsus将炎症的临床表现概括为红、肿、热、痛等四项基本特征,炎症英文名称为"inflammation"(燃烧),即局部组织的发热像燃烧一样。我国将该病变称为炎症,因"炎"字由两个火字构成,即火上加火。

(二)炎症时的全身反应

1. 发热 发热是炎症常见的临床表现,是外源性及内源性致热原共同作用的结果。细菌毒素、病毒、寄生虫等外源性致热原,可刺激白细胞产生内源性致热原,例如细胞因子 IL-1α、IL-1β、TNF-α。内源性致热原刺激下丘脑体温调节中枢,后者合成前列腺素 E(prostaglandin E2,PGE2),导致发热。

2. 外周血白细胞变化　白细胞增多是机体防御功能的一种表现。急性炎症，特别是细菌感染时，末梢血中的白细胞数可达 $15×10^9/L$ 以上。一般情况下，细菌感染引起中性粒细胞增多；寄生虫感染和过敏反应引起嗜酸性粒细胞增多；一些病毒感染（如腮腺炎、风疹）选择性地引起淋巴细胞增多。但多数病毒、立克次体、原虫感染和极少数细菌（如伤寒杆菌）感染，则引起外周血白细胞计数减少。

3. 血浆中急性期蛋白水平增高　最常见的急性期蛋白包括 C- 反应蛋白、纤维蛋白原和血清淀粉样蛋白 A，这些物质均在肝内合成。

4. 单核 – 巨噬细胞系统增生　主要表现为淋巴结肿大，肝、脾大。巨噬细胞增生，不仅吞噬、消化病原体能力增强；单核 - 巨噬细胞还是抗原呈递细胞，可刺激 T、B 淋巴细胞增生，增强机体的免疫防御反应。

5. 实质器官的病变　炎症较严重时，心、肝、肾等器官的实质细胞可发生不同程度的变性、坏死和功能障碍。

6. 其他改变　严重的细菌感染（特别是败血症），可引起全身血管扩张、血浆外渗，有效循环血量减少和心功能下降而发生休克，甚至引起弥散性血管内凝血（DIC）。

三、炎症介质

参与和介导炎症反应的化学物质，称为炎症介质（inflammatory mediator），包括细胞源性和体液源性炎症介质。炎症介质的作用如下：使血管扩张、通透性增加；吸引白细胞到达炎症部位并吞噬微生物及坏死组织；可引起炎症局部反应和全身反应，例如红肿、疼痛、发热；还可导致组织损伤。

（一）来源于体液的炎症介质

1. 补体系统　补体系统由 20 多种血浆蛋白质组成，不仅是抵抗病原微生物的天然和过继免疫的重要因子，还是重要的炎症介质。补体系统在炎症过程中的作用如下：

（1）促进炎症反应：C3a、C5a 可提高血管通透性；C5a 是中性粒细胞和单核细胞的趋化因子。

（2）协助消灭病原体：C3b 具有调理素作用，增强中性粒细胞和单核细胞的吞噬作用。

2. 激肽系统　缓激肽具有扩张血管、提高血管通透性、促进平滑肌收缩以及引起疼痛等作用。

3. 凝血系统　XII因子可激活激肽系统、启动凝血系统及纤维蛋白溶解系统。这些系统的激活，可产生一系列炎症介质，引起血管扩张及通透性增加。

（二）来源于细胞的炎症介质

1. 血管活性胺　包括组胺和 5- 羟色胺。组胺主要存在于肥大细胞和嗜碱性粒细胞的颗粒中。冷热等物理因子、Ⅰ型超敏反应、C3a 和 C5a 等均可引起组胺释放。组胺的作用包括：使小血管扩张及通透性升高，并对嗜酸性粒细胞有趋化作用。

5- 羟色胺又称血清素，主要存在于血小板中，能引起平滑肌收缩和血管收缩。

2. 花生四烯酸代谢产物　在磷脂酶 A2 作用下，花生四烯酸从炎症受损伤细胞的质膜磷脂中释放出来。花生四烯酸在环氧合酶（cyclooxygenase，COX）作用下，产生前列腺素；在脂质氧酶的作用下，形成白细胞三烯（leukotriene，LT）。

前列腺素可以引起血管扩张并促进水肿发生，还可引起发热和疼痛。白细胞三烯主要由肥大细胞、嗜碱性粒细胞释放。白细胞三烯 C4、D4、E4 具有强烈的气管、支气管收缩作用，也可增加血管通透性。

3. 白细胞产物　中性粒细胞和单核细胞可释放氧自由基和溶酶体酶。氧自由基的少量释放可增强和放大炎症反应；其大量释放可灭活α1-抗胰蛋白酶，导致蛋白酶活性增高，引发组织损伤。溶酶体酶可以杀伤和降解吞噬的微生物，也可引起组织损伤。

4. 细胞因子　细胞因子是由多种细胞产生的多肽类物质，参与免疫反应和炎症反应。肿瘤坏死因子（tumor necrosis factor，TNF）和白介素-1（interleukin-1，IL-1）由激活的巨噬细胞、肥大细胞和内皮细胞等产生，可促进骨髓向末梢血循环释放中性粒细胞，促进肝合成各种急性期蛋白，并可引起患者发热、嗜睡及心率加快等。

化学趋化因子（chemokines）是一类具有趋化作用的细胞因子，主要功能是刺激白细胞渗出。

5. 血小板激活因子（platelet-activating factor，PAF）　具有激活血小板、增加血管通透性以及促进白细胞聚集、黏着和趋化作用。

表7-1　主要炎症介质的功能

作用	炎症介质
血管扩张	前列腺素、NO、组胺
血管通透性升高	组胺和5-羟色胺、C3a和C5a、缓激肽、LTC4、LTD4、LTE4、PAF、P物质
趋化作用、白细胞渗出和激活	TNF、IL-1、化学趋化因子、C3a、C5a、LTB4
发热	IL-1、TNF、前列腺素
疼痛	前列腺素、缓激肽、P物质
组织损伤	白细胞溶酶体酶、活性氧、NO

知识链接

抗炎药物用于治疗组织损伤后所发生的炎症反应。抗炎药有两大类：一类是甾体抗炎药，即肾上腺皮质所分泌的糖皮质激素及其人工合成的衍生物，其通过抑制磷脂酶A2、环氧合酶、细胞因子（例如IL-1和TNFα）等的基因转录，发挥抗炎作用。另一类是非甾体抗炎药，即解热镇痛抗炎药如阿司匹林、保泰松等，其主要通过抑制环氧合酶，从而抑制花生四烯酸生成前列环素、前列腺素，发挥其强力的镇痛和抗炎效应。

病例分析7-1

女性，19岁，大学生。在宿舍下楼时，不小心扭伤右踝关节。受伤的踝关节很快红肿，局部皮肤发热，患者自觉疼痛难忍，行走困难。

问题与思考：

患者扭伤的踝关节为什么出现红、肿、局部发热、疼痛和行走困难？

第二节 炎症的基本病理变化

炎症局部组织的三大基本病理变化是变质、渗出和增生。变质为损伤过程,渗出和增生为抗损伤过程。

炎症随病因、受累部位、机体反应、时相等不同,而呈现不同的病理变化。一般情况下,炎症早期以变质、渗出性改变为主,后期以增生性改变为主。在炎症性疾病的某一阶段常以某种病变为主,有时又可相互转换,如结核病通常表现为增生性炎,但也可以转化为变质性炎或渗出性炎。

一、变质

变质(alteration)是指炎症局部组织的变性和坏死。实质细胞和间质细胞均可发生变质。炎症的病变程度不同,局部组织的变质改变轻重不一。炎症轻时,实质细胞通常发生细胞水肿、脂肪变性;炎症重时,实质细胞可发生凝固性坏死、液化性坏死、坏疽。间质可以发生黏液变性、纤维素样坏死等。实质和间质的轻度变质,通常对器官功能影响不大;严重变质,可引起器官的功能障碍,甚至引起器官的急性衰竭。如急性重症肝炎,可引起肝衰竭。

二、渗出

渗出(exudation)是指炎症局部组织血管内的液体、蛋白质、白细胞通过血管壁,进入周围组织的过程。炎症渗出全过程包括血流动力学改变、液体渗出(血管通透性升高)和白细胞渗出及吞噬三部分。

(一)血流动力学改变

在致炎因子的作用下,受损组织处的微循环很快发生血流动力学改变,表现为血管口径和血流量的变化(图7-1)。首先,在神经调节和化学介质作用下,立即出现细动脉短暂收缩,持续几秒钟;随后,细动脉、毛细血管扩张,局部血流量增加,引起动脉性充血,这是炎症局部组织发红和发热的原因;在血流加快持续数分钟至数小时后,血流变慢,甚至血流停滞,这是由于毛细血管壁通透性增高,液体渗出到血管外,导致血管内红细胞浓集和

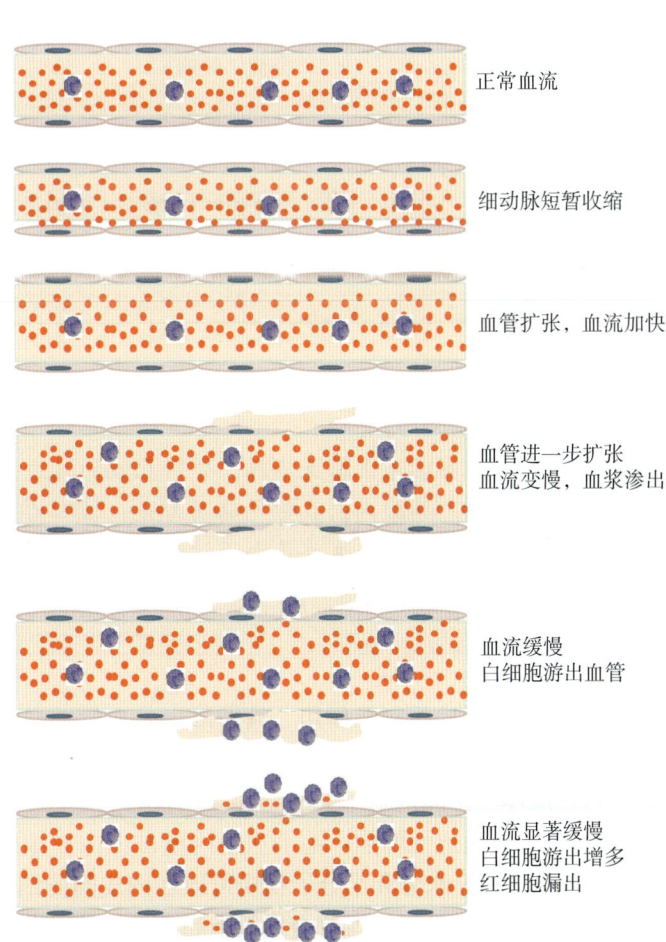

图 7-1 血流动力学变化模式图

血液黏稠度增加，血流阻力增大。血流速度减慢有利于白细胞从血管轴流进入边流，靠近血管壁而渗出血管。

（二）液体渗出

渗出的液体、蛋白质以及白细胞，统称为渗出物或渗出液。渗出液如果集聚在组织间隙内，称为炎性水肿；如果集聚于浆膜腔，则称为炎性浆膜腔积液。

炎症区域血管壁受损程度不同，渗出液的成分不同。血管壁轻微受损时，以水分子、盐离子和小分子血浆蛋白渗出为主；血管壁严重受损时，分子量较大的球蛋白、纤维蛋白原也能渗出，甚至红细胞漏出。在坏死组织释放的组织因子的作用下，渗出的纤维蛋白原转变为纤维素。

1. 渗出液与漏出液区别　渗出液（exudate）与漏出液（transudate）均可引起组织水肿和浆膜腔积液，在临床工作中常需要鉴别（表7-2）。渗出液主要是由于炎症引起血管通透性增加而导致液体外渗。漏出液是由于流体静压升高或胶体渗透压降低所致，例如充血性心力衰竭引起静脉回流受阻，肝疾病引起白蛋白合成减少，肾疾病引起大量白蛋白丢失，这些疾病均可导致液体漏出。

表 7-2　渗出液与漏出液的区别

	渗出液	漏出液
原因	炎症、肿瘤	非炎症
蛋白质含量	> 30g/L	< 30g/L
细胞数	通常 > 500×10^6/L	通常 < 100×10^6/L
比重	> 1.018（多数 > 1.020）	< 1.018
外观	浑浊	清亮
凝固性	易自凝	不自凝

> **知识链接**
>
> 胸腔积液在临床上屡见不鲜，分辨积液的性质为渗出液还是漏出液，对病因的诊断有极大帮助。胸腔漏出液常见病因为充血性心力衰竭、肝硬化、肾病综合征和低蛋白血症等。胸腔渗出液主要是由于结核性胸膜炎、恶性肿瘤、细菌性肺炎、肺脓肿和支气管扩张感染所引起。

2. 液体渗出的机制及作用　液体渗出是血管壁通透性升高和组织渗透压升高共同作用的结果，液体渗出对机体的影响具有两面性。

（1）液体渗出的机制

1）血管壁通透性增加：毛细血管内壁被覆内皮细胞，内皮细胞间有细胞连接结构，外侧有完整基底膜。水分和小分子物质可以在内皮间的细胞连接部分自由通过，但血浆蛋白质等大分子物质通过受限，因此内皮细胞起着半透膜的作用。在炎症时，血管通透性增高，其原因如下：①内皮细胞间隙增宽；②内皮细胞穿胞作用增强，在内皮细胞的胞质内，可见相互连接的囊泡所构成的穿胞通道,炎症时穿胞通道数量增加和口径增大,使得富含蛋白质的液体通过穿胞通道而穿越内皮细胞;③致炎因子直接引起或白细胞间接介导内皮细胞破坏,导致血管通透性升高;④新生毛细血管的内皮细胞连接发育不成熟,具有高通透性。

2)组织渗透压升高:炎症局部组织变性坏死、分解代谢增强以及局部酸中毒,致使局部的蛋白质分子浓度和离子浓度升高,因此胶体渗透压和晶体渗透压均升高,促进水分子渗出。

(2)渗出液的作用:通常情况下,渗出液对机体具有积极作用。①稀释毒素,减轻毒素对机体的损伤作用;②带来氧及营养物,带走代谢产物;③带来抗体和补体,可消灭病原体;④纤维蛋白形成纤维素网架,限制病原体向周围扩散,并有利于吞噬细胞发挥吞噬作用。

然而,大量渗出液对机体是有害的。如果渗出液过多,可压迫邻近器官,影响其功能,如胸腔积液可压迫肺;另外,纤维素渗出过多,不容易完全吸收,可发生机化,引起组织粘连。

(三)白细胞渗出的机制及作用

白细胞通过血管壁游出到血管外的过程,称为白细胞渗出,其是炎症反应最重要的特征。

炎症反应的最重要功能是将炎症细胞输送到炎症病灶处。炎细胞散布在组织间隙内的现象,称为炎细胞浸润,其具有重要的炎症防御作用。

1. 白细胞渗出的机制　白细胞通过边集、滚动、黏附、游出以及趋化作用等阶段,到达炎症病灶,在局部发挥防御作用(图7-2)。

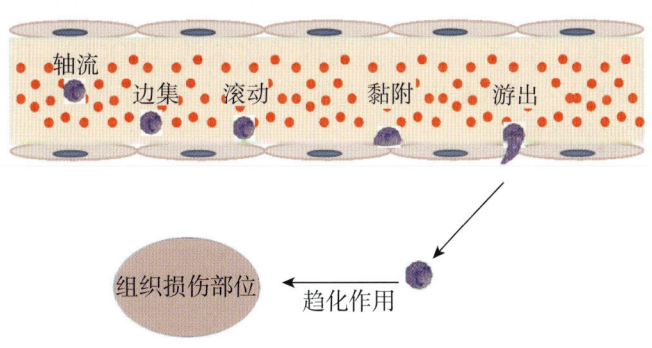

图 7-2　中性粒细胞的渗出过程模式图

(1)边集:在生理情况下,流动的血液分轴流和边流,即血液中的有形成分在血管中心流动,血浆成分在血管边缘流动。在炎症过程中,随着血管通透性增高和液体渗出,血流变得缓慢甚至停滞。体积较大、移动较慢的白细胞,逐渐被体积较小而移动较快的红细胞推离血管的中心部(轴流),到达血管的边缘部,称为白细胞边集。

(2)滚动:白细胞到达血管的边缘后,与内皮细胞表面的黏附分子不断地发生结合与分离,使白细胞沿着内皮细胞表面缓慢滚动,称白细胞滚动。

(3)黏附:在正常情况下,白细胞与内皮细胞之间的黏附能力较弱。在炎症病灶处,白细胞与内皮细胞之间的黏附能力明显增强,因此,炎症病灶处的白细胞能够紧紧黏附于内皮细胞,为白细胞游出做好准备。

(4)白细胞游出:白细胞穿过血管壁进入周围组织的过程,称为白细胞游出,通常发生在毛细血管后小静脉。

（5）趋化作用：白细胞游出后，便以阿米巴运动方式，沿化学物质浓度梯度，向着化学刺激物定向移动，这一现象称为趋化作用。能够吸引白细胞定向移动的化学物质称为趋化因子。最常见的外源性趋化因子如可溶性细菌产物，内源性趋化因子如白细胞三烯、补体激活的中间产物（如C5a）和细胞因子等。研究发现，不同的趋化因子只对某一种或几种炎细胞有趋化作用，即趋化因子的作用具有特异性。

2. 白细胞在炎症病灶的作用　白细胞通过吞噬作用发挥杀伤微生物和清除致炎物质的作用。白细胞到达炎症病灶后，吞噬病原体以及组织碎片、异物的过程，称为吞噬作用。具有吞噬功能的细胞主要有中性粒细胞和巨噬细胞。

吞噬过程包括识别和黏着、吞入、杀伤和降解3个阶段，以吞噬细菌为例（图7-3），具体过程如下：

（1）识别和黏着：吞噬细胞通过其表面的Fc受体和C3b受体，识别被抗体或补体C3b包被的细菌，抗体或补体与相应受体结合，细菌就被黏着在吞噬细胞的表面。

（2）吞入：细菌黏着于吞噬细胞表面之后，吞噬细胞伸出伪足，随伪足延伸和互相吻合，吞噬细胞的细胞膜包围吞噬物形成泡状小体，即吞噬体。然后，吞噬体与初级溶酶体颗粒融合，形成吞噬溶酶体。

（3）杀伤和降解：进入吞噬溶酶体的细菌主要被具有活性的氧代谢产物杀伤和降解。吞噬过程使白细胞的耗氧量激增，并激活白细胞NADPH氧化酶，后者使还原型辅酶Ⅱ（NADPH）氧化而产生超氧负离子（O_2^-）。大多数超氧负离子经自发性歧化作用转变为H_2O_2。H_2O_2不足以杀灭细菌，中性粒细胞胞质内含有髓过氧化物酶（myeloperoxiclase，MPO），MPO可催化H_2O_2和Cl^-产生强杀菌因子次氯酸（$HOCl^-$）。H_2O_2-髓过氧化物酶（myeloperoxiclass，MPO）-卤素是中性粒细胞最有效的杀菌系统。微生物被杀死后，被吞噬溶酶体内的酸性水解酶降解。

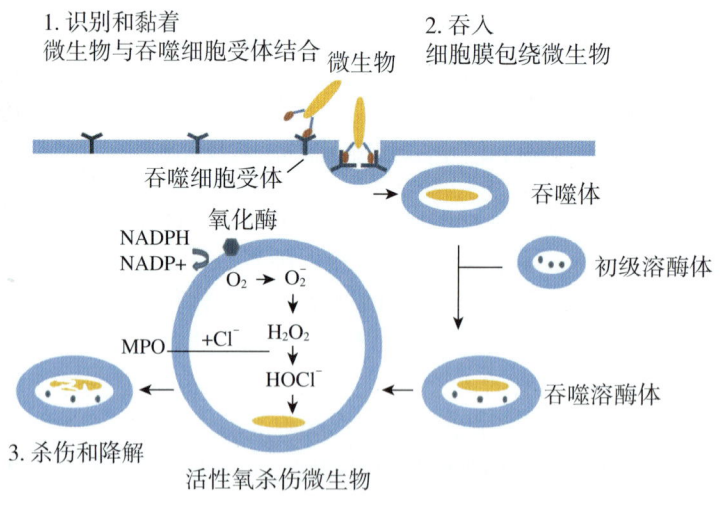

图7-3　白细胞吞噬过程示意图

知识链接

白细胞在炎症过程中是一把双刃剑。一方面，白细胞通过吞噬作用发挥杀伤微生物和清除致炎物质的作用；另一方面，白细胞在吞噬过程中还可将溶酶体酶、活性氧自由基等释放到细胞外间质中，损伤正常细胞和组织，加重原始致炎因子的损伤作用。白细胞介导的组织损伤见于多种疾病，例如肾小球肾炎、哮喘、移植排斥反应和肺纤维化等。

3. 白细胞的种类和功能　白细胞主要包括中性粒细胞、单核细胞及巨噬细胞、嗜酸性粒细胞、淋巴细胞和浆细胞、嗜碱性粒细胞和肥大细胞。

（1）中性粒细胞：又称小噬细胞。胞质内含丰富的中性颗粒，核呈分叶状（2～5个叶），有活跃的运动能力和较强吞噬作用。常出现在炎症早期和化脓性炎症时，吞噬细菌、坏死组织碎片及抗原抗体复合物。中性颗粒内含髓过氧化物酶、溶菌酶、碱性磷酸酶、酸性水解酶。中性粒细胞的寿命较短，仅有3～4天，完成吞噬作用后很快死亡，死亡崩解后释放出各种蛋白酶，可溶解坏死组织及纤维素等渗出物，有利于坏死组织的吸收或排出体外。

（2）单核细胞及巨噬细胞：细胞大，胞质丰富，核呈肾形或椭圆形。含丰富的溶酶体，有趋化能力及较强的吞噬能力，并能摄取和处理抗原，参与特异性免疫反应。常见于炎症后期、慢性炎症及非化脓性炎症、病毒感染、原虫感染等。炎症区域的巨噬细胞大多数来自血液的单核细胞，也有一部分来自组织内。巨噬细胞在不同情况下，可演变为不同形态特征的细胞：吞噬结核杆菌后，可转变为类上皮细胞；吞噬脂类物质后，转变为泡沫细胞；吞噬伤寒杆菌、细胞碎片和红细胞后，演化为伤寒细胞；当遇到体积太大或难以吞噬的物质，它可通过细胞相互融合的方式，形成多核巨细胞，如朗汉斯巨细胞和异物巨细胞。

病例分析7-2

男性，22岁，大学生。某天与同学聚餐后，感觉上腹部不适，呈阵发性腹痛。夜间，腹痛加重，腹痛由上腹部转移至右下腹部，伴恶心、呕吐及发热。次日早晨急诊入院。查体：T38.6℃，P105次/分，BP 120/80mmHg。右下腹有明显压痛及反跳痛。血液检查：Hb 141g/L，WBC $19.6×10^9$/L。诊断为急性阑尾炎，行急诊手术。病理检查所见：阑尾增粗，浆膜面血管扩张、充盈，并有片状灰黄色脓性渗出物；阑尾切面见腔内有脓液，可见粪石；组织学检查阑尾各层血管扩张充盈、组织水肿、大量中性粒细胞弥漫浸润，局部黏膜可见糜烂及浅表溃疡形成。

问题与思考：
1. 为什么阑尾各层血管扩张充盈、组织水肿？
2. 中性粒细胞如何到达患者的阑尾组织中？

（3）嗜酸性粒细胞：细胞核通常有2～3个叶。胞质内含许多较大的、椭圆形的嗜酸性颗粒，颗粒内含多种酶。其运动能力较弱，有一定的吞噬作用，能吞噬抗原抗体复合物，主要见于寄生虫病和某些变态反应性疾病。

(4) 淋巴细胞和浆细胞：淋巴细胞体积最小，核圆形、浓染，胞质极少，分 T 细胞和 B 细胞两类，有较弱的游走能力，无趋化性，也无吞噬能力。B 淋巴细胞受抗原刺激转化为浆细胞，产生、释放各种免疫球蛋白。浆细胞呈卵圆形，核圆形、位于细胞的一侧，染色质呈车辐状排列，胞质丰富、略嗜碱性，无趋化性和吞噬能力。淋巴细胞和浆细胞常见于慢性炎症。

(5) 嗜碱性粒细胞和肥大细胞：这两种细胞在形态和功能方面有许多相似之处，细胞内含有嗜碱性颗粒，颗粒内均含有肝素和组胺。肥大细胞胞质内还含有 5-羟色胺。当受到炎症刺激时，细胞脱颗粒，释放组胺、5-羟色胺，引起炎症反应，多见于超敏反应性炎症。

三、增生

增生是指炎症区域的血管内皮细胞、成纤维细胞和各种实质细胞的增生；另外，常伴有淋巴细胞及巨噬细胞的增生。

炎症初期，病变以变质和渗出为主，增生不明显。炎症后期，成纤维细胞和血管内皮细胞明显增生。另外，炎症局部的被覆上皮、腺上皮及其他实质细胞明显增生，以修复组织缺损，恢复器官的结构和功能。

第三节 炎症的类型

一、炎症的病理学分类

任何炎症都在一定程度上包含变质、渗出和增生 3 种基本病变。由于病因、受累器官以及机体免疫状态不同，病变组织可表现出不同的病理变化，往往以其中一种病变为主。因此，病理学根据炎症时出现的主要病变，把炎症概括为变质性炎、渗出性炎和增生性炎三大类型。值得注意的是，炎症主要病变之间可相互转化。

(一) 变质性炎

变质性炎是以变质性变化为主要病变的炎症。这种炎症常见于心脏、肝、肾、脑等实质器官，如急性暴发型病毒性肝炎、白喉性心肌炎、乙型脑炎等。

(二) 渗出性炎

渗出性炎是以渗出为主要病变的炎症。根据渗出物主要成分的不同，渗出性炎可进一步分为浆液性炎、纤维素性炎、化脓性炎和出血性炎。

1. 浆液性炎 浆液性炎以浆液性渗出为主。多发生于浆膜、黏膜、疏松组织及皮肤等。可引起炎性水肿、炎性积液、皮肤水疱。黏膜的浆液性炎又称为浆液性卡他性炎。浆液易被吸收，但浆液渗出过多可产生压迫现象，影响器官功能。

2. 纤维素性炎 纤维素性炎以渗出液中含有大量纤维素为其特征，好发于浆膜、黏膜和肺。发生于浆膜和肺的纤维素性炎，如果渗出的纤维素量少，其可被溶解吸收；如果多量纤维素渗出，容易发生机化，甚至浆膜腔闭塞。发生于黏膜的纤维素性炎（如白喉、细菌性痢疾），渗出的纤维素、白细胞、坏死的上皮在黏膜表面形成伪膜，又称为伪膜性炎（图 7-4）。浆膜的纤维素性炎常见于胸膜腔和心包腔，如结核引起的纤维素性胸膜炎及心包炎。发生在心包的纤维素性炎，由于心脏搏动时心包脏层与壁层相互摩擦，使心外膜上的纤维素形成无数绒毛状物,覆盖于心脏表面,因而称之为"绒毛心"。

3. 化脓性炎 化脓性炎(suppurative inflammation)以大量中性粒细胞渗出为特征,常伴组织坏死和脓液形成。脓液中除少数中性粒细胞具有吞噬能力外,大多数已发生变性坏死,这些变性坏死的中性粒细胞称为脓细胞。化脓性炎多由化脓菌(如葡萄球菌、链球菌、脑膜炎奈瑟菌、大肠杆菌)感染所致,亦可由组织坏死继发感染产生。化脓性炎可表现为脓肿、蜂窝织炎、表面化脓和积脓。

(1)脓肿:脓肿为局限性化脓性炎,多由金黄色葡萄球菌引起。主要特征是组织发生液化性坏死,形成充满脓液的腔,即脓腔(图7-5)。小脓肿可以吸收消散,较大的脓肿由于脓液过多,吸收困难,常需切开排脓。皮肤以及黏膜的化脓性炎可引起溃疡,深部脓肿向表面或自然管道穿破,可形成窦道或瘘管。

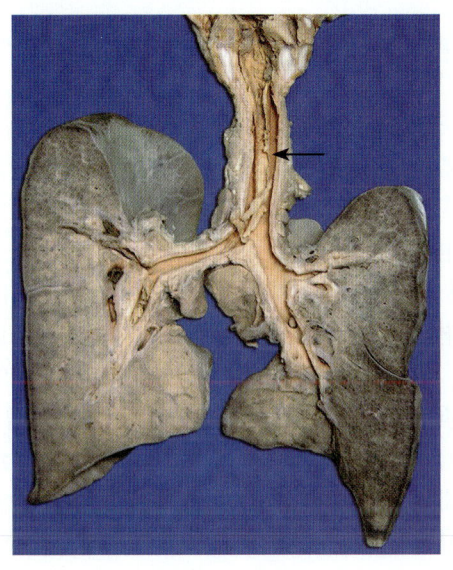

图 7-4 白喉
箭头所示是伪膜

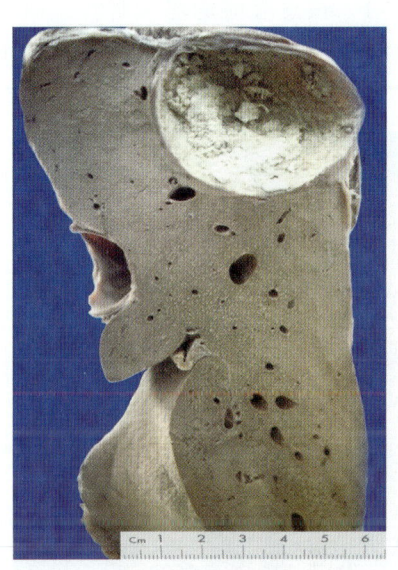

图 7-5 肝脓肿
箭头所示为脓腔

知识链接

疖和痈是临床常见的皮肤脓肿。疖是单个毛囊、所属皮脂腺及其周围组织的脓肿。疖中心部分液化,脓液可在毛囊处破出。痈是多个疖融合而成,在皮下及肌筋组织中可形成许多相互沟通的脓肿,必须及时切开引流排脓。

(2)蜂窝织炎:蜂窝织炎为疏松组织发生的弥漫性化脓性炎,多由溶血性链球菌引起。疏松组织内可见大量中性粒细胞弥漫浸润,原有组织不发生显著的坏死和溶解,如阑尾的蜂窝织炎。

(3)表面化脓和积脓:表面化脓指浆膜或黏膜组织的化脓性炎。脓液在浆膜腔或管腔内蓄积,称为积脓。黏膜的化脓性炎常见于化脓性扁桃腺炎、化脓性尿道炎及化脓性支气管炎等。胆囊和输卵管的化脓性炎可引起胆囊和输卵管积脓。化脓性脑膜炎可在蛛网膜下腔积脓

(图7-6)。

4. 出血性炎　某些炎症如流行性出血热、鼠疫、炭疽等，血管壁受损严重，常伴大量红细胞漏出，这种炎症称为出血性炎。

病例分析7-3

女性，30岁，分娩后3个月。1月前左乳外上方出现红肿、疼痛，经热敷后病变局限。检查时，左乳外上象限有一直径3cm×3cm的结节，有波动感。穿刺液内可见大量中性粒细胞。

问题与思考：
1. 该患者的病理诊断？
2. 病变处发生了何种坏死？形成机制是什么？

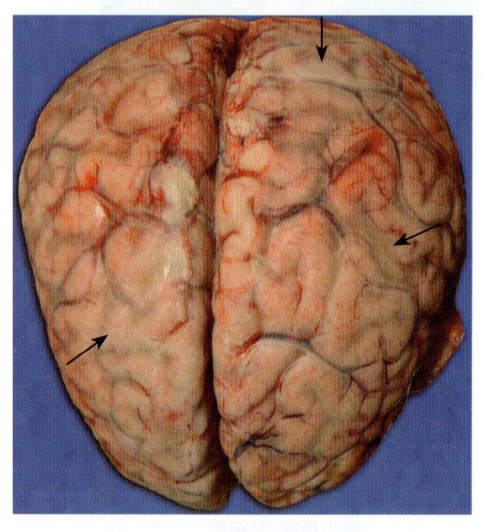

图7-6　化脓性脑膜炎
箭头所示为蛛网膜下腔积脓

（三）增生性炎

增生性炎是指以组织、细胞增生为主，而变质、渗出比较轻的炎症。大多数增生性炎是慢性炎，也有少数增生性炎为急性炎，如伤寒。

1. 一般慢性增生性炎　炎症灶内以巨噬细胞、淋巴细胞和浆细胞浸润为主，同时，成纤维细胞、毛细血管明显增生，另外，局部组织的某些实质细胞，如被覆上皮、腺上皮也发生增生。

管道性器官的慢性炎症，由于纤维结缔组织增生常伴有瘢痕形成，可造成受累器官的管壁增厚及狭窄，如慢性输卵管炎时输卵管管壁增厚、管腔狭窄导致不孕症；实性器官或组织的慢性炎症常表现为受累器官或组织的体积增大，如慢性扁桃体炎时扁桃体肿大；在黏膜处的慢性炎症，可以由于局部黏膜上皮、腺体和肉芽组织增生以及浆细胞、淋巴细胞浸润，形成突出黏膜表面的带蒂肿块，称为炎性息肉，例如鼻息肉和子宫颈息肉；在肺、眼眶等部位的慢性炎症，有时可以形成炎症假瘤，其由肉芽组织、慢性炎细胞以及增生的实质细胞及纤维结缔组织构成，影像学检查，其外形与肿瘤结节相似，故称为炎性假瘤。

知识链接

鼻息肉是鼻部常见疾病，常由上呼吸道慢性感染或变态反应所致，其本质是炎症性病变，而非肿瘤性病变。常见的症状为持续性鼻塞，随息肉体积增大而加重。鼻息肉以多发为主，且多累及双侧鼻窦。过敏性息肉主要见于鼻甲及嗅区，后鼻孔息肉则以感染为主。

2. 肉芽肿性炎　肉芽肿性炎以炎症局部巨噬细胞及其衍生细胞增生，形成结节状病灶为特征。主要包括感染性肉芽肿和异物性肉芽肿。

（1）感染性肉芽肿：某些细菌（如结核分枝杆菌、伤寒沙门菌、麻风分枝杆菌、梅毒螺旋体）、真菌（组织胞浆菌）、寄生虫（血吸虫）均可引起感染性肉芽肿，其中，以结核肉芽肿最常见。

典型结核肉芽肿的中心部为干酪样坏死，坏死灶周围可见大量类上皮细胞和朗汉斯巨细胞（Langhans giant cell），外围为淋巴细胞和成纤维细胞（图7-7）。类上皮细胞由巨噬细胞衍生而来，是结核肉芽肿中的最重要成分。

肉芽肿能包围病原微生物，限制其向周围扩散，有重要的防御作用。

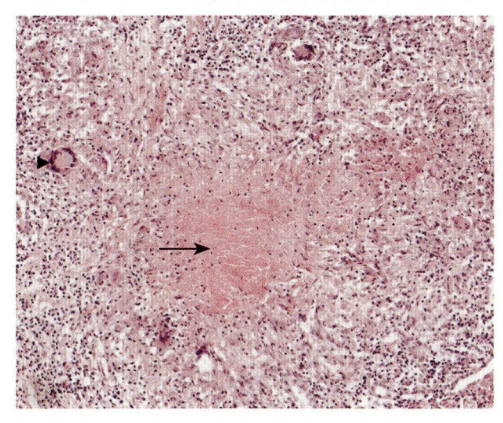

图 7-7　结核肉芽肿
长箭头所示为干酪样坏死，箭头所示为朗汉斯巨细胞

（2）异物性肉芽肿：外科缝线、粉尘、滑石粉、石棉等异物，可引起异物性肉芽肿，以异物巨细胞增生为主要特点。

二、炎症的临床分型

按炎症持续时间的长短，临床上将其大致分为超急性炎症、急性炎症、亚急性炎症、慢性炎症4种类型。

（一）超急性炎症

超急性炎症呈暴发性经过，整个病程数小时至数天，短期内引起组织、器官的严重损害，甚至导致机体死亡。炎症反应非常急剧，炎症局部以变质和渗出性病变为主。此类病变多见于变态反应性损害及器官移植时的超急性排斥反应。

（二）急性炎症

急性炎症（acute inflammation）一般病程在一个月之内。起病急，症状明显，局部病变常以变质、渗出性病变为主。炎症灶内浸润的炎细胞主要是中性粒细胞，如急性阑尾炎、急性细菌性痢疾等。

（三）慢性炎症

慢性炎症（chronic inflammation）病程在半年以上，甚至持续数年、数十年。可由急性炎症转变而来，或一开始即呈慢性经过。炎症局部多以增生性病变为主，浸润的炎细胞主要为淋巴细胞和浆细胞。在机体免疫力低下，病原体繁殖和活动的情况下，慢性炎症可急性发作，即在慢性炎症的基础上转化为急性炎症，例如慢性阑尾炎急性发作。

（四）亚急性炎症

亚急性炎症病程介于急性与慢性炎症之间，如亚急性重型肝炎、亚急性感染性心内膜炎等，病变特点是坏死和增生改变均较明显。

第四节　炎症的结局

致炎因子的性质、机体抵抗力及反应性的差异，以及治疗措施是否及时、得当等因素，均可影响炎症的经过与结局。大多数炎症能够愈复，少数炎症迁延不愈，极少数可蔓延扩散到全身。

一、愈复

（一）完全愈复

在病因消除和适当治疗下，如果炎症病变处坏死组织被完全溶解吸收，通过周围健在细胞的再生，可以完全恢复原来的组织结构和功能，称为完全愈复。

（二）不完全愈复

炎症灶坏死范围广泛，坏死组织由新生的肉芽组织修复或包裹，称为不完全愈复。

二、转为慢性

机体抵抗力低下，致炎因子持续存在，病变迁延，多年不愈。

三、蔓延播散

在患者抵抗力低下，或病原微生物毒力强、数量多的情况下，病原微生物可不断繁殖，向周围组织、器官蔓延，或向全身播散。

（一）局部蔓延

病原体经组织间隙或自然管道扩散，如肾结核可引起输尿管、膀胱、附睾结核等。

（二）淋巴道播散

病原体经淋巴管到达局部淋巴结，引起局部淋巴结炎，如肺结核可引起肺门淋巴结结核。

（三）血道播散

病原体或毒素进入血循环，引起一系列表现。①菌血症：细菌入血，但无全身中毒现象，常发生在炎症的早期阶段，肝、脾和骨髓的吞噬细胞可组成一道防线，以清除细菌。②毒血症：细菌毒素入血，临床上出现高热和寒战等中毒症状，同时伴有心、肝、肾等实质细胞的变性或坏死。③败血症：毒性强的细菌入血，大量繁殖并产生毒素，出现毒血症的临床表现外，还常出现皮肤和黏膜的多发性出血斑点，以及脾和淋巴结大等。④脓毒血症：化脓菌引起的败血症可发展为更严重的脓毒败血症，化脓菌团随血流运动，可在全身多处组织器官中出现多发性栓塞性脓肿。

（田新霞）

第五节 发 热

发热（fever）是临床上常见的体征之一，是许多疾病共有的以体温升高为主要表现的全身性病理过程。临床护理工作中，观察发热患者的体温变化并进行相应的处理是一项重要的内容。

正常人体在体温调节中枢的调控下，体温维持在37℃左右，一昼夜上下波动不超过1℃。虽然有个体间差异，但差异很小。临床上常以腋下温度为36.0～37.4℃、舌下温度为36.7～37.7℃和直肠温度为36.9～37.9℃为正常体温，当体温超过正常值0.5℃时称体温升高。体温升高可分为生理性体温升高和病理性体温升高。一些生理情况如月经前期、剧烈运动和心理应激时引起的体温升高，称生理性体温升高。生理性体温升高随生理过程结束而自动恢复正常，不对机体产生危害，不需要处理。

病理性体温升高包括发热和过热。发热是指在致热原作用下，体温调定点（set point）上移而引起的调节性体温升高，当体温升高超过正常值0.5℃称为发热。此时中枢体温调节功能正常，体温调节在高水平状态下进行。

> **知识链接**
>
> 体温调节的高级中枢位于视前区下丘脑前部（preoptic anterior hypothalamus, POAH），而延髓、脊髓等部位也对体温信息有一定程度的整合功能，被认为是体温调节的次级中枢。另外，大脑皮质也参与体温的调节。

过热（hyperthermia）是指某些情况下，体温调节障碍、散热障碍或产热器官功能异常时，体温调节机构不能将体温控制在与调定点相适应的水平上，使体温被动性升高（非调节性体温升高）。常见于体温调节中枢损伤、皮肤鱼鳞病、环境高温及甲状腺功能亢进等。

一、发热的原因

发热是在发热激活物的刺激下机体产生致热性细胞因子，直接或间接作用于体温调节中枢，使体温调节中枢调定点上移造成的。

（一）发热激活物

发热激活物（pyrogenic activator）是指能激活内生致热原细胞产生和释放内生致热原（endogenous pyrogen, EP）的物质，又称内生致热原诱导物。发热激活物种类很多，目前已经发现的发热激活物包括外致热原（exogenous pyrogen）和一些体内产物。

1. **外致热原** 来自体外的发热激活物称为外致热原，主要是各种微生物，包括细菌、病毒、真菌、螺旋体及疟原虫等。这种由病原微生物引起的发热称感染性发热。在所有的发热中，感染性发热可占50%～60%。

（1）细菌

1）革兰氏阳性菌：主要有葡萄球菌、链球菌、肺炎链球菌、白喉杆菌、破伤风杆菌等。此类细菌感染是常见的发热原因。这类细菌全菌体、菌体碎片和释放的外毒素是重要的致热原。此外，葡萄球菌和链球菌的细胞壁中的肽聚糖（peptidoglycan），具有致热性。

2）革兰氏阴性菌：常见的有大肠埃希菌、伤寒沙门菌、淋球菌、脑膜炎奈瑟菌、志贺菌等。其致热性除菌体外，主要致热物质是胞壁中所含的肽聚糖和内毒素（endotoxin，ET）。内毒素的活性成分是脂多糖（lipopolysaccharide，LPS），具有高耐热性，高水溶性，不易灭活和清除，发热效应极强。在重度感染时若短期大量使用抗生素，细菌死亡、裂解时会释放大量内毒素而使症状加重。

> **知识链接**
>
> LPS具有极强的致热性，其耐热性高，需要干热160℃ 2小时才能灭活，一般灭菌方法不能清除，是血液制品和输液过程中的主要污染物，也是外环境中主要的致热物质。内毒素无论是体内注射或体外与产致热原细胞一起培养，都可刺激内生致热原的产生和释放。

3）分枝杆菌：典型菌群为结核分枝杆菌。其致热原为全菌体及细胞壁中所含的肽聚糖、多糖和蛋白质。

（2）病毒：常见的有流感病毒、麻疹病毒、柯萨奇病毒、SARS病毒等。其致热原为全病毒体及其所含的血细胞凝集素。

（3）真菌：常见的感染性真菌有白色念珠菌、组织胞浆菌、新型隐球菌、球孢子菌和副球孢子菌等。其致热原为全菌体与菌体内所有的荚膜多糖和蛋白质。

（4）螺旋体：常见的有钩端螺旋体、回归热螺旋体和梅毒螺旋体。致热原为螺旋体本身及代谢产物。

（5）疟原虫：疟原虫感染的红细胞破裂，大量裂殖子和代谢产物释放入血，引起高热。

（6）其他：支原体、衣原体、立克次体等。

2. 体内产物　某些体内产物可刺激机体产生内生致热原而引起发热，这些由病原微生物以外的致热物质引起的发热称为非感染性发热。

（1）抗原-抗体复合物：见于自身免疫性疾病，如系统性红斑狼疮、类风湿关节炎等。某些药物引起的变态反应、免疫注射或异型输血等都可以引起发热。

（2）类固醇：典型代表是睾酮的代谢产物本胆烷醇酮。某些原因不明的周期性发热患者，检测到血液中本胆烷醇酮浓度增高。

（3）其他：炎性渗出物、无菌性坏死组织等均可引起发热。

（二）内生致热原

内生致热原是发热激活物作用于体内相应细胞所产生和释放的能引起体温升高的物质。产生并释放内生致热原的细胞称产内生致热原细胞（产EP细胞）。产内生致热原细胞主要有单核细胞、巨噬细胞，还包括内皮细胞、淋巴细胞、星状细胞和某些肿瘤细胞等。

1. 内生致热原的产生和释放　内生致热原的产生和释放是一个复杂的细胞信息传递和基因表达的调控过程，包括发热激活物直接或间接作用于产致热原细胞表面受体，使产致热原细胞激活，从而启动细胞产生和释放内生致热原。

2. 内生致热原种类　除白细胞致热原外，近年来研究发现，许多细胞因子有致热活性，其中较为重要的内生致热原有：

（1）白细胞介素-1（interleukin-1，IL-1）：是最早发现的 EP。分 IL-1α 和 IL-1β 两种类型，具有同样的生物学活性。动物实验证实静脉注射 IL-1 可以通过血液循环刺激肝产生急性期蛋白，并进入下丘脑引起发热。致热作用较强，潜伏期 200min 左右，其致热反应可被解热镇痛药阻断。IL-1 对热敏感、易破坏，动物实验反复注射 IL-1 不会耐受。

（2）肿瘤坏死因子（tumor necrosis factor，TNF）：分 TNF-α 和 TNF-β 两种类型，两者有相似的致热性，在内毒素导致的发热及肿瘤患者的发热中，TNF 可能是主要的内生致热原。其导致的发热反应可以被环加氧酶抑制剂布洛芬所阻断。TNF 不耐热，70℃ 30min 失活。

（3）干扰素（interferon，IFN）：是一种具有抗病毒、抗肿瘤作用的蛋白质，有多种亚型。提纯和人工重组的 IFN 在人体内都有一定的致热反应，并有剂量依赖性。其所引起的发热反应可被前列腺素（prostaglandin，PG）合成抑制剂所阻断。IFN 是病毒感染引起发热的主要 EP。

（4）白细胞介素-6（interleukin-6，IL-6）：能引起明显的发热反应，但作用低于 IL-1 和 TNF，其致热反应能被布洛芬和吲哚美辛阻断。

（5）巨噬细胞炎症蛋白-1（macrophage inflammatory protein-1，MIP-1）：是一种单核细胞因子所诱生的肝素-结合蛋白质。包括 MIP-1α 和 MIP-1β 两种类型，二者同源性高，具有明显致热性，并且呈剂量依赖性。

二、发热的发病机制

（一）EP 信号传入中枢

血液循环中的 EP 将信息传入下丘脑体温调节中枢的方式有以下 3 种：

1. 通过下丘脑终板血管器作用于体温调节中枢　终板血管器（organum vasculosum of lamina terminalis，OVLT）位于视上隐窝上方，紧靠视前区下丘脑前部（POAH），是血-脑屏障的薄弱部位。此处存在有孔毛细血管，对大分子物质有较高的通透性，此通路可能是 EP 进入体温调节中枢的主要途径。但也有学者认为 EP 是被分布在此处的巨噬细胞、神经胶质细胞等细胞膜受体识别结合，产生新发热介质，将致热原信息传入 POAH。

2. 通过迷走神经向体温调节中枢传递发热信号　迷走神经的传入纤维可将外周的致热信号传入脑。动物实验表明，腹腔注射 LPS 可在脑内检测到 IL-1 增多，切断膈下迷走神经传入纤维可阻断脑内 IL-1mRNA 的转录和发热反应。

3. 通过血-脑屏障转运入脑　研究发现在血-脑屏障的毛细血管床存在 IL-1、IL-6、TNF 的可饱和转运机制，推测其将相应的 EP 特异性地转运入脑。正常情况下由该机制转运的 EP 量甚微，不足以引起发热。当血-脑屏障的通透性异常增大时，如慢性感染、颅脑损伤、炎症等经此途径入脑的 EP 增加。

（二）体温调节中枢产生和释放介质

目前认为，发热时体温调节由两部分组成，包括正调节中枢 POAH 和负调节中枢中脑杏仁核、腹中隔及弓状核等。EP 将信息传入中枢后，刺激正调节中枢合成和释放正调节介质使体温上升，另一方面通过负调节中枢合成和释放负调节介质限制体温升高。正负调节相作用的结果决定调定点上移的水平及发热的幅度。

1. 正调节介质　目前研究发现的正调节介质主要有前列腺素 E（PGE）、Na^+/Ca^{2+} 比值、环-磷酸腺苷（cAMP）、促肾上限皮质激素释放激素（corticotropin releasing hormone，CRH）

和一氧化氮（NO）。

2. 负调节介质　主要包括精氨酸加压素（arginine vasopressin，AVP）、α-黑素细胞刺激素（α-MSH）及膜联蛋白A1（annexin A1）和白细胞介素-10（IL-10）。

各种感染性疾病引起的发热极少超过41℃，是由于体内存在着发热的自我限制机制。发热时体温升高幅度被限制在特定范围内的现象称为热限（febrile ceiling）。热限是自我保护功能，可使脑细胞免受损伤。热限的形成可能与发热的负反馈调节有关。在负反馈调控中，负调节介质可能起主要作用。

（三）调定点上移，调节性体温升高

体温"调定点"学说认为，体温调节机构是围绕体温中枢的调定点调控体温。调定点的正常设定值在37℃左右。发热时，正、负调节介质共同作用下，使体温调定点上移，这时正常的体温将成为一个"冷刺激"，体温调节中枢通过交感神经使散热减少，产热增加，最终使体温升高到与调定点相适应的水平。综上所述，发热的发病机制可归纳为图7-8。

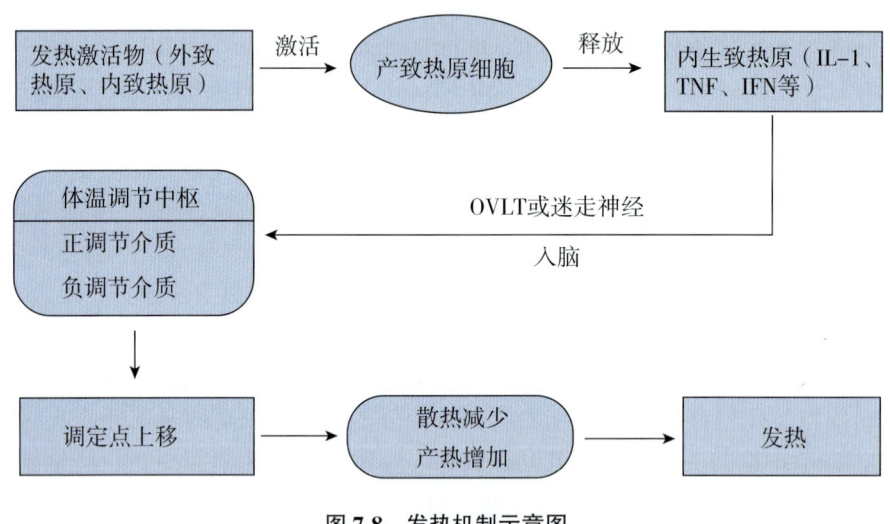

图7-8　发热机制示意图

三、发热分期

按体温变化的趋势将发热过程分为3个时期。

（一）体温上升期

发热起始阶段，体温调节中枢调定点上移，正常体温变成冷刺激，中枢指令使散热减少，产热增加，体温升高。人体交感神经兴奋，皮肤血管收缩，血流减少，皮肤温度降低，散热减少；骨骼肌紧张度升高和不随意收缩，使产热量增加4～5倍，同时物质代谢增强，产热增加，最终使体温升高。患者常感畏寒，皮肤苍白和寒战，交感神经传出冲动引起竖毛肌收缩，出现"鸡皮疙瘩"。

（二）高温持续期

当体温上升到新调定点水平时，中枢指令效应器在新调定点水平以正常的方式进行产热和散热的平衡调节，使体温在与新调定点相适应的高水平上波动，便不再继续上升，这个阶段称高温持续期，也称高峰期或稽留期。由于体温与新调定点水平相适应，下丘脑不再发放

"冷反应"冲动，患者寒战消失。产热增加主要来源于升高的代谢率。此时因血温升高使皮肤血管扩张，血流量增加，皮肤温度升高，水分蒸发加强，表现皮肤潮红，有灼热感，皮肤和口唇比较干燥。

（三）体温下降期

此期当发热激活物、EP 和发热介质得到控制和清除，体温调节中枢的调定点即回归到正常水平，机体出现明显的散热反应。由于体温仍高于调定点，中枢的热敏神经元受刺激，发放冲动增加散热；而冷敏神经元受抑制，减少产热。皮肤血管进一步扩张，将深部的体热带到体表散发；汗腺分泌增加，体温逐步恢复到正常水平。表现为皮肤温度降低，大量出汗，严重时可导致脱水。

四、发热时机体的物质代谢及功能改变

（一）物质代谢的变化

体温升高时物质代谢增加。一般体温每升高 1℃，基础代谢率提高 13%。如果持续发热，营养物质没有得到相应的补充，患者会因自身物质的消耗而消瘦。

1. 糖代谢　发热时由于产热需要，对糖的需求增加，寒战期更甚。肝糖原和肌糖原分解和糖异生作用增加，糖原储备减少，血糖升高，甚至出现糖尿；且组织供氧相对不足，葡萄糖无氧酵解增强，组织内乳酸增多而 ATP 生成减少，患者可出现肌肉酸痛。

2. 脂肪代谢　糖代谢增加使糖原储备减少，而发热时患者往往食欲低下使糖的摄入不足，导致动用储备脂肪。正常时脂肪分解供能只占总能量的 20%～25%。发热时脂肪组织分解增加，可占总能量的 60%～80%。大量脂肪分解且氧化不全，患者可出现酮血症、酮尿和消瘦。

3. 蛋白质代谢　正常成人每日约需摄入 30～45g 蛋白质才能维持总氮平衡。发热时蛋白质分解代谢为正常的 2～3 倍，此时骨骼肌蛋白质大量分解，血浆蛋白质也减少，以保证能量供应、组织修复和急性炎症蛋白的合成。因蛋白质分解增多，血非蛋白氮升高，尿素排出增多。倘若患者食欲减退，蛋白质摄入减少，可出现负氮平衡。长期发热可致低蛋白性营养不良，患者的抵抗力低下，组织修复能力降低。

4. 水、电解质代谢　在体温上升期，由于肾血流量的减少，尿量明显减少，Na^+ 和 Cl^- 的排泄也减少，可引起水、Na^+ 和 Cl^- 潴留。在发热高峰期，高热使皮肤和呼吸道水分蒸发增多，饮水不足可引起脱水，尿量常明显减少，出现少尿和尿色加深，氯化钠排出随之减少，Na^+ 和 Cl^- 滞留于体内，脱水又可加重发热。在体温下降期，随着尿量增多和大量排汗，可加重脱水。此外，发热时分解代谢增强，可使酸性代谢产物堆积，引起代谢性酸中毒。

5. 维生素代谢　发热时由于食欲缺乏及消化液分泌减少，可导致维生素摄取及吸收减少。而长期发热，物质代谢增强，维生素也随之消耗增加，若摄取维生素减少，常发生维生素缺乏，特别是维生素 B 和 C 的缺乏。因此长期发热时，一定要注意维生素的补充。

（二）生理功能的改变

1. 中枢神经系统功能改变　发热时的主要症状大部分集中在中枢神经系统。患者常感到不适、头晕、头痛等，尤其是高热时（40～41℃），患者可出现烦躁、谵语和幻觉。但有些患者高热期神经系统功能反而出现抑制，表现为淡漠或嗜睡，实验发现注射 IL-1 能诱导睡眠，推测抑制状态可能与 IL-1 的作用有关。

出生 6 个月至 3 岁的幼儿，由于神经系统发育尚未成熟，高热时会处于过度的兴奋状

态，产生强烈的放电，发生抽搐，称高热惊厥（febrile convulsion）。所以，小儿发热要加强观察，特别有高热惊厥史的患儿，更应注意。

2. **循环系统功能改变** 发热时心率增快，体温每上升1℃，心率平均增加18次/分，儿童增加更快。这是血液温度升高刺激窦房结及交感神经和肾上腺髓质系统活动增强所致。心率加快使心排血量增加，但心率增快到150次/分以上时，因心室舒张期过短，心排血量反而减少，对心肌劳损或心肌有潜在病灶的患者，心率增快和心肌收缩力增强，会加重心肌负担，诱发心力衰竭。所以高热患者应注意休息、保持安静、避免心率过快。另外，寒战期，因心率加快和外周血管收缩，动脉血压可轻度上升；高温持续期和退热期，由于外周血管舒张，动脉血压轻度下降，高血压患者下降较为明显。

3. **呼吸系统功能改变** 发热时，血液温度升高刺激呼吸中枢并提高呼吸中枢对CO_2的敏感性，加上代谢增强CO_2生成增多，共同促进呼吸加快、加深，呼吸增快有利于散热，但呼吸过快，CO_2排出过多，可致$PaCO_2$下降，引起呼吸性碱中毒。

4. **消化系统功能改变** 发热时由于交感神经兴奋、副交感神经抑制及水分蒸发过多，使消化液分泌减少，消化酶活性降低，胃肠蠕动减弱，出现食欲缺乏、恶心、呕吐、腹胀及便秘等。由于唾液分泌减少，患者口干、口腔异味。动物实验证明，IL-1和TNF也能引起食欲缺乏。由于患者对脂肪、蛋白质消化吸收差，应给予多糖、多维生素的清淡饮食。

5. **泌尿系统功能改变** 体温上升期，患者尿量减少。可能与发热时抗利尿激素分泌增加、肾远曲小管和集合管对水的重吸收增加有关。持续性发热时，肾小管上皮细胞可发生营养不良，出现浑浊肿胀，尿中可出现蛋白质和管型。体温下降期，尿量可逐渐增加。

6. **免疫系统功能改变** 内生致热原本身就是一些免疫因子，可刺激T淋巴细胞、B淋巴细胞、自然杀伤细胞等免疫细胞的增殖和活性，提高吞噬、杀菌和抗病毒能力。因此，发热可以提高机体的总体免疫功能，表现为一种防御作用，另一方面，发热本身也可抑制细菌生长，如肺炎链球菌、淋球菌和梅毒螺旋体等。但是持续高热可造成免疫系统的功能紊乱，淋巴细胞、中性粒细胞及巨噬细胞等功能降低，杀菌抗毒能力减弱。

五、发热治疗的病理生理基础

（一）发热的生物学意义

发热是机体的一种反应，也是疾病的信号。其生物学意义表现为适当的发热对机体有防御作用，但过度发热对机体会产生伤害作用。

1. **提高机体抗感染能力** 发热可增加白细胞吞噬活性，促进白细胞向感染灶游走，有利于消灭局部细菌；促进干扰素的产生；有利于T淋巴细胞增殖和抗体产生。

2. **抑制和杀灭肿瘤细胞，对肿瘤有一定的抑制作用** 发热时产生大量的内生致热原（IL-1、TNF、IFN等）有一定程度的抑制和杀灭肿瘤细胞的作用。肿瘤细胞长期处于相对缺氧状态，对热的耐受度较正常细胞差，当体温升高到41℃左右时，其生长受到抑制并可被部分灭活。因此，发热疗法已被用于肿瘤的综合治疗。

> **知识链接**
>
> **肿瘤介入热疗技术**
>
> 肿瘤细胞在39～40℃时活性抑制，凋亡增加；40～42℃时，细胞严重受损，并在短时间内死亡。肿瘤介入热疗机应用灌注介入热疗技术，以球囊导管阻断肿瘤供氧血管，将温度精确的高温液体注入到肿瘤病灶内，冲破肿瘤毛细血管，从而破坏肿瘤营养血管床，热液渗漏到肿瘤组织间直接加热，使肿瘤组织凝固坏死，被称为"血管介入热凝固切除"。其操作安全，对周围正常组织无损伤。

3. 对机体的损伤　高热时组织细胞的高代谢，加重器官负担，如心脏负荷增加，诱发心力衰竭；高热可直接导致细胞变性，引起多器官组织细胞损伤，如心、肝、肾等实质细胞变性，功能受损；高热可诱发幼儿惊厥而导致脑细胞损伤；妊娠妇女高热可致胎儿畸形或发育不良。

（二）发热的处置

1. 治疗原发病　对于发热激活物明确的发热，遵医嘱使用中成药或抗生素，控制和清除发热激活物，但应避免抗生素滥用。

2. 一般发热的处理　一般性发热，即体温不过高的发热，又不伴有其他严重疾病者，可不急于解热。主要给予足够的营养物质、维生素和水。因为发热作为疾病的信号，通过体温曲线的变化有时可反映病情的变化，可作为诊断、评价疗效和估计预后的重要参考。而且适度发热机体的防御功能增强，因此一般发热不必急于退热，以免延误病情或抑制免疫功能。

3. 发热必须及时处置的情况　对于发热能够加重病情，促进疾病的发生发展，或威胁生命的病例，应及时给予解热干预。特别是以下病例：

（1）高热者：体温在40℃以上，患者明显不适、头痛、惊厥或意识障碍，无论有无明确原发病，都应该积极解热处理。

（2）心脏病患者：发热会增加心脏负担，对于心脏病和潜在心肌损伤患者容易诱发心力衰竭，应该积极解热处理。

（3）妊娠期妇女：妊娠早期发热有致畸胎的危险，妊娠中晚期，孕妇本身心脏负担较重，发热可加重心脏负担，有诱发心力衰竭的风险。

4. 解热措施

（1）一般处理：减少衣着、多饮水、保证空气流通。

（2）物理降温：体温过高将损害中枢神经系统，头部的局部物理降温可能有助于保护大脑，如用冰帽、冰袋等冷敷头部。

（3）药物降温：

1) 抑制EP产生的药物：糖皮质激素。

2) 抑制PGE合成的药物：阿司匹林、布洛芬等。

3) 促进中枢负调节介质生成的药物：阿司匹林、水杨酸钠等。

4) 清热解毒中草药：常用的有柴胡、清开灵等。

5) 人工冬眠疗法：高热或超高热长时间不退，伴有严重病情者，可以遵医嘱进行人工冬眠疗法。

病例分析 7-4

男性，2岁，发热2天入院。现病史：2天前出现畏寒，食欲缺乏，皮肤苍白，体温增高，高达40℃，尿量少，色深黄。查体：咽部明显充血，双侧扁桃体肿大（++），口唇干燥，面红，T 39℃，P 106次/分，BP 95/60mmHg，R 26次/分，实验室检查：WBC $15.7×10^9$/L，分叶80%。

问题与思考：
患儿体温升高的机制是什么？应进行怎样的处理和护理？

（李晓蕾）

思考题

1. 简述渗出性炎的常见病理类型，并举例说明每种类型的病理学特点。
2. 简述急性炎症与慢性炎症的区别。
3. 常见的发热激活物有哪些？
4. 请叙述发热上升期患者的体温调节。
5. 发热时机体循环系统的功能变化有哪些？

第八章

肿　瘤

1. **掌握**　肿瘤、异型性、间变、转移、癌前病变、原位癌、癌基因、抑癌基因；肿瘤的形态特点、生物学特征、生长方式、转移途径；肿瘤的命名和分类原则；良性肿瘤与恶性肿瘤的区别；癌和肉瘤的区别。
2. **熟悉**　肿瘤对机体的影响；常见肿瘤的好发部位、形态特点；肿瘤的病因。
3. **了解**　肿瘤的发病机制；常用的肿瘤病理诊断方法及其意义。

第一节　肿瘤的概述

一、肿瘤的概念

肿瘤（tumor，neoplasm）是机体在各种致瘤因素的作用下，局部组织细胞的生长调控发生紊乱，导致异常增殖所形成的新生物，通常表现为局部肿块。但有些肿瘤性疾病，如白血病并不一定形成局部肿块。

肿瘤性增生一般是克隆性的。克隆性（clonal）是指一个肿瘤中的肿瘤细胞群是由发生了肿瘤性转化的单个细胞反复分裂增殖而形成的子代细胞所组成。肿瘤性增生对机体有害。肿瘤细胞具有异常的形态、代谢和功能，并在不同程度上失去了进一步分化成熟的能力。表现为失控性生长和过度生长，即具有相对自主性，即使当致瘤因素已不存在时仍能持续生长，提示肿瘤细胞的遗传异常可以稳定地传递给其子代细胞。

与肿瘤性增生相对的概念是反应性增生。二者有着本质的区别，反应性增生可见于机体在生理状态下细胞正常的新陈代谢活动，以及病理状态下针对一定刺激或损伤的防御性、修复性反应中组织、细胞的增生。反应性增生一般是多克隆性的，即增殖的细胞群是由不同的亲代细胞衍生的子代细胞所构成。反应性增生为机体生存所需。这类增生的细胞、组织能分化成熟，并在一定程度上恢复原来正常组织的结构和功能。并且这类增生有一定限度，引起增生的原因消除后一般不再继续。

肿瘤的命名与分类见本章第五节。

二、肿瘤的病因及发病机制

肿瘤从本质上来说是基因病。肿瘤的形成是一个极其复杂的过程，在多年来国内外学者的广泛研究基础之上，人们对肿瘤的病因和发病机制有了不少认识，但仍然存在许多未知的领域。

（一）肿瘤的病因

目前认为大多数肿瘤的发生是机体内外环境影响或多种因素共同作用的结果。可以导致恶性肿瘤发生的物质统称为致癌物（carcinogen）。

1. 环境致癌因素　外环境中的致癌因素包括化学致癌物、辐射能和致癌的微生物。

（1）化学致癌物：人们注意到化学物质与癌症之间的关系，最早是从1775年观察到扫烟囱工人中阴囊皮肤癌的发生率较高开始的。有多种化学物质已确认在体外能转化细胞，在动物体内可致癌，其中部分与人类癌瘤关系密切。致癌物多数是致突变剂，具有亲电子基团，能与靶细胞内的大分子如DNA共价结合，导致其结构改变（如DNA突变）。按其作用方式，分为直接致癌物、间接致癌物和促癌剂3种。

1）直接致癌物：指不需要在体内进行代谢转化即可致癌的化学物质，较少见。主要是烷化剂和酰化剂。有些烷化剂用于临床，如环磷酰胺既是抗癌药物又是很强的免疫抑制剂，它们可能在抗癌应用后诱发第二种恶性肿瘤，因此需谨慎使用。

2）间接致癌物：指需要在体内（主要是肝）进行代谢活化后才能致癌的化学物质，占大多数。一些重要的间接致癌物举例如下：

① 多环芳烃：分布广泛、致癌性强，包括致癌性特别强的3，4-苯并芘。3，4-苯并芘由有机物的燃烧产生，存在于工厂排出的煤烟和烟草点燃后的烟雾中。可能是肺癌和膀胱癌发生的主要原因。

② 芳香胺类和氨基偶氮染料：芳香胺类如乙萘胺、联苯胺等，与印染厂工人和橡胶工人的膀胱癌发生率较高有关。

③ 亚硝胺类：致癌谱广，可引起人消化道癌，尤其是胃癌。亚硝酸胺是在人体胃内酸性环境中由亚硝酸盐与食物的二级胺合成的。亚硝酸盐可来源于肉类和鱼类的保鲜剂和着色剂，或由硝酸盐被细菌转化而产生。我国河南林县的食管癌发病率很高，与当地居民食物中亚硝胺含量高有关。

④ 真菌毒素：研究最多的是黄曲霉毒素，其广泛存在于霉变的食物中，尤以霉变的花生、玉米及谷类含量最多。其中黄曲霉毒素B_1致癌性最强，可诱发肝细胞癌。乙型肝炎病毒（HBV）与黄曲霉毒素B_1可在肝细胞癌的发生中起协同作用。

3）促癌剂：是指某些本身无致癌性的物质，可以增加致癌物质的致癌性，从而促进肿瘤的发生。单独应用促癌剂，不会引起肿瘤。促癌剂不引起细胞DNA改变，主要是通过诱导细胞增殖而促进肿瘤的发生。其作用是可逆的。常见的促癌物有佛波酯（TPA）、巴豆油、激素、苯酚和某些药物等。

（2）物理性致癌因素：已证实的物理性致癌因素主要是电离辐射、紫外线。电离辐射包括电磁（X线、γ射线）以及粒子辐射都具有致癌性。例如日本广岛和长崎原子弹爆炸后的幸存者，经过5～10年的潜伏期后首先可发生白血病，此外乳腺癌、甲状腺癌的发生率也增加。辐射能使染色体发生断裂、转位和点突变。紫外线过度照射者，易发生皮肤的鳞癌、基底细胞癌和恶性黑色素瘤。

(3) 生物致癌因素：生物致癌因素主要是病毒。能够导致动物肿瘤的病毒称为肿瘤病毒。许多证据表明，人类某些肿瘤与病毒关系密切。

1) DNA 肿瘤病毒：DNA 病毒整合到宿主细胞的基因组中，引起细胞转化。与人类肿瘤发生密切相关的 DNA 病毒主要有以下几种。

① 人类乳头瘤病毒（human papilloma virus，HPV）：现已发现有 120 多种类型。其中 HPV6、HPV11 与生殖道和喉等部位的乳头状瘤有关；HPV16、HPV18 与宫颈、生殖器、口腔和喉等部位的鳞癌有关。HPV16 和 HPV18 的 E6 和 E7 蛋白过表达，与 RB 和 p53 这两种重要的肿瘤抑制蛋白结合并使其失活，导致肿瘤发生。

② Epstein-Barr 病毒（EBV）：与鼻咽癌、Burkitt 淋巴瘤、结外 NK/T 细胞淋巴瘤（鼻型）和某些霍奇金淋巴瘤等肿瘤有关。EBV 可使 B 细胞发生多克隆性增殖，激活免疫球蛋白基因重排的潜能，再发生其他突变，如 *N-RAS* 突变等，则可发展为单克隆增殖，形成淋巴瘤。因此，EBV 本身并不直接致癌，可能是癌变过程的一个始动环节。

③ 乙型肝炎病毒（hepatitis B virus，HBV）：本身不含转化基因，病毒的整合也无固定模式。但在全世界范围内约 80% 的肝细胞性肝癌与病毒感染有关。可能与慢性肝损伤使肝细胞不断再生以及产生的 HBx 蛋白有关。

2) RNA 肿瘤病毒：属于逆转录病毒。在人类，只有人 T 细胞白血病病毒 I 型（human T-cell leukemia virus，HTLV-1）与一种少见的成人 T 细胞白血病/淋巴瘤的发生有关。HTLV-1 的感染主要发生在日本和加勒比海地区，我国福建沿海地区也有小范围的感染。

3) 细菌：幽门螺杆菌（*Helicobacter pylori*，Hp）为革兰氏阴性杆菌，除了引起消化性溃疡和慢性胃炎之外，与胃黏膜相关淋巴组织淋巴瘤（MALT 淋巴瘤）和胃癌的发生密切相关。

2. 内在因素　内环境的致癌因素包括遗传和免疫因素。

(1) 遗传因素在肿瘤发生中的作用可以分为以下 3 种情况：

1) 遗传起决定作用，表现为常染色体显性遗传性肿瘤综合征，如家族性腺瘤性息肉病、神经纤维瘤病、视网膜母细胞瘤、肾母细胞瘤、神经母细胞瘤等。这些肿瘤常有家族史，发病早，儿童多见，肿瘤常为多发性或双侧性。与抑癌基因如 *RB*、*APC* 和 *NF-1* 等发生突变或缺失有关。

2) 遗传不决定肿瘤发生，而决定肿瘤的易感性，表现为常染色体隐性遗传性肿瘤综合征，如着色性干皮病、Bloom 综合征等。这些疾病的患者常伴有 DNA 修复基因的缺陷。相应的肿瘤主要发生在皮肤和（或）血细胞，尤其当这些部位特别暴露于某些因子（如电离辐射、药物）时。

3) 大多数恶性肿瘤的发生是遗传因素与环境因素共同起作用的结果，其中环境因素更为重要。

(2) 肿瘤免疫：发生了肿瘤转化的细胞可以引起机体的免疫反应。免疫因素在肿瘤发生中的作用主要体现在以下几个方面。

1) 肿瘤免疫监视：人体免疫系统能识别并消灭机体内发生转化的细胞，这种机制称为免疫监视。在先天性免疫缺陷或接受免疫抑制剂治疗的患者中，恶性肿瘤的发病率明显增加。相反，有少数肿瘤，如神经母细胞瘤、恶性黑色素瘤等，可能由于机体免疫功能增强而发生自然消退，当然这种情况非常罕见。

2) 肿瘤抗原：包括①肿瘤特异性抗原是肿瘤细胞独有的抗原，成年人正常细胞内无表达。②肿瘤相关性抗原既出现在肿瘤细胞，也出现在正常细胞。包括 2 类：肿瘤胚胎抗原和肿瘤分化抗原。其中肿瘤胚胎抗原（oncofetal antigen）是指在胚胎组织中正常表达，在正常成熟组织中则不表达或微量表达，而在某些类型的癌组织中表达的抗原。

3）抗肿瘤效应机制：细胞免疫和体液免疫都参与肿瘤免疫，其中细胞免疫起主导作用。参与细胞免疫的效应细胞主要有细胞毒性 T 细胞、NK 细胞和巨噬细胞。体液性免疫反应主要是激活补体和介导 NK 细胞参加抗体依赖细胞介导的细胞毒作用（antibody-dependent cell-mediated cytotoxicity，ADCC）。

4）免疫逃避：大多数恶性肿瘤发生在无明显免疫缺陷的人群，这些肿瘤能够逃脱免疫系统的监视并破坏机体的免疫系统，以保护肿瘤细胞免受宿主免疫攻击，使肿瘤继续生长，并发生浸润转移，称为免疫逃避。

> **知识链接**
>
> 肿瘤标志物 (tumor marker) 是指肿瘤组织产生的可以反映肿瘤自身存在的化学物质。这些物质可以是大分子蛋白质，也可以是小分子的脂类。甲胎蛋白是肝细胞癌、内胚窦瘤的肿瘤标志物；癌胚抗原是大肠癌、胃癌、胰腺癌、肺癌的肿瘤标志物；酸性磷酸酶是前列腺癌的肿瘤标志物；碱性磷酸酶是骨肉瘤的肿瘤标志物；CA19-9 是胰腺癌的较好标志物。检测血清中肿瘤标志物水平是肿瘤初筛的有效方法。

（二）肿瘤的发病机制

肿瘤的发生具有非常复杂的分子基础，包括原癌基因的激活、肿瘤抑制基因的失活、凋亡调节基因及 DNA 修复基因功能紊乱、端粒酶活性增加和表观遗传调控功能失调。

1. **原癌基因激活**　存在于正常细胞内，在某些条件下被激活，促使细胞发生恶性转化的基因序列称为原癌基因（pro-oncogene）。原癌基因正常时并不导致肿瘤，它们编码的产物是对促进细胞生长增殖十分重要的蛋白质，如生长因子、生长因子受体、信号转导蛋白和转录因子。只有在受到某些化学、物理或生物性等因素刺激，结构、数量等发生改变而被激活后，转化成致癌的癌基因（oncogene），才能使细胞发生恶性转化。原癌基因的激活方式有：点突变、基因扩增、染色体易位等。常见的癌基因有 *ras*、*myc*、*abl* 等。

2. **肿瘤抑制基因功能丧失**　肿瘤抑制基因（tumor suppressor gene，简称抑癌基因）是在细胞生长、增殖调控中起重要的负性调节作用的基因，其功能丧失可使细胞增殖失控而导致肿瘤的发生。目前公认的抑癌基因有 10 多种。抑癌基因的失活主要是通过等位基因的 2 次突变、缺失和甲基化的方式实现的。*Rb* 基因是人类细胞中第一个被发现的抑癌基因。常见的还有 *p53*、*APC*、*P16* 等。

3. **凋亡调节基因功能紊乱**　肿瘤的生长，取决于细胞增殖和细胞死亡的比例。因此调节细胞凋亡的基因及其产物在某些肿瘤的发生中也起着重要作用。在肿瘤形成前，通过凋亡去除基因受损伤或不能修复的细胞，可以有效防止其转化为恶性细胞；在肿瘤形成后，凋亡基因失活或抗凋亡基因功能增强，则可使肿瘤持续生长。例如 BCL-2 蛋白的过表达，可能与滤泡性淋巴瘤的发生、发展有关。

4. DNA 修复调节基因功能障碍　当正常细胞受到多种因素刺激引起轻微 DNA 损伤时，可通过 DNA 修复机制对其进行及时的修复。当 DNA 损伤严重不能修复时，则诱导凋亡而去除受损细胞。当 DNA 修复机制有异常时，这些 DNA 损伤便会保留下来，使基因组不稳定，促进肿瘤的发生。例如，着色性干皮病是一种先天性遗传性疾病，不能修复紫外线引起的 DNA 损伤，皮肤癌的发生率极高，且发病年龄轻。

5. 端粒酶和肿瘤　端粒（telomere）是位于染色体末端的 DNA 重复序列，其长度随着细胞的不断复制而逐渐缩短。正常细胞复制到一定次数后，端粒缩短到使得染色体相互融合，导致细胞死亡。绝大多数人类恶性肿瘤细胞都含有较高的端粒酶（telomerase）活性，使端粒不再缩短，与肿瘤细胞的永生化有关。

6. 表观遗传调控与肿瘤　表观遗传学改变是指不涉及 DNA 序列改变的基因或者蛋白质表达的遗传学改变。包括翻译后的组蛋白修饰和 DNA 甲基化等。DNA 甲基化主要是指由 DNA 甲基酶催化，把 S - 腺苷甲硫氨酸的甲基转移到特定碱基的过程。许多人类肿瘤中都有不同程度的 DNA 异常甲基化。

7. 多步骤癌变的分子基础　流行病学、遗传学和化学致癌的动物模型研究均证明，肿瘤的发生是一个长期的多因素、多阶段、多步骤的复杂过程。细胞发生完全的恶性转化，一般需要涉及多个基因的改变，包括数个癌基因的激活和（或）抑癌基因的失活，以及凋亡调节基因、DNA 修复基因的改变。

综上所述，肿瘤的病因相当复杂，尤其是其发生的分子机制，还有许多期待解决的问题。目前我们对肿瘤发生的认识有以下几个要点：①从遗传学角度来说肿瘤是一种基因病；②大部分肿瘤是遗传因素和环境因素协同作用的结果，环境因素可能起主要作用；③肿瘤的发生不只是单个基因异常的结果，而是一个长期的多阶段的多种基因异常积累的过程；④机体的免疫监视系统在防止肿瘤发生上起重要作用，肿瘤的发生是免疫监视功能丧失的结果。

病例分析 8-1

男性，55岁，抽烟35年，每天约半包。长期以来喜食酸菜，喝烫的汤。近1个月来出现吞咽困难，消瘦，经食管活检确诊为食管癌。请分析其可能的病因。

第二节　肿瘤的形态学特性

肿瘤的形态学特征（包括大体形态和组织形态）是肿瘤病理诊断的基础。

一、肿瘤的大体形态

肿瘤的肉眼形态多种多样，其数目、大小、形状、颜色和质地等基本特征可在一定程度上有助于判断肿瘤的良、恶性和类型。

1. 数目　肿瘤通常为单发，有时为多发，如子宫平滑肌瘤。家族性大肠腺瘤性息肉病、神经纤维瘤病等可有数十个、数百个甚至上千个瘤体。

2. 大小　肿瘤大小不一。微小者只能在显微镜下发现，如原位癌；大者巨大，可达数千克乃至数十千克。一般来说，肿瘤的大小与肿瘤的发展阶段、发生部位和肿瘤的性质（良、恶性）等因素有关。

3. 形状　肿瘤形状多样，有息肉状、乳头状、绒毛状、结节状、分叶状、囊状、蕈伞状、溃疡状、弥漫性肥厚状和浸润性包块状等（图 8-1）。影响肿瘤形状的因素有发生部位、组织来源、生长方式和肿瘤的良、恶性。

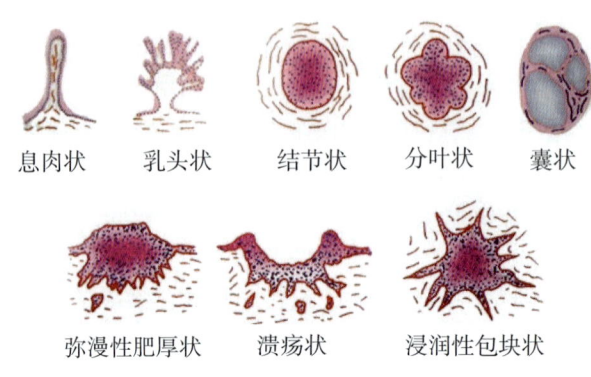

图 8-1　肿瘤的形状和生长方式模式图

4. 颜色　肿瘤的颜色由起源的组织、含血管量的多寡、产物及继发改变决定。如血管瘤多呈红色或暗红色，脂肪瘤呈黄色，黑色素瘤多呈黑色等。

5. 质地　肿瘤的质地与肿瘤的种类、实质与间质的比例以及有无变性、坏死有关。如骨瘤很硬，脂肪瘤、血管瘤质软。

二、肿瘤的组织形态

所有的肿瘤，无论良、恶性，都可以分为实质和间质两部分（图 8-2）。

（一）肿瘤的实质

肿瘤的实质（parenchyma）是肿瘤细胞的总称，是肿瘤的主要成分和特异性成分，决定了肿瘤的生物学特性。通常根据肿瘤实质的形态来判断各种肿瘤的组织来源，进行肿瘤的分类、命名和组织学诊断。

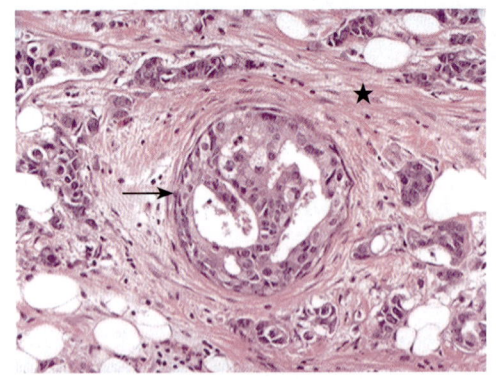

图 8-2　肿瘤的成分由实质和间质构成
乳腺癌中实质成分为呈巢团状分布的癌细胞（箭头所示），间质成分为纤维结缔组织（五角星所示）

肿瘤的实质通常只有 1 种成分，但少数肿瘤可以有 2 种或更多的实质成分，如畸胎瘤含有 3 个胚层来源的异常增生分化的多种实质成分。

（二）肿瘤的间质

肿瘤的间质（mesenchyma，stroma）指肿瘤组织中除实质以外的成分，一般由结缔组织和血管组成，对肿瘤实质起支持和营养作用。

间质成分不具有特异性，在各种肿瘤中基本相同，只是在数量、分布、各种间质成分的比例上有差异。

三、肿瘤的分化与异型性

异型性（atypia）是指肿瘤在组织结构和细胞形态上，与其来源的正常组织之间存在的差异。肿瘤异型性的大小反映了肿瘤组织的成熟程度，也就是分化程度。分化（differentiation）是指肿瘤细胞和组织与其来源的正常细胞和组织之间的相似程度。二者是从相反的角度来表述同一个问题。分化程度高的肿瘤，异型性小；异型性大者，分化程度低，恶性度高。识别异型性的大小是病理形态学上诊断肿瘤，确定其良、恶性及判断恶性肿瘤分级程度的主要依据。

有的恶性肿瘤主要由未分化细胞构成，称为间变性肿瘤。间变（anaplasia）是指恶性肿瘤细胞缺乏分化，异型性显著。有时难以确定其组织起源。多为高度恶性的肿瘤。

（一）肿瘤组织结构的异型性

肿瘤组织结构的异型性是指肿瘤组织在空间排列方式上与其来源的正常组织的差异。由于良性肿瘤的细胞异型性不明显，因此诊断良性肿瘤的主要依据是其组织结构的异型性。例如鳞状上皮乳头状瘤的瘤细胞和正常鳞状上皮很相似，只是其排列与正常组织不同，呈含有纤维血管轴心的乳头状。

（二）肿瘤细胞的异型性

良性肿瘤细胞的异型性小，一般与其来源的正常细胞相似。恶性肿瘤细胞常具有明显异型性，表现为：

1. 肿瘤细胞的多形性　恶性肿瘤细胞一般比正常细胞大，形态及大小又很不一致，有时出现瘤巨细胞。也有少数分化很差的肿瘤，其瘤细胞较正常细胞小，大小比较一致，且多为圆形，病理学上称其为一类小蓝圆细胞肿瘤。

2. 肿瘤细胞核的异常形态

（1）核的多形性：恶性肿瘤细胞核的体积增大，核质比升高。核大小、形状和染色不一，并可出现双核、多核、巨核或奇异形核。

（2）核深染：恶性肿瘤细胞核深染。染色质呈粗颗粒状，分布不均匀，常堆积在核膜下。核仁增大，数目也常增多。

（3）核分裂象：恶性肿瘤常可见多个核分裂象，特别是出现不对称性、多级性及顿挫性等病理性核分裂象（图8-3）。

3. 肿瘤细胞胞质的改变　胞质内的特异性产物常有利于判断肿瘤的细胞来源。

上述肿瘤细胞的形态，特别是核的异型性常为恶性肿瘤的重要特征，在区别良、恶性肿瘤上具有重要意义。

> **病例分析 8-2**
>
> 女性，65岁，因腹腔肿块10余年入院。10年前体检发现，但无明显不适。近1年来肿物逐渐增大，伴腹胀，影响行走及生活。
>
> 问题与思考：
> 1. 肿物的性质是良性还是恶性？为什么？
> 2. 组织学上肿瘤的异型性如何？

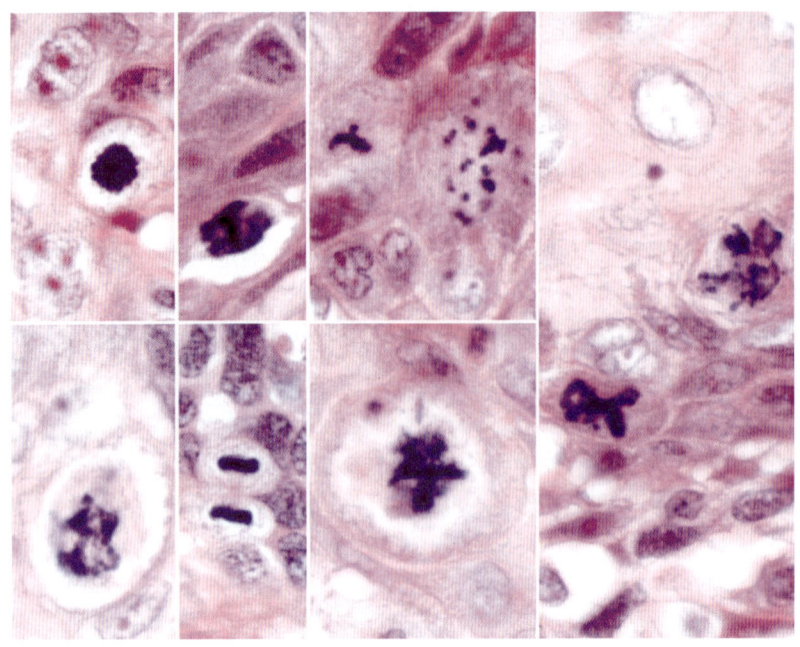

图 8-3 肿瘤细胞的各种核分裂象

第三节　肿瘤的生物学特征

恶性肿瘤除了不断生长，还具有局部浸润和远处转移能力。

一、肿瘤的生长

（一）生长方式

几乎所有的良性肿瘤都呈膨胀性生长，肿瘤只局限于其发生部位，推挤但不侵犯周围组织，与周围组织分界清楚。随着体积的增大，有的可以在肿瘤周围形成完整的结缔组织膜，称为包膜（capsule）。有包膜的肿瘤触诊时常可推动，手术容易摘除，不易复发。但少数良性肿瘤，如血管瘤通常无包膜，并可浸润周围的组织。

恶性肿瘤多呈浸润性生长，如同树根扎入土壤一样，不断浸润、破坏周围组织，一般无包膜形成，境界不清。生长较缓慢的恶性肿瘤有时可以形成一个纤维性假包膜。从而在肉眼上与正常组织分界清楚，但在镜下常常能看到肿瘤细胞呈蟹足样浸润周围组织。

良性和恶性肿瘤都可以呈外生性生长。发生在体表、体腔或空腔脏器（如消化道、泌尿道等）的肿瘤，常向表面生长，形成乳头状、息肉状或菜花状的肿物。但恶性肿瘤在外生性生长的同时，常伴有基底部浸润。外生性恶性肿瘤，由于生长迅速，其中央部血供不足，易发生坏死。坏死组织脱落后形成高低不平、边缘隆起的恶性溃疡。

（二）生长动力学

不同肿瘤的生长速度差别很大。良性肿瘤一般生长缓慢，可在体生长数年甚至数十年。恶性肿瘤生长较快，特别是分化差者，可在短期内形成明显的肿块，并容易发生坏死、出血等继发改变。

肿瘤的生长速度与以下3个因素有关。

1. **肿瘤细胞的倍增时间** 即肿瘤细胞的数量增加一倍所需的时间。多数恶性肿瘤细胞的倍增时间可能并不比正常细胞更快。所以，恶性肿瘤生长迅速可能主要不是肿瘤细胞倍增时间缩短引起的。

2. **生长分数** 即肿瘤细胞群体中处于增殖状态（S期+G2期）的细胞比例。生长分数越大，肿瘤生长越迅速；反之，则生长缓慢。但即便是生长迅速的肿瘤，如肺小细胞癌，生长分数也只有20%左右。

3. **瘤细胞的生成与丢失** 在肿瘤生长过程中，既有新细胞不断产生，同时又有细胞不断凋亡、坏死。只有当瘤细胞的生成大于丢失时，肿瘤才能进行性长大。

（三）肿瘤血管形成

肿瘤在机体内诱导形成新生血管的过程称为肿瘤血管形成。当肿瘤直径达到1～2 mm时（10^7左右个细胞），如果没有新生血管以提供营养，就会发生缺血、缺氧导致的细胞死亡。肿瘤细胞会通过某些机制诱导形成新生血管来满足这种快速生长的需求。

肿瘤本身及炎细胞能产生促血管生成因子，如血管内皮细胞生长因子（vascular endothelial growth factor，VEGF）、碱性纤维母细胞生长因子（basic fibroblast growth factor，bFGF）等，通过相应的受体与靶细胞结合，促进血管内皮细胞增殖、形成毛细血管芽，最终血管芽吻合成毛细血管。

抑制肿瘤血管形成已成为当今肿瘤治疗的一个新途径。近年一个针对VEGF的单克隆抗体——贝伐珠单抗（bevacizumab）——已经被批准用于多种恶性肿瘤的治疗。

（四）肿瘤异质性

肿瘤异质性（tumor heterogeneity）是指恶性肿瘤在生长过程中，经过许多代分裂繁殖产生的子代细胞可出现不同的基因改变，其生长速度、侵袭能力、对药物的敏感性等方面都存在差异的现象。在获得这种异质性的肿瘤演进过程中，具有生长优势和较强侵袭力的细胞会压倒无生长优势和侵袭力弱的细胞，从而使肿瘤生长速度加快，浸润周围组织和发生远处转移。

二、肿瘤的扩散

恶性肿瘤不仅可以在原发部位浸润生长，累及邻近器官或组织，而且可以通过多种途径扩散到身体其他部位，称为肿瘤的扩散。这是恶性肿瘤最重要的生物学特征，也是导致患者死亡的主要原因。

（一）直接蔓延

直接蔓延（direct spread）是指恶性肿瘤沿着组织间隙或神经束膜浸润、破坏邻近的器官或组织，并继续生长。例如晚期宫颈癌可蔓延到直肠和膀胱；胰头癌可蔓延到肝、十二指肠。

（二）转移

恶性肿瘤细胞从原发部位侵入淋巴管、血管或体腔，迁移到他处而继续生长，形成与原发瘤同样类型的肿瘤，这个过程称为转移（metastasis）。所形成的肿瘤称为转移瘤或继发瘤。良性肿瘤不转移，只有恶性肿瘤才可能发生转移。但也有例外，如皮肤的基底细胞癌多在局部浸润破坏而几乎不发生转移。常见的转移途径有以下几种：

1. **淋巴道转移（lymphatic metastasis）** 是癌初期播散最常见的方式。癌细胞侵入肿瘤周边的淋巴管后，随淋巴液的引流方向到达局部淋巴结，如发生在主气道的肺癌首先转移至肺门气管旁淋巴结和纵隔淋巴结。癌细胞到达局部淋巴结后，先聚集在边缘窦，而后逐渐累及整个淋巴结，之后可以继续转移至下一站的其他淋巴结，最后可经胸导管进入血流而继发血道转移。在临床上最常见的癌转移淋巴结是左锁骨上淋巴结，其原发部位多位于肺和胃肠道。受累的淋巴结肿大、变硬，多个可融合成团，切面常呈灰白色。

2. 血道转移（hematogenous metastasis） 是肉瘤转移的重要途径，少数癌如肾细胞癌、肝细胞癌、绒毛膜上皮癌等以及多种癌的晚期也容易发生血道转移。瘤细胞侵入血管后，可随血流到达远隔器官，继续生长形成转移瘤。由于静脉壁较薄且管腔压力较低，故瘤细胞多经静脉或毛细血管入血。少数亦可经淋巴管间接入血。肿瘤细胞的运行途径与血栓栓塞过程相似：侵入门静脉系统者，首先发生肝转移，例如胃肠道癌的肝转移；侵入体静脉经右心到肺者，引起肺转移，如骨肉瘤的肺转移；侵入肺静脉者还可经左心随主动脉血流引起全身性转移，常转移至脑、骨、肾及肾上腺等处。因此，这些器官的转移常发生在肺内已有转移之后。此外，侵入胸、腰、骨盆静脉的肿瘤细胞，可以通过吻合支进入脊椎静脉丛而引起脊椎、脑转移。如前列腺癌可经此途径转移到脊椎，而不伴有肺的转移。

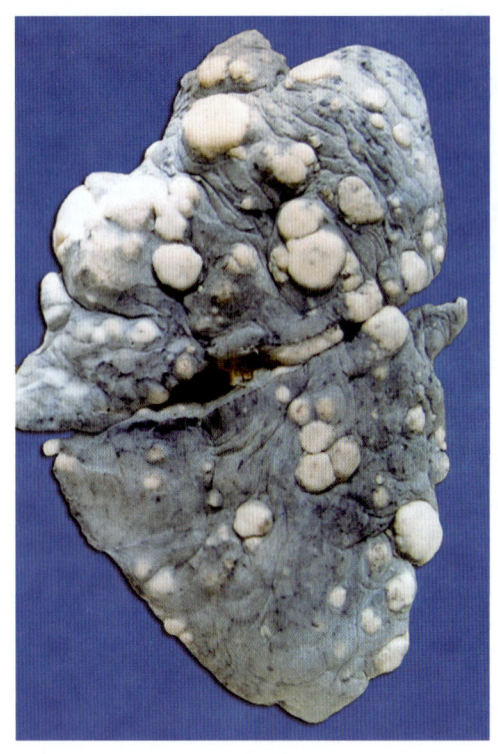

图 8-4　血道转移
肝癌肺转移，在肺表面形成很多灰白色类圆形结节

血道转移可累及多个器官，最常见的是肺、肝和骨。因此临床上恶性肿瘤患者必须做肺、肝和骨的影像学检查，判断其有无血道转移，以确定患者的临床分期和治疗方案。转移瘤的特点是多发、散在分布、结节大小较一致、边界较清楚，且多接近于器官的表面（图8-4）。位于器官表面者，中心常发生出血、坏死而下陷，形成所谓的"癌脐"。

3. 种植性转移（seeding, implanting metastasis） 指体腔内器官的恶性肿瘤，侵及器官表面时，瘤细胞可以脱落并种植在体腔其他器官的表面，形成多个转移瘤。腹腔、胸腔最常受累，心包腔、蛛网膜下腔也可受累。如胃肠道的黏液癌可种植到大网膜、腹膜、腹腔或盆腔器官如卵巢等处。在卵巢表现为双侧卵巢明显增大。这种特殊类型的卵巢转移性肿瘤称为 Krukenberg 瘤，多由胃肠道黏液癌，特别是胃的印戒细胞癌转移而来。浆膜腔的种植性转移常伴有血性积液。抽取积液进行细胞学检查，可检见脱落的肿瘤细胞，是诊断恶性肿瘤的重要方法之一。

三、恶性肿瘤的分级和分期

对恶性肿瘤进行分级（grading）是为了描述其恶性程度，在病理学上根据其分化程度的高低、异型性的大小及核分裂象的多少来确定。三级分级法应用较广，即Ⅰ级为高分化，属低度恶性；Ⅱ级为中分化，属中度恶性；Ⅲ级为低分化，属高度恶性。但应当注意，分级与肿瘤的生物学行为并不是对等的。

肿瘤的分期（staging）代表恶性肿瘤的生长范围和播散程度。肿瘤分期有多种方案，主要原则是根据原发肿瘤的大小、浸润的深度和范围，有无局部和远处淋巴结转移，有无血源性或其他远处转移等来确定。目前国际上广泛应用的是 TNM 分期系统。T 是指肿瘤原发灶，随着肿瘤的增大或浸润的范围而依次用 $T_1 \sim T_4$ 来表示；N 指局部淋巴结受累，无淋巴结转移者用 N_0 表示，随着淋巴结受累的数量和范围，依次用 $N_1 \sim N_3$ 表示；M 指血道转移，无血道转移者用 M_0 表示，有血道转移者用 M_1 或 M_2 表示。

肿瘤分级和分期是制订治疗方案和评估患者预后的重要参考，特别是肿瘤的分期更为重要。一般来说，分级和分期越高，生存率越低，但必须综合各个肿瘤的生物学特性以及患者的全身情况等因素加以考虑。

病例分析 8-3

男性，47岁，因大便带血2个月入院，行肠镜检查显示距肛门12cm处可见一隆起型病变，环2/3周生长，活检示中分化腺癌。腹部B超显示肝实质回声不均匀，右叶可见多个实性稍强回声光团，边界清。

问题与思考：
1. 肝最可能的诊断是什么？
2. 肿瘤是通过什么途径到达肝的？

第四节 肿瘤对机体的影响

早期或微小肿瘤，常无明显临床表现，有时在死者尸体解剖时才被发现，如微小子宫平滑肌瘤和甲状腺微小癌。以下所述是指中晚期肿瘤对机体的影响。

一、良性肿瘤对机体的影响

良性肿瘤一般对机体的影响较小，主要表现为局部压迫和阻塞症状。例如体表良性肿瘤除少数可引起局部症状外，一般对机体无明显影响；但若发生在腔道或重要器官，也可引起较严重的后果。如颅内的良性肿瘤，可压迫脑组织、阻塞脑室系统而引起颅内压升高等。良性肿瘤有时可发生继发性改变，对机体影响程度不一。如子宫黏膜下肌瘤常伴有子宫内膜的糜烂或溃疡，可引起出血或感染。内分泌腺的良性肿瘤可分泌过多激素而引起症状。如垂体腺瘤分泌过多的生长激素，在儿童可引起巨人症，在成年人引起肢端肥大症。

二、恶性肿瘤对机体的影响

恶性肿瘤由于生长快，浸润破坏器官的结构，引起功能障碍，还可发生转移，因此对机体的影响严重。

（一）继发性改变

恶性肿瘤除可引起局部压迫和阻塞症状外，还易引起并发症或急症发作。肿瘤可以因浸润、坏死而并发出血、穿孔、病理性骨折及感染。坏死可导致自然管道之间的瘘管形成（如宫颈癌的子宫膀胱瘘）。胃肠道癌的穿孔可导致急性腹膜炎。肿瘤可压迫、浸润局部神经而引起顽固性疼痛。

（二）恶病质

恶病质（cachexia）是指机体严重消瘦、无力、贫血和全身衰竭的状态。恶性肿瘤的晚期患者，往往发生恶病质，导致患者死亡。

（三）副肿瘤综合征和异位内分泌综合征

副肿瘤综合征（paraneoplastic syndrome）是指不能用原发肿瘤或转移瘤加以解释的一些病变和临床表现，是由于肿瘤的产物（包括异位激素的产生）或异常免疫反应或其他不明原因等间接引起，表现为内分泌、神经肌肉、皮肤、骨关节和软组织、造血等系统的异常。

恶性肿瘤晚期的患者，由于长期慢性消耗引起的恶病质，以及肿瘤转移引起的机体各系统功能紊乱，加之综合治疗，患者既有躯体痛苦，同时也可能出现复杂的心理问题。做为护理人员应针对恶性肿瘤患者不同时期和不同个体出现的心理问题给予不同的心理护理，积极主动地给予患者心理上的关怀与支持，尽量减轻和消除患者心身两方面的痛苦。同时尽可能与家属配合，及时疏导患者，使患者保持坚定的信念，以提高生活质量，延长寿命。

> **病例分析 8-4**
>
> 男性，51岁，近2月来无明显诱因出现四肢麻木、肢体动作协调不准。2周来出现咳嗽，痰中带血，胸闷，遂入院检查，行支气管镜活检确诊为小细胞癌。神经系统检查未见异常。
>
> 问题与思考：
> 对患者出现的神经系统症状还有何解释？

第五节 肿瘤的命名与分类

肿瘤的命名和分类是肿瘤病理诊断的重要内容。人体的任何部位、任何器官和组织几乎都可以发生肿瘤，因此肿瘤的种类繁多，命名十分复杂。一般根据肿瘤的组织起源、生物学行为和对机体的影响进行分类。

一、肿瘤的命名原则

（一）肿瘤命名的一般原则

1. **良性肿瘤命名** 一般是在肿瘤的组织起源/细胞类型的名称后加"瘤"。例如腺上皮起源的良性肿瘤称为腺瘤，平滑肌的良性肿瘤称为平滑肌瘤。

2. **恶性肿瘤命名**

（1）上皮组织的恶性肿瘤称为癌（carcinoma）：一般是在起源组织的名称后加"癌"。例如鳞状上皮来源的恶性肿瘤称为鳞状细胞癌，腺上皮来源的称为腺癌。

（2）间叶组织的恶性肿瘤称为肉瘤（sarcoma）：这些肿瘤表现出向某种间叶组织分化的特点。间叶组织包括纤维组织、脂肪、肌肉、血管、淋巴管、骨和软骨组织等。一般是在间叶组织的名称后加"肉瘤"。例如纤维肉瘤、脂肪肉瘤。

（3）如一个肿瘤既有癌的成分，又有肉瘤的成分，称为癌肉瘤。

需要强调，在病理学上，癌是指上皮组织的恶性肿瘤。通常所称的癌症（cancer）则泛指所有恶性肿瘤。

（二）结合形态命名

部分肿瘤依据其大体形态命名，如皮肤的良性上皮性肿瘤形成细小的指状突起，称为乳头状瘤。一些腺瘤形成囊状结构，称为囊腺瘤。一些囊壁形成乳头，则称为乳头状囊腺瘤。部分肿瘤依据细胞形态命名，如透明细胞癌、小细胞癌等。

（三）肿瘤命名的特殊情况

由于历史原因，有少数肿瘤的命名已经约定俗成，不完全依照上述原则。

有些肿瘤组织类似某种幼稚组织，称为"母细胞瘤"。良性者如骨母细胞瘤、软骨母细胞瘤；恶性者如视网膜母细胞瘤、神经母细胞瘤和肾母细胞瘤（又称 Wilm's 瘤）。

有些恶性肿瘤，习惯于冠以恶性，如恶性黑色素瘤、恶性周围神经鞘膜瘤等。

有些肿瘤，后缀为"瘤"或"病"，实际上都是恶性肿瘤，如淋巴瘤、白血病、骨髓瘤、精原细胞瘤等。

有些肿瘤以人名命名 如 Ewing's 肉瘤、Paget 病、霍奇金淋巴瘤等。

有些肿瘤有多发和遗传因素，称为"……瘤病"，如神经纤维瘤病、脂肪瘤病、血管瘤病等。

畸胎瘤（teratoma）是指性腺或胚胎剩件中的全能细胞发生的肿瘤。一般含有两个以上胚层的多种成分，分为良性和恶性两大类。

> **知识链接**
>
> 有些肿瘤名称虽然以"瘤"结尾，但不是真性肿瘤。例如，迷离瘤是指异位的组织所形成的肿块，如小肠、胃黏膜的异位胰腺；错构瘤是指结构紊乱的正常组织所形成的肿块，如肺的错构瘤内可见软骨、支气管腺体、血管等组织；动脉瘤是指动脉壁的病理性局限性扩张；炎性假瘤是指在致炎因子的作用下，局部组织细胞增生，形成一个境界清楚的瘤样肿块；结核瘤则是一个孤立的有纤维包裹、境界清楚的球形干酪样坏死灶。

二、肿瘤的分类

根据肿瘤的生物学特性及其对机体危害性的不同，一般将肿瘤分为良性（benign）和恶性（malignant）两大类。在病理学上，每一个器官或系统的肿瘤，都有详尽的分类（表8-1）。目前，WHO 肿瘤分类在全世界广泛应用，一则统一诊断标准和诊断术语；二则是判断患者预后的重要依据。

表 8-1　常见肿瘤的分类

组织起源	良性肿瘤	恶性肿瘤
由一种实质细胞类型构成		
上皮组织来源		
鳞状细胞	鳞状细胞乳头状瘤	鳞状细胞癌
皮肤或附属器的基底细胞		基底细胞癌
腺上皮或导管上皮	腺瘤	腺癌
	乳头状瘤	乳头状癌
	囊腺瘤	囊腺癌
肾上皮	肾小管腺瘤	肾细胞癌
呼吸道	支气管腺瘤	支气管腺癌
肝细胞	肝细胞腺瘤	肝细胞性肝癌
尿路上皮	乳头状瘤	尿路上皮癌
胎盘上皮	葡萄胎	绒毛膜上皮癌
睾丸上皮（生殖细胞）		精原细胞瘤
		胚胎性癌
结缔组织和其衍生组织		
	纤维瘤	纤维肉瘤
	脂肪瘤	脂肪肉瘤
	骨瘤	骨肉瘤
	软骨瘤	软骨肉瘤
肌肉		
平滑肌	平滑肌瘤	平滑肌肉瘤
横纹肌	横纹肌瘤	横纹肌肉瘤
内皮和相关组织		
血管	血管瘤	血管肉瘤
淋巴管	淋巴管瘤	淋巴管肉瘤
间皮		恶性间皮瘤
脑膜	脑膜瘤	侵袭性脑膜瘤
血细胞和相关细胞		
淋巴细胞		淋巴瘤
造血细胞		白血病
神经组织		
神经鞘细胞	神经鞘瘤	恶性神经鞘膜瘤
胶质细胞	胶质瘤	恶性胶质瘤
神经细胞	节细胞神经瘤	髓母细胞瘤
		神经母细胞瘤
其他肿瘤		
黑色素细胞	痣	恶性黑色素瘤
由一种以上实质细胞类型构成		
唾液腺	多形性腺瘤（混合瘤）	恶性混合瘤
肾原基		Wilm's 瘤
由多个胚层来源的一种以上的实质细胞构成		
性腺或胚胎剩件中的全能细胞	成熟性畸胎瘤，皮样囊肿	不成熟性畸胎瘤，畸胎癌

第六节 良性肿瘤与恶性肿瘤的区别

良性肿瘤一般易于治疗，治疗效果好；恶性肿瘤危害大，治疗效果尚不理想。如果把恶性肿瘤误诊为良性，就可能延误治疗或治疗不彻底。相反，如果把良性肿瘤误诊为恶性，可能导致过度治疗。因此区别良性和恶性肿瘤，对于正确治疗具有重要意义。要点见表8-2。

表8-2 良性肿瘤与恶性肿瘤的区别

	良性肿瘤	恶性肿瘤
分化程度	分化好	分化不好
异型性	小	大
核分裂象	无或稀少，没有病理性核分裂象	多见，并可见病理性核分裂象
生长速度	缓慢	较快
生长方式	膨胀性或外生性生长，常有包膜形成，与周围组织一般分界清楚，通常可推动	浸润性或外生性生长，无包膜或有假包膜，与周围组织一般分界不清楚，通常不可推动
继发改变	很少发生坏死、出血	常发生坏死、出血、溃疡形成等
复发	不复发或很少复发	易复发
转移	不转移	可转移
对机体的影响	较小，主要为局部压迫或阻塞	较大，破坏原发处和转移处的组织，引起坏死、出血、并发感染；恶病质

必须强调的是，肿瘤的良恶性从本质上讲，是其生物学行为的良恶性。病理学上通过形态学来判断肿瘤的良恶性，以此对其生物学行为和预后进行评价，在大多数情况下是可行的，也是必不可少的。但需要认识到病理形态只是人们观察到的肿瘤生物学中的某些方面，有许多因素，尤其是分子水平的改变，我们目前知之甚少，因此必须同时将病理与临床结合起来，即充分考虑患者的临床情况、影像学资料和其他的实验室检查结果对肿瘤的生物学行为进行综合评价。恶性肿瘤的恶性程度也各不相同，有的较早发生转移，如鼻咽癌；有的转移较晚，如子宫体腺癌；有的几乎不发生转移，如皮肤的基底细胞癌。

知识链接

良性肿瘤和恶性肿瘤之间有时并无绝对界限，有些肿瘤的组织形态和生物学行为介于良、恶性之间，称为交界性肿瘤（bordline tumor）。有些肿瘤的恶性潜能目前尚难以确定，还有待于进行长时间的随访观察来了解它们的生物学行为。

> **病例分析 8-5**
>
> 女性，22岁，无意中摸到右乳外上象限有一蚕豆大小的结节，可推动，边界清楚。
>
> 问题与思考：
> 这个结节最大的可能性是良性还是恶性？根据是什么？

第七节　癌前病变、异型增生和原位癌

癌前病变（precancerous lesions）是指某些具有癌变潜在可能性的良性病变，如长期存在即有可能转变为癌。可以理解为是癌的前驱病变。癌前病变与癌有质的不同，癌前病变部分是可逆的。也就是说，在适当的治疗下癌前病变可能转为正常，其诊断主要依靠活检和病理学的检查。从癌前病变发展到癌，可以经过很长时间。非典型增生是癌前病变的形态学改变。再进一步发展为局限于上皮内的原位癌。对癌前病变和原位癌的正确认识，对肿瘤的预防和早期治疗具有重要意义。

一、癌前病变

临床上常见的癌前病变有：①大肠腺瘤，绒毛状腺瘤发生癌变的机会更大。遗传性家族性腺瘤性息肉病发生癌变的概率接近100%。②乳腺纤维囊性病伴导管上皮非典型增生。③黏膜白斑伴上皮非典型增生，常发生在口腔、外阴等处黏膜。④慢性溃疡性结肠炎，在反复发生溃疡和黏膜增生的基础上可以发生结肠腺癌。⑤皮肤慢性溃疡伴上皮非典型增生。⑥慢性胃炎与肠上皮化生与胃癌的发生有一定的关系。慢性幽门螺杆菌性胃炎与胃的黏膜相关组织淋巴瘤和胃癌有关。

需要注意的是，正常细胞从增生到癌变，需要经过一个缓慢而渐进的演变过程，并非所有的癌前病变都必然转变为癌。但如果癌前病变长期未能治愈，便容易发生癌变。

二、异型增生

异型增生（dysplasia）是指细胞增生并出现一定程度的异型性，但还不足以诊断为癌的形态学表现。主要是用于上皮的病变，包括被覆上皮（如鳞状上皮和尿路上皮）和腺上皮（如乳腺导管上皮和子宫内膜腺体上皮）。根据异型性大小和累及范围，分为轻、中、重三级。轻度异型增生，异型性较小，累及上皮的下1/3；中度异型增生，异型性中等，累及上皮层的下2/3；重度异型增生，异型性较大，累及上皮2/3以上但未达到全层。轻度异型增生可恢复正常，中重度者则较难逆转。

三、原位癌

原位癌（carcinoma in situ）是指癌局限于上皮全层，基底膜完整，没有间质浸润。原位癌常见于鳞状上皮或尿路上皮被覆的部位，如宫颈、食管、皮肤、膀胱等处（图8-5）；也可见于发生鳞状化生的黏膜表面，如鳞化的支气管黏膜，以及乳腺的导管和小叶。鳞状上皮原

位癌有时可以累及黏膜腺体,但未突破腺体的基底膜,仍是原位癌,称为原位癌累及腺体。原位癌是最早期的癌,如能及时发现和治疗,可防止其发展为浸润性癌,从而提高癌瘤的治愈率。

目前多使用上皮内瘤变(intraepithelial neoplasia)这一概念描述上皮从异型增生到原位癌这一连续的过程。将轻度和中度异型增生分别称为上皮内瘤变Ⅰ级和Ⅱ级。重度异型增生和原位癌,由于两者常常难以截然划分,并且临床处理原则基本一致,二者统称为上皮内瘤变Ⅲ级。

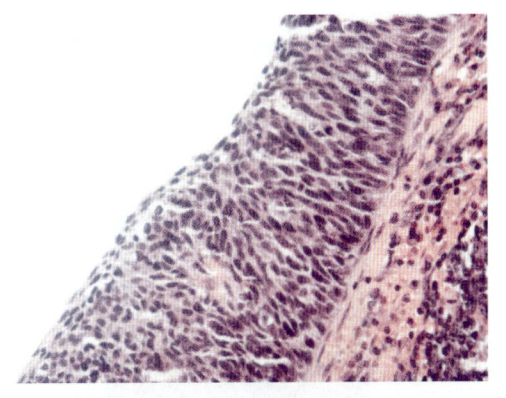

图 8-5 原位癌

异型增生的细胞已达上皮全层,但基底膜完整

病例分析 8-6

女性,32岁,阴道镜检查发现高级别鳞状上皮内病变(宫颈上皮内瘤变Ⅱ级)。

问题与思考:

该病变与宫颈癌有何关系?组织学上会有什么样的表现?

第八节 常见肿瘤举例

一、上皮组织肿瘤

上皮组织包括被覆上皮、腺上皮和导管上皮,由此发生的肿瘤最为常见。人体的恶性肿瘤大部分来源于上皮组织,故癌对人体的危害最大。

(一)良性上皮组织肿瘤

1. **乳头状瘤(papilloma)** 由被覆上皮如鳞状上皮或尿路上皮发生,并向表面呈乳头状生长的良性肿瘤。常见于鼻腔、喉、外阴等处。其发生与人类乳头状瘤病毒(HPV)的感染有关。尿路上皮乳头状瘤可见于膀胱、输尿管和肾盂。肉眼肿瘤呈外生性生长,形成许多指状或乳头状突起。根部常有细蒂与正常组织相连。镜下乳头中央为纤维血管轴,表面被覆增生的上皮(图 8-6)。

2. **腺瘤(adenoma)** 是由腺上皮发生的良性肿瘤。体内任何腺体均可发生腺瘤,多见于甲状腺、卵巢、乳腺、涎腺和肠等处。肉眼观黏膜腺的腺瘤多呈息肉状;实体腺腺瘤多呈结节状,且常有包膜。镜下观腺瘤的腺体与其起源的腺体形态相似,并也常具有一定的分泌功能。不同之处在于腺体的排列结构和细胞层次。

根据腺瘤的组成成分或形态特点,一般将其分为囊腺瘤、纤维腺瘤、多形性腺瘤和息肉状腺瘤等类型。

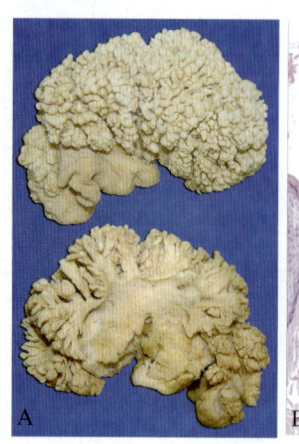
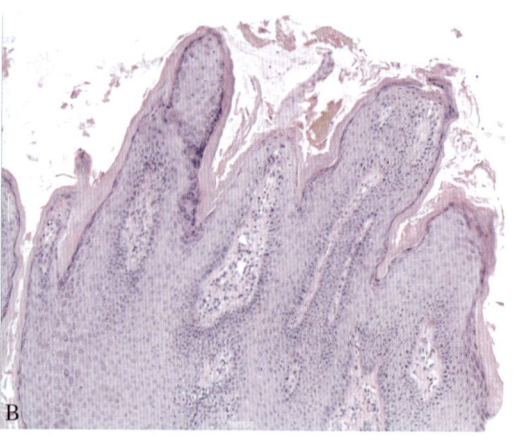

图 8-6　皮肤乳头状瘤

A．乳头状突起，根部有蒂　B．乳头轴心为富含血管的纤维结缔组织，表面被覆分化良好的鳞状上皮

（1）囊腺瘤：腺瘤中的腺体分泌物淤积，腺腔逐渐扩大并互相融合，形成肉眼上可见的大小不等的囊腔。最多见于卵巢。卵巢囊腺瘤主要有两种类型：一种为腺上皮向囊腔内呈乳头状生长，并分泌浆液的浆液性乳头状囊腺瘤；另一种为分泌黏液，常为多房，囊壁光滑，很少有乳头形成的黏液性囊腺瘤。

（2）纤维腺瘤：是指腺上皮增生，同时伴有纤维间质增生的良性肿瘤。常发生于女性乳腺，是乳腺最常见的良性肿瘤。肿瘤包膜完整，切面结节状或分叶状，可有裂隙。镜下，乳腺导管上皮增生，纤维间质增生，并可有黏液变。

（3）息肉状腺瘤：又称腺瘤性息肉。多见于直肠和结肠。有细蒂或广基的蒂与黏膜相连。组织结构包括管状腺瘤和绒毛状腺瘤，后者恶变率较高。表现为腺上皮增生，有程度不同的异型性（图8-7）。结肠多发性腺瘤性息肉病常有家族遗传性，易发生早期癌变。

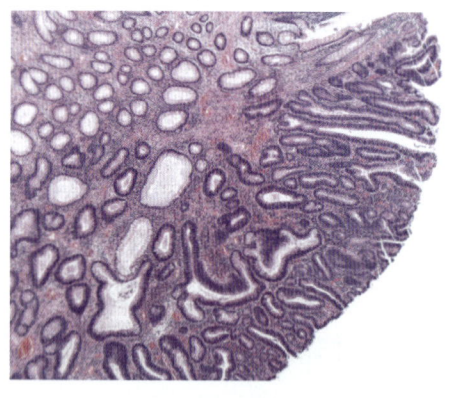

图 8-7　肠道息肉状腺瘤

可见腺瘤呈息肉状向肠腔内突出。腺体增生，核增大，层次增多，排列紊乱

（二）恶性上皮组织肿瘤

癌多见于40岁以上的人群，是人类最常见的一类恶性肿瘤。癌常以浸润性生长为主，故与周围组织分界不清。发生在实质器官内常为不规则的结节状，呈树枝状或蟹足状向周围组织浸润。发生在皮肤、黏膜及空腔器官者常呈息肉状、蕈伞状或菜花状，表面常有坏死和溃疡形成。癌切面常为灰白色，质地较硬，较干燥。

镜下，癌细胞可呈巢状、腺泡或腺管状或条索状排列，与间质分界一般较清楚。有时癌细胞也可在间质中弥漫浸润生长，与间质分界不清。癌在早期一般多经淋巴道转移，晚期发生血道转移。

1. 鳞状细胞癌（squamous cell carcinoma）　简称鳞癌，身体中鳞状上皮被覆的部位均可以发生，如皮肤、口腔、唇、食管、喉、宫颈、阴道、阴茎等处。有些非鳞状上皮被覆的部位,可以发生鳞状上皮化生,在此基础上发生鳞状细胞癌,如支气管、胆囊、膀胱等处。肉眼观常呈菜花状,也可形成溃疡。镜下,癌细胞呈巢状分布。分化好者,癌巢中央可出现层状角化物,称为角化珠或癌珠(图8-8);细胞间可出现细胞间桥。分化较差者无角化珠形成,细胞间桥少或无。

2. 腺癌(adenocarcinoma) 是腺上皮发生的恶性肿瘤。多见于胃肠道、甲状腺、胆囊、乳腺、子宫体等处。癌细胞形成大小不等、形状不一、排列不规则的腺样结构。细胞常排列成多层,核大小不一,核分裂象多见(图8-9)。当腺癌伴有大量乳头状结构时称为乳头状腺癌;腺腔高度扩张呈囊状者称为囊腺癌。

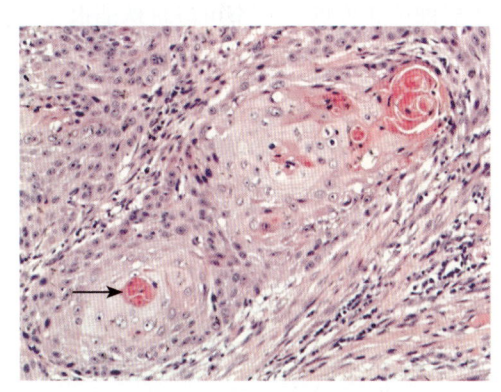

图 8-8 高分化鳞状细胞癌
癌巢中心有角化珠形成(箭头处)

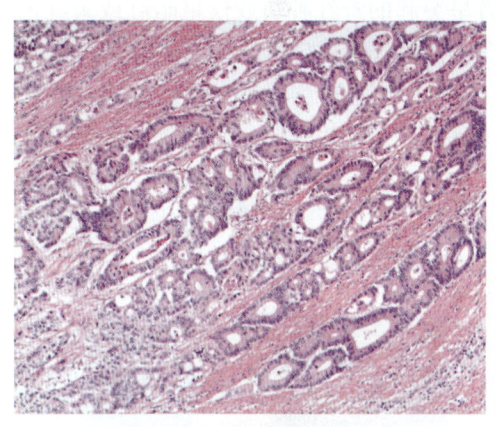

图 8-9 腺癌
癌细胞排列成腺样结构,在肠壁肌层中浸润

分泌大量黏液的腺癌称为黏液癌,常见于胃和大肠。肉眼上癌组织呈灰白半透明胶冻样,较湿润,故又称为胶样癌。镜下见黏液堆积在腺腔内,并可由于腺体崩解而形成黏液池。有时黏液聚积在癌细胞内,将核挤向一端,使癌细胞呈印戒样,称为印戒细胞(signet-ring cell)。以印戒细胞为主要成分的癌称为印戒细胞癌(signet-ring cell carcinoma)。

3. 基底细胞癌(basal cell carcinoma) 多见于老年人面部。癌巢主要由浓染的基底细胞样的癌细胞构成,癌巢周边部细胞呈明显的栅栏状排列。肿瘤生长缓慢,表面常形成溃疡,浸润破坏深层组织,但很少发生转移。对放射治疗敏感,临床上呈低度恶性。

4. 尿路上皮癌(urothelial carcinoma) 过去称为移行上皮癌,发生于膀胱、输尿管或肾盂等处的尿路上皮。临床上常有无痛性血尿。肿瘤常为多发,可形成溃疡或广泛浸润深部组织。镜下,癌细胞似尿路上皮,层次增多,有异型性。分为浸润性和非浸润性。而非浸润性根据细胞的异型性和病变层次分为低级别和高级别。

二、间叶组织肿瘤

间叶组织肿瘤的种类很多,包括脂肪组织、血管和淋巴管、平滑肌、横纹肌、纤维组织、骨组织等的肿瘤。骨肿瘤以外的间叶组织肿瘤又常称为软组织肿瘤。其他恶性肿瘤如造血系统和淋巴系统的肿瘤,则属于独立的肿瘤类别。间叶组织肿瘤中,良性的较多见,而恶性的较少见。

(一)良性间叶组织肿瘤

分化好,组织结构、细胞形态、颜色和质地均与其来源的正常组织相似。肿瘤多呈膨胀性生长，生长缓慢，常有包膜。其中常见的类型有：

1. 脂肪瘤（lipoma） 是最常见的良性间叶组织肿瘤。主要发生在成人，好发于躯干及四肢皮下。肉眼观常呈扁圆形或分叶状，有包膜，切面淡黄色、质软，似脂肪组织。常为单发，也可为多发（脂肪瘤病）。镜下似正常脂肪组织，但有包膜和纤维间隔。一般无明显症状，手术易切除。

2. 血管瘤（hemangioma） 常见。可发生于任何部位，以皮肤多见，内脏器官以肝最多见。一般分为毛细血管瘤（由增生的毛细血管构成）、海绵状血管瘤（由扩张的血窦构成）及混合型血管瘤（即两种改变并存）3 种。肉眼上无包膜，呈浸润性生长。发生在皮肤或黏膜者呈突起的鲜红肿块或仅呈暗红或紫红色斑；发生在内脏者多为结节状。血管瘤较常见于儿童，可为先天性，一般随身体发育而长大，成年后即停止发展，甚至可以自然消退。

3. 淋巴管瘤（lymphangioma） 由增生的淋巴管构成，内含乳糜状的淋巴液。淋巴管可呈囊性扩张并相互融合，内含大量淋巴液，称为囊状水瘤，多见于小儿颈部。

4. 平滑肌瘤（leiomyoma） 肉眼呈结节状，无包膜，切面可见漩涡状条纹，质韧。最多见于子宫。镜下瘤组织由分化良好的平滑肌细胞呈编织状、束状排列。核呈长杆状，两端钝圆，核分裂象罕见（图 8-10）。

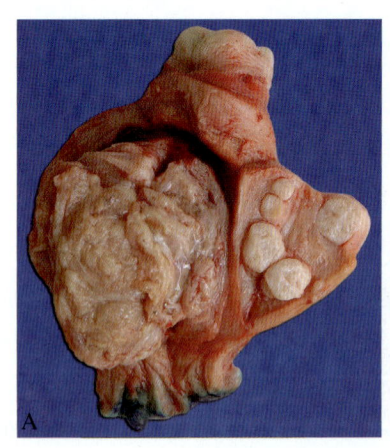 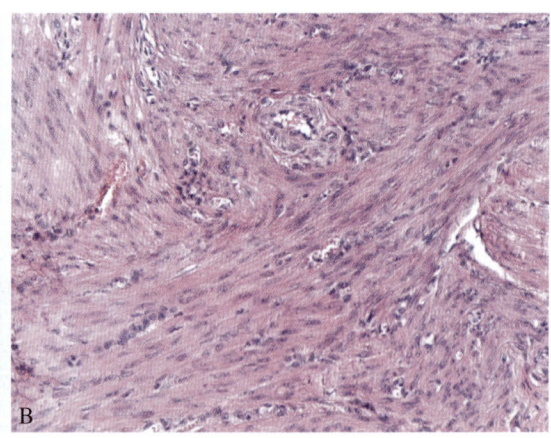

图 8-10 子宫平滑肌瘤

A. 肿瘤可位于子宫肌壁间、黏膜下或浆膜下，呈球形，界清，但无包膜

B. 镜下平滑肌细胞呈编织状、束状排列，核呈长杆状

（二）恶性间叶组织肿瘤

恶性间叶组织肿瘤统称肉瘤，较癌少见，有些类型多发生于青少年。肉瘤体积一般较大，质软，切面多呈鱼肉状，故称肉瘤。易发生出血、坏死及囊性变等继发改变。镜下瘤细胞大多弥漫分布，不形成细胞巢，与间质分界不清。由于肉瘤血管很丰富，易先发生血道转移。

常见的肉瘤有以下几种：

1. 脂肪肉瘤（liposarcoma） 是成人最常见的软组织肉瘤。多发生在大腿及腹膜后等深部软组织，极少发生在皮下脂肪层而与脂肪瘤不同。肉眼观，肿瘤多呈结节状或分叶状，常有假包膜，切面常呈鱼肉状或黏液样。镜下，肿瘤细胞大小形态多样，以出现脂肪母细胞为特点，胞质内可见大小不等的脂肪空泡（图 8-11）。组织学亚型包括高分化脂肪肉瘤、黏液样脂肪肉瘤、多形性脂肪肉瘤、去分化脂肪肉瘤等。

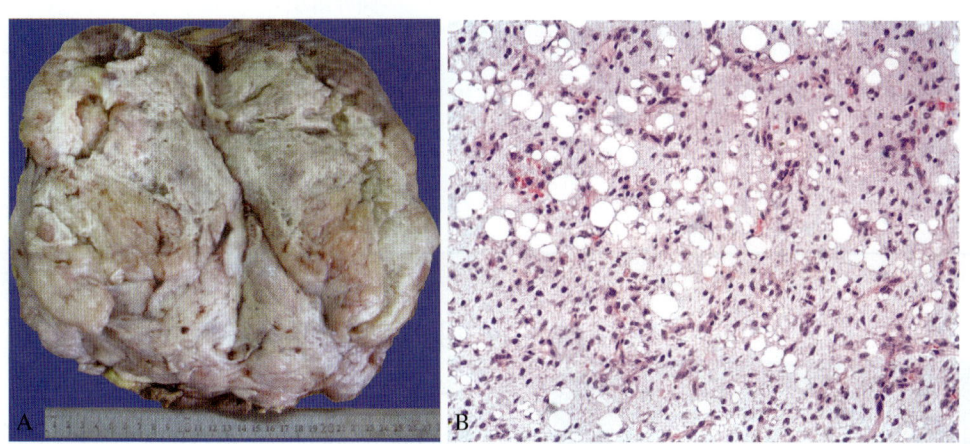

图 8-11 脂肪肉瘤
A．大体图，可见肿瘤体积大，鱼肉样，有明显的坏死和出血
B．镜下可见肿瘤由不同分化阶段的脂肪母细胞组成，胞质内可见大小不等的脂肪空泡

2. 横纹肌肉瘤（rhabdomyosarcoma） 是细胞形态和表型有横纹肌细胞分化的恶性间叶性肿瘤。是儿童中除白血病以外最常见的恶性肿瘤。好发于头颈部、泌尿生殖道等部位。肿瘤由不同发育阶段的横纹肌母细胞构成。组织学类型有胚胎性、腺泡状和多形性横纹肌肉瘤。恶性程度高，生长迅速，易早期发生血道转移，预后差。

3. 平滑肌肉瘤（leiomyosarcoma） 是具有平滑肌方向分化的恶性间叶性肿瘤。见于子宫、腹膜后、肠系膜、大网膜及皮肤等处。多发生在中老年人。根据肿瘤核分裂象的多少、肿瘤大小、有无坏死及浸润判断其恶性程度。恶性程度高者术后易复发，可转移到肺、肝及其他器官。

4. 血管肉瘤（angiosarcoma） 是以梭形和多形性恶性血管内皮细胞增生为特征的肿瘤。多发生在成年人。可发生在各器官和软组织，软组织者多见于皮肤，尤以头面部为多见。肉眼观可呈结节状或丘疹状，暗红色，常常伴有出血及坏死。血管肉瘤一般恶性程度较高，常发生远处转移和致死。

5. 骨肉瘤（osteosarcoma） 是恶性的成骨性间叶性肿瘤。起源于骨母细胞，是最常见的骨原发性恶性肿瘤。多见于青少年。好发于四肢长骨的干骺端，尤其是股骨下端、胫骨上端和肱骨上端。肿瘤沿着髓腔播散，可向皮质侵犯，侵至骨膜下并掀起骨膜，并可进一步穿破骨膜侵入周围软组织。镜下见瘤细胞由明显异型性的梭形、卵圆形或多角形肉瘤细胞构成。肿瘤性骨样基质或骨是病理诊断骨肉瘤最重要的组织学依据。骨肉瘤恶性度高，生长迅速，血道转移常见。

三、癌与肉瘤的区别

正确区分癌与肉瘤对肿瘤的病理诊断、临床治疗及预后判断均有重要意义，详见表 8-3。

表 8-3　癌与肉瘤的区别

	癌	肉瘤
组织来源	上皮组织	间叶组织
发病情况	较常见，多见于 40 岁以上成人	较少见，有些类型主要见于年轻人或儿童；有些类型主要见于中老年
肉眼特点	色灰白，质较硬，较干燥	色灰红，质软，湿润，鱼肉状
组织学特点	多形成癌巢，实质与间质分界清楚，纤维组织常有增生	多弥漫分布，实质与间质分界不清，间质内血管丰富，纤维组织少
转移	多经淋巴道转移	多经血道转移

四、其他肿瘤

（一）畸胎瘤

畸胎瘤（teratoma）是来源于性腺或胚胎剩件中的全能细胞，由 2 个或 3 个胚层的多种成分构成的肿瘤。根据外观分为囊性和实性；根据其组织分化成熟程度分为成熟性（良性）和未成熟性（恶性）畸胎瘤（图 8-12）。最常见于卵巢、其次是睾丸，也可发生于纵隔、骶尾部、松果体等处。

（二）色素痣和黑色素瘤

皮肤色素痣（pigmented nevus）是表皮基底层的黑色素细胞（痣细胞）的良性局限性增生性病变。通常是后天性的，根据其在皮肤组织内发生的部位不同，可分为：皮内痣，最为常见，痣细胞在真皮内呈巢状或条索状排列，从不恶变；交界痣，即痣细胞在表皮和真皮的交界处生长，形成痣细胞巢，有恶变的可能；混合痣，即交界痣和皮内痣同时存在。如果色素痣的颜色加深、体积增大、生长加快或破溃、发炎或出血等，可能是恶变的象征。

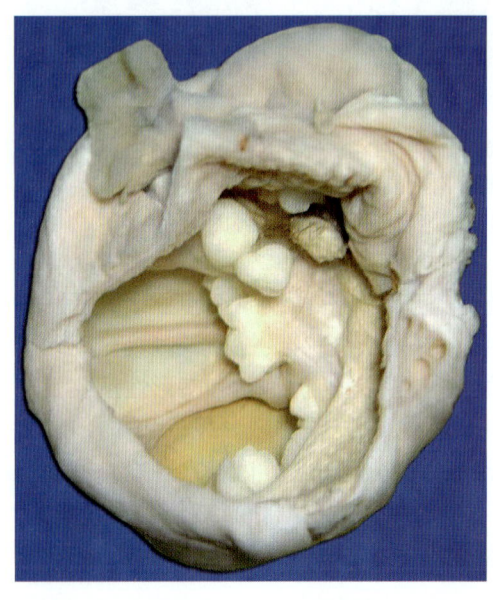

图 8-12　囊性畸胎瘤
囊内可见毛发、油脂和牙齿

恶性黑色素瘤（melanoma）简称黑色素瘤或恶黑，是一种能产生黑色素的高度恶性肿瘤。发病年龄广泛，主要见于中老年人。发生于皮肤者以甲下、手掌、足底、外阴及肛门周围多见。可以一开始即为恶性，也可以起源于色素痣。此瘤也可发生在黏膜和内脏器官。镜下其组织结构非常多样，肿瘤细胞可含黑色素，少数也可无黑色素。其分期与预后密切相关。

病例分析 8-7

女性，43 岁，近半年来出现经量增多，经期延长，下腹坠胀感。行经阴道超声显示子宫增大，形态不规则，肌壁间可见多个圆形低回声。

问题与思考

该患者最可能的诊断是什么？如果在显微镜下观察会有什么改变？

病例分析 8-7

女性，44岁，因发现无痛性左侧乳房肿块一周就诊。查体：左乳外上象限触及一大小约2.5cm×2cm的肿块，质硬，边界欠清，活动度差，无触痛。左腋下可触及一枚肿大淋巴结，大小约1.5cm×1cm，质硬韧，界限清楚，活动度尚可。乳房钼靶X线检查示肿物边界不规则，有毛刺，其内可见沙砾样钙化。

问题与思考：
1. 该患者诊断可能是什么？该病在显微镜下有何改变？该病与乳腺纤维腺瘤有何区别？
2. 该患者腋窝肿大淋巴结可能的诊断是什么？

第九节 肿瘤的病理诊断

肿瘤的病理诊断是临床治疗的依据，对判断预后也十分重要。随着分子生物学的迅速发展，肿瘤的病理学诊断突破了单纯形态学的局限，而与肿瘤分子表型和基因型相结合。常用的肿瘤病理学检查方法有：

一、病理组织学和细胞学诊断

（一）活体组织检查

经手术切除小块组织或经内镜取出小块组织进行病理检查，以诊断肿瘤。

（二）针吸细胞学检查

细针穿刺吸取肿块内少量细胞，进行细胞涂片检查。目前发展迅速，在现代影像技术，如B超、CT或MRI的引导下不仅应用于淋巴结、乳腺、甲状腺和前列腺等浅表部位肿瘤的诊断，也成功应用于肺等深部组织肿瘤的诊断。方法简便结果可靠，对患者伤害较小。

（三）脱落细胞学检查

宫颈涂片、痰涂片、胸腔积液和腹水涂片、尿液离心涂片、食管拉网涂片及各种内镜细胞涂片等，均可用于筛查患者和诊断相关肿瘤。细胞学检查是检查宫颈癌最有价值的方法。

（四）快速冰冻切片诊断

在手术过程中确定肿瘤的性质或切除的边缘是否干净从而决定手术范围和方式，可以在数十分钟内作出组织学判断。

二、免疫组织化学

随着人们对肿瘤认识的不断深入，有越来越多的肿瘤细胞产物或表面标记物被应用于肿瘤的诊断。对于一些肿瘤类型如淋巴造血系统的肿瘤，免疫组织化学的检测已成为肿瘤诊断必不可少的工具。需要注意的是，许多标记物不是绝对特异的，通常需要使用一组标记进行综合判断，同时需要有良好的阳性和阴性对照。

三、分子诊断

目前对肿瘤的诊疗已经进入个体化时代，分子病理检测是当前肿瘤个体化诊疗途径中的关键环节，其检测结果直接影响患者临床治疗方案的选择。

病例分析 8-8

同病例8-7，患者为了确诊，应该做什么检查？

（贺慧颖）

1. 肿瘤性增生与反应性增生有何本质上的区别？
2. 肿瘤细胞的异型性体现在那些方面？
3. 比较良性肿瘤与恶性肿瘤的区别。
4. 比较癌与肉瘤的区别。
5. 试述肿瘤的分级和分期与肿瘤发生、发展的关系，并指出其在肿瘤防治中的意义。

第九章

心血管系统疾病

> **学习目标**
>
> 1. **掌握** 动脉粥样硬化的概念、病理变化。冠状动脉粥样硬化的病理变化、冠心病的概念。心肌梗死的概念、病理变化。高血压的概念，高血压心脏、脑、肾的改变。风湿病的概念及病理变化、风湿性心脏病的病理变化。感染性心内膜炎的病理变化。心瓣膜病的病理变化。心功能不全和心力衰竭的概念；心力衰竭时机体的代偿方式、机制及意义；心肌收缩功能障碍的发生机制；心力衰竭时肺循环淤血的发生机制。
> 2. **熟悉** 心肌梗死的并发症，感染性心内膜炎的病因。心力衰竭的病因、诱因和分类；心力衰竭的发病机制；心力衰竭时低排出量综合征和体循环淤血的发生机制。
> 3. **了解** 动脉粥样硬化、高血压、风湿病的病因、发生机制，风湿病的各器官病变（风湿性关节炎、皮肤病变、风湿性动脉炎、风湿性脑病）、恶性高血压的临床病理联系。心力衰竭防治的病理生理基础。

心血管系统疾病是对人类健康与生命威胁极大的一组疾病。在欧美等一些发达国家，心血管疾病的死亡率高居总死亡率中的第一位。我国心血管疾病在总死亡率中仅次于肿瘤，居第二位。本章主要叙述一些常见的重要的心血管疾病。

第一节 动脉粥样硬化

动脉粥样硬化（atherosclerosis，AS）是心血管系统疾病中最常见的疾病，也是危害人类健康的常见病。AS 主要累及大、中动脉，基本病变是动脉内膜的脂质沉积、内膜灶状纤维化、粥样斑块形成，致管壁变硬、管腔狭窄，并可引起一系列继发性病变，特别是发生在心和脑等器官，导致这些器官的缺血性改变。我国动脉粥样硬化的发病率呈上升趋势，多见于中、老年人，北方略高于南方。

动脉粥样硬化与动脉硬化（arterioerosis）的涵盖范围不同。动脉硬化泛指动脉壁增厚变硬、失去弹性的一类疾病，包括 3 种类型：动脉粥样硬化、细动脉硬化、动脉中膜钙化。

一、病因和发病机制

（一）病因

AS 的确切病因仍不清楚，下列因素被视为危险因素。

1. 高脂血症　指血浆总胆固醇（total cholesterol，TC）和（或）三酰甘油（triacylglycerol，TAG）的异常增高。AS 病变中的脂质来源于游离胆固醇及胆固醇酯（cholesterol ester，ChE）、三酰甘油、磷脂和载脂蛋白 B（apoB）的浸润。大多数 AS 患者血中胆固醇水平比正常人高，且 AS 的严重程度随血浆胆固醇水平的升高而加重，特别是血浆低密度脂蛋白（low density lipoprotein，LDL）、极低密度脂蛋白（very low density lipoprotein，VLDL）水平的持续升高和高密度脂蛋白（high density lipoprotein，HDL）水平的降低与 AS 的发病率呈正相关。

2. 高血压（hypertension）　据统计，高血压患者比同年龄、同性别的对照人群 AS 的发病早、病变重。研究证明高血压时血流对血管壁的机械性压力和冲击作用，引起血管内皮的损伤和功能障碍，使内膜对脂质的通透性增加。

3. 吸烟　吸烟是 AS 发病的一个主要的、独立的危险因子。吸烟能使血中一氧化碳浓度增高，从而造成血管内皮细胞缺氧性损伤。大量吸烟可使血中 LDL 易于氧化，氧化 LDL 可促进血液单核细胞迁入内膜及转变为泡沫细胞。

4. 致继发性高脂血症的疾病　糖尿病（diabetes）患者血中三酰甘油和 VLDL 水平明显升高，HDL 水平较低，而高血糖可致 LDL 氧化，促进血液单核细胞迁入内膜变为泡沫细胞。高胰岛素血症可促进动脉壁平滑肌增生，而且与血中 HDL 含量呈负相关。

5. 遗传因素　LDL 受体的基因突变导致血浆 LDL 明显升高。某些异常基因可能对脂质的摄取、代谢和排泄产生影响，是导致高脂血症的最常见原因。家族性高胆固醇血症患者是由于 LDL 受体的基因突变致功能缺陷，导致血浆 LDL 水平极度增高。

6. 其他因素

（1）年龄：AS 的发生率随年龄的增加而增加。

（2）性别：由于雌激素具有改善血管内皮的功能以及降低血胆固醇水平的作用，而且女性在绝经期前的 HDL 水平高于男性、LDL 水平低于男性，所以，女性在绝经期前发病率低于同年龄组男性。绝经期后，这种差别消失。

（3）肥胖：肥胖人群（体重指数 > 26）发生 AS 的危险性较大。

（二）发病机制

AS 的发病机制尚未完全阐明。有脂质渗入学说、动脉平滑肌细胞增殖学说、内皮损伤学说、单核 - 巨噬细胞作用学说等。但任何一种单一学说均不能全面解释 AS 的发病机制，主要发病机制如下：

1. 脂质渗入学说　此学说认为：血浆增多的胆固醇及胆固醇酯等渗入动脉内膜，刺激血管壁结缔组织增生，使动脉壁增厚及变硬，继而结缔组织发生变性坏死，形成动脉粥样斑块。

2. 动脉平滑肌细胞增殖学说　平滑肌细胞（smooth muscle cell，SMC）是一种多潜能细胞，SMC 的迁移和增殖是动脉粥样硬化的发生机制之一。冠状动脉属于肌性动脉，含有丰富的平滑肌，所以，冠状动脉对粥样硬化性损伤的反应比较敏感。

3. 内皮损伤学说　各种刺激因素（例如吸烟、高胆固醇血症、LDL 等）都可损伤内皮细胞，使其屏障功能减弱或消失，于是血浆成分过量地沉积于血管壁。另外，在内皮损伤处,血小板黏附、聚集和释放多种活性物质,可加重内皮细胞的损伤。损伤的内皮细胞可分泌多种趋化因子(如单核细胞趋化蛋白1、血小板源性生长因子等),吸引单核细胞聚集、黏附于血管内皮并迁入内皮下间隙,摄取沉积于内膜的脂质,形成单核细胞源性泡沫细胞。内皮细胞受损后更新、增生、并分泌生长因子,可以激活动脉中膜SMC,使SMC经内弹力膜的窗孔迁入内膜,并发生增生、转化及吞噬脂质,形成SMC源性泡沫细胞。

4. 单核-巨噬细胞作用学说　在AS病变早期,高胆固醇血症增加单核细胞对损伤内皮的黏附力。黏附的单核细胞通过趋化作用,进入内皮下间隙并活化为巨噬细胞,其吞噬脂质,进一步转化为巨噬细胞源性泡沫细胞,并形成脂质条纹。活化的巨噬细胞还可以分泌多种生长因子,刺激中膜平滑肌细胞迁移进入内膜,摄取脂质而变为肌源性泡沫细胞,并增生形成纤维帽。氧化的LDL使泡沫细胞坏死崩解,形成粥样坏死物,进而形成动脉粥样硬化斑块(图9-1)。

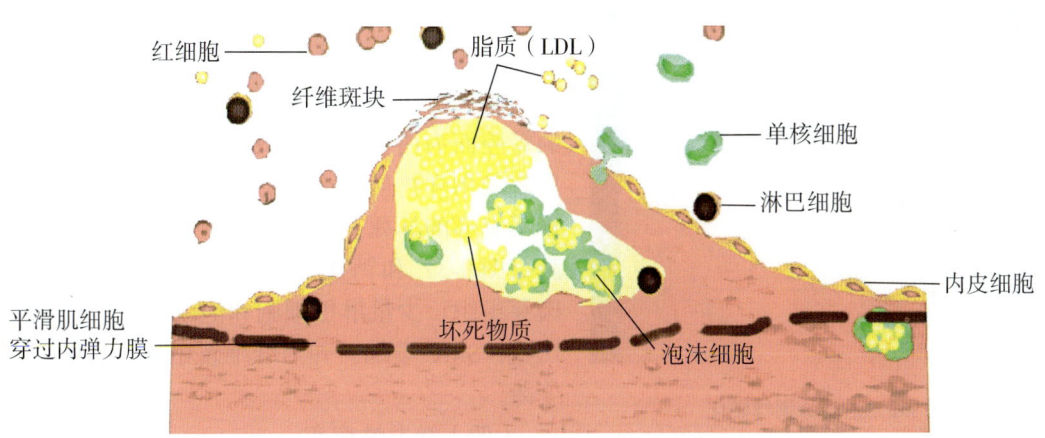

图 9-1　动脉粥样硬化发病机制示意图

> **知识链接**
>
> 　　动脉粥样硬化与原发性高血压的病因和高危因素是互相促进的。在日常生活中,应注意饮食结构,控制血脂、体重,加强锻炼,养成良好的生活习惯,并在医生指导下合理用药控制血脂和血压,以减少和避免一些不良反应。

二、基本病理变化

动脉粥样硬化最好发于大、中动脉的分叉、分支开口及血管弯曲凸面,主要累及腹主动脉,其次为冠状动脉、降主动脉、颈动脉和脑底动脉Willis环,其典型病变的发生发展主要有4个阶段。

(一)脂纹期

脂纹(fatty streak)是AS肉眼可见的最早的可逆性病变。肉眼观,为点状或条纹状黄色不隆起或微隆起于内膜的病灶,常见于主动脉后壁及其分支开口处。光镜下,病灶处的内膜下有大量泡沫细胞聚集。泡沫细胞体积大,圆形或椭圆形,胞质内含有大量小空泡。

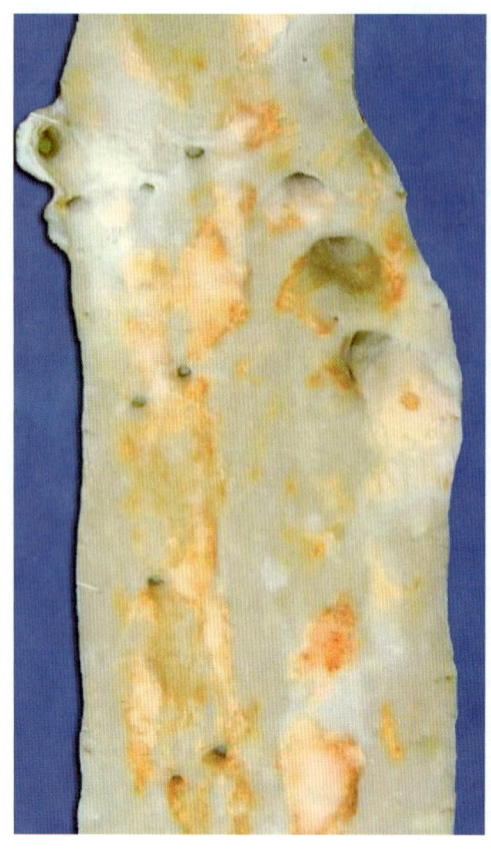

图9-2 主动脉粥样硬化
苏丹Ⅲ染色，斑块呈橘红色

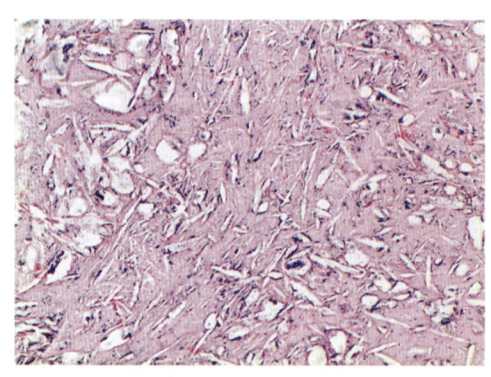

图9-3 粥样斑块中胆固醇结晶

（二）纤维斑块期

纤维斑块（fibrous plaque）是由脂纹发展而来。肉眼观，内膜面散在不规则表面隆起的斑块，颜色从浅黄或灰黄色变为瓷白色（图9-2）。光镜下，病灶表层为大量胶原纤维，胶原纤维可发生玻璃样变性。SMC增生并分泌大量细胞外基质，脂质逐渐被埋藏在深层。斑块表面为大量SMC和细胞外基质所组成的厚薄不一的纤维帽。在纤维帽之下，可见数量不等的泡沫细胞、SMC、细胞外基质和炎细胞。

（三）粥样斑块

粥样斑块（atheromatous plaque）亦称粥瘤（atheroma）。肉眼观，内膜面可见灰黄色斑块既向内膜表面隆起又向深部压迫中膜。切面，斑块的管腔面为白色质硬组织，深部为黄色或黄白色质软的粥样物质。光镜下，在纤维帽之下含有大量不定形的坏死崩解产物、胆固醇结晶（针状空隙，图9-3）和钙盐沉积，斑块底部和边缘出现肉芽组织，少量淋巴细胞和泡沫细胞。由于斑块压迫、SMC萎缩、弹力纤维破坏等，而导致中膜变薄。

（四）继发性病变

1. 斑块内出血 斑块内新生的血管破裂形成血肿，血肿使斑块进一步隆起，甚至完全闭塞管腔，导致急性供血中断。

2. 斑块破裂 斑块表面的纤维帽破裂，粥样物自裂口逸入血流，形成粥样溃疡。排入血流的坏死物质形成胆固醇栓子，引起栓塞。

3. 血栓形成 斑块破裂形成溃疡后，由于胶原暴露，可促进血栓形成，引起动脉管腔阻塞，进而引起器官梗死。

4. 钙化 在纤维帽和粥样斑块病灶内可见钙盐沉积，致使管壁变硬、变脆。

5. 动脉瘤形成 严重的粥样斑块底部的中膜平滑肌可发生不同程度的萎缩和弹性下降，在血管内压力的作用下，动脉壁局限性扩张，形成动脉瘤。动脉瘤破裂可致出血。

三、主要动脉的病理变化及对机体的影响

（一）主动脉粥样硬化

病变好发于主动脉的后壁及其分支开口处，以腹主动脉病变最为严重，依次为胸主动

脉、主动脉弓和升主动脉。动脉瘤破裂可引发致命性大出血。

（二）冠状动脉粥样硬化及冠状动脉粥样硬化性心脏病

1. 冠状动脉粥样硬化（coronary atherosclerosis） 冠状动脉狭窄在 35～55 岁发展较快，以年平均 8.6% 的速度递增。据国内外统计，60 岁之前，男性显著高于女性，60 岁之后，男女检出率相近，以左冠状动脉前降支为最高，其余依次为右主干、左主干或左旋支、后降支。

病理变化：AS 的上述病变均可在冠状动脉中发生。由于其解剖学和相应的力学特点，斑块性病变多发生于血管的心壁侧，在横切面上、斑块多呈新月形，偏心位。根据管腔狭窄的程度分为四级：Ⅰ级 < 25%，Ⅱ级 26%～50%；Ⅲ级 51%～75%；Ⅳ级 ≥ 76%。

2. 冠状动脉性心脏病（coronary heart disease，CHD） 简称冠心病，是因冠状动脉狭窄所致心肌缺血而引起，也称缺血性心脏病（ischemic heart disease，IHD）。冠状动脉粥样硬化占冠状动脉性心脏病的绝大多数。因此，习惯上把 CHD 视为冠状动脉粥样硬化性心脏病（coronary atherosclerosis）的同义词。

CHD 的主要临床表现：

（1）心绞痛（angina pectoris）：心绞痛是由于心肌急剧的、暂时性缺血、缺氧所造成的一种常见的临床综合征。心绞痛可因心肌耗氧量暂时增加，超出了已经狭窄的冠状动脉所能提供的氧而发生，也可因冠状动脉痉挛而导致心肌供氧不足而引起。临床表现为阵发性心前区疼痛或压迫感，可放射至心前区或左上肢，持续数分钟，应用硝酸酯制剂或稍休息后症状可缓解。

> **知识链接**
>
> 心绞痛的发生机制是由于心肌缺血、缺氧而造成的代谢不全的酸性产物或多肽类物质的堆积，此物质刺激心脏局部的神经末梢信号经 1～5 胸交感神经节和相应脊髓段传至大脑，产生痛觉。所以，心绞痛是心肌缺血所引起的反射性症状。

（2）心肌梗死（myocardial infarction，MI）：心肌梗死是由于冠状动脉供血中断，致供血区持续缺血而导致的较大范围的心肌坏死。临床上有剧烈而较持久的胸骨后疼痛，用硝酸酯制剂或休息后症状不能完全缓解，可并发心律失常、休克或心力衰竭。MI 多发生于中老年人。部分患者发病前有附加诱因。根据 MI 的范围和深度可分为以下两个主要类型。

1）心内膜下心肌梗死：病变主要累及心室壁内层的 1/3 心肌，并波及肉柱和乳头肌，常表现为多发性、小灶性坏死，直径 0.5～1.5cm。病变分布常不限于某支冠状动脉的供血范围，而是不规则地分布于左心室四周，严重时病灶扩大融合累及整个心内膜下心肌，呈环状梗死。

2）透壁性心肌梗死：其是典型心肌梗死的类型，也称为区域性心肌梗死。MI 的部位与闭塞的冠状动脉支供血区一致，病灶较大，最大直径在 2.5cm 以上，累及心肌深达室壁 2/3 或全层，此型 MI 多发生在左冠状动脉前降支的供血区，其中以左心室前壁、心尖部及室间隔前 2/3 多见，约占全部 MI 的 50%。约 25% 的 MI 发生于右冠状动脉供血区的左心室后壁、室间隔后 1/3 及右心室。亦可见于左冠状动脉左旋支供血区的左心室后壁。右心室和心房发生 MI 者较为少见。

3）病理变化：MI 多属贫血性梗死。MI 的形态学变化是一个动态演变过程。一般情况下，心肌梗死在 6 小时后肉眼才能辨认，梗死灶呈苍白色；8～9 小时后呈土黄色。镜下心肌纤维早期呈凝固性坏死，核碎裂、消失，胞质均质红染或呈不规则粗颗粒状，间质水肿，并有数量不等的中性粒细胞浸润；4 天后，梗死灶外围出现充血、出血带；7 天～2 周，边缘区开始出现肉芽组织或肉芽组织向梗死灶内长入；3 周后，肉芽组织开始机化，逐渐形成瘢痕组织。

4）并发症：①心力衰竭，梗死后心肌收缩力丧失，可致左、右心或全心衰竭；②心脏破裂，是急性透壁性心肌梗死的严重并发症，破裂原因是由于坏死的心肌细胞，尤其是坏死的中性粒细胞和单核细胞释放大量蛋白酶，使梗死灶发生溶解所致；③室壁瘤，常见于 MI 的愈合期，原因是梗死心肌或瘢痕组织在左心室内压力作用下形成的局限性向外膨隆；④附壁血栓形成，多见于左心室，MI 波及心内膜使之粗糙，或有室壁瘤形成处血流形成涡流等原因，可促进局部附壁血栓的形成；⑤心源性休克，MI 面积 > 40% 时，心肌收缩力极度减弱，心排出量显著下降，即可发生心源性休克而死亡；⑥急性心包炎，MI 后 2～4 天发生，由于坏死组织累及心外膜可引起纤维素性心包炎；⑦心律失常，MI 累及传导系统，引起传导紊乱，严重者可导致心搏骤停、猝死。

3. 心肌纤维化　心肌纤维化是由于中、重度的冠状动脉粥样硬化性狭窄，引起心肌纤维持续性和（或）反复加重的缺血、缺氧所致，是逐渐发展为心力衰竭的慢性缺血性心脏病。肉眼观，心脏体积增大，重量增加，所有心腔扩张，以左心室明显，心室壁厚度一般可正常。镜下可见心内膜下心肌细胞弥漫性空泡变，以及多灶性的陈旧性心肌梗死灶或瘢痕灶。

4. 冠状动脉性猝死　冠状动脉性猝死是心源性猝死中最常见的一种。多见于 40～50 岁成年人，男性多于女性。猝死是指自然发生的、出乎意料的突然死亡。冠状动脉性猝死可发生于某种诱因后，如饮酒、劳累、吸烟及运动后，患者突然昏倒，四肢抽搐，小便失禁，或突然发生呼吸困难，口吐白沫，迅速昏迷。可立即死亡或在 1 至数小时后死亡，有的则在夜间睡眠中死亡。

（三）颈动脉及脑动脉粥样硬化

病变最常见于颈内动脉起始部、基底动脉、大脑中动脉和 Willis 环。纤维斑块和粥样斑块常可导致管腔狭窄，甚至闭塞。脑动脉管腔狭窄，可使脑组织长期供血不足而发生脑萎缩，严重脑萎缩患者的智力减退，甚至痴呆。斑块处常继发血栓形成而管腔阻塞，引起脑梗死（脑软化），脑 AS 病变还可以形成动脉瘤。动脉瘤多见于 Willis 环部，在患者血压突然升高时可致小动脉瘤破裂，引起脑出血。

（四）肾动脉粥样硬化

病变最常累及肾动脉开口处及主动脉近侧端，也可累及叶间动脉和弓状动脉。一方面，斑块所致管腔狭窄引发肾组织缺血，实质萎缩和间质纤维增生；另一方面，斑块合并血栓形成可致肾梗死，梗死灶机化后遗留较大凹陷瘢痕，多个瘢痕可使肾体积缩小，称为动脉粥样硬化性固缩肾。

病例分析 9-1

男性，61岁，患有原发性高血压20余年。6个月前与其妻子吵架后突感心前区疼痛，同时感觉左肩疼痛，伴气急、面色苍白、出冷汗，经休息、服用硝酸甘油后缓解。近1个月，患者时常出现胸闷、胸痛、憋气，且服用硝酸甘油后不能缓解。今日晨练后再次发作，心前区剧痛，冷汗淋漓，濒死感、呼吸困难、咳嗽、咳粉红色泡沫样痰，遂来医院。住院后心电图检查，可见部分导联有病理性Q波和ST段升高。冠状动脉造影，可见左冠状动脉前降支管腔狭窄Ⅳ级。

问题与思考：
1. 该患者最可能的临床诊断是什么？
2. 请描述该疾病中，光镜下冠状动脉可能出现的病理变化。

第二节 高血压

高血压（hypertension）是以体循环动脉血压持续升高为主要特点的临床综合征，诊断标准为成年人收缩压 ≥ 140mmHg（18.4kPa）和（或）舒张压 ≥ 90mmHg（12.0kPa）。其可分为原发性高血压（又称特发性高血压）以及继发性高血压（又称症状性高血压）和特殊类型高血压。高血压病是指原发性高血压，是以细小动脉硬化为基本病变的全身性疾病。晚期可能发生左心室肥大、两肾弥漫性颗粒性萎缩或脑内出血等严重并发症。

一、病因和发病机制

原发性高血压的病因和发病机制很复杂，近年的研究虽有较大进展，但尚未完全阐明，目前比较明确的致病因素有以下几种：

（一）遗传因素

动物实验、流行病学研究、家系研究等提供的大量证据提示，遗传因素是高血压的重要易感因素。据调查，约有75%的原发性高血压患者具有遗传素质，患者有明显的家族发病倾向，即具有明显的家族集聚性。目前认为高血压的遗传模式是多基因遗传，但不排除特殊群体高血压可能呈单基因显性遗传。

（二）膳食因素

与高血压发病相关的膳食因素包括：① Na^+ 的摄入量，日均摄盐量高的人群，高血压的患病率与日均摄盐低的人群比明显升高，摄盐量与血压呈正相关，但并非所有人都对钠敏感；②肥胖，饮食不当可致肥胖，随着体重指数的增高，血压水平和高血压患病率均逐步增高；③饮酒，中度以上饮酒是高血压发病因素之一。

（三）社会心理因素

调查表明，精神长期或反复处于紧张状态的人或从事相应职业的人，可使大脑皮质功能失调，失去对皮层下血管舒缩中枢的调控能力。

（四）神经内分泌因素

一般认为，细动脉的交感神经纤维兴奋性增强是高血压发病的主要神经因素。

(五)其他因素

吸烟、缺乏体力活动和年龄增长等也是高血压的重要危险因素。

原发性高血压的发病机制尚未完全清楚,目前认为是由遗传、神经内分泌、环境等多因素共同作用的结果。

二、类型和病理变化

根据临床学特点,原发性高血压可分为良性高血压和恶性高血压两类。

(一)良性高血压

良性高血压,又称缓进性高血压,约占原发性高血压95%,病程长,进程缓慢,多见于中老年人。按病变的发展可分为三期。

1. 功能紊乱期　为高血压的早期阶段。全身细小动脉间歇性痉挛收缩、血压升高,因动脉无器质性病变,痉挛缓解后血压可恢复正常。临床表现为血压升高,但常有波动,可伴有头晕、头痛,经过适当休息和治疗,血压可恢复正常。

2. 动脉病变期

(1)细动脉硬化:高血压的主要病变特征,表现为细小动脉玻璃样变,最易累及肾的入球小动脉和视网膜动脉。由于细动脉长期痉挛,血管内皮细胞及基膜受损,内皮细胞间隙扩大,通透性增强,血浆蛋白渗入到血管壁中。同时平滑肌细胞分泌大量细胞外基质,平滑肌细胞因缺氧而变性、坏死,使血管壁逐渐由血浆蛋白、细胞外基质和坏死的平滑肌细胞产生的修复性胶原纤维及蛋白多糖所代替,正常管壁结构消失,逐渐凝固成红染无结构、均质的玻璃样物质,致细动脉壁增厚、管腔缩小甚至闭塞(图9-4)。

(2)小动脉硬化:主要累及肾小叶间动脉、弓状动脉及脑动脉等。小动脉内膜胶原纤维及弹性纤维增生,内弹力膜分裂。中膜平滑肌细胞增生、肥大、不同程度的胶原纤维和弹力纤维增生,血管壁增厚,管腔狭窄。

(3)大动脉硬化:如主动脉及其主要分支,并发生动脉粥样硬化。

3. 内脏病变期

(1)心脏:因血压持续升高,外周阻力增大,心肌负荷增加,左心室代偿性肥大(图9-5)。心脏重量增加,可达400g(正常250~350g)以上。肉眼观,左心室壁增厚可达1.5~2.0cm(正常<1.2cm),乳头肌和肉柱增粗。在早期阶段,心腔不扩张,相对缩小,称为向心性肥大。晚期发生左心室失代偿时,心肌收缩力降低,逐渐出现心腔扩张,称为离心性肥大,严重时可发生心力衰竭。心脏发生的上述病变,称为高血压性心脏病,患者可有心悸,心电图显示左心室肥大和心肌劳损,严重者有心力衰竭的症状和体征。

(2)肾:高血压时,由于入球小动脉的玻璃样变性和肌型小动脉的硬化,管壁增厚,管腔狭窄,导致病变区的肾小球缺血发生纤维化、硬化或玻璃样变性,相应的肾小管因缺血而萎缩、消失,出现间质纤维组织增生和淋巴细胞浸润。病变相对较轻的肾小球代偿性肥大,相应的肾小管代偿性扩张。肉眼观,双侧肾对称性缩小,质地变硬,肾表面凸凹不平,呈细颗粒状,单侧肾可小于100g(正常成人约为150g),切面肾皮质变薄≤0.2cm(正常厚0.3~0.6cm)。皮、髓质界限模糊,称为原发性颗粒性固缩肾。

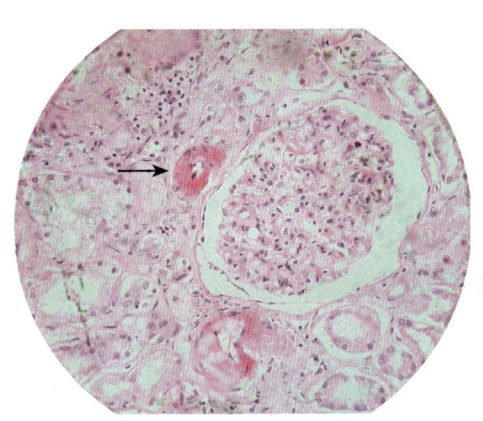

图 9-4 高血压肾
肾小球入球小动脉玻璃样变性

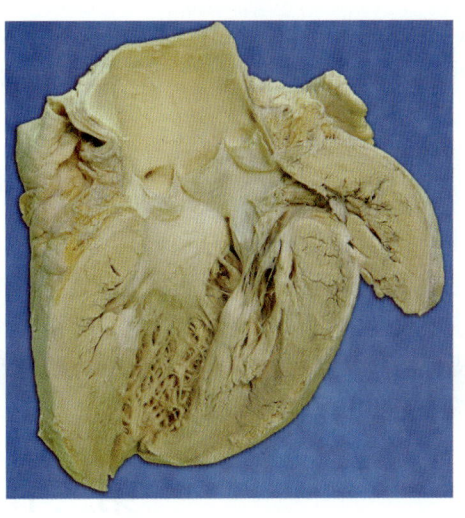

图 9-5 高血压心脏
左心室壁增厚，乳头肌和肉柱增粗

(3) 脑：主要有以下 3 种病变。①高血压脑病，脑小动脉硬化和痉挛，引起局部组织缺血，毛细血管通透性增加，发生脑水肿。临床表现为头痛、头晕、眼花、呕吐、视力障碍等症状，如果患者血压急剧升高，可出现剧烈头痛、意识障碍、抽搐等症状，称为高血压危象。②脑软化，脑的细小动脉硬化和痉挛，引起供血区脑组织缺血而发生多数小坏死灶，即微梗死灶。光镜下，梗死灶组织液化坏死，形成质地疏松的筛网状病灶。病变后期，坏死组织被吸收，由胶质增生修复。③脑出血，是高血压最严重的并发症，也是致命性的并发症。脑出血常发生于基底节、内囊，其次为大脑白质、脑桥和小脑。多见于基底节区域（尤以豆状核区最多见），是因为供应该区域的豆纹动脉从大脑中动脉呈直角分支，直接受到大脑中动脉压力较高的血流冲击和牵引，致豆纹动脉易破裂出血。脑出血常为大片状，该区域脑组织完全破坏，形成充满血液和坏死脑组织的囊性病灶（图 9-6）。当出血范围扩大时，可破入侧脑室。

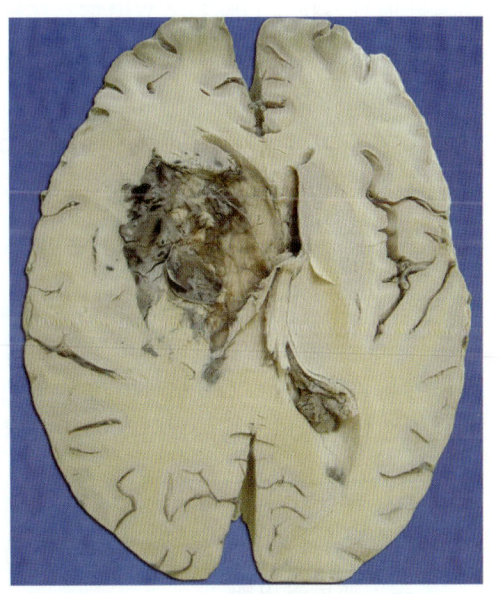

图 9-6 高血压引起脑内囊部位出血

知识链接

脑出血的原因可由于细、小动脉硬化使血管壁变脆，当血压突然升高时引起破裂性出血；也可由于血管壁弹性下降，局部膨出形成小动脉瘤和微小动脉瘤，当血压突然升高时，致小动脉瘤和微小动脉瘤破裂出血。

(4) 视网膜：视网膜中央动脉发生细动脉硬化。眼底检查可见血管迂曲，反光增强，动、静脉交叉处出现压痕。严重者视神经盘水肿，视网膜出血，视力减退。

（二）急进型高血压

急进型高血压，又称为恶性高血压，多见于青少年，血压显著升高，常超过230/130mmHg，病变进展迅速，可发生高血压脑病，或较早就出现肾衰竭。此型高血压多为原发性，部分可继发于良性高血压。

急进型高血压的特征性病理变化是增生性小动脉硬化和坏死性细动脉炎，主要累及肾。前者主要表现为动脉内膜显著增厚，伴有平滑肌细胞增生，胶原纤维增多，致血管壁呈层状洋葱皮样增厚，管腔狭窄。后者病变累及细动脉内膜和中膜，管壁发生纤维素样坏死，周围有单核细胞和中性粒细胞浸润。

第三节　风湿病

风湿病（rheumatism）是一种与A组乙型溶血性链球菌感染有关的变态反应性疾病。病变主要累及全身结缔组织，最常侵犯心脏、关节和血管等处，以心脏病变最为严重。风湿病的急性期有发热、心脏和关节损害、环形红斑、皮下小结、舞蹈病等症状和体征。血液检查可见抗链球菌溶血素抗体O滴度升高，血沉加快，白细胞增多。

风湿病好发年龄为5~15岁，以6~9岁为发病高峰，男女患病率无差别。心瓣膜变形常发生在20~40岁之间。风湿病与类风湿关节炎、硬皮病、皮肌炎、结节性多动脉炎及系统性红斑狼疮等，同属于结缔组织病，也称胶原病。

一、病因

风湿病的发生与咽喉部A组乙型溶血性链球菌感染有关，其根据是发病前患者常有咽峡炎、扁桃体炎等上呼吸道链球菌感染的病史。链球菌的溶血素"O"可在咽部感染后10~15天诱导机体产生抗"O"抗体。临床检测血中抗链球菌溶血素"O"抗体（滴度1∶500以上为阳性）作为风湿病的血清学诊断指标。

二、基本病理变化

风湿病根据病变发展过程大致可分为三期：

（一）变质渗出期

在风湿病的早期，心脏、浆膜、关节、皮肤等病变部位的结缔组织基质发生黏液样变性，胶原发生纤维素样坏死。同时，还可表现为浆液纤维素渗出，有少量淋巴细胞、浆细胞、单核细胞浸润。此期病变可持续1个月。

（二）增生期或肉芽肿期

在变质渗出期病变基础上，巨噬细胞增生、聚集，吞噬纤维素样坏死物质而形成风湿细胞，也称阿绍夫细胞（Aschoff cell）。阿绍夫细胞体积大，呈圆形，胞质丰富，嗜碱性；核大，圆形或椭圆形，核膜清晰，染色质集中于中央，核的横切面似枭眼状，纵切面呈毛虫状。纤维素样坏死的无定形物质、风湿细胞及渗出的炎症细胞构成阿绍夫小体，是风湿病的特征性病变，具有病理诊断意义（图9-7）。此期病变可持续2~3个月。

（三）瘢痕期或愈合期

阿绍夫小体中的坏死物质逐渐被吸收，周围出现纤维细胞，继而逐渐纤维化最后形成梭形小瘢痕，此期病变可持续2～3个月。

上述整个病程为4～6个月。由于风湿病变具有反复发作的性质，在受累的器官和组织中常可见到新、旧病变同时并存的现象。受累器官不断发生纤维化，功能下降。

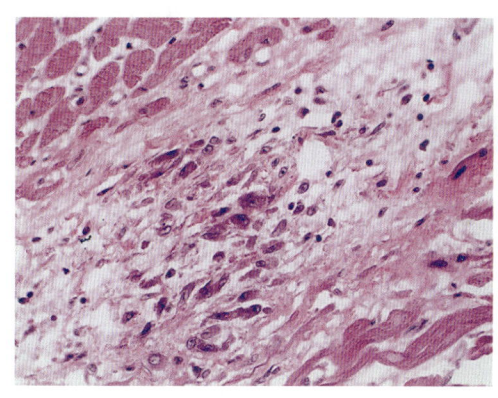

图9-7 风湿性心肌炎之阿绍夫小体

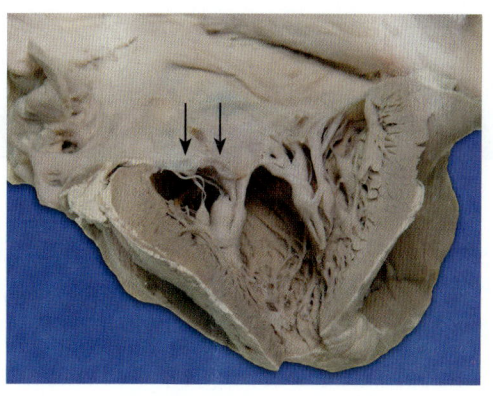

图9-8 风湿性心内膜炎
箭头所示为疣状赘生物

三、各器官病变

（一）风湿性心脏病

风湿病引起的心脏病变可以表现为风湿性心内膜炎、风湿性心肌炎和风湿性心外膜炎，若病变累及心脏全层组织，则称风湿性全心炎或风湿性心脏炎。在儿童风湿病患者中，60%～80%有心脏炎症的临床表现。

1. 风湿性心内膜炎　病变主要侵犯心瓣膜，其中二尖瓣最常受累，其次为二尖瓣和主动脉瓣同时受累。主动脉瓣、三尖瓣和肺动脉瓣极少受累。

病变早期，受累瓣膜肿胀，瓣膜内出现黏液变性和纤维素样坏死、浆液渗出和炎细胞浸润，病变瓣膜表面（主要在瓣膜闭锁缘上）形成单行排列、直径为1～2mm的疣状赘生物（图9-8），其呈灰白色半透明状，不易脱落。光镜下，赘生物由血小板和纤维蛋白构成，伴小灶状的纤维素样坏死。

> **知识链接**
>
> 风湿病后期，由于病变反复发作，引起纤维组织增生，导致心瓣膜增厚、变硬、卷曲、短缩，瓣膜间互相粘连，腱索增粗、短缩，最后形成慢性心瓣膜病。

2. 风湿性心肌炎　病变主要累及心肌间质结缔组织，常表现为灶状间质性心肌炎，间质水肿，在间质血管附近可见阿绍夫小体和少量的淋巴细胞浸润。病变反复发作，阿绍夫小体机化形成小瘢痕。病变常见于左心室、室间隔、左心房及左心耳等处。风湿性心肌炎在儿童可发生急性充血性心力衰竭，累及传导系统时，可出现传导阻滞。

3. 风湿性心外膜炎　病变主要累及心外膜脏层，呈浆液性或纤维素性炎症。在心外膜腔内有大量浆液渗出，形成心包腔积液。当以纤维素渗出为主时，覆盖于心外膜表面的纤维素可因心脏的搏动和牵拉而形成绒毛状，称为绒毛心。

> **病例分析9-2**
>
> 李某，幼儿期多次患化脓性扁桃体炎，12岁行扁桃体摘除术，35岁开始膝关节肿痛，活动后胸闷、心悸。超声心动图诊断为风湿性心脏病，二尖瓣狭窄。
>
> 问题与思考：
> 请试述该患者可能的疾病发生、发展过程。

（二）风湿性关节炎

约75%的风湿病患者在疾病的早期出现风湿性关节炎。最常侵犯膝、踝、肩、腕、肘等大关节，呈游走性、反复发作。受累关节局部出现红、肿、热、痛和功能障碍。关节腔内有浆液及纤维素渗出，病变滑膜充血水肿，周围软组织内可见不典型的阿绍夫小体。急性期后，渗出物常被完全吸收，通常不留后遗症。

（三）皮肤病变

急性风湿病时，皮肤可出现环形红斑和皮下结节，具有诊断意义。

（四）风湿性动脉炎

风湿性动脉炎主要累及小动脉，例如冠状动脉、肾动脉、肠系膜动脉等。急性期，血管壁发生黏液样变性、纤维素样坏死和淋巴细胞浸润，并伴有阿绍夫小体形成。病变后期，血管壁纤维化而增厚，管腔狭窄，可并发血栓形成。

第四节 感染性心内膜炎

感染性心内膜炎是由病原微生物直接侵袭心内膜，特别是心瓣膜而引起的炎症性疾病。病原微生物包括各种细菌、真菌、立克次体等，以细菌最为多见，故也称为细菌性心内膜炎。通常分为急性和亚急性两种。

一、急性感染性心内膜炎

急性感染性心内膜炎也称急性细菌性心内膜炎，主要是由于致病力强的金黄色葡萄球菌、溶血性链球菌、肺炎球菌等化脓菌引起。通常情况下，病原体首先在身体某部位发生感染，如化脓性骨髓炎、痈、产褥热等，当机体抵抗力降低时，细菌进入血液引起脓毒血症、败血症并侵犯二尖瓣和主动脉瓣等，引起急性化脓性心瓣膜炎，在受累的心瓣膜上形成赘生物。赘生物由脓性渗出物、血栓、坏死组织和大量细菌菌落组成。

> **知识链接**
>
> 急性感染性心内膜炎的赘生物体积较大、质地松软，可破碎后形成含菌性栓子，从而引起心、脑、肾、脾等器官的感染性梗死和脓肿。受累瓣膜还可以发生破裂、穿孔或腱索断裂，引起急性心瓣膜功能不全。

二、亚急性感染性心内膜炎

亚急性感染性心内膜炎也称为亚急性细菌性心内膜炎，约75%由毒力相对较弱的草绿色葡萄球菌所引起。此外，肠球菌、革兰氏阴性杆菌、立克次体、真菌等也可引起此病的发生。

> **知识链接**
>
> 亚急性感染性心内膜炎患者可因为先前感染扁桃体炎、牙周炎、咽喉炎、骨髓炎等时，病原体自感染灶入血，形成菌血症，再随血流侵入瓣膜而患病；也可因拔牙、心导管及心脏手术等医源性操作致细菌入血而侵入瓣膜。

此病最常侵犯二尖瓣和主动脉瓣，病变特点是在已有病变的瓣膜上形成赘生物。受累瓣膜易变形，发生溃疡和穿孔。赘生物肉眼呈息肉状或菜花状，质地松脆，易破碎、脱落。光镜下，疣状赘生物由血小板、纤维蛋白、细菌菌落、坏死组织、中性粒细胞组成，溃疡底部可见肉芽组织增生、淋巴细胞和单核细胞浸润。

细菌毒素以及赘生物破裂脱落形成的栓子，可引起动脉性栓塞和血管炎。栓塞多见于脑、肾、脾等。由于脱落的赘生物内有细菌，其可在血流中繁殖，从而导致患者长期发热、脾大、白细胞增多，以及皮肤、黏膜和眼底出现小出血点、贫血等。

第五节　心瓣膜病

心瓣膜病是指由各种损伤因素或先天性发育异常所造成的心瓣膜器质性病变，表现为瓣膜口狭窄和（或）关闭不全，最后导致心功能不全，引起全身血液循环障碍，是最常见的慢性心脏病之一。心瓣膜病最常累及二尖瓣，其次为主动脉瓣。瓣膜狭窄和关闭不全可单独发生，也可以合并发生，同一个瓣膜狭窄伴有关闭不全称为瓣膜双病变，两个或两个及以上瓣膜受累称为联合瓣膜病。

一、病因

瓣膜口狭窄的原因是相邻瓣膜互相粘连、瓣膜增厚，从而导致瓣膜弹性减弱或丧失，瓣膜环硬化和缩窄。由于瓣膜开放时不能完全张开，导致血流通过受阻。瓣膜关闭不全可由于瓣膜增厚、变硬、卷曲、缩短或瓣膜的破裂和穿孔所致；也可因腱索增粗、缩短和粘连，使心瓣膜关闭时瓣膜口不能完全闭合，造成部分血液发生反流。

二、类型和病理变化

（一）二尖瓣狭窄

二尖瓣狭窄多由风湿性心内膜炎反复发作所致，少数由感染性心内膜炎引起。病变早期瓣膜轻度增厚，呈隔膜状；后期瓣叶增厚、硬化、腱索缩短，使瓣膜呈鱼口状。由于腱索及乳头肌明显粘连、短缩，常合并关闭不全。二尖瓣狭窄的标志性病变是相邻瓣叶粘连。单纯性二尖瓣狭窄不累及左心室。

> **知识链接**
>
> 正常二尖瓣口面积为 5cm², 可通过两个手指, 因瓣膜病变, 瓣膜口狭窄可缩小到 1.0～2.0cm², 严重时可达 0.5cm²。

(二) 二尖瓣关闭不全

二尖瓣是由正常功能的瓣膜、瓣膜联合部、瓣环、乳头肌、腱索及左心室所构成的复杂结构。二尖瓣正常组成中的一个或多个组分结构异常均可导致二尖瓣关闭不全。此病多由风湿性心内膜炎引起,也可是亚急性细菌性心内膜炎的后果。另外,二尖瓣脱垂、瓣环钙化、先天性病变以及腱索异常、乳头肌功能障碍等,也可以导致此病。

(马 莹)

第六节 心力衰竭

在各种致病因素的作用下,心脏的收缩能力和(或)舒张功能发生障碍,使心排血量绝对或相对减少,心脏泵血功能降低,不能满足组织代谢需求的病理生理过程称为心力衰竭 (heart failure)。

心功能不全 (cardiac insufficiency) 与心力衰竭的本质相同,只是在程度上有所区别。心功能不全包括了心脏泵血功能下降但处于完全代偿直至失代偿的整个过程,而心力衰竭则属于心功能不全的失代偿阶段,此时患者已出现明显的症状和体征。

一、心力衰竭的病因及分类

(一) 病因

心力衰竭的发生绝大多数以潜在的或既有的心脏疾病为病因,通过损伤心肌或心脏负荷过重而影响心脏泵血功能,启动并最终导致心力衰竭的发生。常见病因如表 9-1 所示。

表 9-1 心力衰竭的常见病因

心肌舒缩功能受损		心脏负荷过度	
原发性心肌损害	心肌能量代谢障碍	容量负荷过度	压力负荷过度
心肌炎	心肌缺血、缺氧	瓣膜关闭不全	高血压
心肌病	严重维生素 B_1 缺乏	房室间隔缺损	主动脉狭窄
心肌梗死		严重贫血	主动脉瓣狭窄
心肌纤维化		甲状腺功能亢进	肺动脉高压
心肌中毒			肺动脉瓣狭窄
		动静脉瘘	肺栓塞

1. **心肌舒缩功能受损** 心肌本身的结构或代谢损害可导致受累心肌舒缩功能降低。例如,心肌梗死、心肌炎和心肌病时,心肌细胞变性、坏死及心肌组织纤维化,可降低心肌舒

缩功能。而心肌缺血、缺氧和严重维生素 B_1 缺乏时，心肌能量代谢障碍，久之合并有结构异常，导致心脏泵血功能降低。

2. 心脏负荷过重

（1）容量负荷过重：容量负荷又称前负荷，是心脏收缩前所承受的负荷，相当于心室舒张末期容量。左心室容量负荷过重主要见于二尖瓣或主动脉瓣关闭不全；右心室容量负荷过重主要见于三尖瓣或肺动脉瓣关闭不全以及室间隔缺损等。

（2）压力负荷过重：压力负荷又称后负荷，是心室射血所要克服的阻力，即心脏收缩时所承受的阻力负荷。左心室压力负荷过重主要见于高血压、主动脉（瓣）狭窄等；右心室压力负荷过重主要见于肺动脉高压、肺动脉瓣狭窄以及肺栓塞等。

> **知识链接**
>
> 二尖瓣是位于左房室口周缘的两片瓣膜，借腱索连于乳头肌，有阻止左心室的血液流回左心房的作用；三尖瓣是位于右房室口周缘的三片瓣膜，借腱索连于乳头肌，有阻止右心室的血液逆流回右心房的作用。
>
> 一个完整的心动周期包括收缩期和舒张期两部分，以成年人心率平均75次/分计，每个心动周期平均持续0.8s。在一个心动周期中，左、右心房首先收缩，持续0.1s，继而心房舒张0.7s。当心房收缩时，心室处于舒张期，心房进入舒张期后心室开始收缩，持续0.3s，随后进入舒张期，持续0.5s。因此，在每一个心动周期中，心房和心室的活动均是依一定的次序和时程先后进行，左、右两个心房和左、右两个心室的活动都是同步进行的，且心房和心室的收缩期都短于舒张期。

（二）分类

心力衰竭可按不同标准，从多种角度进行分类。

1. 按心力衰竭发生的部位分类

（1）左心衰竭：由于左心室受损或负荷过重，导致左心室泵血功能降低，左心房压力增高，从肺循环流回左心的血液受阻，因此在心排血量下降的同时，还可出现肺循环淤血和水肿。常见于冠心病、高血压、二尖瓣关闭不全及主动脉（瓣）狭窄等。

（2）右心衰竭：由于右心室后负荷过重，衰竭的右心室不能将体循环回流的血液充分排至肺循环，因此导致体循环淤血，静脉压升高而引起下肢甚至全身性水肿等。常见于肺动脉高压、慢性阻塞性肺疾病、三尖瓣或肺动脉瓣病变及某些先天性心脏病（如法洛四联征和房室间隔缺损）等。

（3）全心衰竭：左、右心室同时或先后受累发生衰竭，是临床上常见的一类心力衰竭。可见于心肌炎、心肌病等使左右心同时受累，也可由于一侧心力衰竭波及另一侧演变而来。

2. 按心肌收缩与舒张功能障碍分类

（1）收缩性心力衰竭：因心肌收缩功能障碍而引起的心力衰竭，常见于高血压性心脏病、冠心病等，主要由于心肌变性和坏死所致。临床特点是心室腔扩大，收缩末期容积增大，射血分数降低，又称为射血分数降低型心力衰竭（heart failure with a reduced ejection fraction，HF-REF）。

（2）舒张性心力衰竭：因舒张期心室主动松弛能力发生障碍而引起的心力衰竭，常见于高血压伴左心室肥厚、肥大性心肌病及心肌缺血等。临床特点是左心室射血分数正常或接近正常，但由于升高的充盈压逆传到静脉系统，患者表现出肺循环或体循环淤血的临床综合征，又称为射血分数正常型心力衰竭（heart failure with preserved ejection fraction，HF-PEF）。近年来，舒张性心力衰竭日益受到关注。

3. 按心排血量的高低分类

（1）低排血量性心力衰竭：此类心力衰竭时心排血量低于正常。常见于冠心病、高血压、心瓣膜病及心肌炎等引起的心力衰竭。

（2）高排血量性心力衰竭：此类心力衰竭时因血容量扩大，静脉回流增加，心脏过度充盈，代偿阶段其心排血量明显高于正常，处于高动力循环状态。由于心脏容量负荷长期过重，供氧相对不足，能量消耗过多，一旦发展至心力衰竭，心排血量较发生心力衰竭前有所下降，不能满足机体的高水平代谢需求，但其值仍高于或不低于群体（正常人）的平均水平。主要见于严重贫血、妊娠、甲状腺功能亢进、动静脉瘘及维生素 B_1 缺乏症等。

4. 按心力衰竭发生快慢分类

（1）急性心力衰竭：患者在短时间内即出现心排血量急剧降低，引起器官灌流明显不足及急性肺淤血的临床综合征。常见于急性广泛性心肌梗死、感染性心内膜炎等。

（2）慢性心力衰竭：临床上大多数病因引起的心功能不全往往呈慢性过程，由于水钠潴留和血容量增加，静脉淤血和组织水肿明显，心腔通常扩大，称为充血性心力衰竭（congestive heart failure，CHF）。

> **知识链接**
>
> 临床上为更好地判断心力衰竭患者病情的轻重和指导治疗，常按心功能不全症状的严重程度分类。纽约心脏病学会（New York Heart Association，NYHA）提出心功能不全的四级分级法。Ⅰ级（代偿期）：日常体力活动不受限，无心力衰竭的症状。Ⅱ级（轻度）：体力活动轻度受限，日常中度体力活动可引发心悸、乏力、呼吸困难等症状。Ⅲ级（中度）：体力活动明显受限，轻度活动即可引发心力衰竭症状。Ⅳ级（重度）：体力活动严重受限，静息时也可出现心力衰竭症状。近年来，美国心脏病学会/美国心脏学会（American College of Cardiology/ American Heart Association，ACC/AHA）联合发布心功能不全分期法，旨在对 NYHA 心功能不全分级法进行补充，强调慢性心功能不全的病情演变过程及早期预防的重要性。A 期：心力衰竭高危人群，经检查心脏无结构性损伤。B 期：已有心脏结构性损伤，但尚无心力衰竭症状。C 期：已有心脏结构性损伤并伴有心力衰竭症状，或既往有心力衰竭症状但经治疗后已消失。D 期：心脏器质性损害严重，虽经积极治疗但在静息时仍有明显心力衰竭症状。

二、心功能不全时机体的代偿

当心脏泵血功能受损时，心排血量减少可通过多种信息传递途径，引起内源性神经-体液调节机制的激活，从而调节血流动力学稳态。以此为基础，机体继而通过心脏本身以及心脏以外的多种代偿方式来缓解心排血量的不足。

（一）神经-体液调节机制激活

神经-体液调节机制的激活对于维持心脏泵血功能、血流动力学稳态及重要器官的血流灌注起着十分重要的作用。在这一调节机制中，目前研究最为深入的是交感神经系统和肾素-血管紧张素-醛固酮系统。

1. **交感神经系统激活** 交感神经是血液循环系统最重要而敏感的调节者。心功能不全时，心排血量减少可以激活交感神经系统，使血浆儿茶酚胺浓度明显升高、心率增快、心肌收缩性增强、心排血量增加；同时，腹腔内脏等阻力血管收缩可维持动脉血压，保证重要器官的血液灌注。这在短时间内，尤其是急性心力衰竭时，对泵血功能及血流动力学稳态起着极为重要的支持作用。但长期过度地激活交感神经系统，外周血管阻力持续增加又会加重心脏后负荷，器官供血不足可引起其代谢、功能和结构改变。此时，交感神经系统激活的负面效应将成为促使心功能恶化的重要因素。

2. **肾素-血管紧张素-醛固酮系统激活** 该系统对维持血压和水钠平衡具有重要作用。心功能不全时，交感神经兴奋、肾血流灌注量降低等可激活肾素-血管紧张素-醛固酮系统。生成的血管紧张素Ⅱ（angiotensin Ⅱ，Ang Ⅱ）不仅具有强大的缩血管作用，而且还可刺激醛固酮的分泌，造成水钠潴留，在一定程度上可使静脉回心血量增多，有助于增加心排出量。Ang Ⅱ还可直接促进心肌和非心肌细胞肥大或增殖，是导致心室重塑的主要因子。

此外，心功能不全还会激活心房钠尿肽（atrial natriuretic peptide，ANP）的释放，激活肿瘤坏死因子等炎性介质的释放，引起内皮素和一氧化氮等血管活性物质的改变，这些体液因素都在不同程度上参与了心功能不全的代偿以及失代偿过程。

（二）心脏本身的代偿反应

心脏本身的代偿包括心率加快、心脏紧张源性扩张、心肌收缩性增强和心室重塑。其中，前二种属于功能性调整，可以在短时间内被动员起来以提高和恢复心排血量，适应机体的需要；而心室重塑则是心脏长期负荷过度时的主要代偿方式，属于以形态结构变化为主的综合性代偿。

1. **心率加快** 在一定的范围内，心率加快可提高心排血量，并可提高舒张压，对维持动脉血压、保证重要器官的血流供应有积极意义。特别是在心脏泵血功能受损、每搏量低而相对固定时，对于维持每分排血量是重要的代偿机制。心率加快主要是由于心排血量减少而引起的：①动脉血压下降，使主动脉弓和颈动脉窦压力感受器传入冲动减少；②心房舒张末期容积增大，右心房和腔静脉淤血，刺激该区的容量感受器；③机体缺氧，刺激主动脉体和颈动脉体化学感受器。以上均可反射性引起交感神经兴奋，使心率加快。但心率加快的代偿作用有一定限度，其原因是：①心率加快，心肌耗氧量增加，可进一步加重病情；②心率过快（如成人＞180次/分）使心脏舒张期明显缩短，不但影响冠脉灌流使心肌缺血、缺氧加重，还可引起心室舒张期充盈不足，心排血量反而降低，加重心力衰竭。

2. **心脏紧张源性扩张** 根据 Frank-Starling 定律，在一定范围内，心排血量随心脏前负荷（心肌纤维初长度）的增加而增加。前负荷不足或过度，均可导致心排血量减少。在静息状态下，心脏肌节长度在 1.7~2.2μm 范围内；随着左室舒张末压增加，肌小节长度也增加，当达到 2.2μm 时，粗、细肌丝处于最佳重叠状态，有效横桥的数目最多，产生的收缩力最大。心力衰竭时，由于①心排血量减少，使心室舒张末期容积增加；②水、钠潴留使回心血量增多，使心室的前负荷增加，导致心肌纤维初长度增大（肌小节长度不超过 2.2μm），使心肌收缩力增强，代偿性增加心排血量，这种伴有心肌收缩力增强的心腔扩大称为紧张源性扩张。但当前负荷过大，舒张末期容积或压力过高时，则心肌初长度过长（肌小节长度大于 2.2μm），收缩力反而明显下降，导致心排血量降低而转为失代偿。当肌节长度达到 3.6μm 时，粗、细肌丝不能重叠而丧失收缩能力。这种心肌过度拉长并伴有收缩力减弱的心脏扩张称为肌源性扩张，已失去增加心肌收缩力的代偿能力。

3. 心肌收缩性增强 心肌收缩性是指不依赖于心脏前、后负荷变化的心肌本身的收缩特性，其主要受神经-体液因素的调节。心功能受损时，由于交感神经系统兴奋，儿茶酚胺增加，通过激活 β-肾上腺素受体，增加胞质 cAMP 浓度，激活蛋白激酶 A，使得肌膜钙通道蛋白磷酸化，导致胞质 Ca^{2+} 浓度升高而发挥正性变力作用。因此，在心功能损害的急性期，心肌收缩性增强对于维持心排血量和血流动力学稳态是十分必要的适应机制。而慢性心力衰竭时，由于心肌 β-肾上腺素受体减敏，血浆中虽存在大量儿茶酚胺，但正性变力作用的效果显著减弱。

4. 心室重构（ventricular remodeling） 是指心室在长期容量和压力负荷增加时，通过改变心室的结构、代谢和功能而发生的慢性代偿适应性反应。近年的研究资料表明，心室重构不仅包括量的增加，即心肌肥大（myocardial hypertrophy），还存在着质的变化，即细胞表型（phenotype）改变。除心肌细胞外，非心肌细胞（包括成纤维细胞、血管平滑肌细胞、内皮细胞等）及细胞外基质也会发生明显的变化。

（1）心肌肥大：是指心肌细胞体积增大（直径增宽、长度增加），在组织水平表现为质（重）量增加，是心脏在长期负荷过度的情况下逐渐发展起来的一种慢性代偿措施。临床上可用各种无创性方法检测心室壁厚度。按照心肌反应的方式，可分为向心性肥大（concentric hypertrophy）和离心性肥大（eccentric hypertrophy）两个基本类型（表 9-2）。

表 9-2 心肌肥大的分型

	向心性肥大	离心性肥大
常见病因	高血压性心脏病、主动脉狭窄	二尖瓣或主动脉瓣关闭不全
发病机制	压力负荷过度，收缩期室壁张力持续增加	容量负荷过度，舒张期室壁压力持续增加
肌节增生方式	并联性增生	串联性增生
肌纤维变化	增粗	增长
室壁厚度/室腔半径	室壁明显增厚，心腔容积正常甚或减小，比值明显增大	心腔明显扩大，室壁轻度增厚，比值基本正常

两种类型心肌肥大都是对室壁张力变化的适应性改变，一方面可增加心肌的收缩力，有助于维持心排血量，另一方面也可降低室壁张力和心肌耗氧量，有助于减轻心脏负担。但过度肥大的心肌可发生不同程度的缺血、缺氧、能力代谢障碍和心肌舒缩能力减弱等，使心功能由代偿转变为失代偿。

（2）心肌细胞表型改变：在引起心肌肥大的机械和化学信号的长期刺激下，成年心肌中处于静止状态的胎儿期基因被激活，表达胎儿型蛋白质；同时其他一些功能基因受抑制，或发生同工型蛋白转换，引起细胞代谢和生长的变化。转型的心肌细胞可通过分泌细胞因子和局部激素，进一步促进细胞生长、凋亡及表型改变，从而改变心肌的舒缩功能。

5. 非心肌细胞及细胞外基质的变化　肾素-血管紧张素-醛固酮系统是促进心肌间质重塑的重要因素，AngⅡ和醛固酮可刺激心脏成纤维细胞大量合成Ⅰ和Ⅲ型胶原及细胞外基质。与此同时，还可抑制间质金属蛋白酶对胶原的降解，从而导致胶原合成增多、分解减少。早期的胶原增多可提高心肌的抗张强度，有利于肥大心肌肌束的重新排列及心室的结构性扩张。然而，过度的胶原沉积可使心肌僵硬度增加，顺应性下降，影响心肌的舒缩功能。

（三）心脏以外的代偿反应

心功能减退时，机体一方面动员心脏本身的代偿机制，另一方面启动心外代偿活动，以适应心排血量的降低。

1. 血容量增加　血容量增加可使静脉回流及心排血量增加，这是慢性心功能不全时的主要代偿方式之一。引起血容量增加的机制包括：①交感神经兴奋，肾血流量降低，肾小球滤过率下降并对水、钠重吸收增加；②肾素-血管紧张素-醛固酮系统激活，促进水、钠的重吸收；③随着钠的重吸收增加，抗利尿激素的释放增多，促进对水的重吸收；④肾缺血导致 PGE_2 合成酶活性下降，使肾内具有舒张血管作用的 PGE_2 合成、释放减少，促进水、钠潴留。一定范围内的血容量增加可提高心排血量和组织灌流量，但长期过度的血容量增加可加重心脏负荷，反而加重心力衰竭。

2. 血流重新分布　心功能不全时，由于交感神经系统兴奋，外周血管选择性收缩，可引起全身血流重新分布，表现为皮肤、肾与内脏器官的血流量减少，而心、脑血流量不变或略有增加。这样既能防止血压下降，又能保证重要器官的血流量。但是，如果外周器官长期供血不足则可导致脏器的功能紊乱，同时外周血管长期收缩，阻力增加也会进一步加大心脏后负荷。

3. 红细胞增多　心功能不全时，机体发生低动力性缺氧，刺激肾间质细胞分泌促红细胞生成素增加，后者促进骨髓造血功能，使红细胞增多，以提高血液携氧能力，改善机体缺氧，有积极的代偿意义。但红细胞过多又可使血液黏度增大，加重心脏后负荷。

4. 组织利用氧的能力增加　低灌注循环系统对周围组织的供氧减少，组织细胞通过自身功能、代谢与结构的调整来加以代偿，使组织利用氧的能力增强。例如，慢性缺氧时细胞线粒体数量增多，表面积加大，细胞色素氧化酶活性增强等，可改善细胞内呼吸功能；细胞内磷酸果糖激酶活性增强可以使细胞从糖酵解中获得能量的补充；肌肉中的肌红蛋白含量增多，可改善肌肉组织对氧的储存和利用。

综上所述，心功能不全发生时，在神经-体液调节机制的调节下，机体可动员心脏本身和心脏以外的多种代偿机制进行代偿（图9-9）。一般说来，在心脏泵血功能受损的急性期，神经-体液调节机制激活，维持血压、器官血流灌注，同时迅速启动心室重构。随着代偿性心肌肥大使室壁张力"正常化"，心功能维持于相对正常水平，神经-体液系统的激活也进入相对稳定的代偿期。随着心室重构持续、缓慢而隐匿地进行，其不利作用日益明显，终将进入心功能不全失代偿期。此期由于血流动力学稳态破坏，使神经-体液调控机制过度激活，进一步促进心室重塑，形成恶性循环。因此，心功能不全时机体的代偿至关重要，它决定着心力衰竭是否发生，以及发病的快慢和程度。例如，心肌梗死并发急性左心衰竭时，由于起病急，心肌受损严重，机体来不及充分动员代偿机制，患者常在短时间内陷入严重的心力衰竭状态；相反，高血压性心脏病发生心力衰竭之前往往可经历长达数年甚至十数年的代偿期。

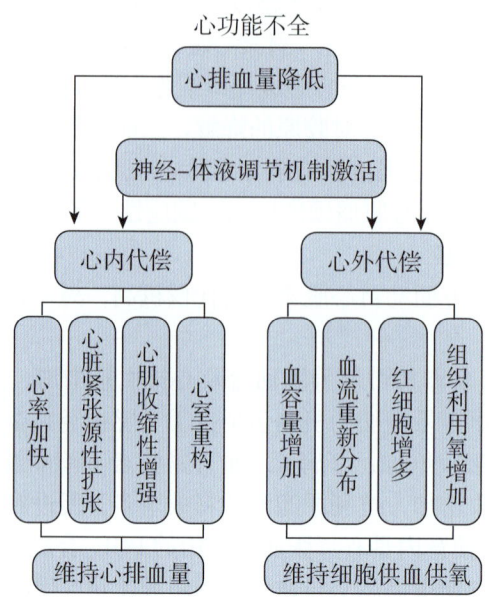

图 9-9 心功能不全时机体的主要代偿方式

三、心力衰竭的发病机制

心力衰竭的发病机制较复杂，迄今尚未完全阐明。目前认为，不同原因所致的心力衰竭以及心力衰竭发展的不同阶段参与作用的机制不同，但其基本机制是心肌舒缩功能障碍。

（一）心肌收缩功能降低

这是造成心脏泵血功能降低的主要原因，包括心肌结构成分的改变、心肌能量代谢障碍和心肌兴奋-收缩耦联障碍。

1. 心肌结构成分的改变　心肌损伤可导致心肌细胞变性、坏死、萎缩及纤维化等结构改变，造成原发性心肌收缩力降低。心肌细胞死亡可分为坏死（necrosis）和凋亡（apoptosis）两种表现形式。

（1）心肌细胞坏死：当心肌细胞受到各种损伤性因素，如严重的缺血缺氧、细菌、病毒感染、中毒（锑、阿霉素）等作用后，心肌细胞发生坏死，由于溶酶体破裂，大量溶酶体酶特别是蛋白酶释放，引起细胞成分自溶，与收缩功能相关的蛋白质也被破坏，心肌收缩功能严重受损。临床上最常见于急性心肌梗死引起的心肌细胞坏死。

（2）心肌细胞凋亡：凋亡引起的心肌细胞数量的减少在心力衰竭发病中起重要作用。在心力衰竭的发生和发展过程中出现的许多病理因素，如氧化应激、某些细胞因子（如肿瘤坏死因子）、钙超载及线粒体损伤等都可诱导心肌细胞凋亡。干预凋亡是治疗心力衰竭的重要目标之一。

（3）心肌结构改变：值得注意的是，损伤心脏各部分的变化并不是均一的。如在组织水平，不同部位的心肌肥大、坏死和凋亡可共存，心肌细胞和非心肌细胞的肥大与萎缩、增殖与死亡也并存。这种衰竭心脏出现的不均一性改变是构成心脏收缩能力降低及心律失常的结构基础。

2. 心肌能量代谢障碍　心肌收缩是一个主动耗能的过程，因此，心肌能量代谢的任何环节（包括能量的生成、储存和利用）发生障碍，都可导致心肌收缩性减弱。

(1) 能量生成障碍：正常心脏舒缩所需的能量绝大多数都来自有氧氧化产生的腺苷三磷酸（adenosine triphosphate，ATP）。要保证心肌的能量供应，就必须保证心肌有充分的血液供应。心肌缺血和（或）缺氧以及维生素 B_1 缺乏引起的丙酮酸氧化脱羧障碍，均使心肌细胞有氧氧化障碍，导致 ATP 生成不足。

(2) 能量储备减少：心肌能量以 ATP 和磷酸肌酸的形式储存，肌酸分子量小且在心肌内的浓度比 ADP 大 100 倍，在磷酸肌酸激酶催化下，肌酸与 ATP 之间发生高能磷酸键转移而生成磷酸肌酸，迅速将线粒体中产生的高能磷酸键以储存形式转移至胞质。随着心肌肥大的发展，磷酸肌酸激酶活性降低，因而使储能形式的磷酸肌酸含量减少。

(3) 能量利用障碍：心肌对能量的利用是指把 ATP 储存的化学能转化成为心肌机械收缩做功的过程。这一转变是通过肌球蛋白头部 ATP 酶对 ATP 的水解实现的，因此位于肌球蛋白头部的 Ca^{2+}-Mg^{2+}-ATP 酶活性是决定心肌收缩速率的重要因素，即肌球蛋白 ATP 酶的活性正常是心肌细胞对 ATP 进行有效利用的物质基础。当心脏因长期负荷过重而产生心肌肥大时，肌球蛋白头部 ATP 酶活性降低，ATP 水解发生障碍，心肌收缩性因而减弱。

3. 心肌兴奋-收缩耦联障碍　Ca^{2+} 在把心肌兴奋的电信号转化为收缩的机械活动中发挥了极为重要的中介作用，任何影响 Ca^{2+} 转运和分布的因素都会影响心肌的兴奋-收缩耦联。

> **知识链接**
>
> 心肌细胞完成一次有效的收缩，需具备以下基本条件：
>
> 1. 胞质内 Ca^{2+} 浓度迅速由 10^{-7}mol/L 升高到 10^{-5}mol/L　这要通过：①细胞膜钙通道开放，细胞外 Ca^{2+} 顺浓度梯度进入细胞；②肌质网向胞质释放 Ca^{2+}。
>
> 2. 胞质内 Ca^{2+} 和肌钙蛋白结合　改变向肌球蛋白的位置，从而暴露肌动蛋白上肌球蛋白的作用点，使肌球蛋白头部与肌动蛋白结合形成横桥。
>
> 3. ATP 的充足供应和有效利用　胞质 Ca^{2+} 浓度的升高可激活肌球蛋白头部的 ATP 酶，水解 ATP 释放能量，引发心肌收缩，完成由化学能向机械能的转化，形成一次兴奋-收缩耦联。在此过程中，Ca^{2+} 为兴奋-收缩耦联活动中的重要调节物质，ATP 则为粗、细肌丝的滑动提供能量。

(1) 肌质网 Ca^{2+} 转运功能障碍：心力衰竭时肌质网对 Ca^{2+} 摄取能力减弱、储存量减少、释放量下降，导致心肌兴奋-收缩耦联障碍。其机制是：①心肌缺血缺氧，ATP 供应不足导致肌质网 Ca^{2+}-ATP 酶的活性降低，使肌质网摄取和储存 Ca^{2+} 的量均减少；②酸中毒时，由于 Ca^{2+} 与肌质网中的钙结合蛋白结合更为牢固，引起 Ca^{2+} 释放障碍。

(2) 胞外 Ca^{2+} 内流障碍：胞外 Ca^{2+} 内流不但可以直接提高细胞内 Ca^{2+} 浓度，还可诱发肌质网释放 Ca^{2+}。长期心脏负荷过重、心肌缺血缺氧时，都会出现细胞外 Ca^{2+} 内流障碍，其机制为：①过度肥大的心肌细胞上 β-肾上腺素受体密度相对减少；②心肌内去甲肾上腺素含量下降；③酸中毒时 H^+ 浓度增高可降低 β-肾上腺素受体对去甲肾上腺素的敏感性。以上机制均可使细胞膜钙通道开放减少，Ca^{2+} 内流受阻。此外，高钾血症时胞外 K^+ 可阻止 Ca^{2+} 内流，也会导致胞内 Ca^{2+} 浓度降低。

(3) 肌钙蛋白与 Ca^{2+} 结合障碍：心肌兴奋-收缩耦联的关键点是 Ca^{2+} 与肌钙蛋白的结

合。心肌缺血导致的酸中毒时，H^+ 与 Ca^{2+} 竞争肌钙蛋白的结合位点，使肌动蛋白作用位点不能暴露，肌球-肌动蛋白复合体（横桥）无法形成；H^+ 增多还可增加肌质网与 Ca^{2+} 的亲和力，ATP 不足可使肌质网钙泵转运 Ca^{2+} 能力下降，最终使除极化时 Ca^{2+} 释放速度减慢，难以启动正常的心肌收缩。

（二）心肌舒张功能降低

心肌舒张功能正常是保证心室有足够血液充盈的基本因素。因此，心脏的收缩与舒张对维持正常心排血量同等重要。目前关于心肌舒张功能障碍的确切机制尚不完全清楚，可能与钙离子复位延缓、肌球-肌动蛋白复合体解离障碍、心室舒张势能减少及心室顺应性降低等因素有关。

（三）心脏各部分舒缩活动不协调

为保持心功能的稳定，除要保证心肌的舒缩功能正常外，左-右心之间、房-室之间、心室本身各区域之间的舒缩活动也要处于高度协调状态。一旦协调性被破坏，将会导致心脏泵血功能紊乱而使心排血量下降。特别是严重心律失常时，如急性心肌梗死的病变区和非病变区的心肌在兴奋性、自律性、传导性、收缩性方面发生差异，使心脏各部舒缩活动的协调性遭到破坏，导致心排血量下降。

四、心力衰竭时机体的功能和代谢变化

心脏泵血功能障碍及神经-体液调节机制过度激活可引起心力衰竭患者出现以心排血量减少、肺循环或体循环静脉淤血为特征的症候群。

（一）低心排血量综合征

1. 心脏泵血功能降低

（1）心排血量减少及心排血指数降低：心排血量是评价心脏泵血功能的重要指标之一，但其横向可比性较差，心排血指数是单位体表面积的心排血量，横向可比性较好。在低心排血量性心力衰竭时二者均降低，多数心力衰竭患者心排血量 < 3.5L/min，心排血指数 < 2.2L/（min·m²）。

（2）射血分数降低：射血分数是每搏量占心室舒张末容积的百分比，是评价心室射血效率的指标，能较好地反映心肌收缩功能的变化。收缩性心力衰竭时射血分数降低。

（3）心室充盈受损：由于射血分数降低、心室射血后剩余血量增多，使容量负荷增大，心室充盈受限。

（4）心率增快：由于交感神经系统兴奋，在心力衰竭早期即有明显的心率增快。随每搏量的进行性降低，心排血量的维持对心率增快的依赖程度增大。因此心悸是心力衰竭患者最早的和最明显的症状。

2. 器官血流重新分布　心力衰竭时各组织器官的灌注压降低和阻力血管收缩的程度不一，导致器官血流量重新分布。心力衰竭较轻时，心、脑血流量可维持在正常水平，而皮肤、骨骼肌、肾及内脏血流量显著减少。此时患者可出现皮肤苍白、皮肤温度降低，如合并缺氧可出现发绀。随着心排血量的进一步减少，部分患者对直立体位的耐受性降低，可出现头晕等直立性低血压的表现，脑供血不足可引起头晕、头痛、失眠、烦躁不安等表现。由于肾血流量减少较为明显，因此患者还会出现尿量减少，水、钠潴留，甚至氮质血症。

（二）静脉淤血综合征

慢性心力衰竭时，神经-体液调节机制过度激活，通过血容量增加和容量血管收缩导致

前负荷增加。由于心肌收缩力降低，非但不能使每搏量有效增加，反而导致充盈压显著升高而造成静脉淤血。

1. 肺循环淤血　主要见于左心衰竭患者，但发展到全心衰竭时肺淤血反而减轻。肺淤血严重时可出现肺水肿，二者共同的表现是呼吸困难。呼吸困难的基本机制是当发生肺淤血、水肿时①肺顺应性降低，要吸入同样量的空气，就必须增加呼吸肌做功，消耗更多的能量，故患者感到呼吸费力；②肺毛细血管压增高和间质水肿，反射性地引起呼吸中枢兴奋；③支气管黏膜充血、肿胀，使气道阻力增加，患者感到呼吸费力。

根据心力衰竭的进展程度，呼吸困难可表现为不同的形式。

（1）劳力性呼吸困难（dyspnea on exertion）：轻度心力衰竭患者，仅在体力活动时出现呼吸困难，休息后消失，为左心衰竭最早的表现。其机制是：①体力活动时四肢血流量增加，回心血量增多，肺淤血加重；②体力活动时心率加快，舒张期缩短，左心室充盈减少，肺循环淤血加重；③体力活动时机体需氧量增加，但衰竭的左心室不能相应地提高心排血量，因此机体缺氧进一步加重，刺激呼吸中枢，使呼吸加快、加深，出现呼吸困难。

（2）端坐呼吸（orthopnea）：心力衰竭患者在静息时也感呼吸困难，平卧位时尤为明显，需被迫采取端坐位或半卧位以减轻呼吸困难的程度。其机制是：①端坐位时下肢血液回流减少，肺淤血减轻；②膈肌下移，胸腔容积增大，肺活量增加，通气改善；③端坐位可减少下肢水肿液的吸收，使血容量降低，减轻肺淤血。

（3）夜间阵发性呼吸困难（paroxysmal nocturnal dyspnea）：心力衰竭患者夜间入睡后因突感气闷而被惊醒，坐起咳嗽和喘气后逐渐缓解，为左心衰竭的典型表现。其发生机制是：①平卧位时胸腔容积减小不利于通气，同时下半身静脉回流增多，水肿液吸收入血液循环也增多，加重肺淤血；②入睡后迷走神经兴奋性升高，使支气管收缩，气道阻力增大；③入睡后神经反射敏感性降低，只有当肺淤血程度较为严重，动脉血氧分压降低到一定程度时，方能刺激呼吸中枢，使患者感到呼吸困难而惊醒。

（4）急性肺水肿：严重急性左心衰竭典型的临床表现。此时，患者出现发绀、气促、端坐呼吸、咳嗽、咳粉红色（或无色）泡沫样痰等症状和体征。其发生是由于肺毛细血管内压力升高，肺毛细血管壁通透性增大，血浆渗出到肺间质与肺泡而引起的。

2. 体循环淤血　当中心静脉压 > 16cmH$_2$O 时，通常出现体循环淤血征，见于右心衰竭及全心衰竭。主要表现有静脉系统过度充盈、静脉压升高、水肿及内脏充血等。

（1）静脉淤血和静脉压升高：右心衰竭时因水钠潴留及舒张末期压力升高，使静脉回流受阻，静脉淤血；静脉淤血及交感神经兴奋可引起血管收缩，使得静脉压升高。右心淤血明显时可见颈静脉怒张、肝颈静脉反流征阳性等特征性临床表现。

> **知识链接**
>
> 　　肝颈静脉反流征检查法：嘱患者取半卧位，观察平静呼吸时的颈静脉充盈度，用手掌以固定的压力按压肝区，如见颈静脉充盈度增加，则称为肝颈静脉反流征阳性，提示肝淤血。

（2）水肿：水肿是右心衰竭的重要体征，由右心衰竭引起的水肿称为心源性水肿。受重力影响，心源性水肿在低垂部位最显著，主要与水、钠潴留及毛细血管内压增高有关。此外，摄食减少、肝功能障碍及水、钠潴留导致的低蛋白血症也是导致心源性水肿的因素。

（3）肝功能异常：右心衰竭时，下腔静脉回流受阻，使肝淤血、增大，局部有压痛。长期右心衰竭，还可造成心源性肝硬化。由于肝细胞变性、坏死，患者可出现转氨酶水平增高及黄疸。

（4）胃肠功能改变：慢性心力衰竭时，由于胃肠淤血及动脉血液灌流不足，可出现消化系统功能障碍，表现为消化不良、食欲缺乏、恶心、呕吐和腹泻等。

病例分析 9-3

女性，30岁，因发热、呼吸急促及心悸3周入院。2年前患者开始于劳动时自觉心慌气短，近半年症状加重。1个月前，经常被迫采取端坐位并时常于晚间睡眠时惊醒，气喘不止，经急诊抢救好转。近3周来，出现恶寒、发热、咳嗽、痰中时有血丝，心悸气短加重。患者于儿童时期曾因患咽喉肿痛而做扁桃体摘除术，以后时有膝关节肿痛史。

查体：体温39.6℃，脉搏161次/分，呼吸33次/分，血压110/80mmHg。重症病容，口唇发绀，半卧位。心界向两侧扩大，心尖区可听到明显收缩期杂音，肺动脉瓣第二音亢进，两肺可闻广泛湿啰音。颈静脉怒张，肝肋下5cm、有压痛，脾肋下4cm，腹部移动性浊音（+）、肝颈静脉反流征（+），双下肢明显水肿。

实验室检查：红细胞$3.0 \times 10^{12}/L$，白细胞$18 \times 10^9/L$，中性粒细胞90%；尿量300～500ml/d，可见少量红细胞。

入院后给予抗生素、血管紧张素转化酶抑制剂、洋地黄和利尿剂治疗，病情有所好转。经巩固治疗1周后，症状明显减轻、病情稳定而出院。

问题与思考：
1．该患者曾患什么原发病？本次入院最可能的诊断是什么？
2．你认为患者发生了哪种类型的心力衰竭？有何根据？
3．该患者的主要临床表现的发病机制分别是什么？

五、心力衰竭防治的病理生理基础

（一）防治原发病及消除诱因

采取积极有效的措施防治原发心脏疾患。如行冠脉搭桥术来解除冠脉堵塞，用药物控制高血压等。同时积极寻找并消除诱因，如控制感染，避免过度紧张和劳累，合理补液，纠正水、电解质和酸碱平衡紊乱等，减缓心力衰竭的发展。

（二）调整神经-体液系统失衡及干预心室重构

神经-体液系统的功能紊乱在心室重构和心力衰竭的发生、发展中起重要作用。大量的临床试验表明，应用血管紧张素转换酶抑制剂（angiotensin conversing enzyme inhibitor，ACEI）可抑制循环和心脏局部的肾素-血管紧张素系统，延缓心室重构；并可抑制缓激肽的降解，减少胶原沉积和改善急性心肌梗死后冠状动脉血流，使一氧化氮和前列环素产生增多，对改善心室功能有益。β-肾上腺素受体阻滞剂可通过抑制受体的活性，防止交感神经对衰竭心肌的恶性刺激，因此在应用ACEI的基础上加用β-肾上腺素受体阻滞剂更为有效。对于不能耐受 ACEI 的患者，可用 Ang Ⅱ 受体阻滞剂替代。此外，醛固酮拮抗剂螺内酯对中重度心力衰竭患者也有心脏保护作用。

（三）改善心脏泵血功能

1. 减轻心脏前、后负荷　选用合适的动脉血管扩张剂，如 ACEI、钙拮抗剂等，降低外周阻力使平均动脉压适当降低，不仅可减少心肌耗氧量，且可因射血时间延长及速度加快，在每搏量不变的情况下提高心排血量。使用扩张静脉的药物如硝酸甘油，可减少回心血量，减轻心脏前负荷。而适当限制钠盐摄入，选用合适的利尿剂不仅可减轻水肿及淤血症状，也可使患者的泵血功能改善。

2. 改善心肌舒缩功能　对于收缩性心力衰竭且心腔扩大明显、心率过快的患者，可适当选用正性肌力药物（如洋地黄类、钙增敏剂）。舒张性心力衰竭则可使用钙拮抗剂及 ACEI 等改善其舒张性能。

3. 改善心肌能量代谢　除一般措施（如吸氧等）外，给予能量合剂、葡萄糖、氯化钾等改善心肌代谢。近来主张增强心肌对丙酮酸的氧化能力及改善线粒体功能，以维持细胞内 H^+ 稳态、减少氧自由基产生。如 α- 肾上腺素受体阻滞剂可使心力衰竭患者游离脂肪酸氧化受抑制而葡萄糖氧化增强。丙酮酸脱氢酶激动剂用于临床也取得了较好疗效。

此外，对终末期不可逆性心力衰竭患者可考虑采用人工心脏或心脏移植。且随着分子生物学技术的发展，基因治疗、干细胞移植也为心力衰竭的治疗开辟了新的前景。

（丛　馨　吴立玲）

思考题

1．以二尖瓣狭窄为例，说明慢性心瓣膜病对心脏血流动力学造成的影响及其后果。
2．心功能不全时心脏本身可通过哪些方式进行代偿？
3．简述心肌收缩功能障碍的发病机制。
4．心力衰竭的患者为什么会出现端坐呼吸？

第十章 呼吸系统疾病

学习目标

1. **掌握** 慢性阻塞性肺疾病的概念和种类；大叶性肺炎、小叶性肺炎、病毒性肺炎的病理变化和临床病理联系；硅沉着病的概念和病理变化；肺癌的类型。缺氧的概念、分类以及各型缺氧的原因、发生机制；缺氧对机体的影响。呼吸衰竭、功能性分流、死腔样通气和真性分流的概念；呼吸衰竭的血气判断标准；呼吸衰竭的病因、发病机制及血气变化。
2. **熟悉** 各种慢性阻塞性肺疾病的病理变化；支原体肺炎的病理变化；肺癌的扩散途径；慢性肺源性心脏病的概念和病理变化。不同类型缺氧的血氧指标改变及皮肤黏膜的变化特征。呼吸衰竭的主要代谢与功能变化。
3. **了解** 慢性肺源性心脏病的病因和发病机制；硅沉着病的病因及发病机制。缺氧治疗的病理生理基础。呼吸衰竭防治的病理生理基础。

第一节 慢性阻塞性肺疾病

慢性阻塞性肺疾病（chronic obstructive pulmonary disease，COPD）是一组常见的以持续气流受限为特征的疾病总称，包括慢性支气管炎、肺气肿、支气管哮喘及支气管扩张等疾病。

一、慢性支气管炎

慢性支气管炎（chronic bronchitis）是指发生于支气管黏膜及其周围组织的慢性非特异性炎症。临床以反复发作的咳嗽、咳痰或伴有喘息为主要症状，每年症状至少持续3个月，连续2年以上。本病秋冬季节易发病，病情持续多年可并发阻塞性肺气肿和慢性肺源性心脏病。

（一）病因和发病机制

慢性支气管炎是多种因素长期作用的结果。

1. **感染因素** 病毒和细菌感染是慢性支气管炎发生的重要因素。病毒感染导致支气管

黏膜上皮损伤，局部防御能力降低，为细菌感染创造了条件。常见的病毒有鼻病毒、流感病毒、腺病毒和呼吸道合胞病毒等；主要的致病菌有流感嗜血杆菌、肺炎球菌、奈瑟球菌和甲型链球菌等。

2. 理化因素　包括吸烟、空气污染和寒冷等因素。吸烟者的发病率比不吸烟者高数倍，并与吸烟开始的年龄、持续时间、日吸烟量有密切关系。

3. 过敏因素　喘息型患者多有过敏史，且以脱敏为主的综合治疗可取得较好的治疗效果。

4. 内在因素　机体抵抗力降低、自主神经功能紊乱和内分泌功能失调，可致呼吸系统防御功能减弱，与本病的发生、发展密切相关。

（二）病理变化

慢性支气管炎可累及各级支气管。气管壁可发生以下病变：

1. 黏膜上皮损伤　黏液-纤毛排送系统最先受累。纤毛粘连、倒伏、脱失，纤毛柱状上皮变性、坏死、脱落（图10-1）。再生时可出现杯状细胞增生，并可伴鳞状上皮化生。

2. 腺体病变　支气管壁黏膜下层黏液腺增生肥大、浆液腺上皮可发生黏液化生，慢性支气管炎后期，腺体可萎缩、消失。

3. 其他病变　管壁充血、水肿，淋巴细胞和浆细胞浸润；平滑肌束可断裂、萎缩；软骨可萎缩、变性、钙化，甚至骨化。

慢性支气管炎反复发作，病变逐级向纵深发展，可引起细支气管炎和细支气管周围炎，该病变是慢性阻塞性肺气肿的病变基础。

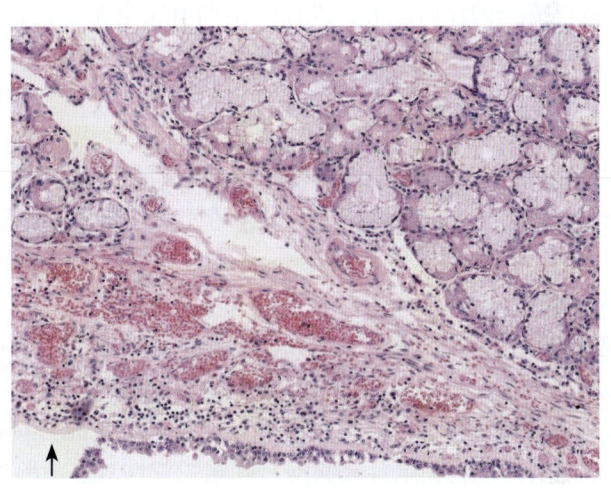

图 10-1　慢性支气管炎

箭头所示为纤毛柱状上皮的损伤

（三）临床病理联系

1. 咳嗽　患者一般晨间咳嗽，多因支气管黏膜受炎症刺激和分泌物增多而引起。

2. 咳痰　白色黏痰或浆液泡沫痰，合并细菌感染时可见脓痰，黏液由黏膜上皮中增生的杯状细胞以及增生和肥大的黏液腺体分泌。

3. 喘息　喘息症状明显者称为喘息性支气管炎，支气管痉挛狭窄及黏液和渗出物阻塞可引起喘息，出现哮鸣音。

部分患者疾病后期，因黏膜变薄，腺体萎缩、消失，分泌黏液减少而少痰或无痰。小气道受累后狭窄或阻塞，可引起阻塞性通气障碍，呼气阻力增加，并发阻塞性肺气肿。

二、支气管哮喘

支气管哮喘（bronchial asthma），简称哮喘，是一种因呼吸道过敏反应引起的以支气管可逆性、发作性痉挛为特征的慢性阻塞性炎症性疾病。儿童的发病率高于成人。临床表现为反复发作的伴有哮鸣音的呼气性呼吸困难、咳嗽、胸闷等症状。

（一）病因及发病机制

本病的病因与多基因遗传有关，环境因素可作为激发因素。环境中的花粉、尘螨、动物毛屑、真菌、某些食品及药物等可作为过敏原，经呼吸道吸入或消化道及其他途径进入体内。过敏原可刺激机体产生Ⅰ型超敏反应，导致气管平滑肌收缩及黏液分泌增加。

（二）病理变化

肺因过度充气而膨胀，局部灶状肺不张。支气管腔内可见黏液栓。镜下，主要表现为气道炎症和气道重塑。气道炎症的病理变化：黏膜上皮局部坏死脱落，黏膜杯状细胞肥大、增生，黏膜充血水肿，有嗜酸性粒细胞、单核细胞、淋巴细胞和浆细胞浸润。支气管腔内的黏液栓中常出现由嗜酸性粒细胞崩解形成的尖棱状夏科-雷登（Charcot Leyden）晶体。气道重塑的病理变化：支气管基底膜增厚和玻璃样变性，管壁平滑肌增生肥大，导致气道管壁增厚、管腔狭窄。

（三）临床病理联系

哮喘发作时，因细支气管痉挛和黏液栓阻塞，引起伴有哮鸣音的呼气性呼吸困难、咳嗽、胸闷等症状。可自行或经治疗后缓解。发作间歇期可完全无症状。长期反复的哮喘发作可导致阻塞性肺气肿及慢性肺源性心脏病，有时可合并自发性气胸。

三、肺气肿

肺气肿（pulmonary emphysema）是指末梢肺组织（包括呼吸性细支气管、肺泡管、肺泡囊和肺泡）因持续性含气量过多导致肺泡间隔破坏，残气量增多、肺体积增大的一种肺疾病。

（一）病因及发病机制

1. 细支气管阻塞性通气障碍　慢性细支气管炎最常见，小气道管壁破坏、塌陷或管腔内黏液阻塞致管腔狭窄，可产生"活瓣"作用。吸气时，细支气管扩张，空气进入肺泡；呼气时，管腔缩小、肺泡间孔关闭，加之黏液栓阻塞，使空气不能充分排出。久之导致末梢肺组织过度充气，肺泡壁断裂，肺泡腔融合成囊泡，肺组织弹性减退，形成肺气肿。

2. α1-抗胰蛋白酶（α1-AT）缺乏　α1-AT是多种蛋白酶的抑制物，先天缺乏或吸烟、慢性炎症均可导致α1-AT减少或活性下降；当吸烟或炎症时，渗出的巨噬细胞和中性粒细胞释放大量的弹性蛋白酶，而α1-AT缺乏不能抑制弹性蛋白酶的活性，使其过多地降解肺组织中的弹性蛋白，从而细支气管和肺泡壁弹性降低，最终可导致肺腺泡的残气量增多。

（二）类型

按解剖组织学部位将肺气肿分为肺泡性肺气肿与间质性肺气肿两种类型。

1. 肺泡性肺气肿（alveolar emphysema）　病变发生于肺腺泡内，常合并有小气道的阻塞性通气障碍，故也称为阻塞性肺气肿（obstructive emphysema）。按部位和范围可分为3型

(图 10-2):

(1) 腺泡中央型：最常见，多见于中老年吸烟者或有慢性支气管炎病史患者。病变特点是腺泡中央区的呼吸性细支气管呈囊状扩张，肺泡管、肺泡囊变化不明显。

(2) 腺泡周围型：腺泡远侧端肺泡管和肺泡囊扩张，呼吸性细支气管变化不明显。

(3) 全腺泡型：多见于青壮年、先天性 α1-AT 缺乏者。病变特点是整个腺泡受累。重症者，气肿囊腔可融合成直径超过 2cm 的肺大疱，多位于胸膜下。

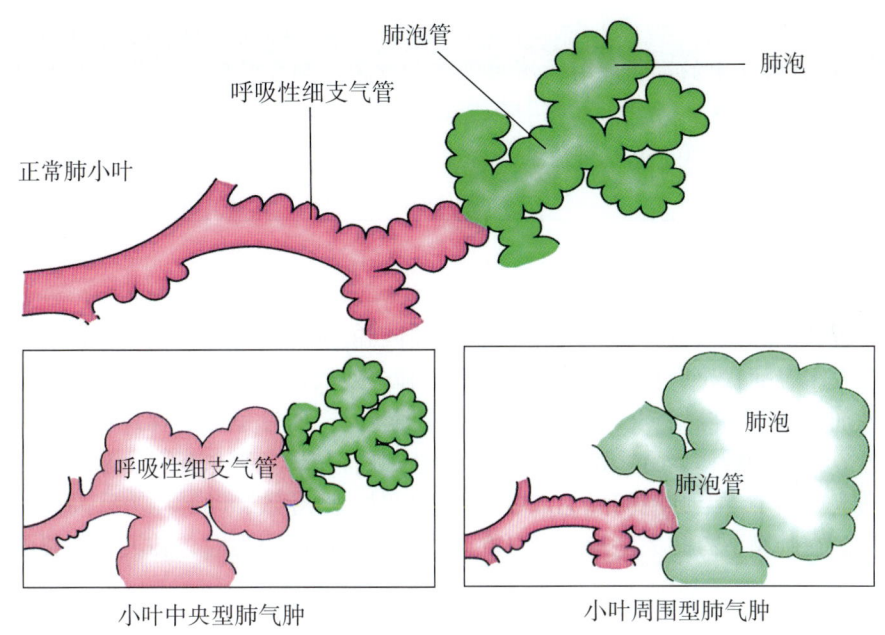

图 10-2　肺泡性肺气肿类型模式图

2. 间质性肺气肿　由于细支气管或肺泡间隔破裂，使空气进入肺间质所致。气体分布在小叶间隔、胸膜下，气体可沿支气管和血管周围组织间隙扩展至肺门、纵隔，甚至可达颈部、胸部皮下组织形成皮下气肿。

> **知识链接**
>
> 代偿性肺气肿是实变病灶周围的肺组织或肺叶切除后剩余肺组织发生的肺泡过度膨胀，无肺泡间隔破坏；老年性肺气肿则是由于老年人肺组织弹性降低，弹性回缩力减弱，呼气时肺泡不能充分回缩，致残气过多而形成肺气肿。

(三) 病理变化

肉眼可见肺体积显著增大，颜色苍白，柔软而缺乏弹性，指压的压痕不易消退；切面可见扩大的肺泡囊腔 (图 10-3)。

镜下可见末梢肺组织膨胀，肺泡扩张，间隔变窄、断裂，相邻肺泡融合，形成较大囊腔（图10-4）。细小支气管可有慢性炎症改变。肺泡壁毛细血管床减少，肺小动脉内膜呈纤维性增生、肥厚。

> **知识链接**
>
> 随着城市人口的增长和工业发展，雾霾天气带来的危害越来越引起人们重视。雾霾，是雾和霾的组合词。霾的形成主要是由空气中悬浮的大量PM2.5微粒物（直径≤2.5μm的可吸入细颗粒物）和气象条件共同作用的结果。雾霾对人体有很大危害，雾霾天气时，空气中的颗粒物作为有毒气体和细菌、病毒的载体，易导致多种呼吸系统疾病和传染病发生。另外，长期接触雾霾中的有害物质，患癌症的风险增高。我国正在应用多种方法治理雾霾污染，改善空气质量。

（四）临床病理联系

肺气肿患者因肺活量减少、残气量增加可致肺功能降低、动脉血氧不足，可出现呼吸困难、气短和发绀等症状。严重肺气肿患者，由于肺内残气量明显增多，肺容积增大，使患者胸廓前后径加大，肋间隙增宽，横膈下降，形成桶状胸。叩诊呈过清音，心浊音界缩小或消失，肝浊音界下降。触诊语音震颤减弱。听诊时呼吸音减弱，呼气延长。X线（片）检查示两侧肺野透亮度增加。当肺泡间隔毛细血管床减少时，可导致肺动脉压力升高而形成慢性肺源性心脏病。在肺膜下有肺大疱形成者，在剧烈咳嗽或过度用力时，肺大疱破裂可发生自发性气胸。

图10-3 肺气肿

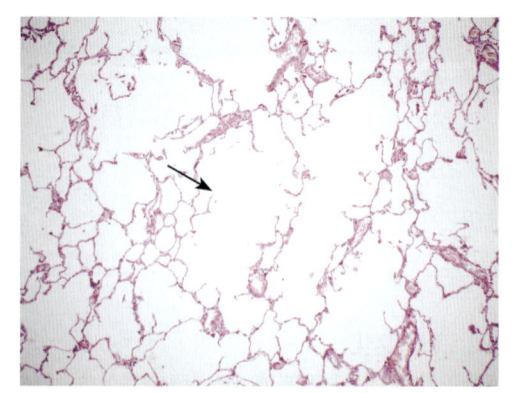

图10-4 肺气肿（镜下）
箭头所示为破裂的肺泡融合而成的囊腔

病例分析 10-1

女性，25岁。接触油漆后出现咳嗽、胸闷、气急2天，呼吸困难、大汗淋漓1小时。查体：脉搏110次/分，呼吸30次/分。端坐位，气促状，胸部呈过度充气状态，听诊双肺满布呼气相为主的哮鸣音，呼气音延长。既往有阵发性气喘9年，治疗后可缓解。

问题与思考：

患者为什么会出现气急和呼吸困难的症状？

第二节 慢性肺源性心脏病

慢性肺源性心脏病（chronic cor pulmonale），简称慢性肺心病，是因慢性肺疾病、肺血管及胸廓病变引起肺循环阻力增加，导致肺动脉压力升高，致使右心室肥厚、扩张为特征的心脏病。本病是一种常见病，多发病，患病率为0.5%。北方发病率高于南方，农村高于城市。

一、病因和发病机制

（一）原发性肺疾病

原发性肺疾病是引起慢性肺心病的主要原因，如慢性阻塞性肺疾病、硅沉着病、慢性纤维空洞型肺结核等。以上疾病一方面由于肺血管破坏，毛细血管床减少，肺动脉血流受阻，肺动脉高压；另一方面由于肺阻塞性通气障碍而导致缺氧，肺小动脉反射性痉挛，肺循环阻力增大，加重肺动脉高压，右心室后负荷逐渐加重，发生右心室肥大、扩张。

（二）胸廓运动障碍性疾病

胸膜纤维化、胸廓和脊柱畸形及胸廓成形术后等疾病，胸廓运动受限和肺的伸展受限引起限制性通气障碍，同时又使支气管和肺血管发生扭曲，导致肺循环阻力增加，引起肺动脉高压。

（三）肺血管疾病

肺动脉栓塞、肺小动脉硬化等肺血管疾病，致使肺循环阻力增加，导致肺动脉高压。

二、病理变化

（一）肺部病变

除肺内原有的肺气肿、硅沉着病、肺间质纤维化等病变外，肺小动脉的变化是肺心病的主要病理改变：①肺动脉及其分支内膜增厚；②肌型小动脉中膜肥厚；③肺内毛细血管床减少。

（二）心脏病变

右心室因肺动脉压升高而发生代偿性肥厚，这是肺心病最重要的病理形态标志。心脏体积明显增大，肺动脉圆锥显著膨隆，心尖钝圆。右心室明显肥厚，后期右心室腔扩张（图10-5）。通常以肺动脉瓣下2cm

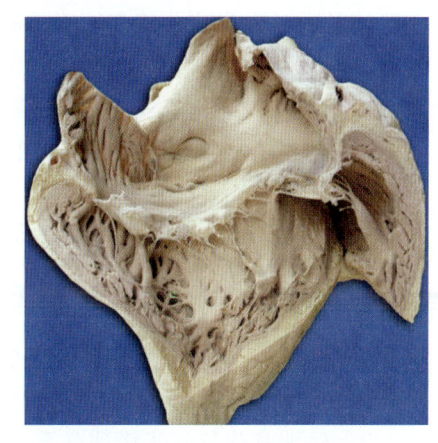

图10-5 慢性肺源性心脏病

处右心室壁厚度大于5mm（正常为3～4mm）作为诊断肺心病的病理学标准。

三、临床病理联系

慢性肺源性心脏病临床经过比较缓慢，可持续数年，除原有肺疾病的临床表现外，患者主要有呼吸困难、气急、发绀等肺功能不全症状，同时可伴有心悸、颈静脉怒张、肝大、下肢水肿和浆膜腔积液等右心衰竭的症状和体征。病情严重者，患者因缺氧和二氧化碳潴留可导致肺性脑病，肺性脑病是肺心病的首要死亡原因。

病例分析10-2

男性，60岁，吸烟30年。反复咳嗽、咳痰，喘息22年。气促、心悸3年，下肢水肿，腹胀3个月。查体：呼吸28次/分，端坐呼吸，口唇、指甲发绀，呼吸时锁骨上窝明显凹陷，颈静脉怒张，呼吸动作减弱，呈桶状胸，胸部叩诊过清音。腹部膨隆，明显腹水征，肝增大至肋下7.5cm，双下肢水肿。

问题与思考：
1. 患者的疾病发展过程如何？
2. 患者出现颈静脉怒张、双下肢水肿和腹水的原因是什么？

第三节 肺 炎

肺炎（pneumonia）是指肺的急性渗出性炎症，是呼吸系统的常见病、多发病。根据病原体类型分为细菌性肺炎、病毒性肺炎、支原体性肺炎、真菌性肺炎等。根据炎症累及的部位和范围，分为大叶性肺炎、小叶性肺炎和间质性肺炎。

一、细菌性肺炎

（一）大叶性肺炎

大叶性肺炎（lobar pneumonia）主要由肺炎链球菌引起的以肺泡内弥漫性纤维素渗出为主要特征的急性炎症。病变始于肺泡，迅速扩展到一个肺段乃至整个肺大叶。本病多见于青壮年，起病急骤，以寒战、高热开始，继而胸痛、咳嗽、咳铁锈色痰，严重者可有呼吸困难及发绀，伴有白细胞增多。本病一般经过7～10天，患者体温下降，症状消失。

1. 病因及发病机制　90%以上的大叶性肺炎是由肺炎链球菌感染引起。其他病原菌较少见。正常情况下，肺炎链球菌可少量存在于鼻咽部黏膜中，故机体对该菌处于致敏状态。当过度疲劳、受寒、麻醉、酗酒和胸部外伤等，呼吸道防御功能减弱，细菌侵入肺泡并迅速繁殖，可引起肺组织的急性变态反应。表现为肺泡间隔毛细血管扩张充血、通透性增高，浆液和纤维素大量渗出。细菌随炎性渗出物沿肺泡间孔（Cohn孔）或呼吸性细支气管迅速向邻近肺组织蔓延，从而波及部分或整个肺大叶。细菌还可以随渗出物经叶支气管播散，引起数个肺大叶的病变。

2. 病理变化与临床病理联系　大叶性肺炎多见于左肺下叶。在未使用抗生素治疗的情况下，典型的自然发展过程分为4期。

（1）充血水肿期：发病的第1~2天，病变肺叶肿大，颜色暗红。镜下可见肺泡间隔毛细血管扩张充血，肺泡腔内大量浆液渗出，其中可有少数红细胞、中性粒细胞和巨噬细胞。

临床病理联系：患者因毒血症而表现为寒战、高热和外周血白细胞计数增高，咳嗽、咳痰。因细支气管和肺泡内仍有气体进出，故听诊可闻及湿啰音。肺部X线检查呈片状分布模糊阴影，渗出物中常可检出肺炎链球菌。

（2）红色肝样变期：发病第3~4天，病变肺叶肿大，颜色暗红，切面质实如肝，故称红色肝样变。镜下可见肺泡壁毛细血管仍呈扩张充血状态，肺泡腔内大量纤维素渗出及红细胞漏出，少量中性粒细胞和巨噬细胞浸润。纤维素连接成网，可穿过肺泡间孔与相邻肺泡中的纤维素网相连。

临床病理联系：患者肺泡腔内的红细胞被巨噬细胞吞噬，形成含铁血黄素细胞混入痰中，患者咳出铁锈色痰；由于肺组织实变，叩诊呈浊音，语颤增强；当病变波及胸膜时可引起纤维素性胸膜炎，患者出现胸痛，可闻及胸膜摩擦音。若病变范围较大，患者动脉血氧分压因肺泡换气和通气功能障碍而降低，可出现呼吸急促、发绀等缺氧症状。X线检查可见大片致密阴影，痰中仍能检出肺炎球菌。

（3）灰色肝样变期：发病的第5~6天，病变肺叶由红色逐渐变为灰白色，肿胀明显、质实如肝，故称灰色肝样变（图10-6）。镜下可见肺泡腔内大量中性粒细胞渗出，纤维素减少（图10-7）；肺泡壁毛细血管受压闭塞，肺泡腔内红细胞已被巨噬细胞清除，明显减少或消失。

临床病理联系：肺泡虽仍不能充气，但由于病变肺泡壁毛细血管受压，流经病变肺组织的血流量显著减少，缺氧症状有所缓解。咳出的铁锈色痰逐渐转为黏液脓性痰。痰中的细菌被中性粒细胞吞噬消灭，机体的特异性抗体已开始形成，故不易检出细菌。肺实变体征与红色肝样变期基本相同。

（4）溶解消散期：发病后1周左右，机体的特异性免疫增强。肺泡腔内中性粒细胞变性坏死，释放出大量蛋白酶，溶解渗出的纤维素。溶解物由呼吸道咳出或经淋巴管、血管吸收。肺泡内气体进入，实变消失，肺质地变软。由于肺组织常无明显坏死，肺泡壁结构也未遭破坏，所以在大叶性肺炎修复愈合后，肺组织的结构及功能可完全恢复正常。

临床病理联系：患者临床症状和体征逐渐减轻、消失，肺泡重新充气，又可闻及湿啰音。X线检查肺阴影变淡并逐渐恢复正常。此期历时

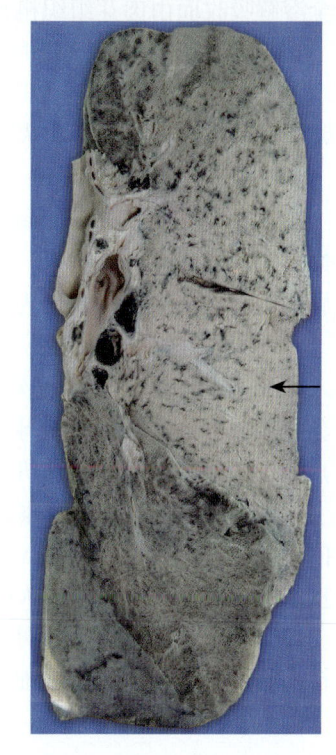

图10-6　大叶性肺炎，灰色肝样变期
箭头所示为实变的肺叶

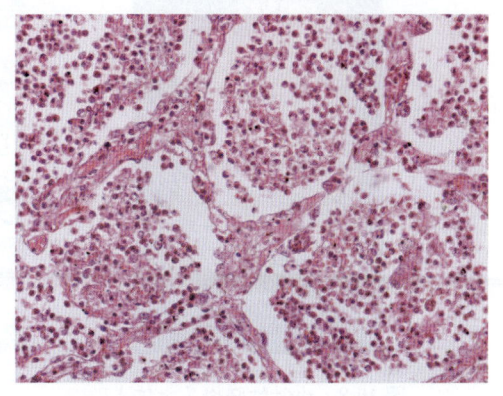

图10-7　大叶性肺炎，灰色肝样变期
肺泡中大量中性粒细胞和少量纤维素

1～3周。

大叶性肺炎的上述病理变化是一个连续的过程，病变各期无绝对的界限，即使在同一肺叶的不同部位，其病变也可呈现为不同阶段。由于抗生素的有效治疗，干预了本病的自然经过，使其病程缩短，病变局限。

3. 并发症

（1）肺脓肿及脓胸：如果治疗不及时或合并其他化脓性细菌感染，可导致病变肺组织坏死化脓而形成肺脓肿。若化脓性病变累及胸膜则为脓胸。

（2）肺肉质变：由于中性粒细胞渗出过少，蛋白酶不足，致肺泡内纤维素性渗出物不能完全溶解吸收而由肉芽组织机化，病变肺组织呈褐色肉样外观，称肺肉质变。

（3）败血症：严重感染时，细菌入血大量繁殖并释放毒素可引起败血症。

（4）感染性休克：是大叶性肺炎最严重的并发症。严重感染时，细菌入血并释放大量毒素，可引起中毒性心肌炎，表现为全身中毒症状和微循环衰竭。

（二）小叶性肺炎

小叶性肺炎（lobular pneumonia）是以细支气管为中心，肺小叶为病变单位的急性化脓性炎症，又称为支气管肺炎。本病多见于小儿、老人以及体弱或久病卧床者。冬春寒冷季节发病率增高。临床主要表现为发热、咳嗽、咳痰等症状，肺部可闻及分散的湿啰音。

1. 病因及发病机制　常由先前存在的支气管炎、小支气管炎扩散到肺实质，患者以老年人和小儿多见，常为其他疾病的并发症，如所谓的麻疹后肺炎、手术后肺炎、吸入性肺炎等。致病菌（葡萄球菌、链球菌、肺炎链球菌、流感嗜血杆菌、铜绿假单胞菌、大肠埃希菌等）经过气管侵入肺内，在机体抵抗力弱时均可引起小叶性肺炎。

2. 病理变化　肉眼观察，两肺内出现散在的实变病灶，病灶大小不一、形状不规则，灰白色，一般直径0.5～1cm（相当于小叶范围）左右（图10-8）。病变以肺下叶及背侧较为严重。严重者病灶融合形成大叶性病变，称之为融合性支气管肺炎。

镜下在病灶中央或边缘处，常可见到细支气管，管壁充血、水肿，管腔内充满多量的中性粒细胞及脱落崩解的上皮细胞；肺泡腔内充满脓性或浆液性渗出物（图10-9）。

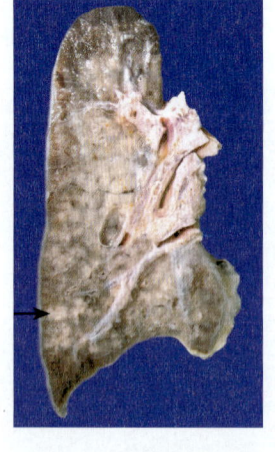

图10-8　小叶性肺炎（大体）
箭头所示为散在灰白实变病灶

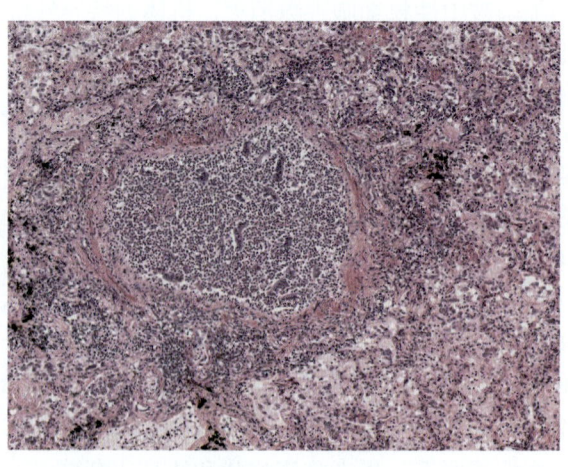

图10-9　小叶性肺炎

3. 临床病理联系　小叶性肺炎由于炎性渗出物刺激支气管黏膜，患者常有咳嗽及咳痰，痰液常为黏液脓性。病变细支气管及其所属肺泡内含有渗出物，故听诊可闻及湿啰音。X线检查可见散在灶性阴影。

4. 并发症　若治疗及时大多数能够治愈。但在幼儿和年老体弱者，特别是并发于其他严重疾病时，预后不良。常见的并发症有：心力衰竭、呼吸衰竭、肺脓肿、脓胸、脓气胸、脓血症。

二、病毒性肺炎

病毒性肺炎（viral pneumonia）是由上呼吸道病毒感染向下蔓延所致。本病多发于冬春季节，可散发或暴发流行。

1. 病因和发病机制　病毒性肺炎主要由流感病毒、腺病毒、副流感病毒、呼吸道合胞病毒、麻疹病毒等引起。新型冠状病毒（SARS病毒）引起的严重急性呼吸综合征（severe acute respiratory syndrome，SARS）是一种严重的呼吸道传染病。

2. 病理变化　肉眼可见病变肺组织充血而肿大。镜下可见肺泡间隔明显增宽，细支气管管壁、小叶间隔和肺泡壁充血、水肿，淋巴细胞、单核细胞浸润。肺泡腔内无炎性渗出物或仅有少量浆液渗出（图10-10）。严重病例，渗出的浆液浓缩及受空气的挤压，在肺泡腔面形成一层红染的膜状物，称为透明膜。在病毒性肺炎中，具有诊断意义的是找到病毒包涵体。这种包涵体可见于增生、肥大的支气管和肺泡上皮细胞核内（如腺病毒）或胞质中（如呼吸道合胞病毒）或两者均有（如麻疹病毒）。

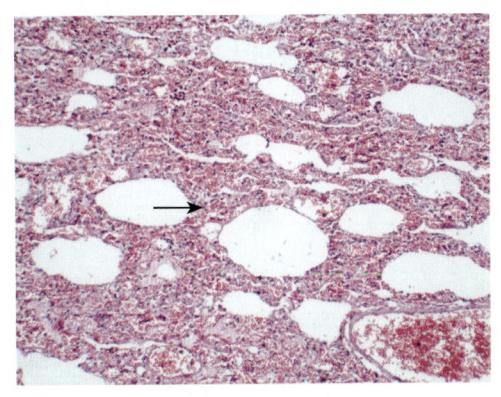

图 10-10　病毒性肺炎
箭头所示为由于充血和渗出而增宽的肺泡间隔

3. 临床病理联系　由于病毒血症，可引起发热及全身中毒症状，支气管、细支气管受炎症刺激可出现剧烈咳嗽。由于肺泡间隔增宽，出现呼吸困难及发绀等缺氧症状。早期，由于肺泡腔内渗出物少，肺部不出现啰音及实变体征；若患者合并细菌感染，可致全身中毒症状和缺氧症状明显，甚至导致心力衰竭、呼吸衰竭和中毒性脑病。

三、支原体肺炎

支原体肺炎（mycoplasma pneumonia）是由肺炎支原体引起的一种间质性肺炎，占各种肺炎的5%～10%。本病多发于秋、冬季节，儿童和青少年发病率较高。肺炎支原体存在于患者呼吸道分泌物中，主要经飞沫传播，通常为散发，偶尔可流行。

1. 病理变化　可累及整个呼吸道黏膜引起气管炎、支气管炎和肺炎。肺部病变常累及单侧肺组织，且以下叶多见，呈灶状分布。病变主要发生在肺间质，肺泡间隔明显增宽，充血、水肿，有大量淋巴细胞、单核细胞浸润。肺泡腔内无渗出物或仅有少量混有单核细胞的浆液渗出。小支气管和细支气管管壁及其周围组织也常有淋巴细胞及单核细胞浸润，重症病例上皮也可坏死、脱落，肺泡腔内也可有大量蛋白性渗出物。

2. 临床病理联系　临床起病较急，多有低热、咽痛、头痛、倦怠、肌肉酸痛等症状，最突出的表现是支气管和细支气管的急性炎症引起的剧烈咳嗽，初为干咳，而后咳黏液痰。由于肺泡内渗出物较少，故很少有湿啰音及实变体征。支原体性肺炎预后良好，自然病程约2周，患者可自然痊愈。呼吸道分泌物中，肺炎支原体检测可呈阳性。

> **知识链接**
>
> 间质性肺炎（interstitial pneumonia）是指发生于肺间质的炎症，病变主要发生在肺小叶间隔、肺泡壁及细支气管周围组织，肺泡腔内渗出较轻微。多由病毒和支原体引起。所以病毒性肺炎和支原体肺炎均属于间质性肺炎。

> **病例分析 10-3**
>
> 男性，35岁，淋雨后发热、咳嗽、咯铁锈色痰，胸部有刺痛。查体：体温39.8℃，脉搏125次/分，呼吸30次/分，叩诊左上肺实音。X线示左上肺弥漫实变阴影。
>
> 问题与思考：患者肺实变的原因是什么？

第四节 肺硅沉着病

肺硅沉着病（silicosis），简称硅肺，曾称矽肺，是因长期吸入大量含游离二氧化硅（SiO_2）的粉尘微粒而引起的以硅结节形成和弥漫性肺间质纤维化为病变特征的一种职业病。其本质是一种慢性肉芽肿性炎。约有70%的岩石含有SiO_2，石英中SiO_2的含量高达97%~99%。长期从事采石、开矿、坑道作业以及在石英粉厂、玻璃厂、陶瓷厂和耐火材料厂等场所作业的工人，如不采取有效防护措施，则可引起肺硅沉着病。

一、病因和发病机制

游离的SiO_2是硅肺的致病因子。SiO_2的数量、形状、大小、作用时间及机体的防御功能与硅肺发病有关。小于2μm的硅尘颗粒致病性最强，可随吸气直达肺泡，被巨噬细胞吞噬，形成细胞性结节，但吞噬的SiO_2并不能被清除，并可使巨噬细胞崩解，重新释放，吸引更多巨噬细胞，并释放大量的细胞因子，促进肺纤维化，如此循环反复可使病情加重，所以患者在脱离硅尘作业后，肺部病变仍然会继续发展。

二、病理变化

（一）硅结节（silicotic nodule）

硅结节直径可为2~5mm，呈圆形或椭圆形，界限清楚、质硬，触之有沙砾感。硅结节形成过程大致可分3个阶段：①细胞性结节，由吞噬硅尘的巨噬细胞局灶性聚集而成；②纤维性结节，细胞性结节发生纤维化，由成纤维细胞、纤维细胞和胶原纤维构成同心圆状排列的纤维性结节；③玻璃样结节，纤维性结节发生玻璃样变。典型的硅结节由呈同心圆状或旋涡状排列，且已发生玻璃样变的胶原纤维构成（图10-11）。肺门淋巴结可因硅结节形成而肿大、变硬。

（二）肺组织弥漫性纤维化

病变肺组织除硅结节形成外，肺间质纤维结缔组织弥漫性增生、纤维化和玻璃样变性。晚期病例肺组织纤维化范围可达2/3以上。此外，胸膜也因纤维组织增生而增厚，严重时可达1cm以上。

根据病变的范围和严重程度，硅肺可分为如下三期：Ⅰ期硅肺，硅结节较小，主要局限于淋巴系统，X线检查肺门部密度增高；Ⅱ期硅肺：硅结节体积增大如黄豆大小，病变扩散到淋巴系统外的肺组织，1/3以下的肺组织受累；Ⅲ期硅肺，硅结节进一步增大，直径可达2cm以上，大部分肺组织受累。肺重量、硬度增加，胸膜广泛增厚，切开阻力较大并有沙砾感。

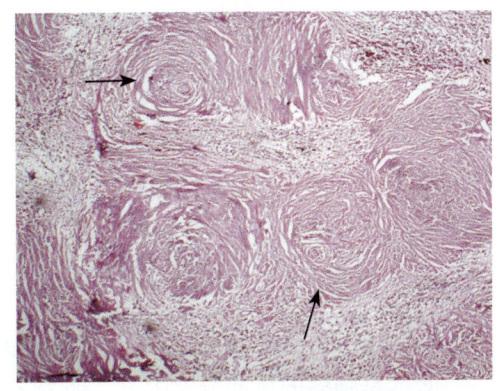

图10-11 硅结节
箭头所示为同心圆状的纤维性硅结节

三、并发症

（一）肺结核

肺结核病是硅肺最常见的并发症，越是晚期，并发率越高。可能是因SiO_2微粒对巨噬细胞的损害，使机体对结核杆菌的防御功能降低有关。

（二）肺源性心脏病

晚期硅肺患者常并发肺源性心脏病。主要因弥漫性肺间质纤维化等病变引起的肺动脉高压所致，严重者可因右心衰竭而死亡。

（三）肺部感染和阻塞性肺气肿

硅肺患者常因抵抗力低下，呼吸道防御功能减弱，易继发感染。晚期可并发阻塞性肺气肿，因肺膜下肺大疱形成，可发生自发性气胸。

> **知识链接**
>
> 硅肺属于尘肺的范畴，职业性尘肺是指由于职业因素长期吸入有害粉尘在肺内沉着。可按粉尘的化学性质分为无机尘肺和有机尘肺两大类。无机尘肺中常见的有硅肺、石棉肺、煤工尘肺等。有机尘肺是因吸入各种具有抗原性的有机尘埃引起，如农民肺、棉尘肺、麦芽肺等。病理变化和临床病理联系与硅肺相似。

> **病例分析10-4**
>
> 男性，40岁，采煤工，无防护工作15年，近6年出现进行性加重的咳嗽、咳痰、胸痛、胸闷、气短等症状，X线显示两肺片状融合密度增高影。
> 问题与思考：
> 肺可能发生了什么病变？患者呼吸困难的原因是什么？

第五节 肺　癌

在多数发达国家，肺癌居恶性肿瘤首位，在我国大多数城市其发病率和死亡率也居恶性肿瘤的第一位或第二位。90% 以上肺癌患者年龄为 40 岁以上，男女患者比例已由 4∶1 左右下降至 1.5∶1。

一、病因

（一）吸烟

吸烟是肺癌的重要危险因素。研究表明，日吸烟量越大，开始吸烟的年龄越轻，患肺癌的危险性越大。戒烟后患肺癌的危险性随戒烟时间的延长而逐渐降低。烟雾中含多种有害的化学物质，如 3,4- 苯并芘等多环芳烃化合物在酶的作用下，转变为环氧化物，成为终致癌物，与 DNA 结合引起突变。

（二）空气污染和职业因素

大城市空气因受工业废气、汽车尾气和家庭排烟等污染，含有 3,4- 苯并芘、二乙基亚硝胺和砷等致癌物质，故大城市肺癌发病率远高于农村。此外，工矿环境致癌物质还有石棉、铬、铬酸盐、镍和羟基镍等，长期吸入这些有害物质与肺癌的发生密切相关。

上述致癌因素可使机体正常基因改变而导致肿瘤形成。目前研究发现肺癌患者中有 20 余种原癌基因突变或抑癌基因失活。

二、病理变化

（一）肉眼类型

根据肺癌的发生部位及肉眼形态特点将其分为 3 种类型。

1. 中央型　最常见，占肺癌的 60%～70%，发生于主支气管或叶支气管，在肺门部形成肿块。癌组织常破坏支气管向周围浸润，以致在肺门或其附近逐渐形成灰白色巨大肿块，周围可有卫星灶（图 10-12）。

2. 周围型　占肺癌的 30%～40%，发生于肺段及肺段以下支气管上皮细胞，肿块位于肺叶的周边部，呈境界不甚清楚的结节状或球形，无包膜，可侵犯胸膜（图 10-13）。

3. 弥漫型　占肺癌的 2%～5%，癌组织起源于末梢肺组织，沿肺泡呈弥散性、浸润性生长，侵犯肺大叶的一部分或整个肺大叶，甚至一侧肺，形成多数粟粒大小结节，易与肺转移癌混淆。

早期肺癌：中央型早期肺癌，是指肿瘤发生于段支气管以上的大支气管，并且癌组织仅局限于管壁内生长，包括管内型和管壁型，后者不突破基底膜，未侵犯肺实质，尚无淋巴结转移；周围型早期肺癌，是指肿瘤发生于小支气管，肺组织内形成结节状肿块，直径小于 2cm，且无淋巴结转移。

隐性肺癌：是指临床及 X 线检查阴性，但痰脱落细胞学检查癌细胞阳性，手术切除标本经病理证实为原位癌或早期浸润癌而无淋巴结转移者。

图 10-12 中央型肺癌
箭头所示肺门叶支气管旁可见灰白色巨大肿块

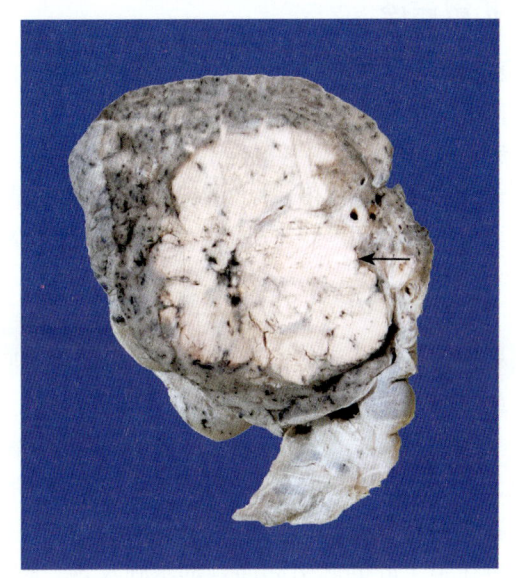

图 10-13 周围型肺癌
箭头所示在肺叶周边部，可见境界不清的结节状肿块

（二）组织学类型

根据 WHO 关于肺癌的分类，主要分为鳞状细胞癌、腺癌、腺鳞癌、小细胞癌、大细胞癌等类型。肺癌的发病以腺癌最多，其次是鳞状细胞癌和小细胞癌。

1. 腺癌　多为周围型。近 10 年来，腺癌的发病率明显上升，已经超过鳞状细胞癌。女性多见，可能与被动吸烟有关。肺腺癌亦可分为高、中、低分化。

2. 鳞状细胞癌　为肺癌中常见的类型，多为中央型。在致癌因子长期作用下，支气管黏膜经鳞状上皮化生、不典型增生和原位癌等阶段发展成浸润癌。患者以老年男性居多，多有吸烟史。依据癌组织的分化程度可分为高分化、中分化和低分化鳞状细胞癌。

3. 小细胞癌　又称小细胞神经内分泌癌，多为中央型，与吸烟关系密切。占肺癌的 10%~20%。癌细胞小，呈短梭形或小圆形，核浓染，胞质稀少形似裸核。有的癌细胞一端稍尖，形如燕麦，称为燕麦细胞癌（图 10-14）。小细胞癌好发于中老年男性，是肺癌中恶性程度最高的一型，生长迅速，早期可转移，多数存活期不超过 1 年。小细胞癌手术效果差，但对化疗及放疗敏感。

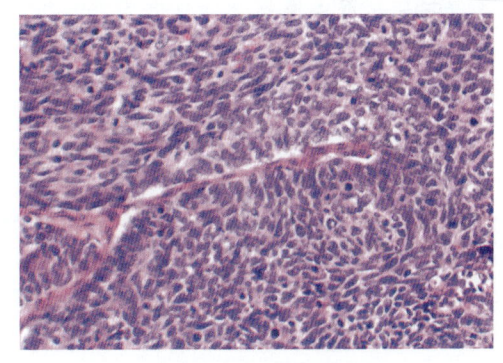

图 10-14 肺小细胞癌
癌细胞小，呈短梭形，核浓染，胞质稀少似裸核

4. 大细胞癌　肺大细胞癌属于未分化癌，其主要特点为癌细胞体积大，胞质丰富，癌细胞具有高度异型性，有时可见多量瘤巨细胞。此型生长迅速，恶性度高，容易早期侵入血管发生远处转移，确诊后很少存活 1 年以上。

三、扩散途径

1. 直接蔓延　中央型肺癌常直接侵入纵隔、心包及周围血管，或沿支气管蔓延。周围型肺癌可直接侵犯胸膜并侵入胸壁。

2. 转移　肺癌发生转移较早，且扩散速度快。沿淋巴道转移时，首先到达支气管肺门淋巴结，再扩散至纵隔、锁骨上淋巴结及颈淋巴结。血道转移常见于脑、肾上腺、骨以及肝、肾、胰、甲状腺和皮肤等处。临床上常有患者先被发现有转移癌，之后才诊断出肺癌。

四、临床病理联系

肺癌早期因症状不明显而易被忽视。患者可有咳嗽、痰中带血及胸痛等症状，咯血是最易引起注意而就医的症状。

中央型肺癌临床症状出现较早，由于肿瘤起始于大支气管内，造成对气管的刺激、阻塞或压迫，并侵犯周围组织，患者表现为呛咳、痰中带血和胸痛等。癌组织侵犯喉返神经可引起声音嘶哑；侵及食管可引起支气管-食管瘘；侵及胸膜引起癌性胸膜炎及胸腔积液；侵犯纵隔可压迫上腔静脉引起面颈部水肿及颈、胸部静脉曲张（上腔静脉综合征）。肺尖部肿块易侵犯交感神经引起病侧眼睑下垂、瞳孔缩小和胸壁皮肤无汗等交感神经麻痹综合征（Horner综合征）。有异位内分泌的肺癌，尤其是肺小细胞癌可因5-羟色胺分泌过多而引起类癌综合征，表现为支气管哮鸣样痉挛、阵发性心动过速、水样腹泻及皮肤潮红等。

知识链接

肺癌是世界上发病率和死亡率最高的恶性肿瘤之一。肺癌的早期发现、早期诊断、早期治疗对提高生存率尤为重要，对40岁以上长期吸烟者，伴有咳嗽、痰中带血、胸痛等症状时，应及时检查。检查方法包括痰细胞学检查、X线检查、纤维支气管镜检查及活检等。肺癌的治疗方法有手术、化疗、放疗等，随着分子病理学的发展，分子诊断的应用，分子靶向药物已应用于临床，同时伴随着肺癌外科个体化切除理念的提出，肺癌的治疗即将进入精准医学时代。

病例分析10-5

男性，60岁，长期吸烟史。消瘦，刺激性咳嗽、间断性血痰2月，伴声音嘶哑1月。痰细胞学检查结果显示痰脱落细胞中有恶性肿瘤细胞，X线检查肺门处有一类圆形阴影，边缘不清。

问题与思考：

患者最有可能的诊断是什么？声音嘶哑的原因是什么？

（徐义荣）

第六节 缺氧

正常成年人在静息状态下需氧量约为250ml/min，剧烈运动时增加，而体内贮存的氧仅有1500ml左右。因此，缺乏氧数分钟，将不能维持正常的生命活动。因组织供氧不足或用氧障碍，引起机体功能、代谢和形态结构异常变化的病理过程，称为缺氧（hypoxia）。缺氧是临床上最常见的基本病理过程之一，常常使用血氧指标来帮助判断缺氧的原因及类型。

一、常用的血氧指标

（一）血氧分压（partial pressure of oxygen，PO_2）

血氧分压是指以物理状态溶解于血浆中的氧所产生的张力。动脉血氧分压（PaO_2）正常约100mmHg，主要取决于吸入气体的氧分压、肺的呼吸功能；静脉血氧分压（PvO_2）正常约为40mmHg，主要取决于组织摄取和利用氧的能力。

（二）血氧容量（oxygen binding capacity，CO_2max）

血氧容量是指100ml血液中血红蛋白（hemoglobin，Hb）被氧充分饱和时的最大带氧量。在38℃，氧分压150mmHg，二氧化碳分压40mmHg的条件下，Hb可被氧充分饱和。正常血氧容量约为20ml/dl（血氧容量=1.34ml/g×15g/dl），它取决于血液中Hb的质（带氧能力）和量。

（三）血氧含量（oxygen content，CO_2）

血氧含量是指100ml血液实际的带氧量。包括物理溶解于血浆的氧和与Hb结合的氧两部分，血浆中溶解的氧仅0.3ml/dl，因此常常忽略不计。血氧含量取决于血氧分压和血氧容量。正常动脉血氧含量（CaO_2）通常为19ml/dl，静脉血氧含量（CvO_2）约为14ml/dl。

动-静脉血氧含量差（the difference between CaO_2 and CvO_2，A-VDO_2）即动脉血氧含量减去静脉血氧含量，约为5ml/dl。它是反映组织细胞用氧量的指标。

（四）血氧饱和度（oxygen saturation，SO_2）

血氧饱和度是指Hb与氧结合的百分数，是Hb实际结合的氧量与最大结合氧量之间的百分比。

SO_2=（血氧含量－溶解的氧量）/ 血氧容量 ×100%

正常动脉血氧饱和度（SaO_2）为95%～97%，静脉血氧饱和度（SvO_2）为70%～75%。SO_2的高低主要取决于PO_2，PO_2与SO_2的关系曲线称氧合血红蛋白解离曲线，简称氧解离曲线（图10-15）。

P_{50}是指SO_2为50%时的氧分压。它可反映Hb与O_2的亲和力及氧解离曲线的位置，正常值为26～27mmHg。P_{50}增大表明Hb与O_2的亲和力降低，氧解离曲线右移；P_{50}减小表明Hb与

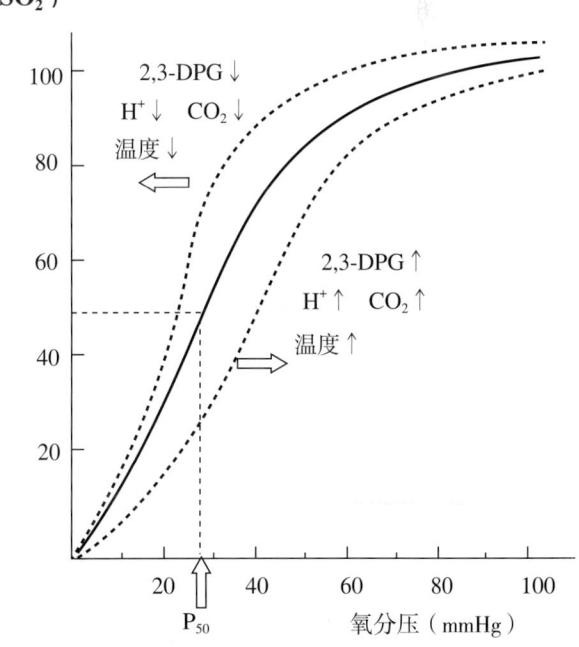

图10-15 氧合血红蛋白解离曲线及其影响因素

O_2 的亲和力增强,氧解离曲线左移。当酸中毒、CO_2 增多、血温增高及红细胞内 2,3- 二磷酸甘油酸（2,3-diphosphoglyceric acid，2,3-DPG）增多时,氧解离曲线右移,以致在相同氧分压下,氧的释放增多;反之则左移,氧的释放减少。

二、缺氧的类型及血氧变化特点

氧在体内的代谢环节可概括为"肺摄取氧－血液携带氧－循环运输氧－组织利用氧",任一环节出现障碍都有可能引起缺氧。对应上述环节及原因可把单纯性缺氧分为乏氧性缺氧、血液性缺氧、循环性缺氧、组织性缺氧 4 种类型,每种类型缺氧有着不同的血氧变化和皮肤黏膜颜色改变。

（一）乏氧性缺氧

乏氧性缺氧（hypoxic hypoxia）以动脉血氧分压（PaO_2）明显降低导致组织供氧不足为主要特征的缺氧,又称低张性缺氧（hypotonic hypoxia）。

1. 原因和机制

（1）吸入气氧分压过低:此原因引起的缺氧,常称为大气性缺氧（atmospheric hypoxia）。随着海拔高度的增加,大气压下降,氧分压也相应降低;当达海拔 3000m 以上高原或高空时,空气氧分压明显降低,氧的摄入严重不足。另外也可发生于通风不良的矿井、坑道中,或吸入被惰性气体或麻醉药过度稀释的空气时。

（2）外呼吸功能障碍:由肺通气或换气功能障碍影响氧的摄取所引起的缺氧,又称为呼吸性缺氧（respiratory hypoxia）。常见于呼吸中枢抑制或呼吸肌麻痹等各种呼吸系统疾病。

（3）静脉血分流入动脉:多见于先天性心脏病,如法洛四联症、室间隔缺损伴肺动脉高压或狭窄等。右心的静脉血,在压力作用下通过异常交通分流入左心,导致 PaO_2 降低。

2. 血氧变化特点　乏氧性缺氧时:①由于物理状态溶解在血浆中的氧减少使 PaO_2 降低。②过低的 PaO_2 可导致 CaO_2 和 SaO_2 降低。但由于氧分压降至 60mmHg 以下时,氧解离曲线斜率较大,此时才会使 SaO_2 及 CaO_2 显著减少,引起组织缺氧。③短期缺氧,血红蛋白无质和量的异常变化,血氧容量正常;但慢性缺氧时,机体因代偿性红细胞增多而使血氧容量增加。④由于 PaO_2 和 CaO_2 明显降低,由同量血液弥散给组织的氧量减少,故动 - 静脉血氧含量差一般是减少的。若为慢性缺氧,组织利用氧的能力可代偿性增强,则动 - 静脉血氧含量差变化也可不明显。

3. 皮肤黏膜颜色的变化　正常时毛细血管中脱氧血红蛋白的平均浓度为 2.6g/dl。乏氧性缺氧时,动脉血氧含量降低,毛细血管中氧合血红蛋白减少,脱氧血红蛋白浓度则增加。如毛细血管中脱氧血红蛋白平均浓度增加至 5g/dl 及以上,可使皮肤黏膜呈青紫色,称为发绀（cyanosis）。

（二）血液性缺氧

血液性缺氧（hemic hypoxia）是由于血红蛋白含量减少或性质发生改变,致使血液携带的氧减少,血氧含量降低,或血红蛋白结合的氧不易释出所引起的缺氧,又称等张性缺氧。

1. 原因和机制

（1）贫血:因血红蛋白含量降低,血液携带氧减少所引起的缺氧,又称为贫血性缺氧（anemic hypoxia）。

（2）一氧化碳中毒:一氧化碳（carbon monoxide，CO）是含碳化合物未完全燃烧产生的窒息性气体。由于 CO 与 Hb 的亲和力比 O_2 大 210 倍,当吸入气中有 0.1% 的 CO 时,血液中便有50%左右的Hb与CO结合为碳氧血红蛋白（carboxy hemoglobin，HbCO），从而失去携带氧能力。此外，CO还能抑制红细胞内糖酵解，使其2,3-DPG生成减少，氧解离曲线左移，HbO_2中的氧不易释出，从而加重组织缺氧。

（3）高铁血红蛋白血症：血红蛋白中的二价亚铁可以在氧化剂如亚硝酸盐的作用下，氧化成三价高铁，形成高铁血红蛋白（methemoglobin，$HbFe^{3+}OH$），从而失去携带氧的能力。临床上常见食用大量腌制的咸菜或腐败的蔬菜，因其含有大量硝酸盐，后者可经胃肠道细菌作用还原成亚硝酸盐，导致高铁血红蛋白血症，患者皮肤、黏膜出现咖啡色，称为肠源性发绀（enterogenous cyanosis）。

（4）血红蛋白与氧亲和力异常增加：多见于大量输入库存血液或碱性液体。库存血中红细胞2,3-DPG含量减少，氧解离曲线左移；输入大量碱性液体，使血液pH升高，在短时间内通过Bohr效应也可使氧离曲线明显左移，Hb和O_2的亲和力增加，释放氧减少。

> **知识链接**
>
> 1904年丹麦科学家Christian Bohr发现pH或H^+浓度和PCO_2变化对血红蛋白结合氧的能力有影响：血液pH降低或PCO_2升高，使Hb对O_2的亲和力降低，在任意PO_2下Hb氧饱和度均降低，氧离曲线右移，反之，pH升高或PCO_2降低，则Hb对O_2的亲和力增加，在任意PO_2下Hb氧饱和度均增加，氧离曲线左移。pH对Hb氧亲和力的这种影响称为波尔（Bohr）效应。

2. 血氧变化的特点　血液性缺氧时：①以物理状态溶解在血浆内的氧不受血红蛋白的影响，故PaO_2、SaO_2正常；②因Hb数量减少或性质改变，使血氧容量降低，故CaO_2也减少；③因动脉血氧含量低，同时伴有氧释放障碍，动-静脉血氧含量差低于正常。

3. 皮肤黏膜颜色的变化　血液性缺氧患者，皮肤黏膜的颜色可因产生原因不同呈多样化：①严重贫血的患者Hb数量减少，可表现为皮肤黏膜苍白；②一氧化碳中毒患者血液中HbCO增多，因HbCO色泽鲜红，故皮肤黏膜呈樱桃红色；③高铁血红蛋白血症患者可因血液中含有深咖啡色高铁血红蛋白而使皮肤黏膜（如口唇）呈现深棕色或咖啡色；④单纯因Hb与O_2亲和力增高引起的缺氧，毛细血管中氧合血红蛋白量增加，因此皮肤黏膜出现鲜红色。

（三）循环性缺氧

循环性缺氧（circulatory hypoxia）指组织循环障碍使组织供氧减少所引起的缺氧，又称为低动力性缺氧（hypokinetic hypoxia）。由动脉缺血所致的缺氧称为缺血性缺氧（ischemic hypoxia）；因静脉淤血引起的称为淤血性缺氧（congestive hypoxia）。

1. 原因和机制　循环性缺氧的原因是组织血液灌流量减少，可以分为全身性和局部性两种。

（1）全身性循环障碍：主要见于休克和心力衰竭。休克患者心排血量的减少比心力衰竭患者更为严重，所面临的全身性缺氧也更严重。

（2）局部性循环障碍：主要见于血管病变，如动脉粥样硬化、血管栓塞及血管痉挛造成的狭窄或阻塞等。

2. 血氧变化特点　单纯性循环障碍时，PaO_2、血氧容量、CaO_2和SaO_2均正常。由于血流速度缓慢，血液流经毛细血管的时间延长，组织细胞从单位容量血液中摄取的氧量相对较多，因而动静脉氧含量差大于正常。但因供应组织的血液总量减少，组织氧供仍然不足。

3. 皮肤黏膜颜色的变化 ①缺血性缺氧因组织血量减少,皮肤可苍白;②淤血性缺氧因血流缓慢,组织细胞摄取氧增加,毛细血管中还原血红蛋白增多,表现为发绀。

(四)组织性缺氧

组织性缺氧(histogenous hypoxia)是指由于组织细胞利用氧障碍所引起的缺氧,又称氧利用障碍性缺氧(dysoxidative hypoxia)。

1. 原因和机制

(1)组织中毒:最典型的是氰化物中毒。各种氰化物如 KCN、NaCN 等可由消化道、呼吸道或皮肤进入体内,与氧化型细胞色素氧化酶的三价铁结合,形成氰化高铁细胞色素氧化酶,使其失去传递电子的能力,内呼吸中断,组织不能利用氧。

(2)维生素缺乏:有些维生素(如维生素 B_1、维生素 B_2 及维生素 PP 等)是呼吸链中许多氧化还原酶的辅酶成分,其缺乏导致组织细胞对氧的利用和 ATP 生成发生障碍。

(3)线粒体损伤:线粒体是体内生物氧化和生成 ATP 的主要场所,放射线、细菌毒素、氧中毒等可破坏线粒体结构,导致组织细胞利用氧障碍。

2. 血氧变化特点 单纯组织性缺氧因供氧环节无障碍,PaO_2、血氧容量、CaO_2 和 SaO_2 均正常,因氧利用障碍,故静脉血氧含量较高,动 - 静脉血氧含量差减少。

3. 皮肤黏膜颜色的变化 由于组织用氧障碍,毛细血管中氧合血红蛋白增多,故组织性缺氧患者肤色可呈鲜红色或玫瑰红色。

临床上更常见的是混合性缺氧,左心衰竭时出现肺循环淤血,既可由于肺功能障碍可引起呼吸性缺氧,又可出现循环性缺氧。因此,要结合病情具体全面地分析。

> **知识链接**
>
> **缺氧与发绀**
>
> 缺氧常有发绀,但并非都出现发绀,如严重贫血引起的血液性缺氧,因血红蛋白量少,缺氧时脱氧血红蛋白很难达到 5g/dl,故不出现发绀;又如 CO 中毒引起血液性缺氧,形成的碳氧血红蛋白呈樱桃红色也难见发绀。发绀常是缺氧的表现,但发绀患者不一定都有缺氧,如真性红细胞增多症的患者很容易出现发绀,但往往无缺氧。

现将各型缺氧的血氧变化及皮肤黏膜改变特点归纳见表 10-1。

表 10-1 各型缺氧的血氧变化及皮肤黏膜改变特点

缺氧类型	PaO_2	SaO_2	血氧容量	CaO_2	动 - 静脉氧含量差	皮肤黏膜颜色
乏氧性缺氧	↓	↓	N	↓	↓或N	发绀
血液性缺氧	N	N	↓	↓	↓	贫血:苍白 CO 中毒:樱桃红色 高铁 Hb 血症:咖啡色
循环性缺氧	N	N	N	N	↑	苍白或发绀
组织性缺氧	N	N	N	N	↓	玫瑰红色或鲜红色

注:↓降低 ↑升高 N 正常

病例分析 10-6

男性，3岁，于一天前发生晕厥两次，并伴头痛，收治入院。患儿腹泻3天，母亲曾给患儿用过亚硝酸铋。

查体：体温37.6℃，脉搏130次/分，呼吸30次/分，血压80/55mmHg。精神状态差，皮肤发绀。有呼吸困难，心、肺检查未见异常。腹部弥漫性压痛，肠鸣音亢进，患儿排出黑色稀便。吸氧后，患儿呼吸逐渐平稳，但仍明显发绀。

血化验结果：血红蛋白（Hb）152g/L，红细胞（RBC）5.4×10^{12}/L，PaO_2 100mmHg。给予口服亚甲蓝加维生素C治疗，4小时后发绀消失，患儿恢复正常。

问题与思考：
1．患儿发绀的可能原因是什么？发绀和缺氧有什么样的关系？
2．该患儿属于哪一类型缺氧？为什么？
3．为什么要用口服亚甲蓝加维生素C治疗？

三、缺氧时机体的功能代谢变化

不同类型缺氧，机体对缺氧的反应既有相似之处，又各具特点。轻度或慢性缺氧主要引起机体代偿性反应，严重或急性缺氧机体不能代偿或来不及代偿时，易发生损伤性反应。

（一）呼吸系统变化

1．代偿性反应　当动脉血氧分压低于60mmHg时，可刺激颈动脉体和主动脉体外周化学感受器，反射性地引起通气加强。使肺泡通气量增大，肺血流增加，促进血液对氧的摄取和运输。但长期缺氧可使外周化学感受器对缺氧的敏感性降低，肺通气量又回落，如久居高原者其肺通气量仅比久居海平面者高15%。

肺通气量增加是对急性低张性缺氧最重要的代偿性反应。单纯血液性缺氧和组织性缺氧因PaO_2不低，故呼吸一般不增强；循环性缺氧如累及肺循环（如心力衰竭引起肺淤血、肺水肿时），可使呼吸加快。

2．损伤性反应

（1）高原肺水肿：有些人在快速进入海拔4000m以上的高原后，在1~4天内发生高原肺水肿，表现为呼吸困难、咳嗽、咳粉红色泡沫痰，肺部湿啰音，皮肤黏膜发绀等。

（2）中枢性呼吸衰竭：当PaO_2低于30mmHg时，缺氧直接抑制呼吸中枢，严重时出现中枢性呼吸衰竭，表现为呼吸频率和节律不规则，如周期性呼吸（periodic breathing）、潮式呼吸（Cheyne-Stokes respiration）、比奥呼吸（Biot's breathing）等。

（二）循环系统的变化

1．代偿性反应

（1）心排血量增加：缺氧时交感神经兴奋、儿茶酚胺释放增多，作用于心脏β-肾上腺素受体，引起心率加快、心肌收缩性增强；胸廓呼吸运动幅度增大，胸膜腔负压降低，加上心脏活动增强，导致静脉回流量增加，继而使心排血量增多。

（2）血流重新分布：皮肤、内脏、骨骼肌血管收缩强烈，血流量减少；心、脑血管扩张，血流量增多。有利于保证重要生命器官氧的供应。

（3）肺血管收缩：肺泡缺氧可引起肺小动脉收缩，称为缺氧性肺血管收缩（hypoxic

pulmonary vasoconstriction，HPV），这具有维持肺泡通气/血流比值的代偿意义。

（4）毛细血管增生：长期慢性缺氧可促使毛细血管增生。该现象在脑、肥大心肌和骨骼肌中更为显著。毛细血管的密度增加可缩短血液中氧弥散至细胞的距离，增加供氧量，具有重要代偿意义。

2. 损伤性反应　严重的全身性缺氧可累及心脏，如高原性心脏病、肺源性心脏病、贫血性心脏病等，甚至发生心力衰竭。缺氧引起心功能障碍的机制如下：

（1）肺动脉高压：长期缺氧所引起的交感神经兴奋和缩血管物质增多都可引起肺小动脉持续收缩，增加肺循环阻力，导致肺动脉高压。

（2）心肌舒缩功能降低：缺氧及酸中毒使心肌细胞代谢障碍，甚而发生变性、坏死，心肌的舒缩功能降低。

（3）心律失常：严重缺氧可引起窦性心动过缓、期前收缩，甚至发生心室纤颤致死。心动过缓可能为严重的缺氧对颈动脉体化学感受器的刺激、反射性地兴奋迷走神经所致。期前收缩与室颤的发生与心肌细胞内 K^+ 减少、Na^+ 增加所导致的静息膜电位降低、心肌兴奋性及自律性增高、传导性降低有关。

（4）回心血量减少：严重而持久的全身性缺氧使体内产生大量乳酸、腺苷等代谢产物，可直接扩张外周血管，大量血液淤积在外周，回心血量减少。

（三）血液系统的变化

1. 代偿性反应

（1）红细胞增多：急性缺氧可反射性地使脾、肝等储血器官收缩，将储存血液释放入体循环，增加血液摄取和输送氧的能力。慢性缺氧刺激肾产生大量促红细胞生成素（erythropoietin，EPO），加速红细胞和血红蛋白的合成。红细胞增多可增加血液的氧容量和氧含量，从而增加对组织器官的氧供应，具有代偿作用。

（2）氧解离曲线右移：缺氧使糖酵解过程加强，乳酸生成增加，使 H^+ 浓度增加；通气功能障碍引起的缺氧，同时伴有 PCO_2 增高；特别是红细胞内 2,3-DPG 增加。2,3-DPG 是红细胞内糖酵解过程的中间产物。缺氧时红细胞中 2,3-DPG 生成增多、分解减少。上述原因造成氧解离曲线右移，血红蛋白与氧的亲和力降低，氧的释放增加，具有一定的代偿意义。

2. 损伤性变化　红细胞过度增多可增加血液黏滞度，使血流速度减慢，增加了心脏的后负荷，甚至导致缺氧性心脏病的发生。氧解离曲线轻度右移，可增加氧的释放，具有代偿意义。但过度右移则可因 Hb 与氧的亲和力过低，甚至影响到在肺泡部位血液和氧的结合，从而失去代偿意义。

（四）组织细胞的变化

1. 代偿性反应　在供氧不足的情况下，组织细胞可发生一些适应性变化，以尽可能获得维持生命活动所必需的能量。其适应性变化包括：

（1）组织细胞利用氧的能力增强：慢性缺氧时，细胞内线粒体的数目和膜的表面积均增加，有利于氧的弥散；呼吸链中的酶（细胞色素氧化酶等）可增加，使细胞的内呼吸功能增强。

（2）糖酵解增强：机体缺氧时，ATP 生成减少，ATP/ADP 比值下降，以致磷酸果糖激酶活性增强（该酶是控制糖酵解过程最主要的限速酶），使糖酵解过程加强，该反应的意义是在有氧氧化供能不足的情况下，通过无氧代谢补偿能量产生。

（3）肌红蛋白增加：慢性缺氧可使肌肉中肌红蛋白（myoglobin，Mb）含量增多。肌红蛋白和氧的亲和力较大，具有增加氧储存的作用。

（4）低代谢状态：缺氧时细胞的耗能过程减弱，细胞处于低代谢状态，有利于机体在缺氧情况下生存。

2. 损伤性反应

（1）细胞膜损伤：细胞膜是缺氧最早发生损伤的部位，表现为膜通透性增强、膜流动性下降、膜受体功能障碍和膜离子泵功能障碍，加剧组织细胞的损伤过程。

（2）线粒体的变化：缺氧可损伤线粒体，线粒体损伤又可导致缺氧，两者互为因果。严重缺氧影响线粒体氧的利用，使ATP生成锐减。

（3）溶酶体的变化：缺氧时溶酶体膜通透性增高，溶酶体肿胀、破裂，大量溶酶体酶外溢，可溶解细胞本身及其周围组织细胞，并使其功能丧失。

（五）中枢神经系统的变化

脑约占体重的2%～3%，耗氧量为总耗氧量的23%。大脑属于"高耗能、低储备"的器官，对缺氧极为敏感，临床上脑完全缺氧5～8min后可发生不可逆的损伤。急性缺氧可引起头痛、易激动、思维力、记忆力、判断力降低或丧失以及运动不协调等，严重者可出现惊厥甚至昏迷。慢性缺氧者症状较缓和，表现为易疲劳、思睡、注意力不集中及精神抑郁等症状。

缺氧所致中枢神经系统功能障碍主要与脑水肿和脑细胞损伤有关。①缺氧使脑血管扩张，发生脑充血；缺氧和酸中毒均增加血管壁的通透性，形成间质性脑水肿；②缺氧致ATP生成不足，细胞膜钠泵功能障碍，脑细胞内水肿；③脑充血、水肿使颅压增高，压迫脑血管加重脑缺氧，形成恶性循环。

四、缺氧治疗的病理生理基础

（一）去除病因，治疗原发病

去除缺氧的原因是治疗缺氧的关键。可根据缺氧的临床表现如皮肤黏膜颜色，呼吸、循环、中枢神经系统等的改变和血气分析等来判断缺氧的类型及原因，并及时针对病因进行治疗。

（二）氧疗

氧疗即吸入氧分压较高的空气或纯氧来治疗各种缺氧性疾病的方法。氧疗的基本机制是提高肺泡气氧分压，进而提高动脉血氧分压和血氧饱和度，增加动脉血氧含量和对组织的供氧能力。氧疗的效果因缺氧类型不同有所差异。

1. 乏氧性缺氧　氧疗对乏氧性缺氧的效果最好。因为此型缺氧的特点是动脉血氧分压降低、血氧饱和度下降和血氧含量不足。吸氧可提高肺泡气氧分压，促进氧向血液中弥散，提高动脉血氧分压，增加血氧饱和度，继而使血氧含量明显提高。但是，对于由解剖分流增加引起的动脉血氧分压降低，因吸入的氧无法与分流的静脉血起氧合作用，因此氧疗对提高动脉血氧含量的作用不大。

2. 血液性缺氧　因为血氧饱和度已达95%以上，吸氧后血氧含量提高非常有限，但因能提高PaO_2而使组织部位血管内外的氧分压差增大，促进氧的弥散，从而增加对组织的氧供，故也有一定的治疗意义。而CO中毒患者吸入高压氧是首选的特效治疗。高压氧可使血氧分压高出正常几倍至十几倍，从而提高了O_2与CO的竞争能力，促使碳氧血红蛋白的解离，恢复血红蛋白携氧能力，迅速提高血氧含量、改善缺氧。

3. **循环性缺氧** 动脉血氧饱和度及氧容量正常，吸氧对提高血氧含量作用不大。但可通过增加血浆中物理状态溶解的氧量，促进氧向组织弥散起到一定的治疗作用。

4. **组织中毒性缺氧** 因供氧并无障碍，缺氧的原因是组织利用氧功能障碍，故氧疗作用甚微，需及时应用解毒剂。

> **知识链接**
>
> 在呼吸空气的情况下，每 100 ml 血液中物理溶解的 O_2 量仅为 0.3 ml，吸纯氧时达到 1.7 ml，当吸入 3 个大气压的纯氧时，可增加到 6 ml。

（郝 雷）

第七节 呼吸衰竭

呼吸是指机体与外界环境之间的气体交换过程，经过外呼吸（包括肺通气和肺换气两个部分）、气体在血液中的运输以及内呼吸 3 个环节，完成机体对氧气的摄入和利用以及二氧化碳的排出。在影响外呼吸功能疾病的发展过程中，由于肺功能储备力下降，静息时虽能维持较为正常的血气水平，但是在体力活动增加或发热等因素作用下，呼吸负荷加重时，PaO_2 降低或伴有 $PaCO_2$ 升高，并出现相应的体征与症状的病理生理过程称为呼吸功能不全（respiratory insufficiency）。呼吸功能不全的严重阶段为呼吸衰竭（respiratory failure），它是指由于外呼吸功能严重障碍，导致机体在海平面上、静息状态下、呼吸普通空气时，PaO_2 低于 60mmHg，伴有或不伴有 $PaCO_2$ 高于 50mmHg 的病理过程。

因为呼吸衰竭时必定有 PaO_2 降低，所以根据 $PaCO_2$ 是否升高可将呼吸衰竭分为低氧血症型（Ⅰ型）呼吸衰竭和伴有低氧血症的高碳酸血症型（Ⅱ型）呼吸衰竭。根据原发病变部位不同可分为中枢性呼吸衰竭和外周性呼吸衰竭。根据发病的缓急和病程的长短不同可分为急性呼吸衰竭和慢性呼吸衰竭。根据发病机制（即外呼吸功能障碍的发病环节）不同可分为通气障碍性呼吸衰竭和换气障碍性呼吸衰竭。

一、呼吸衰竭的原因和发病机制

（一）肺通气功能障碍

肺通气是在呼吸中枢的调控下，通过呼吸肌的收缩和舒张，使胸廓和肺随之发生节律性的扩大和缩小，完成肺泡气与外界大气交换的过程。

正常成人在静息时，每分钟肺总通气量为 6L，其中呼吸道内的无效腔通气量（不进行气体交换的部分）约为 2L，每分钟肺泡有效通气量约为 4L。从气体交换的意义来说，肺泡有效通气量是能够直接与血液进行气体交换的部分，因此是评价肺通气功能的最好指标。当肺通气功能障碍引起肺泡有效通气量明显降低时，即可发生呼吸衰竭。

机体能够进行通气的保障包括两个方面，一是气道的通畅；二是能帮助肺泡舒缩的"动力系统"的结构与功能正常，即中枢及外周神经调节指令的正常、呼吸肌运动力正常以及胸廓和肺的可扩张性正常。肺通气功能障碍可分为两种类型，由于气道狭窄或阻塞所致的通气障碍称为阻塞性通气不足（obstructive hypoventilation）；若因"动力系统"功能障碍，而使吸气时肺泡扩张受限造成肺泡通气量不足则称为限制性通气不足（restrictive hypoventilation）。

1. 限制性通气不足的病因与发病机制　通常吸气运动是由中枢神经系统发出指令后膈肌与肋间外肌等吸气肌收缩引起的主动过程，而呼气则是肺泡弹性回缩，以及肋骨与胸廓借助于重力作用被动复位的过程。相对而言主动过程更易发生障碍。参与呼吸肌主动吸气的器官组织包括：中枢神经系统、周围神经传导系统、呼吸肌、胸廓、肺及胸膜腔，这些器官组织的病变，均可引起肺泡通气不足。因此，引发限制性通气不足的常见病因可归纳为呼吸动力下降、胸廓和肺的顺应性降低，以及肺受压3个方面。

(1) 呼吸动力下降：

1) 中枢神经系统病变：脑外伤、脑血管意外、脑炎或镇静药、安眠药或麻醉药使用过量等，均可抑制呼吸中枢，从而导致呼吸动力下降，引发限制性通气障碍。

2) 周围神经系统病变：脊髓灰质炎以及多发性脊神经炎所致的肌肉神经接头阻滞可影响传导功能，从而导致呼吸肌活动障碍，可引发限制性通气障碍。

3) 呼吸肌本身病变：呼吸肌疲劳、营养不良导致呼吸肌萎缩，以及重症肌无力、低钾血症、缺氧等均可引起呼吸肌无力、麻痹，导致肺泡扩张的动力不足，导致限制性通气障碍的产生。

(2) 顺应性降低：顺应性（compliance）是弹性组织的一种特性，它与弹性阻力（resistance）呈反比关系。呼吸肌收缩使胸廓和肺扩张时，需克服组织的弹性阻力，弹性阻力的大小直接影响肺与胸廓在吸气时是否易于扩张，通常肺与胸廓扩张的难易程度以顺应性表示。顺应性大，表明外力作用时弹性组织的变形能力大，弹性阻力小；相反，顺应性降低说明其弹性变形能力低，弹性阻力大。

1) 胸廓的顺应性降低：严重的胸廓畸形（如鸡胸、漏斗胸）、胸膜纤维化、多发性肋骨骨折等均可导致胸廓的弹性阻力增大，顺应性降低，从而使肺泡扩张时所受阻力增加。

2) 肺的顺应性降低：严重的肺纤维化、肺实变、肺叶的广泛切除所致肺组织本身的弹性纤维减少，或肺泡表面活性物质合成、分泌减少和（或）消耗与破坏过多，均可导致肺泡表面张力升高，肺顺应性降低，从而导致吸气时肺泡扩张受到限制，引发限制性通气障碍。

(3) 肺受压：胸腔大量积液、张力性气胸时肺严重受压，使肺扩张受限，从而发生限制性通气障碍。

2. 阻塞性通气不足的病因与发病机制　阻塞性通气不足是指由非弹性阻力造成的通气障碍。非弹性阻力包括气道阻力、惯性阻力和组织的黏滞阻力，其中以气道阻力为主。在影响气道阻力的诸多因素中最主要的因素是气道内径。因此，阻塞性通气不足的主要原因是气道的狭窄或阻塞，如管壁痉挛（如支气管哮喘）、肿胀或纤维化，管腔被黏液、渗出物及异物等阻塞，管壁外的肿瘤压迫，以及肺组织弹性纤维减少以致对气道管壁的牵引力减弱等，均可使气道内径变窄或不规则而增加气流阻力，引起阻塞性通气不足。根据气道阻塞的部位不同，可分为中央性气道阻塞和外周性气道阻塞两类。

(1) 中央性气道阻塞：是指气管分叉处以上的气道阻塞。以胸廓开口为界，又可分为胸外气道阻塞与胸内气道阻塞。

1) 胸外气道阻塞：常见病因为声带疾病（如麻痹、炎症及水肿等）。正常情况下，围绕在胸腔外上气道的压力在整个呼吸周期都是大气压，因此，该部位通气的变化主要取决于大气压和气道内压的压力差变化。吸气时，气道内压小于大气压，且当气体流经病灶所处的狭窄处时会引起压力迅速下降,以致阻塞下端的气道内压明显低于气道外侧的大气压,气道狭窄更为严重,吸气气流明显受阻。相反,呼气时,因气道内压大于大气压,从而使阻塞减轻。因此,临床表现为吸气性呼吸困难(inspiratory dyspnea)(图10-16)。

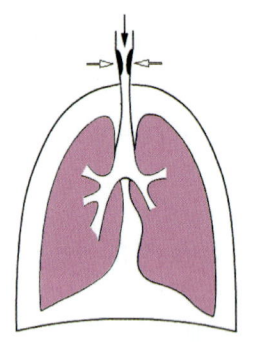 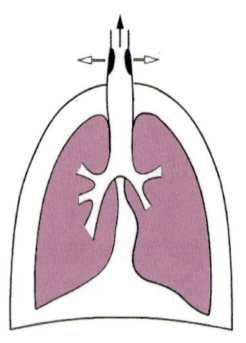 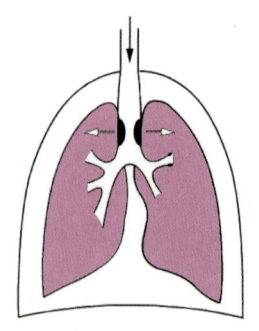 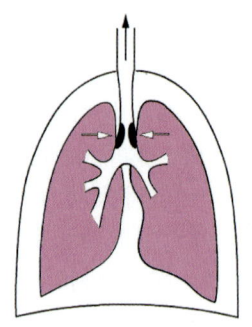

吸气:气道内压＜大气压　　呼气:气道内压＞大气压　　　　吸气:气道内压＞胸内压　　呼气:气道内压＜胸内压

A. 胸外气道阻塞产生吸气性呼吸困难　　　　　　　　　B. 胸内气道阻塞产生呼气性呼吸困难

图10-16　中央性气道阻塞时产生呼吸困难的机制

2) 胸内气道阻塞:常见病因为气道炎症、肿瘤等。该部位通气的变化主要取决于胸膜腔内压和气道内压的压力差变化。吸气时胸膜腔内压相对于气道内压力为负压,因而气道内压大于胸膜腔内压,跨壁压趋向于使气道扩张,阻塞减轻。相反,呼气时,由于胸膜腔内压明显增高,且当气体流经病灶后气道内压力下降会更加迅速,此时,气道内压明显小于胸膜腔内压,因此,阻塞部位狭窄加重,临床表现为呼气性呼吸困难(expiratory dyspnea)。

病例分析 10-7

男性,78岁,在进食中突然出现严重呼吸困难,口唇发绀,吸气时胸骨上窝、锁骨上窝及肋间隙明显向内凹陷。

问题与思考:

患者出现的是哪种类型的呼吸衰竭?发生机制是什么?

(2) 外周性气道阻塞:是指内径小于2mm的小细支气管狭窄或阻塞,又称之为小气道阻塞。多见于慢性阻塞性肺疾患,如慢性支气管炎、支气管哮喘及阻塞性肺气肿等。由于小气道无软骨支持或仅有不规则的块片,管壁薄,又与周围肺泡组织紧密牵连,因此随着吸气与呼气,其内径也会随胸膜腔内压的改变及周围弹性组织的牵引而扩大和缩小。吸气时,胸膜腔内压下降,随着肺泡的扩张,管周弹性组织被拉紧,管壁受牵拉而使细小气道管径增大,管道伸长,阻塞部位对气流的阻塞作用就有所减轻;呼气时则相反,胸膜腔内压增高,肺泡回缩,管周弹性组织松弛,对小气道的牵拉力减小,小气道管径变小,管道缩短。故外周小气道阻塞患者临床上主要表现为明显的呼气性呼吸困难。

3. 肺泡通气不足时的血气变化　对于单纯性肺低通气而言,如呼吸中枢抑制或中央性气道阻塞等,由于总肺泡通气量不足,使肺泡气不能及时更新,肺泡气氧分压(PaO_2)降低和肺泡气二氧化碳分压（$PaCO_2$）增高，当血液流经肺泡与肺泡气平衡后，血液不能被充分动脉化，因而必然导致 PaO_2 降低和 $PaCO_2$ 增高，属Ⅱ型呼吸衰竭。

（二）肺换气功能障碍

肺换气是指肺泡气与血液间气体交换过程，而有效进行血气交换的前提条件是完整而正常的肺泡膜结构及肺泡通气量与周围血流量比例协调，否则会因弥散障碍、通气血流比例失调以及解剖分流增加而导致换气障碍性呼吸衰竭。

1. 弥散障碍　肺泡气与肺毛细血管内血液经肺泡-毛细血管膜（简称肺泡膜）进行气体交换过程是一个物理性弥散过程。单位时间内影响气体弥散量的因素主要是肺泡膜的面积、厚度、血液与肺泡的接触时间以及气体的弥散能力等，弥散能力又与气体的分子量和溶解度相关。因此，当肺泡膜面积减小、肺泡膜厚度增加或弥散时间缩短时，就会导致弥散障碍（diffusion impairment）的发生。

（1）肺泡膜面积减少：正常成年人肺泡膜总面积约为 $80m^2$，静息时参与换气的肺泡膜表面积仅 $35\sim40m^2$，剧烈运动时有所增加，说明其储备量大。因此，只有当肺泡膜面积减少一半以上时，才会引起明显的气体交换障碍。肺泡膜面积减少可见于肺实变、肺不胀、肺叶切除等。

> **病例分析 10-8**
>
> 男性，62岁，5年前手术切除左肺下叶肿瘤，大小约 $2cm\times2cm\times3cm$，病理报告为左肺下叶腺癌。此次查体又见左肺上叶出现 $3cm\times3cm\times3cm$ 肿瘤，需再次行左上叶肺切除。
>
> 问题与思考：
>
> 患者术后气体交换功能是否会出现障碍？

（2）肺泡膜厚度增加：肺泡膜的薄部（约 $1\mu m$）为气体交换的部位，它是由肺泡上皮细胞、毛细血管内皮细胞及二者共有的基底膜所构成，虽然气体交换还需经过肺泡表面的液体层、血管内血浆层和红细胞膜，但总厚度也不超过 $5\mu m$。因此，当肺泡膜明显增厚（超过 $5\mu m$）时，弥散距离增宽，致气体扩散的速率减慢，弥散时间延长，单位时间内交换的气体量明显减少。临床常见于肺水肿、肺泡透明膜形成以及肺纤维化等。

（3）弥散时间缩短：在静息情况下，血液流经肺泡毛细血管的时间约为 $0.75s$，在剧烈运动时，约为 $0.34s$。但由于肺泡膜很薄，与血液的接触面又广，因而完成气体交换的时间，O_2 只需 $0.25s$，CO_2 更短，仅需 $0.13s$。当血液流经肺泡毛细血管的时间过短时，气体弥散量将下降。肺泡膜厚度增加的患者，虽然弥散速度减慢，弥散时间延长，但是静息时仍可在正常的接触时间（$0.75s$）内完成气体交换，而不出现明显的血气异常。但是当其体力负荷增加时，心排血量增加，肺血流速度加快，血液和肺泡气接触时间将明显缩短，就易出现气体交换不充分，从而导致 PaO_2 降低。

（4）弥散障碍时的血气变化：一般上述单纯性弥散障碍只会引起 PaO_2 降低，但并不会出现 $PaCO_2$ 升高。这是因为气体的弥散速度与肺泡膜两侧气体分压差、温度、肺泡膜的面积、厚度、气体溶解度成正比，而与气体的分子量的平方根成反比。虽然 CO_2 的分子量比 O_2 略大，但由于 CO_2 在水中的溶解度远大于 O_2，在相同的条件下，CO_2 的弥散速度远大于

O_2。所以当发生单纯性的弥散障碍时,血液中的 CO_2 能够很快地弥散入肺泡,而只表现为 PaO_2 降低。但是如果存在因 PaO_2 下降引起的代偿性过度通气,$PaCO_2$ 有可能低于正常,属 I 型呼吸衰竭。

2. 肺泡通气与血流比例失调　肺泡气与流经肺泡的血液之间进行有效的气体交换取决于良好的通气量、足够的血流量以及通气量与血流量的比例配合协调。肺泡通气与血流比例失调是肺部疾病引起呼吸衰竭最常见和最重要的机制。

静息状态下,成人平均肺泡通气量(V_A)约为4L/min,平均肺泡毛细血管血液灌流量(Q)约为5L/min,两者的比率(V_A/Q)约为0.8。若比值低于0.8,为部分肺泡通气不足;若比值高于0.8,则为部分肺泡血流不足,这是肺泡通气与血流比例失调的两种类型。

(1) 部分肺泡通气不足:见于支气管哮喘、慢性支气管炎、阻塞性肺气肿等因气道阻塞引起的阻塞性通气不足,以及因肺与胸廓顺应性降低(如肺纤维化、肺水肿等)引起的限制性通气不足等。肺通气障碍在肺内的分布往往是不均匀的,病变重的部分肺泡通气量明显减少,而血流量并未相应减少,甚至还因炎性充血而增多,使得 V_A/Q 显著降低,以致流经该部肺泡的静脉血得不到充分的气体交换便掺入动脉血,其情况类似肺部的动-静脉短路,故称之为功能性分流(functional shunt),又称静脉血掺杂(venous admixture)。

(2) 部分肺泡血流不足:见于肺动脉栓塞、肺动脉炎以及肺血管强烈收缩等。病变部位肺泡的血流量减少,使 V_A/Q 显著增高,由于通气量相对较多,不能被充分利用于气体交换,故称之为死腔样通气(dead space-like ventilation)(图10-17)。

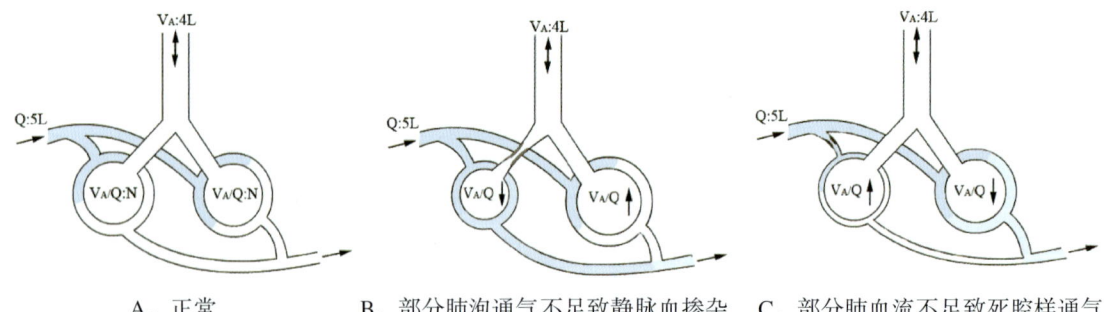

A. 正常　　　　　　B. 部分肺泡通气不足致静脉血掺杂　　C. 部分肺泡血流不足致死腔样通气

图 10-17　肺泡通气与血流比例失调导致血气变化的机制

(3) 肺泡通气与血流比例失调时的血气变化

1) 部分肺泡通气不足时的血气变化:部分肺泡通气不足时,病变肺区 V_A/Q 低于正常,流经该处的血液得不到充分的气体交换(即发生静脉血掺杂),因而 PaO_2 与 CaO_2 均显著降低,而 $PaCO_2$ 与 $CaCO_2$ 则显著增高,故可引起代偿性呼吸运动增强和总通气量增加,使得无通气障碍的健康肺泡的通气量代偿性增加,V_A/Q 明显增大,致该部分肺泡的 PaO_2 显著增高而 $PaCO_2$ 显著降低,但由于健康肺区的 PaO_2 已处于氧解离曲线上端的平坦段,因此,CaO_2 增加的余地很少,故无法代偿通气不足肺泡所造成的低氧血症,因此全肺混合后动脉血的 PaO_2 及 CaO_2 仍然低于正常。另一方面,健康肺区的 $PaCO_2$ 与 $CaCO_2$ 却因为 CO_2 解离曲线的线性特性,随通气增强,二者均明显降低,而全肺混合后动脉血的 $PaCO_2$ 和 $CaCO_2$ 可以是正常的,也可因代偿性通气增强过度,使 $PaCO_2$ 低于正常,或因肺通气障碍的范围较大,加上代偿性通气增强不足,使 $PaCO_2$ 高于正常(表10-2)。

表 10-2　肺泡通气不足时的血气变化

	病变肺区	健康肺区		全肺	
V_A/Q	< 0.8	> 0.8	= 0.8	> 0.8	< 0.8
PaO_2	↓↓	↑↑	↓	↓	↓
CaO_2	↓↓	↑	↓	↓	↓
$PaCO_2$	↑↑	↓↓	N	↓	↑
$CaCO_2$	↑↑	↓↓	N	↓	↑

2）部分肺泡血流不足时的血气变化：部分肺泡血流不足时，病变肺区 V_A/Q 明显高于正常，因此 PaO_2 显著升高、$PaCO_2$ 显著降低，但由于血流过少，通气浪费发生了死腔样通气，实际摄取的氧量并未增多，其 CaO_2 增加有限。相反，在健康肺区因血流量可代偿性增加，如果不考虑代偿性呼吸运动增强的因素，该部的 V_A/Q 可明显低于正常，流经该处的血液不能进行充分的气体交换，因此 PaO_2 和 CaO_2 显著降低，而 $PaCO_2$ 与 $CaCO_2$ 则明显增高。由于健康肺区的血流量相对较多，因此全肺混合后动脉血的 PaO_2 和 CaO_2 仍低于正常，所以实际上还是会产生代偿呼吸，$PaCO_2$ 与 $CaCO_2$ 的变化取决于代偿性呼吸增强的程度和病变严重程度，可以正常、降低或高于正常。

表 10-3　肺泡血流不足时的血气变化

	病变肺区	健康肺区		全肺	
V_A/Q	> 0.8	< 0.8	= 0.8	> 0.8	< 0.8
PaO_2	↑↑	↓↓	↓	↓	↓
CaO_2	↑	↓↓	↓	↓	↓
$PaCO_2$	↓↓	↑↑	N	↓	↑
$CaCO_2$	↓↓	↑↑	N	↓	↑

3. **解剖分流增加**　正常生理情况下肺内存在解剖分流，如部分静脉血经支气管静脉和极少数的肺内动-静脉吻合支直接流入肺静脉，但由于其量少，因此，对机体 PaO_2 影响不大。但是在病理情况下，如支气管扩张症时伴有支气管血管扩张、先天性肺动脉瘘以及其他原因致肺内动-静脉短路开放，使静脉血掺杂异常增多。而当严重肺实变或肺不张时，病变部位的肺泡完全失去通气功能，流经该处的血液完全未经气体交换即掺入动脉血中，属于真性分流（true shunt），又称为真性静脉血掺杂。

> **知识链接**
>
> 鉴别功能性分流与真性分流的有效方法是吸入纯氧，因前者只是通气量减少，吸入纯氧可通过提高肺泡 PO_2，促进氧的弥散，可改善通气不良肺区的 PaO_2；而后者因病变肺区通气完全停止，静脉血无法接触含高浓度氧的肺泡，因此吸入纯氧无效。

二、呼吸衰竭的主要代谢与功能变化

呼吸衰竭的基本变化为低氧血症和（或）高碳酸血症，二者是机体各器官系统发生代偿反应与代谢功能紊乱等变化的基础。

（一）酸碱平衡及电解质平衡改变

1. **代谢性酸中毒**　任何类型的呼吸衰竭都有缺氧的发生，从而无氧酵解加强，乳酸等酸性代谢产物增多，发生代谢性酸中毒。若合并肾功能不全，肾排酸保碱功能障碍或体内固定酸产生增多，将导致代谢性酸中毒进一步加剧。且由于细胞外 H^+ 多，可使细胞内 K^+ 转移到细胞外及肾小管排 K^+ 减少，促进高钾血症的发生。

2. **呼吸性酸中毒**　Ⅱ型呼吸衰竭时，由于肺泡通气量不足，二氧化碳大量潴留，可造成原发性血浆碳酸过多，引起呼吸性酸中毒。与代谢性酸中毒相同，呼吸性酸中毒时可产生高钾血症。此外，当血液中 CO_2 潴留时，在碳酸酐酶及缓冲系统的作用下，红细胞中生成 HCO_3^- 增多，因红细胞内发生氯转移，以及肾小管泌 NH_4^+ 增多，从而促进低氯血症的发生。

3. **呼吸性碱中毒**　Ⅰ型呼吸衰竭时，因严重缺氧造成肺过度通气，二氧化碳排出过多，造成呼吸性碱中毒。与呼吸性酸中毒的机制相反，可发生低钾血症和高氯血症。

4. **代谢性碱中毒**　常为医源性。如慢性Ⅱ型呼吸衰竭患者，在治疗过程中可因人工呼吸机使用不当而使呼吸过快，纠正酸中毒时 $NaHCO_3$ 使用过量均可引起代谢性碱中毒。慢性阻塞性肺疾病患者过度使用排钾利尿剂和肾上腺皮质激素还可引起低钾性碱中毒。

临床上，呼吸衰竭患者除可出现以上 4 种单纯性酸碱平衡紊乱外，更多情况下因病情和治疗措施不同引起混合性酸碱平衡紊乱。

（二）呼吸系统的改变

1. **低氧血症和（或）高碳酸血症程度不同对呼吸功能的不同影响**　当 PaO_2 低于 60mmHg 时，主要作用于颈动脉体与主动脉体外周化学感受器，反射性引起呼吸运动增强，肺通气量增大，但当 PaO_2 低于 30mmHg 时，缺氧对呼吸中枢可产生直接性的抑制作用使呼吸运动减弱。当 $PaCO_2$ 高于 50mmHg 时，主要作用于延髓腹外侧浅表的中枢化学感受器，使呼吸中枢兴奋，从而引起呼吸加深加快，但是当 $PaCO_2$ 超过 80mmHg 时，则可抑制呼吸中枢。

> **知识链接**
>
> 临床上，吸氧是提高呼吸衰竭患者 PaO_2 的有效措施，但是慢性Ⅱ型呼吸衰竭的患者，由于 $PaCO_2$ 明显增高，因此中枢化学感受器对 CO_2 的敏感性降低，患者呼吸运动的维持主要靠低氧对外周化学感受器的刺激来得以维持。此时如果给予患者吸入高浓度氧，可因解除缺氧症状，使呼吸中枢进一步抑制，通气量进一步减少，而使 CO_2 潴留更为严重。故Ⅱ型呼吸衰竭的给氧原则应为低浓度（30%）、低流量（1～2L/min）、持续性给氧。

2. **病因不同导致呼吸运动形式发生不同变化**　某些病因致中枢性呼吸衰竭发生时，因呼吸中枢受损或抑制可出现潮式呼吸、比奥呼吸及下颌呼吸等呼吸节律紊乱。由于肺顺应性降低引起的限制性通气不足，因牵张感受器或肺 - 毛细血管旁感受器受刺激可反射性地引起呼吸变浅变快。阻塞性通气不足时，由于阻塞部位的不同，呼气与吸气困难的程度亦可不一，可表现为吸气性或呼气性呼吸困难。

3. 长时间呼吸运动增强可导致呼吸肌疲劳　呼吸衰竭时，如存在长时间增强的呼吸运动，可增加呼吸肌耗氧，导致呼吸肌疲劳，使呼吸肌收缩力进一步减弱，呼吸变浅快，使得肺泡通气量减少，呼吸衰竭进一步加重。

（三）循环系统的改变

轻、中度的缺氧和 CO_2 潴留可通过交感神经反射性兴奋心血管中枢，使心率加快、心肌收缩力增强、外周血管收缩，且因呼吸运动增强，胸廓运动幅度增大，胸腔负压增加，使静脉回心血量增多，导致心排血量增加，同时脑血管和冠脉在局部代谢产物的调节作用下扩张，从而发生全身性血液重分布，心脑的血供相对增多。严重缺氧和 CO_2 潴留时，可直接抑制心血管中枢，使心脏活动减弱，血管扩张，导致血压下降，心肌收缩力减弱，甚至心律失常等严重后果。

慢性肺的器质性病变在引起呼吸衰竭的同时，常可引起右心后负荷增大，进而导致右心肥大甚至发生心力衰竭，称为肺源性心脏病（pulmonary heart disease），其主要发病机制为：

1. 肺动脉高压，加重右心后负荷

（1）肺血管收缩：由于缺氧和 CO_2 潴留所致的血液 H^+ 浓度增高，均可引起肺血管收缩，肺动脉高压。

（2）肺小动脉重塑：长期缺氧刺激致肺小动脉持续收缩，可促使平滑肌细胞和成纤维细胞增生、肥大，同时胶原蛋白与弹性蛋白合成增加，导致肺血管壁增厚，管腔变窄，形成持久的肺动脉高压。

（3）肺毛细血管床减少：某些原发性肺疾病可引起肺血管壁增厚、管腔狭窄，肺毛细血管内皮细胞肿胀或微血栓阻塞等变化，使毛细血管床大量破坏和减少，亦可增加肺循环阻力导致肺动脉高压。

2. 长期慢性缺氧可使血液中的红细胞代偿性增多，血液黏滞度增加，肺血流阻力增大，致心脏负荷加重。

3. 缺氧、酸中毒以及高钾血症均可直接损害心肌，降低心肌舒缩功能。

4. 呼吸困难时，若用力呼气，可使胸膜腔内压异常增高，使得心肌舒张受限；若用力吸气，则胸膜腔内压异常降低，可限制右心收缩，从而促使右心衰竭的发生。

（四）中枢神经系统的改变

中枢神经系统对缺氧十分很敏感，当 PaO_2 降至 60mmHg 时，可出现轻度智力和视力的减退；当 PaO_2 急速降至 40～50mmHg 以下时，会引起头痛、不安、定向及记忆障碍、精神错乱、嗜睡，甚至昏迷等一系列神经精神症状；当 PaO_2 低于 20mmHg 时，数分钟内就可造成神经细胞的不可逆性损伤，甚至危及生命。当 $PaCO_2$ 超过 80mmHg 时，可出现头晕、烦躁、记忆力下降、定向力丧失、肌肉震颤、嗜睡甚至昏迷等情况，称之为二氧化碳麻醉（carbon dioxide narcosis）。

临床上将由呼吸衰竭引起的中枢神经系统功能障碍称为肺性脑病（pulmonary encephalopathy）。其发生机制为：

1. 缺氧和酸中毒对脑血管的作用　缺氧、CO_2 潴留、酸中毒时可直接使脑血管扩张，脑血流量增加，此外还能损伤血管内皮细胞，使其通透性增高，导致脑间质水肿。脑充血、水肿使颅内压升高，压迫脑血管，更加重脑缺氧，严重时可导致脑疝形成。

2. 缺氧和酸中毒对脑细胞的作用　缺氧使 ATP 生成减少，损害细胞膜 Na^+-K^+ 泵功能，可引起细胞内水钠潴留，发生脑细胞水肿。呼吸衰竭时脑脊液 pH 易降低，可使脑电波变慢，甚至脑电活动完全停止。神经细胞内酸中毒一方面可增加脑谷氨酸脱羧酶的活性，使 γ-氨基丁酸生成增多，导致中枢抑制；另一方面增强磷脂酶的活性，使溶酶体酶释放，引起神经细胞和组织的损伤，从而产生神经精神症状。

（五）泌尿系统的改变

缺氧与 CO_2 潴留可使交感神经兴奋，反射性引起肾血管收缩，使肾血流量严重减少，发生急性功能性肾衰竭。若患者并发休克或心力衰竭，则可能转变为器质性肾衰竭。

（六）消化系统的改变

严重缺氧可使胃壁血管收缩，从而降低胃黏膜的屏障作用；CO_2 潴留可增强胃壁细胞碳酸酐酶活性，使胃酸分泌增多，故呼吸衰竭时可出现胃肠道黏膜糜烂、坏死、出血和溃疡等变化，患者常感食欲缺乏、消化不良，甚至可因消化道大量出血而死亡。

> **知识链接**
>
> 慢性呼吸衰竭患者由于胃肠消化吸收功能障碍或因呼吸困难影响进食可并发营养不良。营养不良可使机体免疫力下降，易合并感染。当蛋白质摄入不足时，肺泡上皮细胞的复制功能受损，可降低肺泡表面活性物质的稳定性，导致肺泡表面张力增大，肺泡萎陷，产生和加重呼吸肌的疲劳。每日补给的营养应达到患者基础能量的需要，可给予糖类、脂肪、氨基酸或蛋白质等以改善呼吸肌功能。但过多地补充糖类会增加 CO_2 产量，从而加重呼吸负荷。

三、呼吸衰竭防治的病理生理基础

（一）病因学治疗

积极治疗原发病是防治呼吸衰竭的关键，同时还须防止诱因的作用，如预防感冒、急性支气管炎，以免诱发急性呼吸衰竭。

（二）提高 PaO_2

针对只有缺氧而无 CO_2 潴留的 I 型呼吸衰竭，可吸入较高浓度的氧，而对于既有缺氧，又有 CO_2 潴留的 II 型呼吸衰竭，则应坚持低浓度、低流量、持续性给氧为宜，使 PaO_2 达到 50～60mmHg 的安全水平。

（三）降低 $PaCO_2$

II 型呼吸衰竭应通过增加肺泡通气量以降低 $PaCO_2$。临床上常采用综合性措施，抗感染治疗减轻气道的肿胀与分泌，用平喘药扩张气管解除支气管痉挛，必要时可使用呼吸中枢兴奋剂或行气管切开术及时清除呼吸道分泌物以及人工辅助通气等。

（四）改善内环境紊乱和支持重要脏器功能

注意纠正水、电解质平衡及酸碱平衡紊乱，注意保护和维持心、脑、肾等重要器官的功能，防止常见严重并发症的发生。

（董雅洁）

 思考题

1. 简述大叶性肺炎的病理变化。
2. 比较大叶性肺炎和小叶性肺炎的区别。
3. 简述慢性支气管炎的临床病理联系。
4. 煤气中毒可引起何种类型缺氧？简述其发生机制。
5. 当患者出现发绀时，如何区别是"肠源性发绀"，还是乏氧性缺氧引起的发绀？
6. 阻塞性通气不足中，不同阻塞部位出现的呼吸困难形成有何不同，为什么？
7. 肺泡通气/血流比例失调时的血气如何变化？为什么？
8. Ⅰ型与Ⅱ型呼吸衰竭给氧原则有何不同？为什么？

第十一章 消化系统疾病

1. **掌握** 溃疡病的病理变化；病毒性肝炎的临床病理分型和病理变化。门脉性肝硬化的概念、病理变化和临床病理联系。食管癌、胃癌、大肠癌、肝癌的病理变化。黄疸、高胆红素血症和核黄疸的定义；黄疸的常见类型及病因。肝功能不全、肝性脑病的概念。肝性脑病的发生机制与诱因。
2. **熟悉** 慢性胃炎的类型及病理变化；溃疡病的结局及并发症；急性普通型肝炎的病理变化；门脉性肝硬化的病因。食管癌、胃癌、大肠癌、肝癌的病因。黄疸常见类型的临床表现，血清胆红素的生理指标。肝功能不全对机体的影响。
3. **了解** 急性胃炎的病因；溃疡病的临床病理联系、病因及发病机制；肝炎的病因及发病机制。食管癌、胃癌、大肠癌、肝癌的扩散方式。各型黄疸的发生机制；黄疸对机体的影响；黄疸防治的病理生理基础。肝性脑病的临床表现及防治的病理生理基础。

第一节 胃 炎

胃炎（gastritis）是指由各种致病因素引起的胃黏膜的炎症。可分为急性胃炎和慢性胃炎。急性胃炎常有明确的病因，慢性胃炎病因及发病机制比较复杂，目前尚未完全明了。

一、急性胃炎

1. **急性单纯性胃炎** 多因暴饮暴食等饮食不当或食用刺激性食物、药物及烈性酒等所致，病变黏膜充血、水肿，表面附着黏液，可伴有糜烂。
2. **急性出血性胃炎** 多因过度酗酒、用药（阿司匹林等）不当及由严重创伤、烧伤和大手术等引起的机体应激状态所致。病变处以胃黏膜急性出血和糜烂为特征，或呈多发性、浅表性的应激溃疡。
3. **急性腐蚀性胃炎** 多由吞服强酸、强碱等腐蚀剂引起。病变多较严重，胃黏膜常出现坏死、脱落，严重者可出现胃穿孔。
4. **急性化脓性胃炎** 又称为急性蜂窝织性胃炎，多由金黄色葡萄球菌、链球菌、肺炎双球菌、大肠杆菌等经血道或胃外伤直接感染所致。胃呈弥漫性化脓性炎。

二、慢性胃炎

慢性胃炎是一种常见病、多发病,多由急性转变而来,其发病率在胃病中最高。

(一)病因和发病机制

慢性胃炎的病因及发病机制较复杂,目前尚未完全明了。可能与以下因素有关:

1. **幽门螺杆菌(Helicobacter pylori,Hp)感染** 目前认为Hp与慢性胃炎的关系密切。Hp是一种微弯曲的棒状革兰氏阴性杆菌,存在于大部分慢性胃炎患者的胃黏膜上皮表面或腺体内的黏液层中,发病机制见消化性溃疡。

2. **长期慢性刺激** 喜食热烫、浓碱或刺激性食物,长期饮酒、吸烟或滥用水杨酸类药物等使急性胃炎迁延不愈。

3. **幽门括约肌功能失调** 可使十二指肠肠液或胆汁反流,从而破坏胃黏膜屏障。

4. **自身免疫损伤** 主要有慢性A型萎缩性胃炎,其发生与自身免疫有关,又称自身免疫性胃炎。

> **知识链接**
>
> 幽门螺杆菌,Helicobacter pylori,简称Hp。1893年,意大利病理学家Bizzo zero首次报告在哺乳动物胃内发现螺旋形微生物,1982年,澳大利亚病理科医生Warren发现135例胃黏膜病变中可见曲形和S形细菌,该结果以书信形式发表在著名杂志《柳叶刀》上。1989年,Goodwin等人将其命名,得到学术界的承认。巴里·马歇尔(Barry J. Marshall)和罗宾·沃伦(J. Robin Warren)关于它的研究获得了2005年诺贝尔生理学和医学奖。

(二)病理变化

根据病理变化的不同,慢性胃炎分为慢性浅表性胃炎、慢性萎缩性胃炎、慢性肥厚性胃炎、疣状胃炎。

1. **慢性浅表性胃炎** 又称慢性非萎缩性胃炎,为胃黏膜最常见的病变,病变部位以胃窦部多见。

肉眼可见黏膜呈弥漫性或多灶性充血、水肿,伴点状出血或糜烂,黏液分泌增多。镜下见病变主要累及黏膜浅层(即黏膜上1/3),病变呈多灶或弥漫分布,黏膜固有腺体正常,固有膜充血、水肿、淋巴细胞和浆细胞浸润甚至中性粒细胞浸润,可伴小灶性出血、表浅上皮细胞可坏死脱落形成糜烂。长期发作可发展为慢性萎缩性胃炎。

2. **慢性萎缩性胃炎** 可分为A、B两型。A型的发生与自身免疫有关,Hp的检出率6%~14%,患者血清中可找到抗胃壁细胞抗体和抗内因子抗体,常有维生素B_{12}吸收障碍,并伴有恶性贫血,病变多发生在胃体和胃底部,胃窦部G细胞因代偿性增生使血清促胃液素增高。B型的发病与自身免疫无关,Hp的检出率约90%,血清中壁细胞抗体阴性,也不伴有恶性贫血,病变多在胃窦部,血清促胃液素正常或降低,部分病例可能发生癌变。我国患者大多数属于B型。

肉眼观察,胃黏膜变薄,皱襞变平甚至消失,表面呈颗粒状,黏膜下血管分支清晰可见,黏膜由正常的橘红色变为灰白色或灰黄色。长期严重的病例还可因为胃小凹上皮细胞增生而形成息肉。

镜下观察，病变的主要特点是胃黏膜变薄、固有层腺体变小、数目减少、可有囊性扩张。黏膜固有层内有淋巴细胞和浆细胞浸润，甚至可形成淋巴滤泡。胃体和胃底部腺体可发生假幽门腺化生，表现为固有腺体壁细胞和主细胞减少或消失，被类似幽门腺的黏液细胞所取代。在胃窦病变区，可发生肠上皮化生，表现为胃黏膜表层上皮细胞和腺体中出现分泌黏液的杯状细胞、潘氏细胞、有刷状缘的吸收细胞（图11-1）。肠上皮化生的细胞可出现异型性，目前认为肠上皮化生与肠型胃癌的发生关系密切。

3. 慢性肥厚性胃炎　病变常发生于胃底及胃体部。肉眼观察，黏膜肥厚，皱襞加深、变宽似脑回状。镜下观察，腺体肥大增生，腺管延长，增生的腺体可穿过黏膜肌。黏膜表面黏液细胞增多，固有层炎细胞浸润不显著。

（三）临床病理联系

慢性浅表性胃炎患者因病变较轻，常无明显症状，有时可出现消化不良、上腹不适或隐痛。慢性萎缩性胃炎由于胃固有腺体萎缩，壁细胞和主细胞减少或消失，胃液分泌减少，患者可出现食欲下降、消化不良、上腹部不适或疼痛等。A型胃炎患者因内因子缺乏，维生素B_{12}吸收障碍，常发生恶性贫血。慢性肥厚性胃炎由于腺体增生和肥大，患者可有明显的上腹部烧灼感、疼痛及返酸等症状。

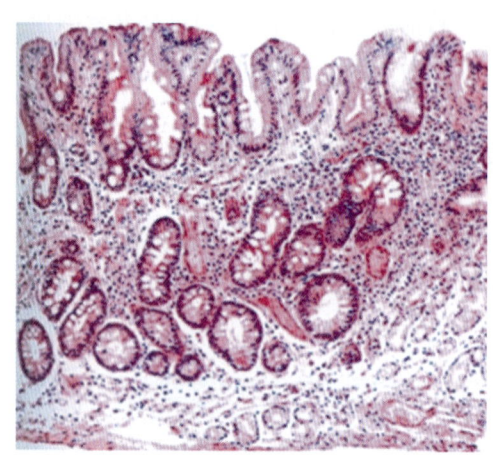

图11-1　慢性萎缩性胃炎伴肠上皮化生
黏膜固有腺体减少，由肠化生上皮替代

第二节　消化性溃疡

消化性溃疡（peptic ulcer）亦称溃疡病，是以胃或十二指肠黏膜形成慢性溃疡为特征的一种常见病、多发病。因其发生与胃液消化有关，故称消化性溃疡。消化性溃疡如发生在胃，称为胃溃疡病；如发生在十二指肠，称为十二指肠溃疡病；胃和十二指肠同时存在溃疡较为少见，称为复合性溃疡病。十二指肠溃疡病较胃溃疡病多见，两者之比约为3∶1。本病常反复发作，呈慢性经过。患者多为成年人，男性多于女性。主要临床表现为周期性上腹部疼痛、返酸、嗳气和上腹饱胀感等。

一、病因和发病机制

消化性溃疡的病因比较复杂，发病机制尚未完全阐明。目前认为可能与以下因素有关：

（一）幽门螺杆菌的感染

大量研究表明，幽门螺杆菌在溃疡病的发病机制中具有重要的作用，不同菌株间的致病力不同。致病力取决于它对胃十二指肠黏膜上皮细胞的破坏力、黏附力及其产生毒素的毒力等因素。幽门螺杆菌可产生大量尿素酶，催化产生的游离氨能保护Hp抵御酸性环境，还可产生溶解胃黏膜糖蛋白的蛋白酶、破坏黏膜表面上皮细胞脂质膜的磷酸酯酶等。Hp可释放一种细菌型血小板激活因子，促进表面毛细血管内血栓形成而导致血管阻塞以及黏膜缺血，破坏胃十二指肠黏膜防御屏障。体外实验发现幽门螺杆菌易于黏附到表达O型血抗原的细胞上，可能与O型血人群胃溃疡病发病率较高有关，但尚待进一步确认。

（二）黏膜防御屏障破坏

正常情况下，胃黏膜自身的完整性、快速的更新能力、大量黏液的分泌以及充足的血液供应保证了黏膜屏障的正常功能。当黏膜屏障因药物（阿司匹林、保泰松、肾上腺皮质激素、吲哚美辛等）、胆汁反流等原因造成黏液分泌减少、黏膜完整性受损、更新能力降低或微循环灌流不足时，均可使黏膜抗消化能力减弱，促进溃疡病的发生。

（三）胃液的消化作用增强

许多研究证实，溃疡病的发生与胃酸、胃蛋白酶增多有关。临床上大多数十二指肠溃疡病患者的壁细胞总数明显高于正常，有空腹胃酸分泌增高及胃溃疡病患者在餐后也常出现胃酸分泌增加的现象。胃酸分泌过多时，相应的胃蛋白酶原分泌也增多，使胃液的消化能力增强，易损伤胃十二指肠黏膜。

（四）其他因素

胃排空延缓、胆汁反流、药物因素、遗传因素、环境因素、精神因素等均与消化性溃疡的发生有关。

二、病理变化

胃溃疡绝大多数发生于胃小弯近幽门处，尤其多见于胃窦部，少数见于胃大弯和胃底部。溃疡多数为单个，呈圆形或椭圆形，直径多在2cm以内。肉眼观察，溃疡边缘整齐，常穿过黏膜下层深达肌层甚至浆膜，底部较平坦，其周围黏膜皱襞因底部瘢痕的牵拉呈放射状向溃疡集中（图11-2）。

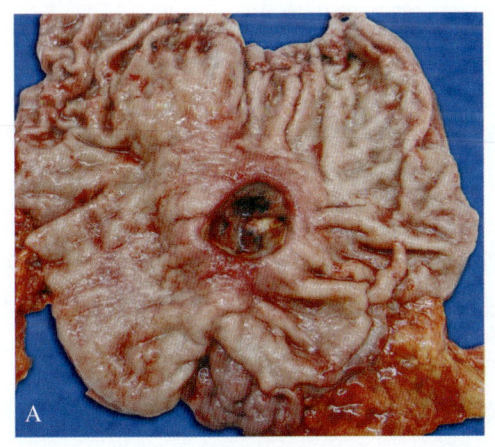 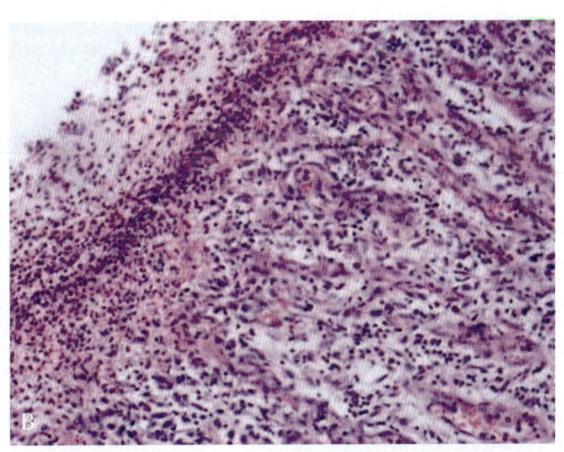

图 11-2 胃溃疡
A. 胃小弯侧可见椭圆形溃疡，边缘整齐　B. 显微镜下显示溃疡表面为渗出物和坏死组织，其下为肉芽组织

镜下观察，溃疡底由表面到深部大致有4层结构（图11-2）：第一层为渗出层，渗出物为白细胞和纤维素等；第二层为坏死层，由无结构的坏死组织构成；第三层为肉芽组织层，主要由新生的毛细血管和成纤维细胞构成；第四层是瘢痕组织层，主要由大量胶原纤维和少量纤维细胞构成。瘢痕组织内的小动脉因炎性刺激，常发生增殖性动脉内膜炎，管壁增厚、纤维化，管腔狭窄或有血栓形成。此种血管改变可防止溃疡出血，有止血的作用，但同时血管堵塞可引起局部血液供应减少，影响组织再生，常常造成溃疡不易愈合。溃疡底部的神经节及神经纤维常发生变性和断裂，有时可见神经纤维的断端呈球状增生，这种变化可能是引

起疼痛的原因之一。

十二指肠溃疡的形态与胃溃疡相似，多发生在十二指肠球部的前壁或后壁，一般较胃溃疡小且浅，直径多在 1cm 以内。

三、结局及并发症

（一）愈合

渗出物和坏死组织逐渐被吸收、排出，溃疡由肉芽组织增生填补，然后由周围的黏膜上皮再生、覆盖溃疡面而愈合。

（二）出血

这是最常见的并发症，占患者的 10%～35%。轻者溃疡底部的毛细血管破裂，此时患者大便潜血检查可阳性；如溃疡底部大血管破裂，可引起大出血，患者出现呕血、柏油样大便，甚至失血性休克，严重者可危及生命。

（三）穿孔

约占患者的 5%，肠壁较薄的十二指肠溃疡更易发生穿孔。若为急性穿孔，胃内容物漏入腹腔引起急性弥漫性腹膜炎。患者可产生剧烈腹痛，严重者可发生休克。若为慢性穿孔，穿孔前已与周围组织粘连，可形成局限性腹膜炎。

（四）幽门梗阻

约占患者的 3%，主要原因是瘢痕收缩引起幽门狭窄，使胃内容物通过困难，患者往往出现反复呕吐。此外，幽门部如伴有炎性水肿，或受炎症刺激而引发痉挛时，可发生功能性幽门梗阻。

（五）癌变

胃溃疡可发生癌变，癌变率约 1%。十二指肠溃疡一般不发生癌变。

四、临床病理联系

溃疡病患者的临床表现主要是周期性上腹部疼痛、返酸、嗳气及上腹部饱胀。胃溃疡的疼痛出现于饭后 0.5～2 小时，至下餐前消失；而十二指肠溃疡的疼痛多出现在午夜或饥饿时，持续至下次进餐，进食后可减轻或完全缓解。疼痛的位置常固定，位于剑突下，胃溃疡略偏左，十二指肠略偏右。疼痛的性质为钝痛、刺痛或烧灼痛。返酸是由于胃酸分泌过多刺激幽门括约肌痉挛和胃逆蠕动，从而使酸性的胃内容物向上反流所致。嗳气及上腹部饱胀则与胃幽门括约肌痉挛，胃内容物排空困难，滞留于胃内发酵及消化不良等有关。

> **病例分析 11-1**
>
> 男性，37岁。1年前开始间断性出现上腹部疼痛，呈钝痛，空腹时加重，进食后可缓解，同时伴有返酸、嗳气、烧心，未服药。3天前饮酒后腹痛加重，呈绞痛，向后背部放射，伴有恶心、呕吐。否认糖尿病、高血压病史及家族史，否认肝炎及结核病史。
>
> 辅助检查胃镜：食管黏膜光滑；胃窦、胃体黏膜光滑，色泽红白相间，以红为主；十二指肠球部前壁可见 1.0cm×1.2cm 大小的溃疡，底部覆厚白苔，周边充血水肿明显。
>
> 问题与思考：
> 1. 此患者的最可能临床诊断是什么？诊断依据是什么？
> 2. 此患者所患疾病需与哪些疾病相鉴别？

第三节　阑尾炎

阑尾炎（appendicitis）是发生于阑尾的一种化脓性炎症。临床上常有转移性右下腹疼痛、体温升高、呕吐和外周血中性粒细胞增多等现象。

一、急性阑尾炎

（一）病因和发病机制

引起阑尾炎的两个主要原因是阑尾腔阻塞和细菌侵入阑尾壁。阑尾是一条细长盲管，管腔较狭窄，容易发生由粪石、异物、寄生虫等引起的管腔堵塞。阑尾肌层尤其是根部的平滑肌易受刺激而痉挛也可引起管腔堵塞。堵塞部位远端的分泌物滞留，腔内压力升高，使阑尾壁受压，血液循环障碍，阑尾黏膜因淤血、水肿、缺氧而损伤，细菌得以侵入阑尾壁引起阑尾炎。

（二）病理变化和类型

1. 急性单纯性阑尾炎　为早期的阑尾炎，病变多以黏膜或黏膜下层较重。肉眼观察，阑尾轻度肿胀，浆膜面充血，失去正常光泽。镜下观察，阑尾腔、黏膜内或各层均见中性粒细胞浸润，黏膜一处或数处可见糜烂，阑尾各层可有炎性水肿。

2. 急性蜂窝织炎性阑尾炎　又称急性化脓性阑尾炎，常由单纯性阑尾炎发展而来。肉眼观察，阑尾充血、水肿明显，肿胀变粗，可伴积脓，浆膜表面覆以纤维蛋白性或脓性渗出物。镜下观察，阑尾各层均有大量中性粒细胞弥漫浸润及充血、水肿、纤维蛋白渗出，可伴溃疡、脓肿及穿孔形成。浆膜面有纤维蛋白和中性粒细胞渗出时，即伴有阑尾周围炎。

3. 急性坏疽性阑尾炎　常为急性化脓性阑尾炎进一步发展所致，为重型阑尾炎。阑尾腔因积脓、腔内压力增高及阑尾系膜静脉受炎症波及而发生血栓性静脉炎等，引起阑尾壁血液循环障碍，以至阑尾壁发生广泛坏死及腐败菌入侵，形成阑尾坏疽。肉眼观，阑尾肿大呈黑褐色（图11-3），表面有纤维蛋白及脓性渗出物，常导致穿孔，引起阑尾周围脓肿或弥漫性腹膜炎。

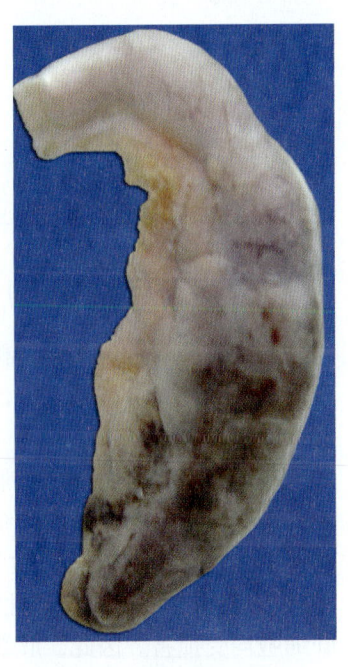

图11-3　急性坏疽性阑尾炎

二、慢性阑尾炎

慢性阑尾炎常由急性阑尾炎转变而来，也可一开始即呈慢性经过，光镜下表现为阑尾壁内淋巴细胞、浆细胞和嗜酸性粒细胞等慢性炎细胞浸润和不同程度的纤维化。有时可出现整个阑尾腔的机化闭塞。

第四节　病毒性肝炎

一、病原体和传染途径

病毒性肝炎（viral hepatitis）是由肝炎病毒引起的以肝实质细胞发生变性、坏死为主要病变的常见传染病。现已知肝炎有甲型、乙型、丙型、丁型、戊型及庚型六型，表 11-1。其中乙型肝炎较多见，我国是发病率较高的地区之一，男女发病率无明显差异。任何年龄均可发病。

表 11-1　各种肝炎病毒的特征

	HAV	HBV	HCV	HDV	HEV	HGV
病毒	单链 RNA	双链 DNA	单链 RNA	单链 RNA，复制缺陷型	单链 RNA	单链 RNA
传播途径	消化道	密切接触、输血、注射	密切接触、输血、注射	密切接触、输血、注射	消化道	密切接触、输血、注射
潜伏期	2～6 周	4～26 周	2～26 周	在 HBV 携带者中再感染，4～7 周	2～8 周	不详
携带者状态	无	有	有	有	无	不详
发展为慢性肝炎	无	5%～10%	＞70%	同时感染 HBV 者＜5%；HBV 携带者再感染 HDV 后，约 80%	无	有
发展为肝细胞癌	无	可	可	不比单纯乙肝高	不详	不详

二、病因及发病机制

肝炎病毒引起肝损害的机制还不十分清楚。各种肝炎的发病机制可能不同，部分是病毒直接干扰和损伤肝细胞所致，尤其通过机体的免疫机制导致的损伤更为重要。如乙型肝炎病毒（hepatitis B virus，HBV）的发病机制，一般认为是病毒引起机体免疫应答所致。HBV 侵入人体后经血入肝，在肝细胞内复制增殖后释放入血，在释放过程中有部分 HBV 抗原附着于肝细胞表面，与肝细胞膜结合，使肝细胞表面的抗原性发生改变。进入血液的病毒可刺激人体的免疫系统，产生致敏 T 淋巴细胞和特异性抗体。致敏 T 淋巴细胞能识别与攻击附有 HBV 抗原的肝细胞，特异性抗体能与血中病毒及附有病毒抗原的肝细胞起反应，使病毒和肝细胞均受损害。因此，肝细胞损害的程度取决于人体免疫反应和感染病毒的数量与毒力的不同。如病毒毒力相同，免疫反应过强的人发生重型肝炎，免疫反应正常的人发生普通型肝炎，免疫功能低下的人发生病毒性肝炎易慢性化，缺乏免疫功能或免疫耐受的人往往成为无症状的病毒携带者。当机体感染 HBV 后，机体针对它的不同抗原产生不同的抗体。

知识链接

乙肝病毒发现人简介：Baruch Blumberg 博士是美国费城福克斯·彻斯癌症中心的著名科学家，也是美国宾夕法尼亚大学的医学和人类学教授。

Baruch Blumberg 博士的研究涉及多个领域，包括临床医学、流行病学、滤过性微生物学、遗传学和人类学。由于他发现了"传染性疾病的病源和传播机制"并在全球首次发现乙肝病毒，Baruch Blumberg 博士于 1976 年被授予诺贝尔生理学或医学奖。

三、基本病理变化

各型肝炎的基本病理变化均属于变质性炎症,都是以肝细胞的变性、坏死为主,同时伴有不同程度的炎细胞浸润及间质反应性增生等。

(一)肝细胞变性

1. 细胞水肿　为最常见的病变,多弥漫性分布,是由于肝细胞受损后细胞内水分增多造成。光镜下肝细胞肿大,胞质疏松呈网状、半透明,称为胞质疏松化。进一步发展,细胞水肿严重,肝细胞显著肿大呈球形,胞质几乎透明,称为气球样变。

2. 嗜酸性变　累及单个或几个肝细胞,病灶散在于小叶内,病变肝细胞胞质因水分脱失而浓缩,体积缩小,嗜酸性染色增强(图11-4)。

(二)肝细胞坏死和凋亡

肝细胞坏死和凋亡是不可逆的细胞损伤。

1. 溶解性坏死　由气球样变发展而来。病变肝细胞高度肿胀,胞膜溶解、核固缩、溶解以至消失。此种坏死在不同类型的肝炎表现常有不同,按其范围和分布,可分为:

(1)点状坏死:为肝小叶内散在的单个或数个肝细胞坏死。常见于急性(普通型)肝炎(图11-5)。

(2)碎片状坏死:为小叶周边界板肝细胞的灶性坏死、崩解,界板破坏,常见于慢性肝炎。

(3)桥接坏死:为中央静脉与汇管区之间,或两个中央静脉之间,或两个汇管区之间出现相互连接的肝细胞坏死带。常见于中度、重度慢性肝炎。

(4)大片坏死:几乎累及整个肝小叶的大范围坏死。坏死多由小叶中央开始,向四周扩延,仅小叶周边残留少数变性的肝细胞,常见于重型肝炎。

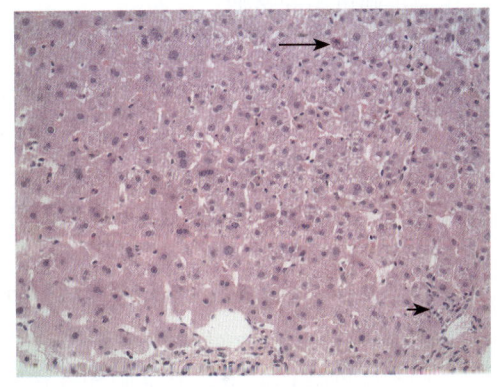

图11-4　病毒性肝炎

肝细胞水肿、嗜酸性变(长箭头)、点状坏死(短箭头)

2. 肝细胞凋亡　为单个肝细胞的死亡。由嗜酸性变发展而来,胞质进一步浓缩,胞核也浓缩消失,最终形成深红色、均一浓染的圆形小体,称为嗜酸性小体(凋亡小体)。

(三)炎细胞浸润

在汇管区或小叶坏死区内常有程度不等的炎症细胞浸润,主要为淋巴细胞和单核细胞,也可见少数浆细胞、中性粒细胞等。

(四)肝细胞再生及间质反应性增生

1. 肝细胞再生　肝细胞发生点灶状坏死时,邻近的肝细胞可通过直接分裂而再生修复。再生的肝细胞体积较大,核大而染色较深,有的可有双核。如果肝细胞坏死严重(碎片状坏死、桥接坏死及大片坏死),网状支架塌陷,则再生的肝细胞因失去依托的支架不能排列成原来的结构,而形成肝细胞团,称为结节状再生。在汇管区或大片状坏死灶内可见小胆管的增生。

2. 间质反应性增生　肝巨噬细胞、间质细胞及成纤维细胞增生。在反复发生严重坏死的病例,由于大量成纤维细胞增生可发展成肝纤维化及肝硬化。

四、临床病理类型

病毒性肝炎分为普通型及重型两大类。

（一）普通型肝炎

1. 急性（普通型）肝炎　此型最常见，临床上又分为黄疸型和无黄疸型两种。我国以无黄疸型肝炎居多，其中多为乙型肝炎，一部分为丙型肝炎。黄疸型肝炎的病变略重，病程较短，多见于甲型、丁型、戊型肝炎。

（1）病理变化：肉眼观察，肝体积增大，质软、表面光滑。镜下观察，肝细胞广泛变性，以细胞水肿，即胞质疏松化和气球样变为主，肝细胞体积增大，肝窦受压狭窄，肝细胞内可有淤胆现象。肝细胞坏死轻微，肝小叶内散在点状坏死和少量嗜酸性小体。汇管区及肝小叶内有轻度炎细胞浸润。黄疸型者坏死灶稍多、稍重，毛细胆管管腔中可有淤胆或胆栓形成。

（2）临床病理联系：由于肝细胞弥漫性肿大使肝体积增大、被膜紧张，患者可有肝区疼痛或压痛等症状。由于肝细胞坏死，细胞内的酶类释出入血，故血清谷丙转氨酶等升高，同时还可引起多种肝功能异常。肝细胞坏死较多时，胆红素代谢异常，加之毛细胆管受压或胆栓形成等则可引起黄疸。

（3）结局：急性肝炎患者大多在半年内治愈。乙型、丙型肝炎恢复较慢，需半年到一年，5%～10%乙型肝炎及约70%丙型肝炎可转变成慢性肝炎。

2. 慢性（普通型）肝炎　病毒性肝炎病程持续半年以上即为慢性病毒性肝炎。导致肝炎慢性化的因素很多，包括感染的病毒类型、治疗不当、营养不良、饮酒、服用对肝有损害的药物、同时患其他传染病以及免疫因素等。学者们根据炎症、坏死、纤维化程度，将慢性肝炎分为下述三型：

（1）轻度慢性肝炎：有点状坏死，偶见轻度碎片状坏死，肝小叶结构完整，汇管区少量纤维化。

（2）中度慢性肝炎：肝细胞变性坏死明显，出现中度碎片状坏死及特征性的桥接坏死。肝小叶内有纤维间隔形成，但小叶结构大部分保存。

（3）重度慢性肝炎：肝细胞坏死严重且广泛，有重度的碎片状坏死及大范围桥接坏死。坏死区出现肝细胞不规则结节状再生；小叶周边与小叶内肝细胞坏死区间形成纤维条索连接，纤维间隔分割肝小叶，可致小叶结构紊乱形成假小叶（早期肝硬化）。有时如果在慢性肝炎的基础上出现新的大片坏死则转变为重型肝炎。

慢性肝炎常见的临床表现为肝大及肝区疼痛，重者还可伴有脾大。实验室检查，血清丙氨酸氨基转移酶、胆红素、丙种球蛋白可有不同程度升高，白蛋白减低或白蛋白与球蛋白比例异常，凝血酶原活力下降。

轻度的慢性肝炎可以痊愈或病变相对静止。如果病变不断加重或反复发作，可演变为肝硬化，甚至进一步发展为肝癌。

（二）重型病毒性肝炎

本型病情严重。根据起病急缓及病变程度，可分为急性重型和亚急性重型两种。

1. 急性重型肝炎　少见，起病急，病变发展迅猛，病死率极高。多在短期内死亡，临床上又称为暴发型肝炎。

（1）病理变化：肉眼观察，肝体积显著缩小，尤以左叶为甚，重量减至600～800g，被膜皱缩，质地柔软。切面呈黄色或红褐色，部分区域呈红黄相间的斑纹状，又称急性黄色肝萎缩或急性红色肝萎缩。镜下观察，肝细胞呈弥漫性的大片状坏死。肝窦明显扩张、充血并出血，Kupffer 细胞增生，吞噬活跃。小叶内及汇管区有大量淋巴细胞和巨噬细胞为主的炎细胞浸润，数日后网状支架塌陷，残留的肝细胞很少有再生现象。

（2）临床病理联系：由于大量肝细胞的迅速溶解坏死，可导致①胆红素大量入血而引起严重黄疸（肝细胞性黄疸）；②凝血因子合成障碍引起出血倾向；③肝衰竭，对各种代谢产物的解毒功能发生障碍导致肝性脑病；④由于胆红素代谢障碍及血循环障碍等原因甚至可发生肾衰竭（肝肾综合征）。肝肾综合征是在急性肝功能不全时，毒血症和出血等因素使肾血管强烈持续收缩，肾血流量减少，肾小管因缺血而发生变性坏死，导致肾衰竭。

（3）结局：多数患者短期内死亡，死因主要是肝性脑病，其次为消化道大出血、肾衰竭、DIC 等。少数患者经抢救治疗可度过危险期，转化为亚急性重型肝炎。

2. 亚急性重型肝炎　多数由急性重型肝炎转变而来，部分病例起始即呈亚急性经过，少数由急性普通肝炎恶化而来。病程一般可达数周至数月。

肉眼观察，肝体积不同程度缩小，重量减轻，被膜皱缩，呈黄绿色（亚急性黄色肝萎缩），病程较长者可见大小不一的结节，质地较硬（坏死后性肝硬化）。

镜下观察，肝细胞坏死不如急性重型肝炎广泛和严重，既有大片状坏死，又因坏死区网状纤维支架塌陷和胶原化导致的肝细胞结节状再生。坏死区大量的炎症细胞浸润及明显的纤维组织增生。小叶周边部小胆管增生并可有胆汁淤积形成胆栓。

亚急性重型肝炎如积极治疗有停止进展和治愈的可能，如病程历时较长（超过 1 年），肝内病变反复进行性发展，逐渐过渡为坏死后性肝硬化。病情严重者可死于肝功能衰竭。

第五节　肝硬化

肝硬化（liver cirrhosis）是由于肝细胞弥漫性变性坏死、纤维组织增生和肝细胞结节状再生，这三种改变反复交替进行，导致肝小叶结构和血液循环途径逐渐被改建，使肝变形、变硬而形成肝硬化。本病早期可无明显症状，晚期则出现一系列不同程度的门静脉高压和肝功能障碍的表现。本病好发于 20～50 岁，无性别差异，病程较长。目前尚无统一分类方法。按形态可分为小结节型、大结节型、大小结节混合型及不全分隔型肝硬化。按病因可分为病毒肝炎性、酒精性、胆汁性、代谢性、寄生虫性肝硬化等。我国常用的是结合病因、病变特点和临床表现的综合分类法，主要类型有：门脉性、坏死后性、胆汁性、淤血性、寄生虫性肝硬化等。其中以门脉性肝硬化最多见，其次是坏死后性肝硬化。

一、门脉性肝硬化

（一）病因和发病机制

1. 病毒性肝炎　在我国，病毒性肝炎是引起门脉性肝硬化的主要原因，尤其是乙型肝炎和丙型肝炎。

2. 慢性酒精中毒　长期大量酗酒被认为是引起肝硬化的一个重要原因。乙醇的代谢产物乙醛有直接损伤肝细胞的毒性作用。

3. 营养缺乏　长期营养不良尤其是胆碱或蛋氨酸缺乏，影响肝细胞合成磷脂、脂蛋白，使肝细胞发生脂肪变性，逐渐发展为肝硬化。

4. 中毒　某些化学毒物，如砷、四氯化碳等慢性中毒可引起肝硬化。

在上述因素的作用下,肝细胞反复发生变性、坏死,并导致肝内广泛的胶原纤维增生。一方面,坏死区内成纤维细胞增生并产生胶原纤维,同时坏死区网状纤维支架受到破坏而塌陷,塌陷的网状纤维互相融合形成胶原纤维(无细胞硬化),二者均造成肝小叶内胶原纤维增多。网状纤维支架塌陷,使肝细胞结节状再生。另一方面,汇管区的成纤维细胞增生,产生的纤维向肝小叶内伸延,与肝小叶内增生的胶原纤维连接,形成纤维间隔包绕原有的或再生的肝细胞,形成假小叶,终使肝小叶结构和肝内血液循环改建而形成肝硬化。

(二)病理变化

肉眼观察,早、中期肝体积正常或略增大,质地正常或稍硬,后期肝体积明显缩小,重量减轻,质地变硬,表面见弥漫分布的小结节,结节大小较一致,直径 0.1~0.5cm。切面见圆形或类圆形的结节,大小与表面一致,结节呈黄褐色(脂肪变)或黄绿色(胆汁淤积),周围被增生的纤维结缔组织条索或间隔所包绕(图11-5)。

镜下观察:①正常的肝小叶结构被破坏,被假小叶取代。广泛增生的纤维结缔组织分隔包绕原来的肝小叶或包绕再生的肝细胞结节,形成大小不等的圆形或椭圆形的肝细胞团,称为假小叶。假小叶内,肝细胞索排列紊乱;中央静脉缺如、偏位或有两个以上(图11-6);假小叶中有变性、坏死和再生肝细胞,再生的肝细胞体积大、核大、深染并常出现双核。②假小叶周围包绕的纤维间隔较薄、宽度一致,有淋巴细胞及单核细胞浸润,并见小胆管增生。

图 11-5 门脉性肝硬化

肝被纤维结缔组织分割成结节状,结节大小较一致,纤维间隔较薄

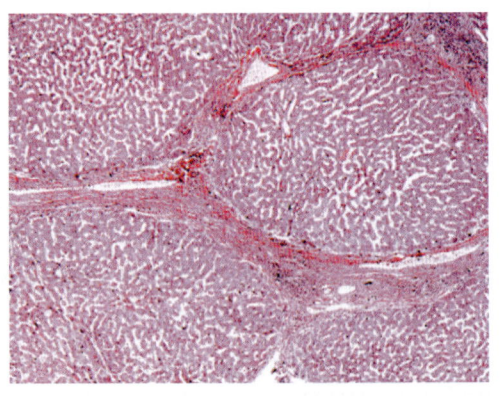

图 11-6 门脉性肝硬化

肝小叶结构破坏,肝细胞团由纤维结缔组织包绕,形成典型的假小叶,假小叶内中央静脉缺如

(三)临床病理联系

1. **门脉高压症** 肝硬化引起门静脉高压的原因有:①原小叶结构破坏,血管减少,肝窦闭塞,中央静脉玻璃样变及管腔闭塞,导致门静脉回流障碍;②假小叶形成,广泛纤维结缔组织增生,压迫小叶下静脉,使其扭曲、闭塞,肝窦内的血液流出受阻;③门静脉与肝动脉之间形成异常的吻合支,压力高的肝动脉血液流入门静脉。

门静脉压力增高的临床表现主要有:慢性淤血性脾大、胃肠淤血及水肿、腹水、侧支循环形成。主要的侧支循环有:①门静脉血经胃冠状静脉、食管静脉丛、奇静脉而进入上腔静脉,常引起食管下段静脉丛曲张,如破裂可引起大呕血,是肝硬化患者常见的死因之一;②门静脉血经肠系膜下静脉、直肠静脉丛、髂内静脉而进入下腔静脉,常引起直肠静脉丛曲张，形成痔核，如破裂可引起便血；③门静脉血经脐静脉、脐周静脉丛、向上经胸腹壁静脉进入上腔静脉，向下经腹壁下静脉进入下腔静脉，常引起脐周静脉网曲张，状如"海蛇头"。

2. 肝功能不全　肝实质细胞长期反复破坏，会导致白蛋白合成障碍、出血倾向、黄疸、对雌激素的灭活作用减弱、肝性脑病（肝昏迷）等肝功能不全的一系列症状和体征。

二、坏死后性肝硬化

坏死后性肝硬化是在肝实质发生大片坏死的基础上形成的，相当于大结节型肝硬化和大小结节混合型肝硬化。坏死后性肝硬化预后差，易合并肝癌。

（一）病因

1. 病毒性肝炎　是引起坏死后性肝硬化的主要原因，多由亚急性重型肝炎迁延而来，重度慢性肝炎反复发作可转变为坏死后性肝硬化。

2. 药物及化学物质中毒也可导致坏死后性肝硬化。

（二）病理变化

肉眼观察，肝体积缩小，重量减轻，质地变硬；表面有较大且大小不等的结节，最大结节直径可达6cm；由于形成大小不等的结节常使肝变形；切面见结节由较宽大、薄厚不均的纤维结缔组织条索包绕，结节呈黄绿或黄褐色。

镜下观察，正常肝小叶结构破坏，代之以大小不等、形状不一的假小叶。较大的假小叶内可以包含完整的肝小叶，假小叶内的肝细胞常有不同程度的变性和坏死。假小叶间的纤维间隔较宽且厚薄不均，其中炎细胞浸润、小胆管增生均较显著。

病例分析 11-2

男性，58岁。主诉食欲缺乏5年，呕咖啡样物1天，意识错乱5小时。现病史近5年来常有食欲缺乏、厌油食。1天前患者呕咖啡样物2次，呈喷射状，含有血凝块，总量约800ml，未排黑便。5小时前烦躁不安，衣冠不整，乱扔东西，随地便溺。1小时前患者处于熟睡状态，可以唤醒，但不能正确回答问题。既往史14年前患有乙型病毒肝炎，经治疗后痊愈。5年前复查肝功和肝炎病毒标志，除表面抗原、核心抗体及e抗体阳性外，其余结果均正常。4年前行腹部超声检查提示肝硬化。2年前行胃镜检查提示食管静脉曲张。无长期大量饮酒史。

查体：T 37.0℃，P 90次/分，R 18次/分，BP 100/60mmHg。嗜睡状态，压眶反射存在。面色灰暗黝黑，巩膜黄染。可见肝掌，颈部及前胸可见数枚蜘蛛痣。心肺查体正常。腹部膨隆，肝肋下未触及，脾肋下3cm，移动性浊音阳性，肠鸣音正常。腱反射亢进及肌张力增强，扑翼样震颤（+）。

问题与思考：

1. 该患者临床诊断有哪些疾病？
2. 该患者的病史有何特点？各种疾病是如何演变的？

（石穆穆）

第六节 黄 疸

黄疸（jaundice，icterus）是指血中胆红素浓度增高，导致巩膜、黏膜、皮肤及体液发生黄染的现象。一般是因胆红素代谢障碍所致的病理性变化。正常血清胆红素浓度为 1.7 ~ 17.1μmol/L（0.1 ~ 1mg/dl），血清胆红素浓度增高称为高胆红素血症（hyperbilirubinemia），当血清胆红素浓度超过 34.4μmol/L（2mg/dl）时，肉眼即可看出组织黄染，称为显性黄疸。当血清胆红素浓度已超过正常但尚无肉眼可见的组织黄染，称为隐性黄疸（或亚临床黄疸）。生理性黄疸主要见于新生儿。

一、胆红素的代谢

正常时胆红素的生成、运输及肝对胆红素的摄取、运输、结合（酯化）、排泄以及肝外的胆红素排泄（包括肝外胆管的排泄，肝肠循环以及肾排泄）之间保持着动态平衡。体内的胆红素来源于血红蛋白，血液循环中衰老的红细胞经单核 - 巨噬细胞系统的破坏和分解，成为胆红素、铁和珠蛋白。正常人体内的胆红素大部分是由于红细胞破坏生成的血红蛋白而形成的，占总胆红素的 80% ~ 85%。另外小部分的胆红素来源于骨髓幼稚红细胞的血红蛋白和肝中含亚铁血红素的蛋白质（如过氧化氢酶、过氧化物酶及细胞色素酶与肌红蛋白等），占总胆红素的 15% ~ 20%，这些胆红素称为旁路胆红素。上述形态的胆红素未经肝处理即未与葡萄糖醛酸结合，故称为非酯型胆红素（unconjugated bilirubin）或非结合胆红素。非酯型胆红素在形成后与血浆白蛋白结合而输送，它不溶于水，不能从肾小球渗出，故尿液中不出现游离胆红素。非酯型胆红素呈脂溶性，易透过生物膜，对细胞有毒性，因血清胆红素定性试验呈间接阳性反应，故又称为间接胆红素（indirect bilirubin）。非酯型胆红素通过血循环运输至肝，进入肝后胆红素会与肝内 Y 蛋白和 Z 蛋白结合成胆红素 -Y 蛋白和胆红素 -Z 蛋白，这个反应是可逆的。胆红素 -Y 蛋白和胆红素 -Z 蛋白在 UDP- 葡萄糖醛酸转化酶的作用下生成葡萄糖醛酸胆红素，即酯型（结合）胆红素（conjugated bilirubin）。酯型胆红素随着胆汁进入小肠，在小肠内脱掉葡萄糖醛酸再次生成胆红素，胆红素生成胆素原，胆素原进一步氧化成黄褐色的胆素，这就是粪便的主要颜色。在小肠里的胆素原可以经过肠肝循环再次到达肝，但这部分的胆素原大部分仍以原形排到肠道，这部分称为粪胆原。一小部分的胆素原进入体循环，并随尿排出。它是尿颜色的来源之一，是尿液中主要的色素，这部分称为尿胆原。酯型胆红素不能透过血 - 脑屏障和脑细胞膜，因而不会造成脑细胞损害。

> **知识链接**
>
> 　　胆红素是胆色素的一种，它是人胆汁中的主要色素，呈橙黄色。它是体内铁卟啉化合物的主要代谢产物，有毒性，可对大脑和神经系统引起不可逆的损害，但也有抗氧化剂功能，可以抑制亚油酸和磷脂的氧化。胆红素是临床上判定黄疸的重要依据，也是肝功能的重要指标。

二、黄疸的分类

1. 按病因分类　分为溶血性黄疸、肝细胞性黄疸、梗阻性（胆汁淤积性）黄疸和先天性非溶血性黄疸。以前三类较多见，第四类较罕见。

2. 按病变发生的部位分类　分为肝前性黄疸、肝性黄疸和肝后性黄疸三类。

3. 按胆红素性质分类　分为以非酯型胆红素为主的黄疸和以酯型胆红素为主的黄疸。

三、病因、发病机制及临床表现

（一）溶血性黄疸

1. 病因　凡能引起溶血的疾病均可使非酯型胆红素在血中潴留而引起溶血性黄疸。①先天性溶血性贫血，如红细胞异常（遗传性球形红细胞增多症、遗传性红细胞增多症等）、海洋性贫血；②后天性获得性溶血性贫血，如自身免疫性溶血性贫血、新生儿溶血、不同血型输血后的溶血以及蚕豆病、氧化性药物（奎宁、磺胺类）、蛇毒、化学物质（苯肼、砷、铅、氯酸钾）等引起的溶血。

2. 发生机制　由于大量红细胞的破坏，形成大量的非酯型胆红素，超过肝细胞的摄取、结合与排泄能力，另一方面由于溶血性贫血造成的贫血、缺氧和红细胞破坏产物的毒性作用，降低了肝细胞对胆红素的代谢功能，使非酯型胆红素在血中潴留，超过正常的水平而出现黄疸。

3. 临床表现　一般黄疸为轻度，呈浅柠檬色，急性溶血时可有发热、寒战、头痛、呕吐并有不同程度的贫血貌和血红蛋白尿（尿呈酱油色或浓茶色），严重者可有急性肾衰竭。慢性溶血多为先天性，除贫血外尚有脾大。

4. 实验室检查　血清总胆红素增加，以非酯型胆红素为主，酯型胆红素基本正常。由于血中非酯型胆红素增加，故酯型胆红素形成也代偿性增加，从胆道排至肠道也增加，致尿胆原增加，粪胆素随之增加，粪色加深。肠内的尿胆原增加，重吸收至肝内者也增加，由于缺氧及毒素作用，肝处理异常增多的尿胆原的能力降低，致血中尿胆原增加，并从肾排出，故尿中尿胆原增加，但无胆红素。急性溶血时尿中出血红蛋白排出，隐血试验呈阳性反应。血液检查除贫血外尚有网织红细胞增加、骨髓红细胞系列增生旺盛等。

> **知识链接**
>
> 　　红细胞异常多见于遗传性红细胞增多症、遗传性球形红细胞增多症等。由于其红细胞膜有遗传异常，对于阳离子的通透性改变，Na^+的流入和转运增加，使红细胞形态发生改变，可塑性变小，而易被单核吞噬细胞系统所破坏。

（二）肝细胞性黄疸

1. 病因　各种致使肝细胞广泛损害的疾病均可发生黄疸，如病毒性肝炎、肝硬化、钩端螺旋体病、败血症、中毒性肝炎等。

2. 发生机制　由于肝细胞的损伤致肝细胞对胆红素的摄取、结合及排泄功能降低，因而血中的非酯型胆红素增加。而未受损的肝细胞仍能将非酯型胆红素转变为酯型胆红素。此时形成的酯型胆红素一部分仍经毛细胆管从胆道排泄，一部分经已损坏或坏死的肝细胞反流入血中；也可因肝细胞肿胀、汇管区渗出性病变与水肿以及小胆管内的胆栓形成使胆汁排泄受阻而反流进入血液循环中，致血中酯性胆红素增加而出现黄疸。

3. 临床表现　皮肤、黏膜浅黄至深黄色，疲乏、食欲减退，严重者可有出血倾向及肝影像学改变。

4. 实验室检查　血中非酯型胆红素与酯型胆红素均增加。尿中酯性胆红素定性试验阳性，而尿胆原可因肝功能障碍而增高。但在疾病高峰期因肝内胆汁淤积，尿胆原及粪胆素反而减少。此外，血液检查有不同程度的肝功能损害。

> **知识链接**
>
> 某些遗传性疾病，如 Gilbert 综合征和 Crigler-Najjar 综合征，由于肝细胞中尿嘧啶核苷二磷酸葡萄糖醛酸转移酶活性不足或缺乏该酶而导致非酯型（非结合）胆红素不能形成酯型（结合）胆红素，导致血中非酯型（非结合）胆红素增多而出现黄疸，此外，该酶活性的一时性抑制也可引起黄疸，如有极少数妇女在怀孕或哺乳期，其血清或乳汁中含有抑制尿嘧啶核苷二磷酸葡萄糖醛酸转移酶活性的因子，故可引起婴儿的一时性黄疸。其中 Crigler-Najjar 综合征由于血中非结合胆红素甚高，故可产生核黄疸，见于新生儿，预后极差。

（三）梗阻性（胆汁淤积性）黄疸

1. 病因　胆汁淤积可分为肝内性或肝外性。肝内性又可分为肝内阻塞性胆汁淤积和肝内胆汁淤积。前者见于肝内泥沙样结石、癌栓、寄生虫病（如华支睾虫病），后者见于毛细胆管型病毒性肝炎、药物性胆汁淤积（如氯丙嗪、甲基睾丸素等）、原发性胆汁性肝硬化、妊娠期复发性黄疸等。肝外性胆汁淤积可由胆总管的狭窄、结石、炎症水肿、蛔虫及肿瘤等阻塞所引起。

2. 发生机制　由于胆道阻塞，阻塞上方的压力升高，胆管扩张，最后导致小胆管与毛细胆管破裂，胆汁中的胆红素返流入血中。此外有些肝内胆汁淤积并非由机械因素引起（如药物引起的胆汁淤积）而是由于胆汁分泌功能障碍、毛细胆管的通透性增加，胆汁浓缩而流量减少，导致胆道内胆盐沉淀与胆栓形成。

3. 临床表现　皮肤呈暗黄色，完全阻塞者颜色更深，甚至呈黄绿色，并有皮肤瘙痒及心动过缓，尿色深，粪便颜色变浅灰或呈白陶土色。

4. 实验室检查　血清酯型胆红素增加，尿胆红素试验呈阳性，尿胆原及粪胆素减少（不完全阻塞时）或缺如（完全阻塞时），血清碱性磷酸酶及总胆固醇增高。

表 11-2　溶血性黄疸、肝细胞性黄疸及梗阻性黄疸的鉴别

	溶血性黄疸	肝细胞性黄疸	梗阻性黄疸
血浆总胆红素浓度	多在 5mg/dl 以内	1～70mg/dl	不完全梗阻 10～15mg/dl
非酯型胆红素	明显增加	增加	增加
酯型胆红素	正常	增加	明显增加
尿胆红素定性	阴性	阳性	强阳性
尿中胆素原	增多	不定，或升高	减少或消失
粪中胆素原	增多	减少	减少或消失

四、伴随症状

1. 黄疸伴发热见于急性胆管炎、肝脓肿、钩端螺旋体病、败血症等。病毒性肝炎或急性溶血可先有发热而后出现黄疸。

2. 黄疸伴肝大者，若轻度至中度肥大，质地软或中等硬度表面光滑者见于病毒性肝炎、急性胆道感染或胆道阻塞。肝轻度增大，质地较硬边缘不整，表面有小结节感者见于肝硬化。如肝明显增大、质地坚硬、表面凹凸不平有结节者见于原发或继发性肝癌。

3. 伴胆囊肿大者，提示胆总管有梗阻，常见于胰头癌、壶腹癌、胆总管癌等。

4. 伴脾大者，可见于病毒性肝炎、钩端螺旋体病、败血症、疟疾、门脉性或胆汁性肝硬化、各种原因引起的溶血性贫血及淋巴瘤等。

5. 黄疸伴上腹剧烈疼痛者可见于胆道结石、肝脓肿或胆道蛔虫病。持续性右上腹钝痛或胀痛者可见于病毒性肝炎、肝脓肿或原发性肝癌。

6. 黄疸伴消化道出血可见于肝硬化、重症肝炎、壶腹癌。

7. 黄疸同时有腹水者见于重症肝炎、肝硬化失代偿期、肝癌等。

五、黄疸对机体的影响

黄疸对机体的影响，与黄疸的原因和血中胆红素的性质及含量有关。

（一）非酯型胆红素的毒性作用与核黄疸

非酯型胆红素对组织细胞有较强的毒性作用。当新生儿特别是早产儿血清中非酯型胆红素增多，超过血浆白蛋白的结合能力时，进入脑组织后，大量沉积于脂类含量丰富的基底神经核，并将其染成黄色，导致神经细胞损伤，影响神经细胞的正常功能，临床上出现肌肉抽搐、全身痉挛、锥体外系统障碍等神经症状，常致患儿死亡或留有紧张性肢体瘫痪，智力减退等后遗症，称为核黄疸或胆红素脑病。

核黄疸的发病机制至今尚不完全清楚，一般认为非酯型胆红素易进入脑细胞产生毒性作用，其原因可能是：①新生儿血-脑屏障发育不成熟，通透性较高，因而血浆中的游离非酯型胆红素得以穿过屏障而进入脑组织；②新生儿在母亲分娩时因窒息缺氧、酸中毒、创伤等可增高血-脑屏障的通透性；③当血浆白蛋白浓度降低时，使非酯型胆红素与白蛋白结合减少，致使血中游离的非酯型胆红素增多。

（二）梗阻性黄疸的影响

1. 对心血管系统的影响　梗阻性黄疸可伴有低血压和手术后休克的倾向，原因是心血管系统对一些血管活性物质，特别是对去甲肾上腺素的反应性降低。其机制可能与血中某些胆汁成分增加有关。

2. 对肾的影响　梗阻性黄疸患者在经受外科手术后容易发生急性肾衰竭，其发病机制可能是：①低血压；②胆汁酸盐和胆红素作用；③细菌内毒素的作用。因胆汁酸盐可抑制部分革兰氏阴性细菌的生长，梗阻性黄疸时肠道细菌可能过度生长或菌群失调，产生吸收的内毒素增加。

3. 凝血障碍和维生素缺乏　梗阻性黄疸患者因肠内胆汁酸盐浓度降低，可发生脂肪和脂溶性维生素A、D和K的吸收障碍，而引起脂肪泻。凝血因子Ⅹ、Ⅸ、Ⅶ和凝血酶原在肝内合成时，均需维生素K参与。长期梗阻性黄疸的患者有出血倾向，可能与脂溶性维生素K不能正常吸收导致上述凝血因子合成不足有关。梗阻性黄疸伴有感染者，易发生DIC，多是由于内毒素促发凝血，激活补体和损伤血管内皮细胞所致。

4. 皮肤瘙痒　除原发性胆汁性肝硬化瘙痒常先于黄疸的出现外，在所有的肝内胆汁淤积和肝外胆管梗阻性疾病中瘙痒和黄疸几乎同时出现，可能是潴留的胆汁酸盐刺激皮肤感觉神经末梢所致。

六、黄疸的防治和护理原则

1. 防治原发病　及时治疗引起黄疸的原发性疾病，如肝炎、慢性肝损伤和胆道阻塞等。
2. 消除诱因　防止可能引起或促进高胆红素血症的因素，如检查孕妇血型，预防母儿血型不合，积极纠正酸中毒，慎服可能导致溶血的药物等。
3. 降低血胆红素水平　对于严重的新生儿溶血，应积极给予降低血中胆红素的处理，严密观察病情，主要观察患者皮肤、巩膜黄染及二便颜色情况，血压和肾功能情况，避免发生核黄疸。细心护理溶血症患儿，注意给氧，补充热量，维持水电解质及酸碱平衡，控制感染等。

病例分析 11-3

男性，48岁，腹痛、腹胀，发热3天就诊。查体：体温39.5℃，皮肤、巩膜明显黄染，实验室检查：血清总胆红素690μmol/L，直接胆红素684μmol/L，间接胆红素6.1μmol/L，尿胆红素强阳性，粪胆素原和尿胆素原均阴性，大便呈灰白色，尿颜色深黄。血常规检查：白细胞升高，其余均正常。

问题与思考：
1. 结合患者临床表现和实验室检查，请初步判断黄疸类型。
2. 试分析产生黄疸的原因。
3. 为什么该患者血清直接胆红素升高，而间接胆红素正常。
4. 解释皮肤、巩膜黄染的原因。
5. 分析尿液及粪便颜色变化和粪胆红素原，尿胆红素原发生变化的原因。

（岳联革）

第七节　肝功能不全

肝是人体内最大的腺体器官，由肝实质细胞（肝细胞）和非实质细胞组成，肝非实质细胞包括肝星形细胞（又称贮脂细胞）、窦内皮细胞、肝巨噬细胞（Kupffer cell）和 pit 细胞等。

肝具有多种生理功能，例如物质代谢（如糖代谢、脂肪代谢、蛋白质代谢）、合成分泌（如合成分泌白蛋白、胆汁、细胞因子、凝血因子、某些抗凝物质、某些激素如血管紧张素原、促红细胞生成素）、生物转化（如药物代谢、解毒）、免疫调节功能等；同时肝也具有强大的适应代偿能力和再生能力。

比较严重的各种致肝损害因素作用于肝后，或长期反复作用于肝后，一方面可引起肝组织变性、坏死、纤维化及肝硬化等结构的改变，另一方面还能导致肝分泌、排泄、合成、生物转化及免疫等多种生理功能障碍，出现黄疸、出血、继发感染、肾功能障碍、顽固性腹水及肝性脑病等一系列临床综合征。这种临床综合征被称作肝功能不全（hepatic insufficiency）。

一、肝功能不全对机体的影响

（一）物质代谢障碍

1. 低糖血症　肝细胞损伤使肝内糖原储备减少；肝细胞滑面内质网膜上葡萄糖-6-磷酸酶减少（葡萄糖-6-磷酸酶使葡萄糖-6-磷酸转化为葡萄糖），使肝糖原不能水解为葡萄糖而进入血液；肝功能障碍使胰岛素灭活减慢，血中胰岛素含量下降延迟；结果造成低糖血症。

2. 低白蛋白血症　肝细胞损伤使合成白蛋白减少，此时血浆白蛋白/球蛋白比值降低。

3. 低钾血症　肝功能障碍致醛固酮灭活减少，其保Na^+排K^+，可造成钾排出过多。低钾血症及其引起的代谢性碱中毒在诱发肝性脑病中有一定的作用。醛固酮过多可使钠、水储留。

4. 低钠血症　这是病情危重的表现。肝对ADH灭活作用减弱致水潴留；引起稀释性低钠血症，进而引发细胞水肿。腹水形成使有效循环血量减少，经容量感受器，致ADH分泌增多，尿量减少，水潴留。严重慢性肝病患者，由于长期营养不良，细胞分解代谢增强，K^+外流致细胞内渗透压下降，使细胞外Na^+内流，造成细胞低渗性低钠血症。脑细胞水肿时，中枢神经系统功能发生障碍。

5. 脂类代谢障碍　肝功能不全时，因胆汁分泌减少致脂类吸收障碍，患者可出现脂肪泻、厌油腻等临床表现；肝通过合成极低密度脂蛋白和高密度脂蛋白，将其合成的三酰甘油、磷脂和胆固醇分泌入血。肝功能不全时，因磷脂及脂蛋白合成减少使肝内脂肪输出障碍而导致脂肪肝。肝对胆固醇的形成、酯化及排泄有重要作用，胆固醇经肝合成的卵磷脂-胆固醇酯酰转移酶的催化，生成胆固醇酯而提高胆固醇的转运能力。肝功能不全患者，因胆固醇酯化障碍，血浆胆固醇酯/胆固醇比值下降，肝将胆固醇转化为胆汁酸的能力降低，所以血浆胆固醇总量升高。

6. 维生素代谢障碍　脂溶性维生素的吸收需要胆汁酸盐的协助，维生素A、D、E、K等主要贮存在肝，肝还参与某些维生素的代谢（如胡萝卜素转为维生素A，维生素D_3的C_{25}位羟化等），肝功能不全患者因维生素代谢障碍可出现暗适应障碍（夜盲症）、出血倾向及骨质疏松等表现。

（二）胆汁代谢障碍

1. 高胆红素血症　肝功能不全时，肝细胞对胆红素的摄取、酯化及排泄障碍，引起高胆红素血症（hyperbilirubinemia），主要的临床表现为黄疸。

2. 肝内胆汁淤积　肝细胞对胆酸摄取、转运及排泄障碍，致胆汁的成分（胆盐和胆红素）淤积肝内及反流入血，临床上常有黄疸、瘙痒等表现。

（三）凝血与纤溶障碍（出血和出血倾向）

1. 凝血因子合成下降　肝合成绝大多数凝血因子，如Ⅰ、Ⅱ、Ⅶ、Ⅸ、Ⅹ、Ⅺ、Ⅷ（Ⅱ、Ⅶ、Ⅸ、Ⅹ为维生素K依赖性凝血因子）。肝功能不全时，由于维生素K的吸收、储存障碍致维生素K依赖性凝血因子明显减少。

2. 抗凝血因子减少　血管内壁上两种抗凝机制：①以蛋白C为主体的蛋白酶类凝血抑制机制；②以抗凝血酶Ⅲ为首的蛋白酶抑制物类凝血抑制机制。这些物质主要在肝合成，肝功能障碍导致这些抗凝物质减少，导致凝血与抗凝血平衡失调。

3. 纤溶蛋白溶解功能异常　肝患者纤溶亢进,其机制涉及 α_2 抗纤溶酶生成减少以及肝清除纤溶酶原激活物的功能减退。

4. 血小板数量及功能异常　血小板数目明显减少的原因涉及骨髓抑制、脾功能亢进、发生 DIC 消耗过多。血小板功能异常与血小板释放障碍、集聚性缺陷和收缩不良有关。

（四）生物转化（药物代谢、激素灭活、内源性毒物转化）障碍

药物代谢障碍使药物在血液中的半衰期延长。激素灭活障碍使血中醛固酮、ADH 及胰岛素含量升高。肝功能损伤还使内源性有毒物质（如胺、氨）转化发生障碍。

（五）免疫功能障碍

正常时门静脉中细菌的 99% 被肝巨噬细胞吞噬,且肝巨噬细胞还能有效清除肠道内来的革兰氏阴性菌释放的内毒素。肝功能不全时可引起肠源性内毒素血症（intestinal endotoxemia）、菌血症和细菌感染。轻者导致肝细胞损伤、炎性细胞浸润,重者引起肝严重坏死、肝硬化、急性肝衰竭。

（六）血清酶

肝细胞内酶的含量极为丰富。肝受损可引起血清酶的改变。通过临床检测血清酶的变化,有助于判断肝细胞的损害程度或胆道系统的阻塞情况。

1. 有些血清酶含量升高　肝细胞含有参与合成与代谢的酶,当肝细胞变性、坏死时可释放入血,使血清中含量升高,如谷丙转氨酶（glutamic-pyruvic transaminase,GPT）、谷草转氨酶（glutamic-oxaloacetic transaminase,GOT）、乳酸脱氢酶（lactate dehydrogenase,LDH）、山梨醇脱氢酶（sorbitol dehydrogenase,SD）。而碱性磷酸酶（alkaline phosphatase,AKP）在胆道阻塞时逆流入血,同时肝细胞合成也增多,造成血清中含量升高；类似情况还有 γ-谷氨酰转移酶（γ-glutamyltransferase,GGT）、亮氨酸氨基肽酶（leucine aminopeptidase,LAP）等。

2. 有些血清酶含量降低　胆碱酯酶（cholineesterase,ChE）在肝细胞内合成后释放入血,因肝细胞受损,此酶在血清中含量降低。

（七）肝性水肿（hepatic edema）

严重肝功能不全,特别是肝硬化时,发生全身性水肿,往往以大量的腹水形成为特征,这一病理过程称为肝性水肿。

（八）器官功能障碍

肝功能不全时,常伴有全身各系统症状,以中枢神经系统和泌尿系统的并发症最严重,如肝肾综合征（hepatorenal syndrome）、肝性脑病（hepatic encephalopathy）。

二、肝性脑病

（一）肝性脑病的概念、分类及分期

1. 概念　肝性脑病（hepatic encephalopathy）是继发于严重肝疾病的神经精神综合征。
2. 分类

（1）根据发生速度分类

1) 急性肝性脑病：起病急骤,病情凶险,常于数日内死亡。多见于重型病毒性肝炎和严重急性肝中毒。

2) 慢性肝性脑病：病情进展缓慢,病程较长,患者往往先有较长时间的神经精神障碍,在诱因作用下病情急剧加重,最后出现昏迷。慢性肝性脑病多见于肝硬化晚期。

（2）根据毒性物质进入体循环的途径不同分类

1）内源性肝性脑病：常由急性严重肝细胞坏死发展而来，毒性物质未被肝解毒即进入体循环。此型肝性脑病临床上常呈急性经过，可无明显诱因，血氨可不增高。多见于重型病毒性肝炎和严重急性肝中毒。

2）外源性肝性脑病：多由慢性肝疾患（如门脉性肝硬化）所致的门脉高压症发展而来。因门脉高压导致侧支循环建立，由肠道吸收的毒性物质经侧支循环绕过肝进入体循环，引起肝性脑病。

内源性和外源性肝性脑病的比较见表 11-3。

表 11-3　内源性和外源性肝性脑病的比较

特征	内源性肝性脑病	外源性肝性脑病
常见病因	爆发性病毒性肝炎	有门-体分流的肝硬化
病情缓急	多为急性过程	慢性、复发性
毒物是否经过肝	毒物入肝，不能有效地被清除	未经肝处理，经分流入体循环
诱因	无明显诱因	多数能找到明显诱因
预后	极差	较好

3. 分期　临床上根据肝性脑病症状的轻重进行分期，即意识障碍程度、神经系统症状和脑电图的变化，将肝性脑病分为四期。各期的主要特点如下：

（1）前驱期：患者有轻微的性格改变和行为异常，可出现欣快、反应迟钝、健忘、注意力不集中，可出现轻微的扑翼样震颤。

（2）昏迷前期：前驱期症状加重，可出现行为迟钝、嗜睡、表情淡漠、轻度时间与地点感知障碍、理解力减退、肌张力增高、腱反射亢进、明显的扑翼样震颤等。

（3）昏睡期：有明显的精神错乱、时间与空间定向障碍、健忘、语言混乱，也可表现为昏睡但能被唤醒。

（4）昏迷期：神志丧失，不能被唤醒，对疼痛的刺激无反应，无扑翼样震颤等。

（二）肝性脑病的发病机制

肝性脑病的发病机制目前还不完全清楚。研究表明，肝性脑病患者常出现不同程度的星形胶质细胞增生、肿胀和细胞毒性脑水肿形成等。目前认为这种形态学的变化仅为继发性的改变，而肝性脑病的发生主要是毒性物质导致脑组织的代谢和功能障碍的结果。目前，有关肝性脑病的发生机制已经有几种学说被提出，主要有氨中毒学说、假性神经递质学说、血浆氨基酸失衡学说和 γ-氨基丁酸学说等。

1. 氨中毒学说　此学说最早被提出，也是最重要的学说之一。肝性脑病发作时，多数患者血液及脑脊液中氨水平升高 2~3 倍，提示肝性脑病的发生与血氨升高有明显关系。正常情况下，血氨一般不超过 59μmol/L，这是因为血氨的生成和清除保持着动态平衡，氨在肝中经鸟氨酸循环合成尿素是维持此平衡的关键。当肝功能障碍时，若摄入大量高蛋白食物或含氮物质，易诱发肝性脑病；若实施降血氨措施并限制蛋白质饮食可使肝性脑病患者的病情好转。

（1）血氨升高的机制

1）尿素合成减少，氨清除不足：一般情况下，从肠道吸收的氨经门静脉进入肝，在肝内主要经鸟氨酸循环合成尿素，后者经肾排出体外。在此过程中，每合成 1 分子尿素，清除 2 分子氨，同时消耗 4 分子 ATP（图 11-8）。肝功能严重障碍时，肝细胞内出现代谢障碍，供给鸟氨酸循环的 ATP 严重不足，同时肝内酶系统遭到破坏，导致鸟氨酸循环难以正常进行，使氨清除不足。此外，在肝硬化晚期，患者出现门脉高压症，形成侧支循环，或门 - 体静脉吻合术后，使从肠道吸收的氨绕过肝，直接进入体循环，导致血氨升高。

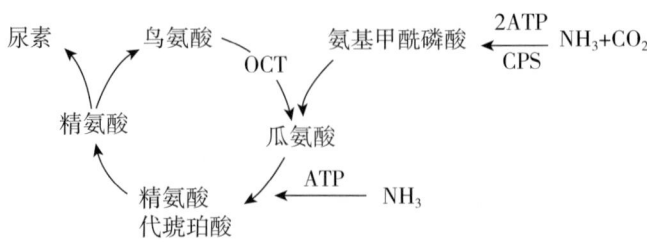

图 11-8　肝合成尿素的鸟氨酸循环

OCT：鸟氨酸氨基甲酰转移酶　CPS：氨基甲酰磷酸合成酶

2) 氨生成过多：血氨主要来源于肠道产生的氨。氨生成增多常见于：①肝硬化等严重肝病时，门静脉血液回流受阻，肠黏膜淤血、水肿，肠蠕动减弱，患者出现消化和吸收功能障碍，未被消化、吸收的蛋白质成分在肠道潴留增多，经细菌分解，产氨增多；②肝硬化晚期常合并肾功能障碍，出现氮质血症，弥散入肠道的尿素增加，后者被细菌分解，产氨增加；③肝硬化患者合并上消化道出血时，血液中的蛋白质在肠道内被细菌分解产氨增加；④肌肉收缩增加时，肌肉中氨基酸分解增多，是机体代谢产氨增多的重要原因；肝性脑病患者昏迷前期，出现躁动不安，肌肉收缩增加，产氨增多。

正常情况下，肾也可以产生少量的氨。若尿液 pH 偏低，肾小管上皮产生的 NH_3 进入肾小管腔，NH_3 与 H^+ 结合生成 NH_4^+，后者随尿液排出体外。在碱中毒或应用碳酸酐酶抑制剂后，肾小管腔内的 H^+ 浓度降低，NH_3 与 H^+ 结合生成 NH_4^+ 减少，NH_3 弥散入血增加，也可使血氨升高。

此外，肠道 pH 的变化常影响肠道对氨的吸收。当肠道的 pH 降低，肠道对氨的吸收减少。临床上常应用乳果糖降低肠腔的 pH，减少氨的吸收，从而达到降低血氨的作用。相反，当肠道处于碱性环境时，肠道吸收氨增多，可使血氨增高。

(2) 氨对脑的毒性作用

1) 干扰脑细胞的能量代谢：①氨抑制丙酮酸脱羧酶的活性，使乙酰辅酶 A 生成减少，影响三羧酸循环的正常进行；②与 α- 酮戊二酸结合，生成谷氨酸，同时又使还原型辅酶Ⅰ（NADH）转变为 NAD^+，消耗大量 α- 酮戊二酸和还原型辅酶Ⅰ（NADH），造成 ATP 产生不足；③氨与谷氨酸结合生成谷氨酰胺的过程中又消耗大量的 ATP。

2) 脑内神经递质改变：正常情况下，脑内的兴奋性递质与抑制性递质保持平衡。脑内氨增多可使脑内兴奋性递质减少而抑制性递质增多，干扰了递质间的平衡，因而造成中枢神经系统功能紊乱。其机制为：①氨与谷氨酸结合形成抑制性递质谷氨酰胺增多，兴奋性递质谷氨酸被消耗而减少；②高浓度氨抑制丙酮酸的氧化脱羧过程，使脑细胞内的乙酰辅酶 A 生成减少，导致乙酰辅酶 A 与胆碱结合生成的兴奋性递质乙酰胆碱不足；③谷氨酸经谷氨酸脱羧酶作用形成具有抑制作用的递质 γ- 氨基丁酸增多（见后述）。

3) 干扰神经细胞膜的离子转运：氨在细胞膜的钠泵中可与钾竞争进入细胞内，造成细胞内缺钾；氨可以干扰神经细胞膜上的 Na^+-K^+-ATP 酶的活性，影响复极后细胞膜的离子转运，静息时的膜电位降低，干扰动作电位的产生，进而影响神经的兴奋和传导过程。

虽然大量临床和实验证据支持氨中毒学说，但还有一些不能由此学说解释的现象。①临床上，有约 20% 的肝性脑病患者的血氨在正常范围；②部分血氨已经明显升高的肝硬化患者并没有出现肝性脑病；③部分血氨升高的昏迷期肝性脑病患者经降血氨治疗，昏迷程度和脑电图变化不明显。

2. 假性神经递质学说

（1）假性神经递质（false neurotransmitter）结构与正常神经递质极为相似，能与正常神经递质竞争结合同一受体，但缺乏或具有极弱的传递信号的能力，这样的一类由芳香族氨基酸代谢产生的物质，如苯乙醇胺和羟苯乙醇胺，被称为假性神经递质。

（2）脑干网状结构与清醒状态的维持：在脑干网状结构中存在着具有唤醒功能的系统，称为脑干网状结构上行激动系统。正常情况下，脑干网状结构中的神经递质种类较多，其中主要有去甲肾上腺素和多巴胺等。因此，去甲肾上腺素和多巴胺等递质，在维持脑干网状结构上行激动系统中的唤醒功能上具有重要作用。

（3）假性神经递质与肝性脑病：食物中的蛋白质在消化道中经水解产生氨基酸，其中芳香族氨基酸（如苯丙氨酸和酪氨酸）在肠道细菌的脱羧酶作用下，生成苯乙胺和酪胺。正常时，苯乙胺和酪胺被肠道吸收后经门静脉进入肝，经肝单胺氧化酶（monoamine oxidase，MAO）的作用被氧化分解而解毒。各种严重肝病导致肝功能严重障碍时，这些毒物不能被及时清除，血中苯乙胺和酪胺浓度增高。门静脉高压症时，由于肠道淤血，消化功能降低，使肠内蛋白质分解增强，产生大量苯乙胺和酪胺，再加上门-体分流形成，导致二者在体循环血液中的浓度升高。血中的苯乙胺和酪胺进入脑组织后，在脑神经细胞的 β-羟化酶作用下，生成苯乙醇胺和羟苯乙醇胺，这两种物质的化学结构与正常神经递质去甲肾上腺素和多巴胺相似（图 11-9），可被脑干网状结构中的肾上腺素能神经元所摄取，但其释放后的生理效应远较去甲肾上腺素和多巴胺弱，不能完成真神经递质的作用，故称其为假性神经递质。因假性神经递质不能维持脑干网状结构上行激动系统的唤醒功能，患者出现意识障碍甚至昏迷。

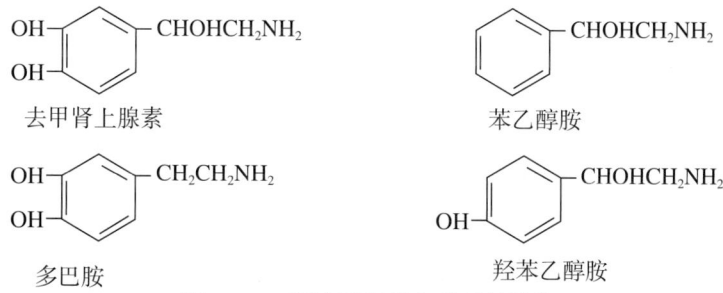

图 11-9　正常及假性神经递质的结构

3. 氨基酸失衡学说

（1）氨基酸失衡的机制：正常情况下，血浆中支链氨基酸（branched-chain amino acid，BCAA）（缬氨酸、亮氨酸、异亮氨酸等）与芳香族氨基酸（aromatic amino acid，AAA）（苯丙氨酸、酪氨酸、色氨酸等）的比值接近 3～3.5，肝功能障碍时，两者比值可降至 0.6～1.2。肝功能损伤时氨基酸失衡是由于胰岛素与胰高血糖素的比值下降，机体（肌肉和肝）分解代谢增强，而肝代谢芳香族氨基酸的能力降低，大量芳香族氨基酸释放入血，使血浆芳香族氨基酸含量增高。而胰岛素可增加肌肉和脂肪组织对支链氨基酸的摄取和利用，使血浆中支链氨基酸含量下降。

(2) 芳香族氨基酸增多的毒性作用：在生理情况下，芳香族氨基酸与支链氨基酸同属电中性氨基酸，由同一载体转运入脑组织并被脑神经细胞摄取。脑神经细胞内的苯丙氨酸在苯丙氨酸羟化酶的作用下，生成酪氨酸；酪氨酸在酪氨酸羟化酶的作用下，生成多巴；多巴在多巴脱羧酶的作用下生成多巴胺；后者又在多巴胺 β- 羟化酶的作用下，生成去甲肾上腺素。

严重肝病时，出现血浆氨基酸失衡，血液中芳香族氨基酸增多而支链氨基酸减少，进入脑组织的芳香族氨基酸显著增多，其中主要是苯丙氨酸和酪氨酸。当进入脑组织内的苯丙氨酸、酪氨酸增多时，高浓度的苯丙氨酸可抑制酪氨酸羟化酶的活性，使正常的神经递质多巴胺和去甲肾上腺素生成减少。而增多的苯丙氨酸在芳香族氨基酸脱羧酶的作用下，生成苯乙胺，后者在 β- 羟化酶作用下生成苯乙醇胺。增多的酪氨酸也可在芳香族氨基酸脱羧酶作用下，生成酪胺，进一步在 β- 羟化酶作用下生成羟苯乙醇胺。

由此可见，血浆中氨基酸的失平衡使脑组织内产生大量假性神经递质，并使正常的神经递质的产生受到抑制，最终导致患者出现意识障碍甚至昏迷。血浆氨基酸失衡学说是对假性神经递质学说的补充与发展。

4. γ- 氨基丁酸学说　γ- 氨基丁酸（γ-aminobutyric acid，GABA）是机体内最主要的具有抑制作用的神经递质。研究表明，急性肝衰竭患者的血浆中 GABA 水平比正常人高 10 倍。既 GABA 是突触后抑制的递质，也是突触前抑制的递质。

在正常情况下，肠道中的谷氨酸被细菌的脱羧酶催化，形成 GABA，后者被肠壁吸收并经门静脉入肝，被肝细胞摄取并被清除。在严重肝病时，肝功能障碍，肝清除 GABA 的能力下降，使血液中 GABA 的浓度升高，同时血 - 脑屏障对 GABA 的通透性增高，使进入脑组织的 GABA 增多。此外，肝性脑病时，中枢神经系统的 GABA 受体的数目明显增多。脑组织内过多的 GABA 与其受体结合后，产生突触前抑制和突触后抑制的生理效应，导致中枢神经系统出现功能障碍。

5. 其他毒物在肝性脑病中的作用　在正常情况下，肠道中的多种蛋白质和脂肪的分解产物，如硫醇、酚、吲哚、甲基吲哚和短链脂肪酸等被肠道吸收并经门静脉入肝后，被肝细胞摄取并清除。严重肝病时，肝对这些毒物清除能力降低，也可因门 - 体分流，使这些毒物在血液中的量增加。这些毒物通过血 - 脑屏障进入脑组织后，与前述因素在肝性脑病的发生与发展中具有协同作用。

（三）肝性脑病发生的常见诱因

凡能增加体内毒性物质的生成和（或）加重脑组织代谢和功能障碍的因素，均可成为肝性脑病的诱发因素。这些诱发因素促进了神经毒素之间的相互协同作用，使血 - 脑屏障的通透性增高，脑细胞对毒物的敏感性增加。

1. 消化道出血　消化道出血是肝性脑病最常见的诱发因素。肝硬化患者常因食管下端静脉丛曲张而导致上消化道大出血，血液中的蛋白质在肠道细菌释放的酶催化下，产生大量氨、胺类、硫醇、酚、吲哚、甲基吲哚等毒性物质。此外，大出血还可造成有效循环血量减少，导致脑和肝缺血、缺氧，从而促使肝性脑病的发生。

2. 外源性氮负荷增加　严重肝病患者常伴有消化与吸收不良，若蛋白质饮食等外源性氮负荷过度，可在肠道中产生大量氨等毒性物质，从而诱发肝性脑病。

3. 感染　严重感染可使全身组织分解代谢增强，使体内胺的生成增多和血浆氨基酸失衡。病原微生物及其毒素还可直接对肝造成损伤，加重肝功能障碍。严重感染时，生物病原体及其毒素还可使血 - 脑屏障的通透性增加、使脑组织对氨的敏感性增高，从而诱发肝性脑病。

4. 电解质和酸碱平衡紊乱 大量应用排钾利尿剂、频繁呕吐、进食过少、大量放腹水等均可导致低钾性碱中毒；血氨升高、感染发热等可引起肺通气过度，导致急性呼吸性碱中毒。碱中毒时，肾小管上皮泌 NH_3 减少，NH_3 向血液中弥散增加，使血氨进一步升高。碱中毒时，以 NH_3 形式存在的血氨增加，NH_3 进入脑组织增加，从而促进或加重肝性脑病。

5. 氮质血症 严重肝病患者常伴有肾障碍，患者出现氮质血症，大量尿素从血液弥散到肠腔。在细菌的尿素酶作用下，尿素被分解产生大量 NH_3，引起或加重氨中毒。

6. 其他 止痛剂、镇静剂、麻醉剂使用不当能够促进或加重肝性脑病的发生。此外，便秘、腹泻、低血糖、酒精中毒等也可诱发肝性脑病。

（四）肝性脑病防治的病理生理基础

1. 消除诱因
（1）减少氮负荷，严格控制蛋白质摄入量。在限制蛋白质的同时，以糖为主供给热量，并供给足量维生素。也可给予小剂量胰岛素以减少蛋白质的降解。
（2）避免进食粗糙、质硬的食物，防止上消化道大出血。
（3）防治便秘，以减少肠道毒性物质被吸收入血。
（4）慎重应用利尿剂、放腹水，精确记录液体的出入量，积极防治水、电解质紊乱与酸碱平衡紊乱。
（5）慎用止痛剂、镇静剂和麻醉剂，警惕药物在体内的蓄积。

2. 降低血氨
（1）口服肠道抑菌药（如新霉素），减少肠道氨的产生。
（2）口服乳果糖等使肠道 pH 降低，减少肠道产氨和利于氨的排出。
（3）应用谷氨酸钠或精氨酸降低血氨。
（4）纠正水、电解质和酸碱平衡紊乱，特别要注意纠正碱中毒。

3. 其他治疗措施 可口服或静脉注射以支链氨基酸为主的氨基酸混合液，纠正氨基酸的失衡。可给予左旋多巴，减轻假性神经递质的作用，促进患者清醒。

4. 加强护理 密切观察患者的生命体征，注意使患者保持安静状态，患者的呼吸道要保持通畅，定时检查患者的意识、呼吸、运动和各种神经反射，定时监测脑电图和血氨等。

总之，由于肝性脑病的发病机制复杂，应结合患者的具体情况，采取综合性治疗措施，才能取得较好的治疗效果。

病例分析 11-4

男性，61岁，2010年9月6日下午1时家人发现其仍未起床，呼之不应，遂送至医院抢救。入院时患者体温39.1℃，心率106次/分，潮式呼吸，呕吐，大便呈柏油样，小便失禁，全身皮肤湿润暗黄。实验室检查：细胞 $11.8×10^9/L$，尿胆原（+++）。腹部B超检查：脂肪肝，肝内粗强超声波波形，提示急性肝损伤。经治疗后唤醒，但意识不清，答非所问，痛觉迟钝。家属诉该患者酗酒20余年。

问题与思考：
该患者肝性脑病的诱因和主要原因是什么？

（周晓红）

第八节　消化系统常见恶性肿瘤

一、食管癌

食管癌（carcinoma of esophagus）是由食管黏膜上皮或腺体发生的恶性肿瘤，主要的组织学类型是鳞状细胞癌和腺癌。在世界范围内，约 90% 的食管癌是鳞状细胞癌。

（一）病因

目前食管癌的病因尚未完全阐明，研究资料显示可能与下列多种因素有关。

1. 化学致癌物质作用　目前认为一些化学致癌物，特别是亚硝胺类化合物在我国食管癌的发生、发展中有重要的作用。在高发地区的粮食及食品（如腌制的酸菜）中亚硝胺及其前身物质的检出率明显高于非高发区，以亚硝胺类化合物饲喂动物可诱发食管癌。

2. 不良生活习惯　包括过量饮酒、吸烟及食入过热或粗糙饮食等。

3. Barrett 食管　因食管反流导致的 Barrett 食管，与食管腺癌的发生密切相关。

（二）病理变化

食管癌以中段最为多见，下段次之，上段再次之，在颈段食管很少发生。食管癌分为早期和中晚期两类。

早期食管癌包括原位癌、黏膜内癌和黏膜下癌，无淋巴结转移。临床尚无明显症状，钡餐检查食管基本正常或局部轻度僵硬。及时治疗预后良好，5 年存活率达 90% 以上。

中晚期食管癌侵及食管肌层和外膜。组织学类型鳞状细胞癌占 90%，腺癌次之，其他类型少见。肉眼类型包括髓质型、蕈伞型、溃疡型（图 11-9）、缩窄型。此期患者已有较明显的临床症状。

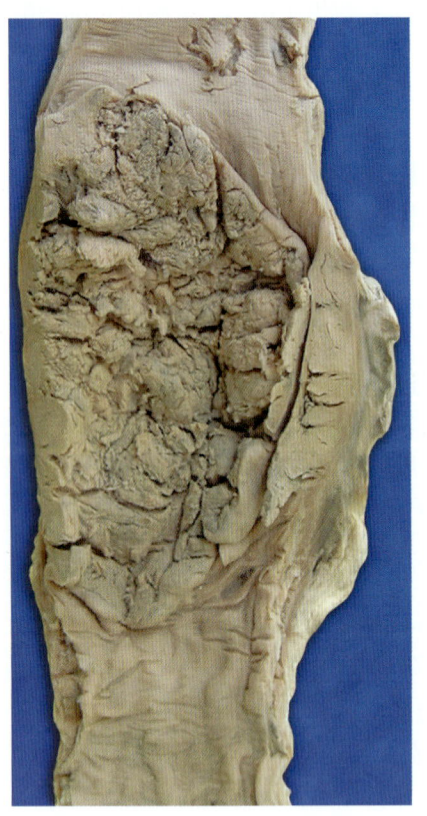

图 11-9　食管癌

（三）扩散方式

1. 直接蔓延　癌组织穿透食管壁直接侵入邻近组织或器官。上段癌可侵犯喉、气管和颈部软组织。中段癌可侵犯支气管（形成食管支气管瘘）、肺、主动脉和胸导管。下段癌可侵犯贲门、膈肌和心包。

2. 淋巴道转移　为食管癌常见的转移方式，途径与淋巴引流方向一致。上段癌可转移到颈及上纵隔淋巴结。中段癌可转移到食管旁或肺门淋巴结。下段癌可转移到食管旁、贲门旁或腹腔上部淋巴结。

3. 血道转移　主要见于晚期，以肝、肺转移最为常见，也可转移到肾、骨或肾上腺等处。

二、胃癌

胃癌（carcinoma of stomach）是由胃黏膜腺上皮发生的恶性肿瘤，是消化道最常见的恶性肿瘤之一。胃癌发病有明显的地域性差别，在我国的西北与东部沿海地区胃癌发病率比南方地区明显为高。好发年龄在 50 岁以上，男女发病率之比约为 2∶1。

（一）病因

病因尚未阐明，目前认为与饮食习惯（如鱼、肉类熏制食品、饮食过热等）、化学物质（黄曲霉毒素、亚硝酸盐）等因素有关。吸烟者的胃癌发病危险较不吸烟者高 50%。幽门螺杆菌感染与胃癌的发生密切相关。慢性萎缩性胃炎、胃溃疡病、肠上皮化生等与胃癌的关系密切。目前将胃黏膜异型增生视为癌前病变。

（二）病理变化

胃癌的好发部位为胃窦部，尤以胃窦小弯部多见（约占 75%）。按病程和病变分为早期和进展期（晚期）胃癌两大类。

1. 早期胃癌　指癌组织浸润仅限于黏膜层及黏膜下层。早期胃癌肉眼类型分为隆起型、表浅型、凹陷型 3 种。早期胃癌可多中心发生，可伴有淋巴结转移。经手术治疗，预后良好，5 年存活率达 85% 以上。

2. 进展期胃癌　指癌组织浸润至黏膜下层以下深度，常有扩散或转移。浸润越深，预后越差。肉眼类型包括：①息肉型，癌组织向胃腔内突起，呈息肉状、蕈伞状或菜花状，表面有深浅不一的溃疡；②溃疡型，形成边缘隆起的火山口样的较深溃疡，直径多超过 4cm，底部凹凸不平，周围胃黏膜皱襞中断、结节状隆起，与消化性溃疡不同（表 11-4）；③浸润型，癌组织在胃壁内局限性或弥漫性浸润，无明显边界，当弥漫性浸润伴纤维组织大量增生时，胃壁增厚变硬、胃腔缩小、皱襞消失而呈革袋状，称为"革囊胃"（图 11-10）；④胶样癌，当癌细胞产生大量黏液而呈胶冻状外观时，称为胶样癌。

表 11-4　良、恶性溃疡的肉眼形态鉴别

	良性溃疡（溃疡病）	恶性溃疡（溃疡型胃癌）
外形	圆形或椭圆型	不整形、皿状或火山口状
大小	直径一般小于 2cm	直径一般大于 2cm
深度	较深	较浅
边缘	整齐、不隆起	不整齐、隆起
底部	较平坦	凹凸不平，有坏死出血
周围黏膜	皱襞向溃疡集中	黏膜皱襞中断，呈结节状肥厚

胃癌的组织学类型主要包括乳头状腺癌、管状腺癌、印戒细胞癌（图 11-11）、黏液腺癌等。鳞状细胞癌、腺鳞癌、神经内分泌肿瘤均少见。

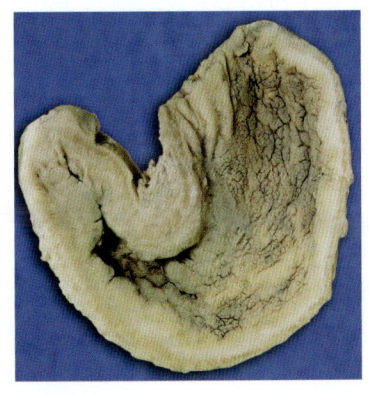

图 11-10　弥漫浸润型胃癌

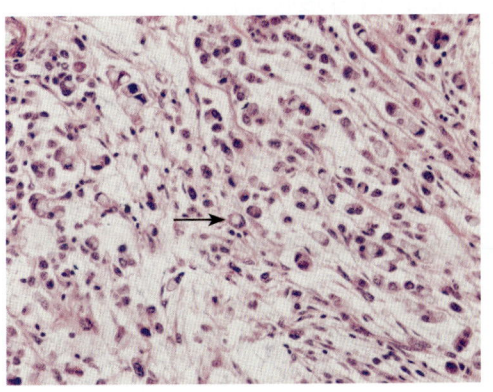

图 11-11　胃印戒细胞癌（如箭头所示）

（三）扩散方式

1. 直接蔓延　癌组织穿透胃壁侵犯邻近器官和组织，如肝、胰腺、大网膜等。
2. 转移　淋巴道转移为胃癌主要的转移方式。首先转移到胃幽门下和胃小弯局部淋巴结；进而转移到主动脉旁、肝门、肠系膜根部淋巴结；晚期可沿胸导管转移到左锁骨上淋巴结。在肿瘤晚期，可通过血道转移到肝、肺、骨、脑等处。癌组织浸润至浆膜面时，癌细胞脱落种植于腹壁及腹腔器官。发生在卵巢的转移性黏液细胞癌，称为 Krukenberg 瘤，此瘤多由胃肠道腺癌种植转移，也可由淋巴道、血道转移而来。

三、大肠癌

大肠癌（carcinoma of large intestine）是由大肠黏膜腺上皮发生的恶性肿瘤，包括结肠癌和直肠癌。大肠癌是全世界第三常见的恶性肿瘤。大肠癌如能早期发现并及时手术治疗，5 年存活率可达 90%。

（一）病因

1. 饮食因素　高营养、少纤维的饮食与本病的发病有关。因这类饮食不利于有规律的排便，因此延长了肠黏膜与食物中含有的致癌物质的接触时间。
2. 遗传因素　遗传性非息肉病性大肠癌和家族性腺瘤性息肉病是常染色体显性遗传性疾病。前者家系中大肠癌及其他恶性肿瘤发病率高；后者患者大肠内形成大量的腺瘤，如不治疗，40 岁左右常发生癌变。
3. 某些伴有肠黏膜增生的慢性肠疾病　大肠腺瘤是常见的良性肿瘤，属癌前病变，大多数大肠癌是经腺瘤癌变而来的。幼年性息肉病、慢性溃疡型结肠炎、血吸虫引起的肠病变等也可提高大肠癌的发生风险。

（二）病理变化

大肠癌的好发部位以直肠为最多见（50%），其余依次为乙状结肠（20%）、盲肠和升结肠（15%），横结肠（10%），降结肠（5%）。

大肠癌的肉眼类型包括：隆起型、溃疡型、浸润型、胶样型。

大肠癌的组织学类型主要包括乳头状腺癌、管状腺癌、印戒细胞癌、黏液腺癌等。未分化癌、鳞状细胞癌、神经内分泌肿瘤比较少见。

（三）大肠癌分期

根据肿瘤浸润深度和淋巴结转移情况，大肠癌可分为四期：

A 期　癌组织未穿透肠壁肌层，未累及淋巴结，经手术可治愈。

B 期　癌组织穿透肌层，侵及周围组织，但未累及淋巴结，手术后 5 年存活率达 70%。

C 期　癌已发生淋巴结转移，手术后 5 年存活率为 30%。

D 期　癌已发生远隔器官转移。手术后 5 年存活率极低。

（四）扩散方式

1. 直接蔓延　分化较高的大肠癌生长缓慢，可沿肠壁环状缓慢生长。穿透肠壁后蔓延到邻近器官，如前列腺、膀胱、子宫及阴道、腹膜及腹后壁。
2. 淋巴道转移　结肠癌沿淋巴道依次转移到结肠上、旁、中间和末端淋巴结，进一步向肠系膜下动脉和远处淋巴结扩散。直肠癌首先转移到直肠旁淋巴结，进而向远端淋巴结扩散。
3. 血道转移　多发生在晚期，除经门静脉转移到肝外，还可转移到肺、骨及脑等处。

> **知识链接**
>
> 癌胚抗原(carcino-embryonic antigen,CEA)是一种胚胎性抗原,早期胎儿的胃肠道、肝和胰腺均可产生CEA。成人胃肠道合成少量CEA。大肠癌、胃癌、胰腺癌、肺癌等恶性肿瘤患者血清中CEA水平升高(CEA超过20μg/L提示有消化道癌)。虽然CEA不能作为确诊大肠癌的依据,但测定CEA有助于观察患者肿瘤的消长,例如切除肿瘤后,患者血清中CEA水平下降,以后CEA再度上升则提示肿瘤复发或转移。

> **病例分析 11-5**
>
> 男性,60岁。近3个月来大便不通畅,常便血、大便变细。肠镜检查发现距肛门4cm处肠腔内有一4cm×2cm大小的盘状肿瘤,中央有溃疡。肠镜活检病理结果:(直肠)中分化腺癌。
>
> 问题与思考:
> 直肠癌患者为什么可有便血、大便变细等表现?

四、原发性肝癌

原发性肝癌(primary carcinoma of liver)是由肝细胞或肝内胆管上皮细胞发生的恶性肿瘤,简称肝癌。我国肝癌的发病率较高,属于常见肿瘤之一。近年来,由于血清甲胎蛋白的筛查应用及影像学检查,使早期肝癌的检出率明显提高。

(一)病因

1. 病毒性肝炎 乙型肝炎、丙型肝炎与肝癌有密切关系。有资料显示肝癌病例HBsAg阳性率高达81.82%,在HBV阳性的肝癌患者可见HBV基因整合到肝癌细胞的DNA中,因此认为HBV是肝癌发生的重要因素。

2. 肝硬化 肝硬化与肝癌之间关系密切。据统计两者合并存在者占肝癌患者的84.6%,肝硬化一般需经7年左右发展为肝癌,其中以坏死后肝硬化最为多见。

3. 乙醇 酗酒与肝癌发生密切相关。

4. 真菌及寄生虫感染 在肝癌高发区食物被黄曲霉菌污染的情况较严重。动物实验证实黄曲霉毒素可诱发肝癌。寄生在肝内胆管的华支睾吸虫能刺激胆管上皮增生,进而发展为胆管细胞癌。

(二)病理变化

1. 早期肝癌(小肝癌) 早期肝癌是指单个瘤结节最大直径在3cm以下,或不超过两个瘤结节,其最大直径总和小于3cm。瘤结节呈球形或分叶状,与周围组织分界较清楚,切面均匀一致,无出血坏死。

2. 中晚期肝癌 肿瘤可居于肝的一叶,也可弥漫于全肝,并大多合并有肝硬化。肝多明显增大,重量增加,可因淤胆而呈黄绿色或棕褐色。

肉眼形态分为三型:①巨块型(图11-12),肿瘤形成巨大肿块,直径可超过10cm;②

多结节型，肿瘤形成多个结节，散在分布，结节直径多不超过5cm；③弥漫型，此型少见，癌组织在肝内弥漫分布，无明显结节或结节极小。

肝癌的组织学类型主要包括：①肝细胞肝癌，由肝细胞起源，最为多见，癌细胞可呈梁索状、腺管状或实体团块状排列，癌细胞团之间为血窦，间质很少；②胆管上皮癌，由肝内胆管上皮起源，较为少见，癌细胞与胆管上皮细胞相似，常呈腺管样排列；③混合性肝癌，具有肝细胞癌和胆管上皮癌两种成分，最为少见。

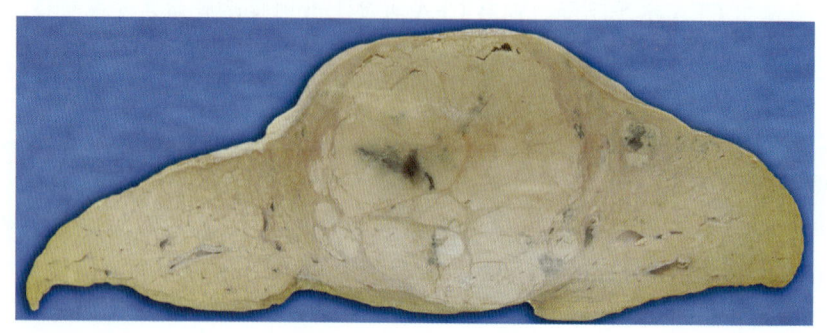

图 11-12　肝癌伴肝硬化

（三）扩散方式

1. 肝内蔓延或转移　肝癌首先在肝内直接蔓延或转移，使癌肿范围不断扩展，并可逆行至肝外门静脉主干，形成癌栓，阻塞管腔，导致门静脉高压；还可沿血管分支在肝内形成多处转移性癌结节。

2. 肝外转移　经肝静脉转移至肺、脑、骨等处，其中肺转移多见；通过淋巴道转移至肝门、上腹部及腹膜后淋巴结；癌细胞从肝表面脱落直接种植在腹膜及腹部器官表面。

（田新霞）

 思考题

1. 简述消化道溃疡病的病变特点及并发症。
2. 简述病毒性肝炎的基本病变。
3. 简述慢性肝炎的病变特点及结局。
4. 简述门脉性肝硬化的病变特点。
5. 简述门脉性肝硬化的临床表现。
6. 血氨升高的原因有哪些？氨对脑的毒性作用有哪些？
7. 肝性脑病常见的诱因有哪些？
8. 分析临床上抢救肝性脑病时，应用左旋多巴的原理。
9. 分析晚期肝硬化患者发生上消化道大出血后，出现肝性脑病和腹水增多的机制。

第十二章 泌尿系统疾病

学习目标

1. **掌握** 肾小球肾炎常见类型的病变特点。肾盂肾炎的病理变化。急性肾衰竭、氮质血症、慢性肾衰竭、尿毒症的概念。少尿型急性肾衰竭临床表现的发生机制；慢性肾衰竭临床表现的发生机制。
2. **熟悉** 肾小球肾炎的临床病理联系。肾盂肾炎的临床病理联系。急性肾衰竭的病因和发病机制；慢性肾衰竭的病因和发病机制。
3. **了解** 肾小球肾炎的病因与发病机制。肾盂肾炎的病因与发病机制。尿毒症的临床表现；急性肾衰竭、尿毒症防治的病理生理基础。

第一节 肾小球肾炎

肾小球肾炎（glomerulonephritis，GN）是一组比较常见的以肾小球（图12-1）改变为主的疾病。主要表现为尿量、尿性状的改变，水肿和高血压等。一般早期症状不明显，容易被忽略，发展到晚期可出现肾功能不全，严重威胁患者的健康和生命。

肾小球肾炎可分为原发性和继发性两种类型，原发性肾小球肾炎指原发于肾的独立性疾病。继发性肾小球肾炎是由于其他疾病引起的肾小球损伤，如红斑狼疮性肾炎、过敏性紫癜性肾炎等。此外，血管病变如高血压，代谢性疾病如糖尿病，都可引起继发性肾小球病变。通常所谓的肾小球肾炎一般是指原发性肾小球肾炎，是本节介绍的主要内容。

一、病因及发病机制

大多数肾小球肾炎属于Ⅲ型变态反应，由于抗原抗体复合物（免疫复合物）沉积于肾小球而致病。抗原包括外源性抗原及内源性抗原两大类。抗体包括 IgG、IgA、IgM 等。免疫复合物引起肾小球肾炎有以下两种方式。

（一）循环免疫复合物沉积于肾小球

当抗体明显多于抗原时，常形成大分子不溶性免疫复合物，被吞噬细胞清除，不引起肾小球损伤。当抗原明显多于抗体时，形成小的可溶性免疫复合物，这些复合物不能结合补体，容易通过肾小球而滤出，也不引起肾小球损伤。只有当抗原与抗体的量相当或抗原略多时，所形成的免疫复合物在血液中保存的时间较长，容易沉积于肾小球，导致肾小球损伤，引起循环免疫复合物性肾小球肾炎。此类肾炎的肾小球损伤与免疫复合物的溶解度、分子量、携带电荷状态有关。

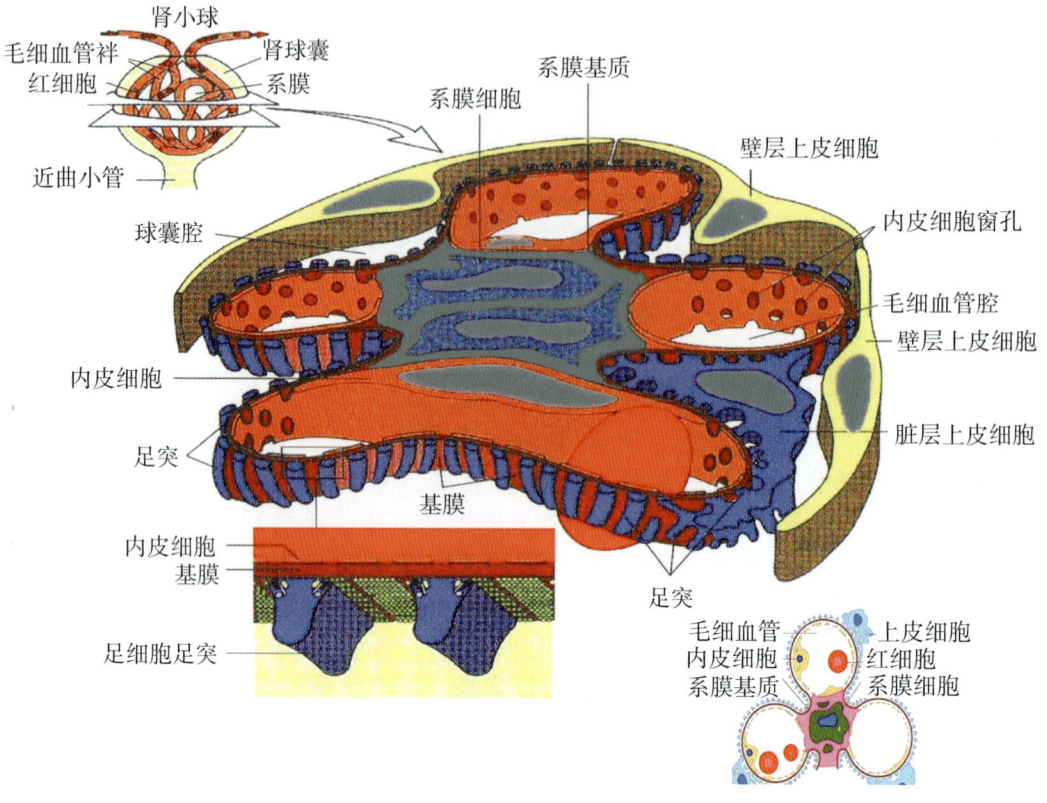

图 12-1　肾小球结构模式图

（二）原位免疫复合物形成

肾小球固有结构的抗原（如抗基膜性肾小球肾炎）、肾小球内的植入性抗原（如膜性肾小球肾炎）均可引起机体产生相应的抗体，这些抗体与位于肾小球的相应抗原结合，形成原位免疫复合物，引起肾小球损伤。

免疫反应激活炎细胞（中性粒细胞、单核细胞）、血小板、系膜细胞，释放血管活性肽、细胞因子（如 IL、EGF、TGF、TNF、PDGF），激活补体、凝血及纤溶因子，形成以肾小球损伤为主的炎症。

二、基本病理变化

肾小球肾炎是以增生为主的超敏反应性炎症性疾病。

（一）增生性病变

1. 细胞增生性病变　主要指肾小球固有细胞数目增多，一般以基底膜为界分为两种：
（1）毛细血管内增生：指内皮细胞和系膜细胞增生，可使毛细血管腔受压狭窄或闭塞。
（2）毛细血管外增生：指球囊壁层上皮细胞增生，可形成新月体。

2. 毛细血管壁增厚　主要是由于基底膜增生以及免疫复合物在上皮下、内皮下、基底膜内沉积所致。

3. 硬化性病变　主要指系膜基质增生、基底膜增厚、毛细血管袢塌陷和闭塞，进而发生肾小球纤维化和玻璃样变性。

（二）渗出性病变

肾小球肾炎主要表现为中性粒细胞和单核细胞等炎细胞渗出，血浆蛋白和纤维素也可渗出。渗出物可浸润于肾小球和肾间质内，也可渗入球囊腔随尿排出。

（三）变质性病变

肾小球肾炎可见毛细血管壁发生纤维素样坏死，常伴微血栓形成和红细胞漏出；肾小球玻璃样变和硬化为各种肾小球病变发展的最终结果。

（四）肾小管和肾间质的改变

由于肾小球血流和滤过性状的改变，肾小管上皮细胞常发生变性，管腔内可出现蛋白质、细胞或细胞碎片浓集形成管型。肾间质可充血、水肿和炎细胞浸润。肾小球发生玻璃样变和硬化时，相应肾小管萎缩或消失，间质发生纤维化。

三、临床表现

肾小球疾病常表现为具有结构和功能联系的症状组合，即综合征。肾小球肾炎的临床表现与病理类型有密切联系，但并非完全对应。不同的病变可引起相似的临床表现，同一病理类型的病变可引起不同的症状和体征。肾小球肾炎的临床表现还与病变的程度和阶段等因素有关。常见的临床表现可归纳为以下类型。

1. 急性肾炎综合征（acute nephritic syndrome）　多见于急性弥漫性增生性肾小球肾炎；起病急，明显血尿，轻至中度蛋白尿、水肿及高血压；严重者可出现氮质血症或肾功能不全。

2. 急进性肾炎综合征（rapidly progressive nephritic syndrome）　多见于新月体性（快速进行性）肾小球肾炎；起病急，进展快。出现水肿、血尿和蛋白尿后，迅速发展为少尿甚至无尿，伴氮质血症，并发生急性肾功能不全。

3. 肾病综合征（nephrotic syndrome）　主要表现为大量蛋白尿、严重水肿、低蛋白血症及高脂血症。这些表现之间具有内在的联系。引起综合征的关键性病变是免疫复合物沉积，损伤滤过膜，使其通透性显著增高，血浆蛋白滤过增加，出现大量蛋白尿。长期大量蛋白尿使血浆蛋白减少，形成低蛋白血症。低蛋白血症可刺激肝合成更多脂蛋白，从而出现高脂血症。由于低蛋白血症而引起血浆胶体渗透压降低，引起全身性水肿。由于水肿，组织间液增多，血容量减少，肾小球血流量和肾小球滤过减少，使醛固酮及抗利尿激素分泌增加引起水、钠潴留，进一步加重水肿。多种类型的肾小球肾炎均可出现肾病综合征。

4. 无症状性血尿或蛋白尿　表现为持续或复发性肉眼或镜下血尿，或轻度蛋白尿，也可两者同时发生。主要见于IgA肾病。

5. 慢性肾炎综合征（chronic nephrotic syndrome）　一般为各型肾小球肾炎终末阶段的表现。主要表现为多尿、夜尿、低比重尿，高血压、贫血、氮质血症和尿毒症。肾小球病变可使肾小球滤过率降低，血尿素氮和血浆肌酐水平增高，形成氮质血症。尿毒症发生于急性和慢性肾功能不全晚期，除了氮质血症的表现外，还具有一系列自体中毒的症状和体征，常出现胃肠道、神经、肌肉和心血管等系统的病理改变，如尿毒症性胃肠炎、周围神经病变、纤维素性心外膜炎等。

四、肾小球肾炎的常见病理类型

目前常用的肾小球疾病分类是将 WHO 的病理分类与其他学者提出的病理分类相结合，与临床分类的侧重点不同，两者有一定的对应关系（表 12-1）。

表 12-1　肾小球肾炎的临床与病理分型

临床分型	病理分型
急性肾炎	急性弥漫性增生性肾小球肾炎、IgA 肾病
急进性肾炎	新月体性肾小球肾炎
隐匿性肾炎	系膜增生性肾小球肾炎、IgA 肾病
肾病综合征	微小病变性肾小球病、膜性肾小球病、膜增生性肾小球肾炎、系膜增生性肾小球肾炎
慢性肾炎	慢性硬化性肾小球肾炎

（一）急性弥漫性增生性肾小球肾炎

急性弥漫性增生性肾小球肾炎（acute diffuse proliferative glomerulonephritis）是临床最为常见的肾小球肾炎类型，患者大多为儿童，成人少见，一般起病急，预后较好。病变特点是以弥漫性肾小球毛细血管内皮细胞和系膜细胞增生为主（图 12-2），并伴中性粒细胞和巨噬细胞浸润。此型肾炎与 A 族乙型溶血性链球菌感染有关，少数与其他细菌或病毒感染有关。故又称链球菌感染后肾小球肾炎或感染后肾小球肾炎。发病机制为循环免疫复合物沉积所致。

两肾均匀对称性增大，表面光滑，颜色较红，故称为"大红肾"；有时在肾的表面和切面可见散在的出血点，又称"蚤咬肾"。切面皮质增厚，纹理模糊，皮、髓质分界尚清楚。双侧肾小球弥漫受累，肾小球体积增大。肾小球毛细血管内皮细胞和系膜细胞明显肿胀增生，可有中性粒细胞和少量巨噬细胞浸润。肾小球内细胞数目显著增多，可使毛细血管受压，管腔狭窄甚至阻塞。肾球囊内有红细胞及浆液、纤维蛋白等渗出物。肾间质血管显著扩张、充血，伴有水肿和炎细胞浸润。肾小管上皮细胞肿胀，腔内可见滤出的各种成分，如蛋白质、红细胞、白细胞等以及由这些成分凝集而成的管型。

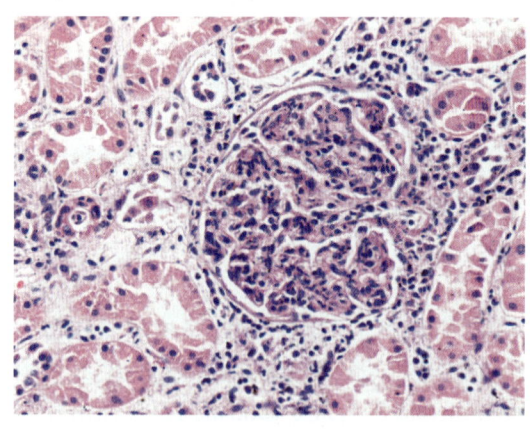

图 12-2　急性弥漫性增生性肾小球肾炎

此型肾小球肾炎在临床上多表现为急性肾炎综合征，即尿的异常、水肿和高血压。由于肾小球内皮细胞和系膜细胞肿胀增生，压迫毛细血管致使其管腔狭窄、闭塞，滤过率降低，引起少尿、无尿，尿中出现管型，也可有轻度蛋白尿；水、钠潴留使血容量增加，血压轻度或中度升高；代谢产物在体内潴留，导致氮质血症；水肿原因主要为水、钠潴留，变态反应使全身毛细血管通透性增高可加重水肿。

此型肾小球肾炎多数预后好，尤其儿童患者，80%~90%可在数周或数月内痊愈。少数患者，且多为成年人病变可迁延不愈，逐渐发展为慢性硬化性肾小球肾炎；极少数患者病变严重，发展为快速进行性肾小球肾炎。

（二）新月体性肾小球肾炎

新月体性肾小球肾炎（crescentic glomerulonephritis）患者大多为成年人，预后差。主要以快速进行性肾炎综合征为主要临床表现。其病变特点为肾球囊壁层上皮细胞增生形成新月体（图 12-3），又称毛细血管外增生性肾小球肾炎。

此型肾小球肾炎可继发或伴发于其他肾小球疾病，如严重的毛细血管内增生性肾小球肾炎或肺出血肾炎综合征、系统性红斑狼疮及过敏性紫癜等，但多数为原发性，病因和发病机制目前尚不完全清楚，研究发现有以下 3 种情况：①非肾性抗原引起的免疫复合物沉积；②肾小球基底膜抗原引起的抗肾小球基底膜特异性抗体形成，其中部分病例表现为肺出血肾炎综合征（Goodpasture syndrome）；③既无免疫复合物沉积，又无特异性抗体存在，此种原因未明的情况占全部病例的 50%。

两肾弥漫性增大，颜色苍白，切面皮质增厚，纹理模糊，皮、髓质分界尚清楚；肾皮质可见散在点状出血。大部

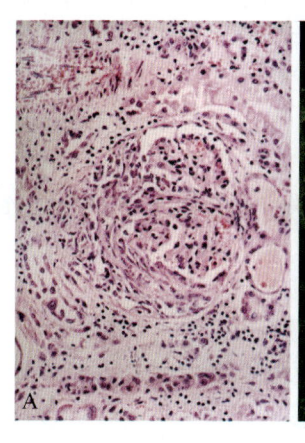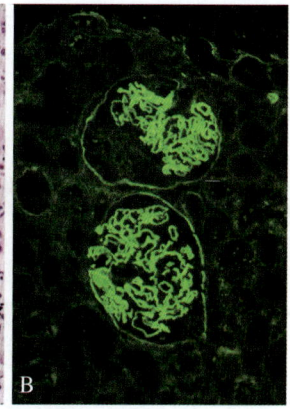

图 12-3　新月体性肾小球肾炎
A．HE 染色　B．荧光 IgG 染色

分肾小球内有特征性的新月体（crescent）形成。新月体是肾小囊壁层上皮细胞显著增生，堆积成层，在毛细血管丛周围形成的新月形小体。新月体内含有渗出的单核细胞、中性粒细胞、纤维蛋白等成分。早期新月体或环状体主要是细胞成分，称细胞性新月体；随后，纤维组织逐渐增多，终致细胞成分和渗出物完全由纤维组织替代，称纤维性新月体。

此型肾小球肾炎病变进展快，临床表现为急进性肾炎综合征。由于肾小球毛细血管坏死，基底膜缺损和出血，患者出现明显血尿；大量新月体或环状体形成使肾小囊闭塞，血浆不能滤过，严重影响肾小球的结构和功能，迅速出现少尿，甚至无尿；代谢废物在体内潴留引起氮质血症并快速发展为尿毒症。肾小球的广泛纤维化和玻璃样变造成肾小球缺血，通过肾素 - 血管紧张素系统作用及水、钠潴留均可引起高血压。由于病变严重，发展迅速，预后极差，如不及时救治患者常在数周至数月内死于尿毒症。而预后又多与新月体或环状体的数量有关，有新月体或环状体形成的肾小球少于 80% 者，预后相对较好。

（三）膜性肾小球肾炎

膜性肾小球肾炎（membranous glomerulonephritis）多见于中老年人。临床上主要表现为肾病综合征。病变特点是毛细血管基底膜弥漫性增厚。

此型病变早期，肾体积增大，颜色苍白，呈现"大白肾"外观，切面皮质明显增厚。晚期，肾体积缩小，表面呈细颗粒状。病变晚期，由于毛细血管壁明显增厚，管腔逐渐由狭窄发展到闭塞，肾小球发生硬化及玻璃样变。

膜性肾小球肾炎典型的临床表现为肾病综合征，即大量蛋白尿、高度水肿、高脂血症和低蛋白血症。临床呈慢性经过，病程较长，少数患者由于早期治疗预后较好，病情可部分或全部缓解；但多数患者预后较差，40% 发展为肾衰竭。

（四）微小病变性肾小球病

微小病变性肾小球病（minimal change glomerular disease）因光镜下肾小球无明显改变或病变轻微而得此名；又因在肾小管上皮细胞内见有大量脂质沉积，曾被称为脂性肾病。

此型肾小球肾炎主要见于儿童，临床所见发生在儿童的肾病综合征有80%属于此种病理类型。其病变特点为脏层上皮弥漫性足突融合、消失。病因和发病机制尚不清楚，但研究表明与免疫反应，特别是T淋巴细胞功能异常有关，可能与遗传因素也有一定关系。

此型临床表现为肾病综合征，其中以高度选择性的大量蛋白尿尤为突出，尿中主要为小分子的白蛋白，一般无血尿和高血压发生，肾功能无明显影响。

此型肾病预后好。激素治疗对大多数患儿具有良好效果，病变在数周内可以完全恢复正常。成年患者恢复较慢，复发率较高，但预后也较好，一般不发展为慢性。

（五）膜增生性肾小球肾炎

膜增生性肾小球肾炎（membrano-proliferative glomerulonephritis）的病变特点是既有肾小球毛细血管基底膜增厚，又有系膜细胞和基质增生，故又称系膜毛细血管性肾小球肾炎。光镜见肾小球体积增大，细胞增大，毛细血管壁不规则增厚，管腔狭窄，系膜区增宽及毛细血管丛呈分叶状等变化，镀银染色见毛细血管壁呈车轨状或分层状。

此型肾小球肾炎好发于青少年，临床呈慢性经过，预后差。早期可仅有轻度的蛋白尿或血尿，随病变持续进展多表现肾病综合征或慢性肾炎综合征。晚期因肾小球毛细血管腔狭窄甚至闭塞，血管系膜硬化及肾小球纤维化而导致高血压和肾功能不全，50%~70%的患者在10年内死亡。

（六）系膜增生性肾小球肾炎

系膜增生性肾小球肾炎（mesangial proliferative glomerulonephritis）主要是循环免疫复合物沉积在系膜区所致。病变特点是弥漫性肾小球系膜细胞增生和基质增多。光镜见系膜区增宽，按增宽程度可分为轻、中、重三级，毛细血管壁无明显变化。电镜观察见低密度的电子致密物沉积在系膜区，免疫荧光法检查证实免疫复合物的成分分别为IgM、IgG、IgA等。

此型肾小球肾炎在我国较为常见，好发于青少年。临床可表现为无症状性血尿或蛋白尿，也可表现为肾病综合征，预后一般较好。若病变严重，可继续发展为慢性硬化性肾小球肾炎。

（七）IgA肾病

IgA肾病（IgA nephropathy）又称IgA肾炎（IgA nephritis），因首先由Berger（1968年）报告，故又称Berger病。本病的发生具有地区性，在我国较为常见，可能与种族和遗传因素有关。好发于儿童和青少年，发病前常有上呼吸道感染。临床以反复发作的镜下或肉眼血尿为其突出特点。病理特点是肾小球系膜细胞增生，系膜基质增多和系膜区IgA沉积。

IgA肾病临床呈慢性经过，主要表现为复发性血尿及轻度的蛋白尿，少数患者表现为肾病综合征。预后与病变类型有关，许多患者肾功能可长期维持正常。

（八）慢性硬化性肾小球肾炎

慢性硬化性肾小球肾炎（chronic sclerosing glomerulonephritis），为各种类型的肾小球肾炎发展到晚期的共同结果，多数患者有肾炎病史，但也有部分患者起病隐匿，无自觉症状，发现时病变已进入晚期。临床上以慢性肾炎综合征为其典型表现，病理上以弥漫性肾小球纤维化及玻璃样变为其特点。

两肾对称性缩小，重量减轻，颜色苍白，质地变硬，表面呈较均匀的细颗粒状（图12-4A），切面见肾皮质明显变薄，皮髓质交界不清，纹理模糊，可见管壁增厚的小动脉。肾盂周围脂肪组织增多。这种形态称为颗粒性固缩肾。病变早期尚可见到原发肾炎病理类型的病变特点。后期肾小球弥漫性纤维化及玻璃样变（图 12-4B），所属肾小管萎缩、纤维化；纤维化使病变肾小球互相靠拢，部分病变的肾小球消失。残存的肾小球代偿性肥大（图 12-4B），所属肾小管扩张，腔内可含各种管型，部分肾小管高度扩张呈小囊状。肾间质纤维组织大量增生，有多量淋巴细胞、浆细胞浸润；肾内的细动脉和小动脉均发生硬化，管腔狭窄。

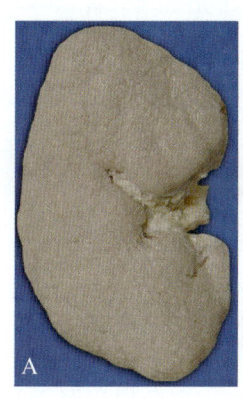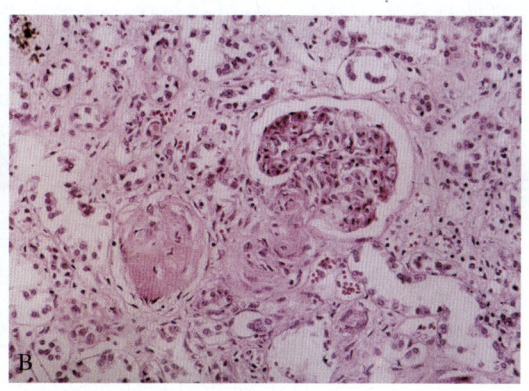

图 12-4　慢性硬化性肾小球肾炎
A．大体　B．组织学改变

慢性硬化性肾小球肾炎临床表现为慢性肾炎综合征，即从功能角度所称的慢性肾功能不全，其病理形态学基础是肾单位病变的进行性加重乃至广泛的破坏。

1. 尿的变化　由于多数肾单位被破坏，大量血液快速通过残存的肾小球，滤过率显著增加，受肾小管重吸收功能限制，尿浓缩功能降低，患者出现多尿、夜尿和低比重尿。由于残存肾单位结构和功能相对正常，故血尿、蛋白尿、管型尿常不明显。

2. 高血压　由于大量肾单位被破坏和肾内动脉硬化，肾组织严重缺血，肾素分泌增加，导致血压增高，而且维持在较高水平。长期的高血压加重左心室负荷使之肥大，严重者发展为心力衰竭。高血压还可导致脑出血。

3. 贫血　由于大量肾单位被破坏，促红细胞生成素形成减少，加上大量代谢产物在体内堆积，抑制骨髓造血，促进溶血，患者出现贫血。

4. 氮质血症、电解质代谢及酸碱平衡紊乱　随着病变发展，残存的肾单位越来越少，患者体内代谢产物大量堆积，造成血中非蛋白氮含量高于正常值，称为氮质血症；患者还可出现酸中毒和钠、钾、钙、磷等电解质紊乱的表现。

病例分析 12-1

男性，10 岁。因眼睑水肿、尿少 3 天入院。10 天前曾发生上呼吸道感染，有咽喉疼痛史。查体：血压 140/90mmHg，眼睑水肿，咽红，双下肢水肿。实验室检查：尿常规，RBC（+），尿蛋白（++），红细胞管型 0～2/HP；24 小时尿量 400ml；尿素氮 11.2mmol/L，肌酐 192μmol/L，均高于正常。B 超检查示：双肾对称增大。

问题与思考：
该患者初步诊断是什么？依据是什么？

> **知识链接**
>
> 对于急性肾小球肾炎的患者，护理中应注意严格控制补液速度，精确记录出入量，尤其要精确记录尿量；给予患者低盐、高糖、高维生素、优质低蛋白、低脂肪饮食；此外还应做好皮肤、口腔、会阴部护理，保持病房清洁，预防肺部、尿路的感染。慢性肾小球肾炎患者一般起病隐匿，早期仅有乏力倦怠，护理时应特别注意这些早期表现，警惕疾病发生的可能；对于已经确诊的患者应注意观察尿量和尿液性状，体重变化，血压波动，警惕尿毒症以及并发症的症状和体征，并密切关注药物反应和疗效，指导患者避免加重疾病的诱因。

第二节 肾盂肾炎

肾盂肾炎（pyelonephritis）是由细菌引起的化脓性炎症，主要侵犯肾盂黏膜及肾间质。肾盂肾炎属于常见病、多发病，可发生于任何年龄。基于解剖和生理学特点，患者以女性多见，孕妇发病率较高，小儿尿布不洁易诱发，老年人也多见。女性发病率约为男性的10倍。临床主要表现为发热、白细胞增多、血尿或脓尿以及轻重不等的尿路刺激征。

一、病因及发病机制

细菌可通过上行性感染和下行性感染两条途径进入肾，引起肾盂肾炎。而上行性感染常存在诱发因素。

1. 上行性感染　多见。细菌首先引起下尿道炎症，如尿道炎、膀胱炎，沿输尿管上行到达肾盂，引起肾盂和肾组织的炎症。多为大肠埃希菌致病。

2. 下行性感染　是指化脓菌由体内化脓性病灶经血行而至肾，实际上是脓毒血症的一种。细菌以链球菌、葡萄球菌、绿脓杆菌等多见。

3. 诱发因素　尿路阻塞是肾盂肾炎最常见的诱因，如输尿管先天畸形、肾下垂、泌尿道结石、老年人前列腺肥大、妊娠子宫及肿瘤压迫等导致尿液潴留，潴留的尿液是细菌生长繁殖的培养基。医源性的尿路手术损伤也是肾盂肾炎的诱因之一。另外，由于生理解剖特点，女性上行性感染机会较多。糖尿病及全身消耗性疾病时，机体抵抗力降低易并发肾盂肾炎。

二、类型

（一）急性肾盂肾炎

急性肾盂肾炎（acute pyelonephritis）是发生于肾盂、肾间质和肾小管的急性化脓性炎症。

肾体积增大、充血，表面散在脓肿。肾盂黏膜表面覆盖脓性渗出物。上行性感染时，炎症始发于肾盂。肾盂黏膜充血、水肿，大量中性粒细胞浸润。炎症沿肾小管及其周围组织扩散，引起肾间质化脓性炎伴有脓肿形成，脓肿破入肾小管，使管腔内充满脓细胞和细菌菌落。上行性感染时，肾小球通常很少受累。血源性感染时，化脓性病变首先累及皮质中的肾小球、肾小管及其周围的间质，继而扩散到邻近组织，并向肾盂蔓延，肾组织内形成多个散在的小脓肿。

急性肾盂肾炎发病突然，临床表现为发热、腰部疼痛。因肾间质化脓性病变，出现脓尿、蛋白尿、管型尿、菌尿甚至血尿。因上行性感染时，化脓性病变刺激膀胱三角区，引起尿路刺激征（尿频、尿急、尿痛等）。这些症状持续一周即趋于好转，有一定的自限性。

（二）慢性肾盂肾炎

慢性肾盂肾炎（chronic pyelonephritis）为发生于肾盂、肾间质和肾小管的慢性炎症。肾盂肾炎急性期未能治疗彻底或诱因没有消除，是引起慢性肾盂肾炎的主要原因。

双侧肾体积缩小、变硬，表面有不规则凹陷性瘢痕形成，并与肾被膜粘连，两肾大小不等。切面见肾皮质、髓质界限不清，肾乳头萎缩，肾盂、肾盏因瘢痕收缩而变形（图12-5A）；肾盂黏膜粗糙、增厚。组织学改变为病变处多数肾单位萎缩、坏死及纤维化，部分肾小管代偿性扩张，腔

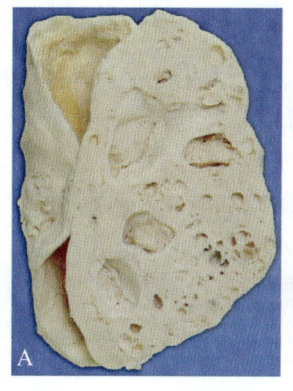
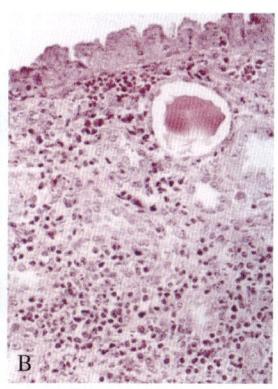

图 12-5　慢性肾盂肾炎
A．大体　B．组织学改变

内充满均质红染的蛋白管型，上皮细胞因受压成扁平状，状似甲状腺滤泡（图12-5B）；间质中见大量淋巴细胞、浆细胞和单核细胞浸润，小血管内膜增厚、管腔狭窄。后期，部分肾小球发生玻璃样变和硬化；肾盂黏膜出现大量慢性炎细胞浸润和纤维组织增生，上皮细胞坏死脱落、增生或鳞状上皮化生等改变。有时，在慢性炎症基础上可发生急性炎症改变，出现多量中性粒细胞浸润，甚至形成小脓肿。

临床主要表现为间歇性无症状的菌尿，或急性肾盂肾炎症状的间歇性发作。因肾小管严重受损，尿浓缩功能下降，导致多尿和夜尿。如病变累及肾小球，则出现高血压、蛋白尿等，甚至出现尿毒症。慢性肾盂肾炎病程长，可反复发作，发展为肾功能不全。

病例分析 12-2

患者，女，32岁。发热、腰痛、尿频、尿急3天入院。查体：体温39.5℃，血压110/70mmHg。实验室检查：白细胞13×10^9/L，中性粒细胞 86%，尿培养大肠杆菌阳性，镜检可见白细胞管型。

问题与思考：
该患者初步诊断是什么？依据是什么？

知识链接

在护理操作中应该注意杜绝医源性损伤，如插导尿管、采取尿标本时应严格无菌操作并注意手法轻柔；留置导尿管时间不宜过长并要严格做好消毒工作，以防细菌逆行感染而诱发肾盂肾炎的发生。急性肾盂肾炎如能及时正确治疗护理，大多数病例可获痊愈。如治疗不彻底或诱因没有去除，常可反复发作。医护人员应注意监测尿液的变化，防止转变成慢性肾盂肾炎。对于慢性肾盂肾炎患者，医护人员应警惕反复出现的脓尿和菌尿，注意及时发现并消除诱发因素，控制病情，预防尿毒症的发生。

（徐晓艳）

第三节 肾衰竭

肾是人体重要器官，通过尿液排出体内各种代谢产物，并调节水、电解质和酸碱平衡；肾还可分泌肾素、前列腺素、促红细胞生成素、1,25-$(OH)_2$-D_3 等，在维持机体内环境的稳定中发挥重要作用。任何原因引起的肾泌尿功能障碍，使代谢废物及毒性物质不能排出体外，以致产生水、电解质和酸碱平衡紊乱并伴有肾内分泌功能障碍的综合征均称为肾衰竭（renal failure）。肾功能不全（renal insufficiency）与肾衰竭的本质相同，只是程度上的区别。肾功能不全包括肾功能障碍由轻到重的全过程，而肾衰竭则是肾功能不全的晚期阶段。根据病程长短和发病的缓急，将肾衰竭分为急性肾衰竭和慢性肾衰竭。

一、急性肾衰竭

急性肾衰竭（acute renal failure，ARF）是各种原因引起肾泌尿功能在短期内急剧降低，以致不能维持机体内环境稳定，从而引起水、电解质、酸碱平衡紊乱及代谢废物蓄积的综合征。

（一）病因

1. **肾前因素** 凡能使有效循环血量减少，心排血量下降及引起肾血管收缩的因素，均会导致肾灌流不足，以致肾小球滤过率下降，而发生急性肾衰竭。常见于各种原因（如大失血、创伤、烧伤、急性心力衰竭）引起的休克早期。肾前因素引起的肾泌尿功能急剧减退是由于肾缺血所致，肾实质细胞未发生损伤，因此又称为功能性急性肾衰竭。

2. **肾性因素** 由于各种原因引起肾实质病变而发生的急性肾衰竭，又称器质性急性肾衰竭。肾的器质性病变可发生在肾小球、肾小管、肾血管及肾间质。其中肾缺血和肾毒物引起的急性肾小管坏死是最常见的原因。

肾血流灌注不足导致持续性肾缺血是引起急性肾小管坏死的常见原因，如严重创伤、严重烧伤、大出血等引起机体有效循环血量不足，如不及时纠正，严重而持续的肾缺血即可引起肾小管坏死。

肾由于其生理特点而易受肾毒性物质损害。肾毒性物质可分为外源性和内源性两大类。前者包括药物（磺胺、造影剂、庆大霉素等）、重金属（汞、铅、砷等）、有机毒物（四氯化碳等）、生物毒素（蛇毒等）；后者则包括肌红蛋白、血红蛋白等。这些毒物均可从肾小球滤出进入肾小管腔内，导致急性肾小管坏死。

3. **肾后因素** 由于肾以下尿路（从肾盂到尿道口）梗阻引起的急性肾衰竭。常见于尿路结石、前列腺肥大、盆腔肿瘤等。

（二）发病机制

大量的动物实验及临床观察证明，急性肾衰竭发病机制的关键是肾小球滤过率的降低。肾小球滤过率降低不仅涉及肾小球的功能紊乱，而且与肾小管、肾血管功能障碍密切相关。因此，急性肾衰竭的发生往往是多种因素、多种机制综合作用的结果。

1. **肾小球因素**

（1）肾血流量减少

1）肾灌注压降低：动脉血压在 80～160mmHg 时，肾通过自身调节作用机制。使肾血流量和肾小球滤过率维持相对稳定。当全身血压低于 80mmHg 时，肾血流失去自身调节，肾血管平滑肌收缩，肾小球滤过率降低 1/2～2/3（图 12-6）。

2）肾血管收缩：在全身血容量降低、肾缺血时，肾入球小动脉收缩，肾血流重新分布，其发生机制与许多体液因素有关：①肾素-血管紧张素系统激活，血管紧张素Ⅱ增加，引起肾入球动脉痉挛。②交感-肾上腺髓质系统兴奋，血中儿茶酚胺增加。因皮质肾单位的入球小动脉对儿茶酚胺敏感性高，故肾皮质外层血流量减少最为明显。③肾髓质间质细胞合成前列腺素减少，特别是扩血管的前列腺素如 PGE_2 合成减少，导致肾血管痉挛。

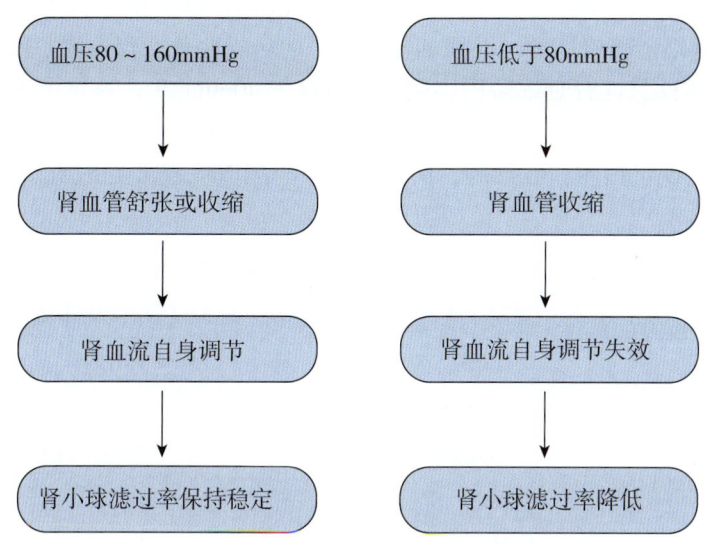

图 12-6　肾灌注压降低引起急性肾衰竭的机制

3）肾血管内皮细胞肿胀：肾缺血时，由于组织缺血缺氧造成钠泵运转功能减弱，使钠、水在细胞积聚，引起细胞内水肿，导致肾血管内皮细胞肿胀。

4）肾血管内凝血：其发生与肾衰竭时血液流变学的变化有关，往往由弥散性血管内凝血（disseminated intravascular coagulation，DIC）引起，特别在休克晚期，DIC 可同时合并急性肾衰竭。DIC 在肾内形成之后，加重了肾的血液循环障碍，使持续性肾缺血更为严重。

（2）肾小球病变：急性肾小球肾炎患者，因免疫反应引起的肾小球滤过膜通透性降低，导致肾小球滤过率降低。

2. 肾小管因素

（1）肾小管阻塞：急性肾小管坏死时，脱落的上皮细胞碎片、肌红蛋白、血红蛋白等形成的管型阻塞肾小管腔，造成广泛的肾小管阻塞，使原尿不易通过，形成少尿。同时，由于管腔内压升高，使有效滤过压降低，导致肾小球滤过率降低。

（2）肾小管原尿回漏：肾小管上皮细胞广泛坏死时，基膜断裂，尿液经断裂的基膜扩散到肾间质，引起肾间质水肿，压迫肾小管和肾小管周围的毛细血管。肾小管受压，阻塞加重，阻碍原尿在肾小管内通过并造成囊内压升高，使肾小球有效滤过压进一步降低；毛细血管受压，使肾小管供血进一步减少，导致肾损伤加重。

（三）急性肾衰竭临床表现的病理生理基础

急性肾衰竭在临床上表现两种类型，即少尿型和非少尿型。

1. 少尿型急性肾衰竭　少尿型急性肾衰竭的发生、发展可分为 3 个阶段，即少尿期、多尿期和恢复期。

(1) 少尿期

1) 尿量及尿液成分变化：①尿量，多数急性肾衰竭患者尿量迅速减少，通常表现为少尿（成人 24h 尿量少于 400ml）或无尿（成人 24h 尿量少于 100ml）。这是由于肾血流减少、肾小管阻塞和肾小管原尿回漏等综合因素所致。②尿比重，早期功能性急性肾衰竭阶段，尿比重常大于 1.020，这是由于肾小管对水的重吸收增加所致。当发生急性肾小管坏死后，即器质性急性肾衰竭阶段，尿比重常固定于 1.010～1.012，这是由于肾小管对水的重吸收功能降低，原尿浓缩功能障碍所致。③尿钠含量，早期功能性急性肾衰竭阶段，尿钠含量低于 20mmol/L。在器质性急性肾衰竭阶段，尿钠含量高于 40mmol/L，这是由于肾小管对原尿中 Na^+ 重吸收障碍所致。④血尿、蛋白尿、管型尿，由于肾小球滤过功能障碍和肾小管上皮坏死脱落，尿中可出现蛋白质、红细胞、白细胞等；尿沉渣检查可见透明、颗粒和细胞管型。见表 12-2。

表 12-2　功能性和器质性急性肾衰竭尿液的变化特点

	功能性急性肾衰竭	器质性急性肾衰竭
尿比重	＞1.020	＜1.015
尿钠含量	＜20mmol/L	＞40mmol/L
尿渗透压	＞500mmol/L	＜250mmol/L
血/尿肌酐比值	＞40∶1	＜20∶1
尿蛋白	阴性或微量	多为阳性
尿沉渣	镜检基本正常	出现细胞和管型

2) 水中毒：急性肾衰竭患者调节水钠代谢减弱或丧失，由于①少尿或无尿；②机体分解代谢增强，内生水增多；③摄入或输入液体过多等因素，均可引起体内水潴留，导致细胞外液呈低渗状态，水分向细胞内转移引起细胞内水肿，严重时患者可出现脑水肿、肺水肿和心力衰竭。

3) 高钾血症：高钾血症是急性肾衰竭患者在少尿期最危险的并发症，在少尿期一周内死亡的病例，大多数是高血钾所致。高钾血症可引起传导阻滞和诱发心律失常，严重时出现心室颤动或心搏骤停。引起高钾血症的原因有：①尿量减少使钾随尿排出减少；②组织分解代谢增强，钾从细胞内释出；③摄入含钾过多的药物、食物、输库存血和使用保钾利尿剂等；④发生酸中毒时细胞内钾外逸。

知识链接

高钾血症临床表现：①神经系统症状——口唇及四肢麻木感、全身无力、腱反射消失、呼吸困难、发音不清、烦躁不安、精神恍惚及意识模糊；②循环系统表现——血压降低、心动过缓、心音减弱、心律不齐、传导阻滞乃至心室颤动或心搏骤停。应加强整体护理，备好抢救物品，密切监测生命体征，随时监测血生化、心电图，给予及时、有效治疗。

4）代谢性酸中毒：急性肾衰竭时，由于酸性代谢产物排出减少，而肾小管分泌 H^+ 及重吸收 HCO_3^- 功能丧失，导致酸性产物在体内蓄积和血碳酸氢盐浓度降低，因而易发生代谢性酸中毒。

5）氮质血症：正常人血中有9种非蛋白质含氮化合物，其中3种化合物即尿素、尿酸和肌酐必须通过肾排出体外。当肾衰竭时，由于肾小球滤过率下降，尿素、肌酐和尿酸在体内蓄积，因而血中非蛋白氮的含量增加，称为氮质血症（azotemia）。临床上常用血尿素氮和血肌酐浓度作为氮质血症的指标，当发生急性肾衰竭时，血尿素氮和血肌酐浓度升高。

（2）多尿期：急性肾衰竭患者每天尿量超过400ml时，即进入多尿期。产生多尿的机制是：①肾血流量和肾小球滤过功能逐渐恢复；②肾小管阻塞由于肾间质水肿消退而解除；③再生的肾小管上皮细胞的浓缩功能尚未恢复；④少尿期滞留的尿素经肾小球滤过增多，肾小管腔内渗透压升高，阻止水的重吸收，引起渗透性利尿。此期由于水、电解质大量排出，如不及时补充，则可发生脱水、低钾血症和低钠血症，因此，在多尿期仍需控制和调整摄入的水和电解质的量。

知识链接

为预防血容量不足或电解质紊乱，应注意补充液体和电解质，严密监测液体出入量和血液生化指标变化，每日补液量不宜过多，大致相当于尿量的1/2～2/3，过多的补液常使多尿期延长。在尿量大于1500ml/d时，可根据血钾水平给予氯化钾补充，以口服为主，以避免低钾血症的出现。

（3）恢复期：一般在发病后一个月进入恢复期，此期患者的尿量基本恢复正常，代谢产物的潴留和水、电解质、酸碱平衡紊乱得到纠正，但肾功能恢复正常需要3个月到1年时间，尤其肾小管浓缩功能完全恢复正常需要较长时间。少数患者由于肾小管上皮细胞破坏严重和修复不全，可能转变为慢性肾衰竭。

病例分析 12-3

女性，30岁。因中上腹疼痛伴恶心、呕吐3天就诊。患者3天前因咳嗽，空腹服用利福平0.3g后出现中上腹疼痛，呈间歇性不规律隐痛，伴恶心、呕吐。门诊以急性胃炎收治入院。患者既往有肺结核病史，口服利福平等四联抗结核药物1年（已停药2年），服药期间曾有血尿，停药后消失，未检测过肝肾功能，否认有其他病史。查体：血压140/100mmHg。实验室检查：尿素氮25.0mmol/L（正常值3.2～7.1 mmol/L），肌酐943.1μmol/L（正常值88.4～176.8μmol/L）。

问题与思考：
患者血清尿素氮、肌酐为何高于正常？

2. 非少尿型急性肾衰竭　非少尿型急性肾衰竭患者的临床症状一般较轻，病程相对较短，预后较好，肾小球滤过率下降不如少尿型患者严重，肾小管损伤也较轻，主要表现为尿浓缩功能障碍，尿渗透压较低。因此，尿量即使正常或增多，仍然不能充分排出溶质，各种代谢产物仍在体内潴留，因而导致氮质血症和代谢性酸中毒等。其主要特点是：①无明显少尿；②尿比重低，尿钠含量低；③氮质血症；④多无高钾血症。

非少尿型急性肾衰竭患者发病初期尿量增多的机制可能是：①髓质高渗形成受阻。由于缺氧和中毒可使髓袢升支粗段重吸收 NaCl 减少，髓质内的 NaCl 梯度被破坏，髓质高渗不能形成。②肾小管功能障碍先于肾小球滤过率降低。肾中毒引起的急性肾小管坏死，肾小管受损及功能障碍发生较早，肾的浓缩能力降低，而肾血流量和肾小球滤过率减少发生相对较晚。

（四）急性肾衰竭防治的病理生理基础

1. 治疗原发病　消除导致或加重急性肾衰竭的因素。
2. 对症治疗　①严格控制输入液量；②处理高钾血症；③纠正代谢性酸中毒；④控制氮质血症；⑤透析治疗。

二、慢性肾衰竭

各种慢性肾疾病，如能使肾单位发生进行性破坏，残存的肾单位不能充分排出代谢废物和维持内环境稳定，因而体内出现代谢废物的潴留和水、电解质与酸碱平衡紊乱以及肾内分泌功能障碍，这种情况称之为慢性肾衰竭（chronic renal failure，CRF）。慢性肾衰竭的概念认为肾功能减退的根本原因在于肾结构和组织学的异常，已经被广泛接受，但也有其不足。慢性肾衰竭主要强调各种慢性肾病晚期的变化，而对其早期变化关注不够，不利于早期预防。2001 年美国肾病基金会提出慢性肾病（chronic kidney disease，CKD）的概念：各种原因引起的肾功能或结构异常 ≥ 3 个月，临床上表现为肾小球滤过率正常或降低，伴有血和尿液成分异常，及影像学或病理学检查异常；或不明原因的肾小球滤过率 ≤ 60ml/（min·1.73m^2）3 个月。慢性肾病概念的提出，使人们重视早期发现及治疗肾病，从而延缓肾病的进展，降低慢性肾衰竭的发生率。

（一）病因

1. 肾疾患　如慢性肾小球肾炎、慢性肾盂肾炎和肾结核等。其中慢性肾小球肾炎引起的慢性肾衰竭最为常见，约占 50%～60%。
2. 肾血管疾患　如高血压性肾小动脉硬化和糖尿病性肾小动脉硬化症等。
3. 尿路慢性梗阻　如尿路结石、肿瘤、前列腺肥大等。

（二）发病过程

根据肾功能变化和内环境紊乱程度可将慢性肾衰竭分为：

1. 肾功能储备降低期（代偿期）　从发病到肾小球滤过率降至正常值的 30% 这段时期称为肾功能储备降低期。由于肾具有强大的代偿能力，在慢性肾疾病的开始阶段，肾实质破坏较轻，未受损的肾单位发挥代偿功能，尚可维持内环境的稳定，血中尿素氮和肌酐维持在正常范围内，患者无临床症状。但肾储备能力降低，如突然增加肾调节负荷，则发生内环境紊乱。

2. 失代偿期　由于肾实质进一步受损，残存的肾单位已不能维持机体内环境的稳定，可出现肾功能不全以至肾衰竭的一系列症状，直至发生尿毒症。

按照美国肾病基金会提出的慢性肾病概念，以肾小球滤过率的损害程度为标准，可将慢性肾病分为 5 期（表 12-3）。

表 12-3　慢性肾病的分期

分期	肾损伤程度	肾小球滤过率 [ml/(min·1.73m^2)]
1	肾损伤伴肾小球滤过率正常	≥90
2	肾损伤伴肾小球滤过率轻度降低	60～89
3	肾损伤伴肾小球滤过率中度降低	30～59
4	肾损伤伴肾小球滤过率严重降低	15～29
5	肾衰竭	<15

（三）发病机制

1. 健存肾单位学说（intact nephron hypothesis）　在慢性肾疾病时，很多肾单位不断遭受破坏而丧失其功能，残存的部分肾单位轻度受损或仍属正常，称之为健存肾单位。在代偿期，健存肾单位发生代偿性肥大，通过增强其功能来进行代偿，维持内环境稳定。当健存肾单位数目过少以致不足以代偿，内环境将发生紊乱，临床上即出现肾功能不全的症状。

2. 矫枉失衡学说（trade-off hypothesis）　慢性肾疾病晚期，随着健存肾单位进行性减少，体内某些溶质增多，机体通过代偿活动矫正这些溶质使其恢复正常。这种代偿机制主要通过机体分泌某些体液因子（如激素）来调节肾单位活动而发挥作用，即体内溶质增多引起调节激素分泌增加，通过提高这种溶质在单个肾单位的排泄率，从而使溶质恢复正常。但是，这些激素除调节肾单位活动外，还可对其他生理功能产生不良影响，加重内环境紊乱。

3. 肾小球过度滤过学说（glomerular hyperfiltration hypothesis）　部分肾单位功能丧失后，健存肾单位的肾小球毛细血管血压和血流量增加，从而导致单个健存肾单位的肾小球滤过率增多。长期负荷过重会导致肾小球发生纤维化和硬化，因而促进肾衰竭的发生。

4. 肾小管-间质损伤　对慢性肾疾病患者，肾形态学研究表明，肾功能损害程度与肾小管-间质的病理变化关系密切。残存肾单位的肾小管，尤其是近端肾小管，在慢性肾衰竭时发生代谢亢进，细胞内钙含量增多，自由基产生增多，导致肾小管和间质细胞的损伤。

肾小管-间质的纤维化均伴有肾小管的萎缩，因此，肾小管-间质的纤维化是慢性肾衰竭的主要原因。因为：①间质纤维化和肾小管萎缩可导致球后毛细血管的阻塞，毛细血管流量减少，肾小球滤过率降低；②肾小管萎缩导致无小管肾小球形成，血流不经滤过直接经静脉回流，使肾小球滤过率进一步下降。

（四）慢性肾衰竭时的功能及代谢变化

1. 泌尿功能障碍

（1）尿量的变化

1）多尿：慢性肾衰竭早期，24h尿量一般在2000～3000ml，24小时尿量超过2000ml称为多尿。产生多尿的机制为：①健存肾单位的血流量代偿性增加，滤过的原尿量超过正常量；②原尿中溶质多、流速快，通过肾小管时未能及时重吸收。

2）少尿：当健存肾单位极度减少，尽管残存的单个肾单位生成尿液仍多，但每日终尿量可少于400ml。

3）夜尿：正常成人每日尿量约为1500ml，白天尿量约占总尿量的2/3。慢性肾功能不全患者，早期即有夜间排尿增多的表现，甚至超过白天尿量，称为夜尿。

（2）尿渗透压的变化：在早期慢性肾功能不全患者，肾浓缩能力减退而稀释功能正常，因而出现低渗尿。随着病情发展，肾浓缩和稀释功能均丧失，终尿的渗透压接近血浆晶体渗透压，尿比重固定在1.008～1.012，尿渗透压为266～300mmol/L，称为等渗尿。

(3) 尿液成分的变化

1) 蛋白尿：很多肾疾患可使肾小球滤过膜通透性增强，致使肾小球滤出蛋白质增多；或肾小球滤过功能正常，但因肾小管上皮细胞受损，使滤过的蛋白质重吸收减少。

2) 血尿和脓尿：尿中混有红细胞时，称为血尿；尿沉渣中含有大量变性白细胞时，称为脓尿。

2. 水、电解质及酸碱平衡紊乱

(1) 水代谢障碍：正常人的肾具有强大的浓缩和稀释功能，其尿量多少可适应入水量的改变，而慢性肾衰竭患者则不同。当摄入大量水分时，此时最大尿量不会超过2500ml；限制入水，尿量也难降至1000ml以下。因此，慢性肾衰竭患者过量饮水导致水的滞留，而水摄入不足则可引起脱水。

(2) 钠代谢障碍：慢性肾衰竭患者的肾为"失盐性肾"，尿钠含量很高，可能是因为渗透性利尿引起失钠。慢性肾衰竭伴有氮质血症，流经健存肾单位的原尿中溶质（主要为尿素）浓度较高，钠、水重吸收减少，大量的钠随尿排出，此时如过多限制钠的摄入，可导致低钠血症。

> **知识链接**
>
> 因慢性肾衰竭患者对水的调节能力减退，所以补液不宜过多、过快。以口服补液为最佳选择。当水肿、少尿时，应严格限制水摄入量，以每日排水量加非显性失水量之和为度。因肾病变时，对钠摄入量过多或不足调节的敏感性下降，对饮食钠摄入必须慎重，突然增加钠负荷会引起容量过多，发生高血压和充血性心力衰竭。

(3) 钾代谢障碍：慢性肾衰竭早期，只要尿量不减少，血钾可长期维持正常水平。多尿、反复使用失钾性利尿剂、呕吐、腹泻等还可导致低钾血症。慢性肾衰竭晚期，由于少尿、长期使用保钾利尿剂、酸中毒、感染等则可引起高钾血症。

(4) 钙磷代谢障碍：慢性肾衰竭时，往往有血磷增高和血钙降低。

1) 血磷增高：在慢性肾功能不全早期，由于肾小球滤过率下降，血磷暂时上升，但由于钙磷乘积为一常数，血中游离钙减少，刺激甲状旁腺分泌甲状旁腺素（parathyroid hormone, PTH）。根据矫枉失衡学说，PTH就是针对血磷滤过减少而在血液中增多的抑制物，通过抑制肾小管对磷的重吸收，使磷排出增多。慢性肾衰竭晚期，由于肾小球滤过率极度下降，继发性PTH分泌增多已不能使磷充分排出，故血磷水平显著升高。PTH的增多又加强溶骨活动，使骨磷释放增多，从而形成恶性循环，使血磷水平不断上升。

2) 血钙降低：在慢性肾衰竭时出现低血钙，其原因是①血磷升高，由于钙磷乘积为一常数，血磷升高必然导致血钙降低，同时血磷过高时，肠道分泌磷酸根增多，可在肠内与食物中的钙结合形成不易溶解的磷酸钙，妨碍钙的吸收；②维生素D代谢障碍，由于肾实质破坏，25-(OH)-D_3羟化为1, 25-(OH)$_2$-D_3，功能发生障碍，肠道对钙的吸收因而减少；③体内某些毒性物质的滞留可使肠黏膜受损，钙的吸收因而减少；④血磷升高刺激甲状旁腺细胞分泌降钙素，抑制肠道对钙的吸收。

3）肾性骨营养不良：肾性骨营养不良是指在慢性肾衰竭时，由于钙磷代谢障碍、继发性甲状旁腺功能亢进、维生素 D 代谢障碍、酸中毒等所引起的骨病，包括纤维性骨炎、骨质疏松、骨硬化和骨软化（图 12-7）。

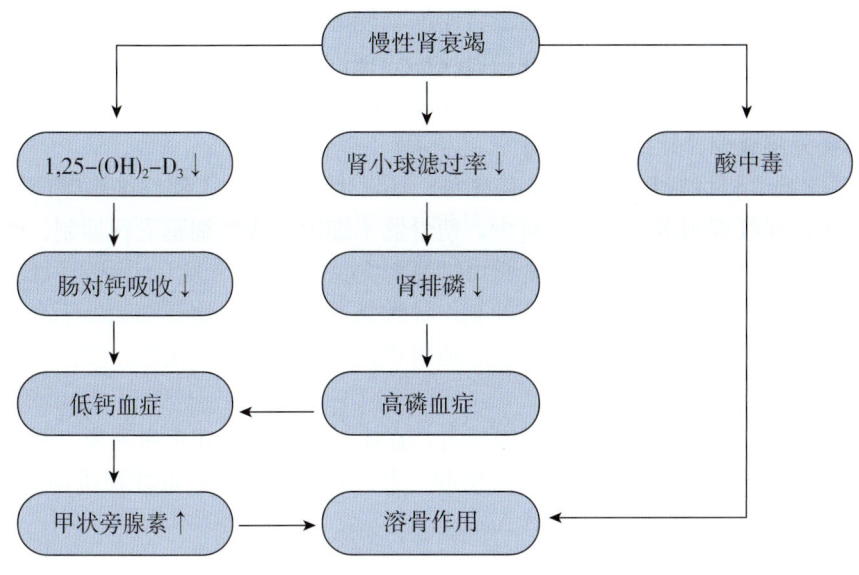

图 12-7　肾性骨营养不良的发生机制

（5）代谢性酸中毒：在慢性肾功能不全的早期，酸中毒的产生主要是由于肾小管上皮细胞氨生成障碍使 H^+ 分泌减少所致。由于泌 H^+ 减少，Na^+-H^+ 交换也减少，故 HCO_3^- 重吸收也减少。当肾小球滤过率降至正常人的 20% 以下时，血浆中非挥发性酸不能由尿中排出，特别是硫酸、磷酸等在体内积蓄。

3. 氮质血症　慢性肾衰竭早期，血中非蛋白氮升高不明显，晚期肾单位大量破坏，肾小球滤过率降低，可出现氮质血症。

（1）血浆尿素氮：在慢性肾功能不全早期，当肾小球滤过率减少到正常值的 40% 以前，血浆尿素氮仍在正常范围内。当肾小球滤过率减少到正常值的 20% 以下时，血中尿素氮可高达 71.4mmol/L。由此可见，血浆尿素氮浓度的变化并不是反映肾功能改变的敏感指标。

（2）血浆肌酐：肌酐浓度主要取决于肌肉磷酸肌酸分解而产生的肌酐量和肾排出肌酐的功能，与外源性的蛋白质摄入无关。与血浆尿素氮相似，肌酐浓度的变化，只是在慢性肾衰竭的晚期才明显升高。因此临床上可同时测定血浆肌酐浓度和尿肌酐排泄率，根据计算的肌酐清除率（尿中肌酐浓度 × 每分钟尿量 / 血浆肌酐浓度）反映肾小球滤过率。

知识链接

减少饮食中蛋白质的含量可以使尿素氮降低，但如果蛋白质过少则会发生营养不良，给予 0.6g/（kg·d）蛋白质可满足机体的基本生理需要而又不至于发生蛋白质营养不良，血液透析患者可增加到 0.8～1.0g/（kg·d）的蛋白质，患者须摄入高生物效价的优质蛋白质，如鸡蛋、鱼、瘦肉、牛奶等，尽可能少食富含植物蛋白的食物，如花生、黄豆及其制品等。

4. 肾性高血压　因肾实质病变引起的血压升高称为肾性高血压。其发生机制可能与下列因素有关：①肾素-血管紧张素系统的活动增强。部分肾疾病患者，由于肾相对缺血，激活肾素-血管紧张素系统，使血管紧张素Ⅱ增多，它可收缩小动脉，引起高血压，此种高血压称为肾素依赖性高血压。②水钠潴留。肾泌尿功能降低导致钠、水在体内潴留，血容量增加和心排血量增大，产生高血压，此种高血压称为钠依赖性高血压。③肾分泌的抗高血压物质减少。正常肾髓质能合成多种减压物质，如前列腺素 E_2 和 A_2、缓激肽等。当肾实质破坏时，这些物质分泌减少，导致血压升高。

5. 肾性贫血　慢性肾疾病经常伴有贫血，其发生机制是：①促红细胞生成素减少。当肾实质破坏时，促红细胞生成素产生减少，使骨髓干细胞形成红细胞受到抑制，红细胞生成减少。②血液中毒性物质蓄积。如甲基胍可抑制骨髓造血功能。③红细胞破坏增多。大量毒性物质潴留，红细胞膜上钠泵活性受到抑制，导致钠不能排出，使红细胞处于高渗状态，细胞膜脆性增加，易于溶血。④肾毒物引起肠道对铁的吸收减少。⑤出血。慢性肾衰竭患者常有出血倾向，经常出血可加重贫血。

6. 出血倾向　约20%的慢性肾衰竭患者，在疾病过程中存在出血现象。目前认为，出血是由于血小板质的变化而非数量减少所引起。其原因可能与某些毒性物质抑制血小板第3因子释放有关。

病例分析12-4

男性，43岁。因反复头晕、头痛6年，心悸、乏力半个月，面部水肿2天来院就诊。既往史：10岁时曾患急性肾小球肾炎，无肝炎、结核等传染病史，无高血压家族史。

查体：体温36.7℃，脉搏78次/分，呼吸21次/分，血压160/120mmHg。意识清晰，面部水肿，双下肢轻度水肿，有压痕，余无异常发现。实验室检查：血红蛋白62g/L（正常值120～160g/L），红细胞2.5×10^{12}/L（正常值4.5～5.5×10^{12}/L），白细胞4.0×10^9/L[正常值（4～10）$\times10^9$/L]，血小板110×10^9/L[正常值（100～300）$\times10^9$/L]。尿蛋白（+）。血尿素氮21.5mmol/L（正常值3.2～7.1 mmol/L），血清肌酐1632μmol/L（正常值88.4～176.8μmol/L）。B超示双肾明显萎缩变小。

问题与思考：
1. 患者血压升高的主要原因及其发生机制是什么？
2. 患者血红蛋白和红细胞为何低于正常？

三、尿毒症

尿毒症（uremia）是急性和慢性肾衰竭发展到最严重的阶段，代谢终产物和内源性毒性物质在体内潴留，水、电解质和酸碱平衡发生紊乱以及某些内分泌功能失调，从而引起一系列自体中毒症状，称为尿毒症。

（一）尿毒症的主要临床表现

1. 神经系统　中枢神经系统早期受累的表现为功能抑制。其发生机制与下列因素有关：①某些毒性物质蓄积，使 Na^+-K^+-ATP 酶活性降低，造成脑细胞内钠含量增加，导致脑水肿形成；②肾性高血压所致脑血管痉挛，缺氧和毛细血管通透性增高，可引起脑神经细胞变性和脑水肿。

2. 心血管系统　约有50%慢性肾衰竭和尿毒症患者死于充血性心力衰竭和心律紊乱。晚期可出现尿毒症性心包炎，多为纤维蛋白性心包炎，可能是尿毒症毒性物质直接刺激心包所致。

3. 呼吸系统　尿毒症时的酸中毒使呼吸加深加快，严重时由于呼吸中枢兴奋性降低，可出现潮式呼吸或深而慢的Kussmaul呼吸。患者呼出气体有氨味，这是由于尿素经唾液酶分解成氨所致。

4. 消化系统　消化系统的症状是尿毒症患者最早出现和最突出的症状。早期表现为厌食，以后出现恶心、呕吐、口腔黏膜溃疡以及消化道出血等症状。其发生可能是消化道排出尿素增多，受尿素酶分解生成氨，刺激胃黏膜产生炎症以至溃疡发生。

5. 代谢紊乱　慢性肾衰竭患者常伴有糖、蛋白质及脂肪代谢的障碍。①糖耐量障碍：慢性肾衰竭患者常有糖耐量降低，可能与患者血中存在胰岛素拮抗物，导致外周组织对胰岛素反应降低有关。②蛋白质代谢障碍：尿毒症患者食欲低下和饮食限制，同时蛋白质分解增加，造成低白蛋白血症；③脂肪代谢障碍：患者常有高脂血症，主要是血清三酰甘油增高，可能与脂蛋白酶活性降低致使三酰甘油清除率降低有关。

6. 皮肤与黏膜改变　皮肤瘙痒是尿毒症患者常见的症状，可能是毒性产物对皮肤的刺激引起的。由于汗液中含有较高浓度的尿素，在汗腺开口处有尿素的白色结晶，称为尿素霜。

(二) 尿毒症的发病机制

在肾衰竭时，许多蛋白质代谢产物不能由肾排出而蓄积在体内，可引起中毒症状，这类物质称为尿毒症的毒性物质。除毒性物质作用外，尿毒症患者的临床表现可能还与水、电解质、酸碱平衡紊乱及某些内分泌功能障碍有关。

1. 甲状旁腺激素　尿毒症时出现的许多症状和体征均与PTH含量增加密切相关。PTH能引起尿毒症的大部分症状和体征：① PTH可引起肾性骨营养不良；② PTH增多可刺激胃酸分泌，促使溃疡发生；③ PTH可增加蛋白质的分解，使含氮物质在血内大量蓄积；④ PTH可引起高脂血症与贫血。

2. 胍类化合物　胍类化合物是体内精氨酸的代谢产物，正常情况下精氨酸在肝通过鸟氨酸循环生成尿素等。肾功能不全晚期，这些物质的排泄发生障碍，精氨酸通过另一途径生成甲基胍和胍基琥珀酸。

甲基胍是毒性最强的小分子物质，给动物注射大剂量甲基胍，可出现呕吐、腹泻、肌肉痉挛、嗜睡等尿毒症症状。胍基琥珀酸的毒性比甲基胍弱，它能抑制脑组织的转酮醇酶的活性，引起脑病变。

3. 尿素　尿素在尿毒症发生中的作用一直存在争议。近年来研究发现，尿素的毒性作用与其代谢产物氰酸盐有关。氰酸盐与蛋白质作用后产生氨基甲酰衍生物。突触膜蛋白质发生氨基甲酰化后，高级神经中枢的功能可能受损，产生头痛、恶心、呕吐、嗜睡等症状。

4. 胺类　胺类包括芳香族胺、脂肪族胺和多胺。这些胺可抑制某些酶（如Na^+-K^+-ATP酶）的活性，可引起恶心、呕吐、蛋白尿和溶血，抑制促红细胞生成素的生成，增加微血管通透性，故胺类在尿毒症发病中的作用已引起广泛重视。

5. 中分子物质　中分子物质是指分子量在500～5000的一类物质。这些物质可引起中枢及周围神经病变和细胞免疫功能降低等。

综上所述，尿毒症的临床症状和体征繁多，难以用单一毒性物质去解释，因此，尿毒症是各种毒性物质和代谢障碍等综合作用的结果。

（三）防治尿毒症的病理生理基础

治疗原发病，以防止肾实质的继续破坏。

任何加重肾负荷的因素，均可加重肾衰竭，因此应消除诱发肾功能恶化的有害因素，如控制感染，减轻高血压等。此外，还应及时纠正水、电解质和酸碱平衡紊乱。

肾衰竭患者出现尿毒症时，应积极采取措施维持内环境稳定，必要时可采用腹膜透析、血液透析和肾移植。

（徐　海）

第四节　泌尿系统常见肿瘤

泌尿系统常见的肿瘤有膀胱癌、肾细胞癌、肾母细胞瘤等。成年人最常见的肾恶性肿瘤是肾细胞癌，儿童则是肾母细胞瘤。膀胱最常见的恶性肿瘤是尿路上皮癌。

一、肾细胞癌

肾细胞癌（renal cell carcinoma）是肾小管上皮细胞发生的恶性肿瘤。占肾恶性肿瘤的90%，好发于60～70岁患者，男性发病为女性发病的2～3倍。

（一）病因

病因尚未阐明，流行病学调查表明，常见的致癌物质均与肾癌发生有关。据统计，吸烟者发病率是非吸烟人群的两倍。另外，国际流行病学调查显示：肥胖、高血压、接触石棉、石油废物与重金属等也是肾癌的危险因素。遗传性肾细胞癌不足5%。

（二）病理变化

1. 肉眼观　可发生在肾的任何部位，而以肾上极多见。肿瘤切面淡黄或灰白色。肿瘤边界清楚，有时见肿瘤周围有小的瘤结节。肿瘤体积大时可见出血和囊性变（图12-8），可蔓延到肾盏、肾盂和输尿管。可侵入肾静脉形成柱状瘤栓，有时延伸至下腔静脉和右心。

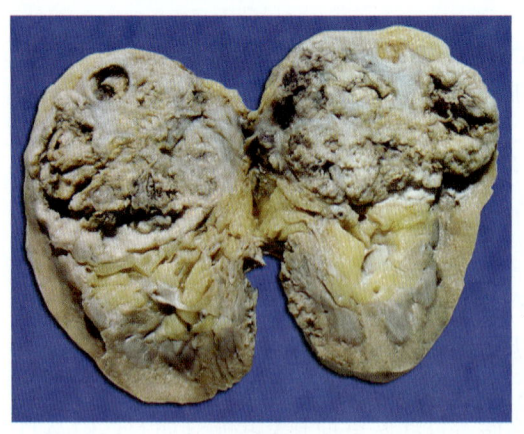

图12-8　肾细胞癌

2. 镜下观　组织学分类：①透明细胞癌，多见，占肾癌的70%～80%。肿瘤细胞圆形或多角形，胞质透明或颗粒状，核居中，深染，细胞呈泡巢状、片状、梁状或管状排列。分化差者可出现畸形核和瘤巨细胞。②乳头状癌，占10%～15%。肿瘤细胞呈立方形或矮柱状，有乳头状结构形成。③嫌色性细胞癌，约占5%。肿瘤细胞实性片状排列，胞质淡嗜碱染，胞膜明显，核周常有空晕。预后较好。

（三）临床病理联系

早期症状不明显，如果出现血尿、腰痛和肾区肿块三大症状时，肿块往往体积较大。最有临床诊断意义的是间歇性血尿，以镜下血尿为主。因肿瘤产生激素和激素样物质，可出现红细胞增多症、高钙血症、高血压等多种副肿瘤综合征表现。肾癌有广泛转移的特点，在未出现症状之前，先有转移灶出现，转移灶常发生于肺与骨，其次为肝、脑与局部淋巴结等。肾癌早期手术预后较好，若发生转移及浸润周围组织，则预后较差。

二、膀胱尿路上皮癌

膀胱尿路上皮癌（urothelial carcinoma of bladder）是膀胱尿路上皮发生的恶性肿瘤，占膀胱癌的90%，好发年龄50～70岁，男性多于女性。经研究发现，苯胺染料、吸烟、病毒感染和膀胱黏膜的慢性炎症都与膀胱尿路上皮癌有一定关系。其中吸烟是最重要的影响因素。

（一）病理变化

膀胱三角区和膀胱侧壁输尿管开口处为肿瘤的好发部位。肿瘤大小不等，单发或多发。大体多呈乳头状（图12-9）或息肉状，也可呈扁平斑块状。

根据WHO分类，将尿路（移行）上皮肿瘤分为：尿路上皮乳头状瘤、低度恶性潜能的乳头状尿路上皮肿瘤、低级别乳头状尿路上皮癌和高级别乳头状尿路上皮癌。

尿路上皮乳头状瘤很少见，细胞分化良好。低度恶性潜能的乳头状尿路上皮肿瘤，上皮层次增多，核增大。低级别乳头状尿路上皮癌的组织结构极向保持，细胞较规则，可见核异型和轻度多形性。高级别乳头状尿路上皮癌的组织结构紊乱，极向消失，细胞异型性明显，可见较多核分裂象。

高级别乳头状尿路上皮癌常发生浸润，可侵及肌层及邻近器官。

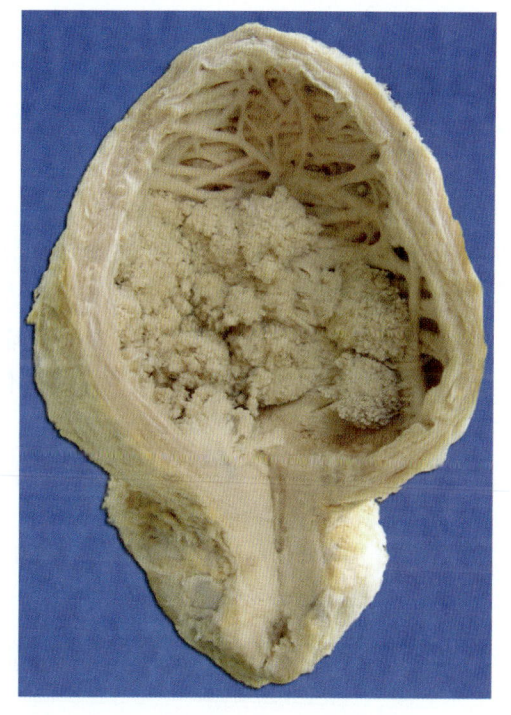

图12-9　膀胱乳头状尿路上皮癌

（二）临床病理联系

膀胱癌主要临床症状是无痛性血尿，由癌组织乳头断裂、表面坏死、出血及溃疡所引起。若并发感染可有膀胱刺激征，引起尿频、尿急、尿痛。如肿瘤侵犯输尿管及尿道口，可引起泌尿道阻塞、肾盂肾炎和肾盂积脓。膀胱癌一般经淋巴道转移。分化差者晚期也可发生血道转移。膀胱癌术后易复发。预后与肿瘤级别、浸润范围有关，如低级别膀胱癌的10年存活率可达90%，而高级别膀胱癌10年存活率只有40%。早期发现、早期治疗是治疗此类肿瘤的关键，膀胱镜检与组织活检又是早期发现的重要手段。

病例分析 12-5

患者，男，62岁。主诉无痛性血尿两周。膀胱镜检查见膀胱三角处的黏膜表面有乳头状突起，大小1.0cm×0.8cm。组织学检查见乳头表面被覆的细胞较正常的尿路上皮层次明显增多，细胞大小不一，核大深染，但极性无明显紊乱，可见少量核分裂象，位于上皮近基底层。

问题与思考：
该患者初步诊断是什么？依据是什么？

（徐晓艳）

1. 简述肾小球肾炎的发病机制。
2. 试述急性肾小球肾炎的病理变化（肉眼、镜下）以及临床病理联系。
3. 比较急性、慢性肾盂肾炎的异同点。
4. 急性肾衰竭少尿期最危险的并发症是什么？简述其发生机制。
5. 慢性肾衰竭患者为何发生骨营养不良？
6. 慢性肾衰竭患者血压为何升高？
7. 试述肾细胞癌的病理特点。

第十三章

生殖系统和乳腺疾病

学习目标

1. **掌握** 子宫颈癌、葡萄胎、侵袭性葡萄胎、绒毛膜癌的病理变化及临床病理联系；乳腺癌的病理变化、分类、扩散与转移方式。
2. **熟悉** 慢性子宫颈炎的类型及病理变化；子宫颈上皮内瘤变的病理变化；乳腺纤维腺瘤的病理变化。
3. **了解** 卵巢肿瘤、乳腺增生性疾病、前列腺增生症和前列腺癌的病理变化。

第一节 子宫疾病

一、慢性子宫颈炎

慢性子宫颈炎（chronic cervicitis）多由急性子宫颈炎治疗不彻底转变而来，多见于已婚经产妇，是最常见的女性生殖系统疾病之一。

（一）病因和发病机制

本病的主要病原体为葡萄球菌、链球菌、大肠埃希菌和厌氧菌等；此外，沙眼衣原体、人类乳头状瘤病毒（HPV）、淋病奈氏菌及单纯疱疹病毒等感染也与本病有关。分娩、流产或手术损伤子宫颈常为本病的诱发因素。

（二）病理变化

慢性子宫颈炎的基本病理变化为子宫颈充血、水肿，间质有大量的淋巴细胞、浆细胞、巨噬细胞浸润和纤维结缔组织增生，子宫颈腺上皮发生变性、坏死和增生等变化。慢性子宫颈炎在临床上的表现形式如下：

1. **子宫颈糜烂** 是慢性子宫颈炎常见的临床表现。慢性子宫颈炎时，覆盖于子宫颈阴道部的鳞状上皮坏死脱落形成表浅的缺损，称为真性糜烂，但临床上少见。前述鳞状上皮损伤脱落后，由单层柱状、较薄的子宫颈管上皮增生并覆盖该区域，上皮下充血的微血管易见，肉眼观察时子宫颈外口病变黏膜呈鲜红色糜烂样，似无上皮覆盖，为假性糜烂。

在炎症消退过程中，病变处的柱状上皮通过鳞状上皮化生逐渐被复层鳞状上皮取代，宫颈外观由鲜红色恢复到正常的淡红色、光滑状态，称为"糜烂愈复"。如果腺体的单层柱状上皮被复层鳞状上皮取代，称为腺体的鳞状上皮化生。

2. **子宫颈腺囊肿** 又称纳博特囊肿（Naboth cyst）。在子宫颈糜烂愈复过程中，新生的鳞状上皮覆盖于子宫颈腺管口或伸入腺管，也可因间质增生的纤维结缔组织压迫腺管，导致腺管口狭窄甚至阻塞，腺体分泌物排出受阻，贮留形成囊肿。囊肿突出于子宫颈表面，呈多个青白色小囊泡，一般直径为2~3mm，偶尔可达1cm，内含无色黏液。

3. 子宫颈息肉　在慢性子宫颈炎时，子宫颈间质、黏膜上皮和宫颈管的内膜腺体呈局限性增生，形成带蒂、向黏膜表面突出的炎性肿块，称为子宫颈息肉。子宫颈息肉常为单发，少数为多发，数毫米到数厘米大小，质地较软，红色，易出血。

4. 子宫颈肥大　子宫颈呈均匀增大，表面光滑、苍白色，质地较硬。

二、子宫颈上皮内瘤变和子宫颈浸润癌

（一）子宫颈上皮内瘤变

子宫颈上皮内瘤变（cervical intraepithelial neoplasia，CIN）是指从子宫颈上皮异型增生到原位癌的一系列病变。根据病变的程度，可将CIN分为Ⅰ、Ⅱ、Ⅲ级，CIN Ⅰ级和Ⅱ级分别相当于轻、中度异型增生，而CIN Ⅲ级则相当于重度异型增生与原位癌。

若异型细胞达到黏膜上皮的全层而未穿破基底膜，则称为原位癌（图13-1）。子宫颈原位癌时，肿瘤细胞可由表面沿基底膜通过子宫颈腺管的开口进入子宫颈腺体内，取代部分或全部腺体的上皮，但上皮的基底膜完整，称为原位癌累及腺体。

CIN Ⅰ级和Ⅱ级不一定均发展为原位癌，约1/2的CIN Ⅰ级可自行消退，仅有不到2%的CIN Ⅰ级最终发展为癌。发展为原位癌的概率和所需时间与上皮内瘤变的程度有关。病变级别越高，其转化成癌的概率就越大，且所需时间越短。

（二）子宫颈浸润癌

子宫颈浸润癌（cervical carcinoma）是子宫颈上皮发生的恶性肿瘤，为女性生殖系统的常见恶性肿瘤之一，多见于40~60岁的妇女。

1. 病因　一般认为其发生与早婚、多产、宫颈撕裂、局部卫生不良和配偶的包皮垢刺激等因素有关。流行病学调查显示性生活过早和性紊乱与子宫颈浸润癌的发生密切相关。经性途径感染人类乳头状瘤病毒（HPV）为本病的重要原因之一。

> **知识链接**
>
> 人类乳头瘤病毒（HPV）是一种DNA病毒，可分为高危型和低危型两类。高危型HPV主要导致高级别CIN，多见于高龄女性，与子宫颈癌关系密切；低危型HPV主要引起生殖道的外生性湿疣、扁平湿疣和低级别CIN，多见于年轻女性，其中约1%发展为子宫颈癌。

2. 病理变化　肉眼观，子宫颈浸润癌的大体形态分为4种类型。

（1）糜烂型：病变处黏膜的外观呈潮红色、颗粒状，质脆，易出血。在组织学上多属原位癌和早期浸润癌。

（2）外生菜花型：癌组织主要向子宫颈表面生长，呈乳头状或菜花状外观，表面常有坏死与表浅溃疡形成，质脆、易出血（图13-2）。

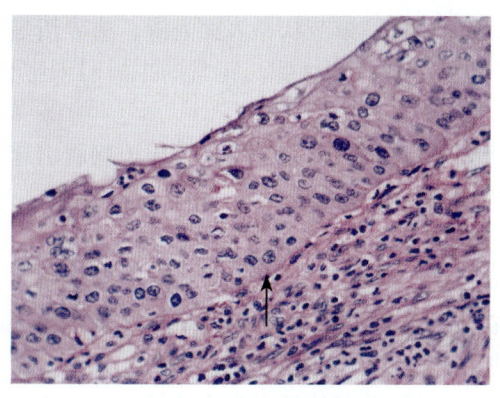

图 13-1　子宫颈原位癌
箭头所示为基底膜

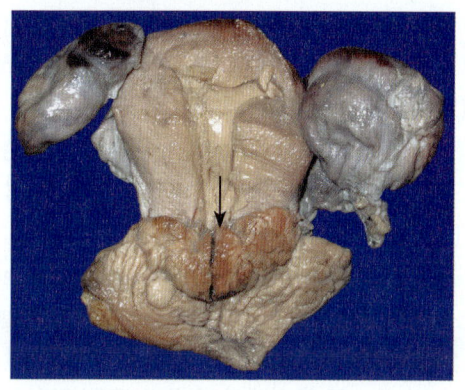

图 13-2　子宫颈癌
箭头所示为肿瘤

（3）内生浸润型：癌组织主要向子宫颈深部组织呈浸润性生长，使子宫颈的前唇和后唇增厚、变硬，但一般子宫颈表面较光滑。临床上不易被发现，易漏诊。

（4）溃疡型：癌组织表面有大块坏死组织脱落，形成溃疡，似火山口状。镜下，子宫颈浸润癌的组织学类型以鳞状细胞癌最常见，其次为腺癌，极少数为腺鳞癌和神经内分泌肿瘤。

3. 扩散　癌组织向上浸润可破坏整段子宫颈，但很少侵犯子宫体；向下可侵犯阴道穹隆和阴道壁；向两侧可累及宫旁和盆壁组织。淋巴道转移是子宫颈癌最常见的转移途径。晚期，癌组织可经血道转移到肺、肝和骨等器官。

4. 临床病理联系　早期子宫颈癌常无自觉症状。随着病变进展，常出现阴道不规则出血，接触性出血，白带增多，可伴有特殊腥臭味。晚期可出现下腹部与腰骶部疼痛、尿频、排尿困难、形成膀胱阴道瘘，若累及直肠可出现腹泻、里急后重，甚至形成直肠阴道瘘等。

病例分析 13-1

女性，46岁，阴道有接触性出血两年余，近2个月来有不明原因的阴道流液，伴异味。妇科检查，可见子宫颈肥大，宫颈外口有一菜花样肿物，表面有溃疡，触之易出血。

问题与思考：
1. 该患者最可能的临床诊断是什么？诊断依据是什么？
2. 如果做病理学检查，显微镜下的组织学表现如何？

三、子宫体肿瘤

（一）子宫平滑肌瘤

子宫平滑肌瘤（leiomyoma of uterus）是女性最常见的良性肿瘤，在育龄期女性中，发生概率为30%～50%。遗传因素和高雌激素水平的长期刺激与本病的发生密切相关。

肉眼观，平滑肌瘤大多发生于子宫肌层，部分发生于浆膜下或黏膜下，发生于后者的肌瘤可脱垂于子宫腔甚至子宫颈口。瘤体小者镜下可见，大者直径可达30cm以上。肌瘤可单发，多发者可多达数十个，称为多发性子宫肌瘤。肿瘤呈结节状，表面光滑，边界清楚，无包膜。切面灰白色，质韧，呈编织状或旋涡状。镜下观，瘤细胞与正常的平滑肌细胞相似，瘤细胞呈束状或旋涡状排列。

子宫平滑肌瘤极少恶变。主要症状是由黏膜下平滑肌瘤引起的出血或压迫膀胱引起的尿频，平滑肌瘤还可导致自然流产、胎儿先露异常和绝经后出血。

（二）子宫内膜腺癌

子宫内膜腺癌（endometrial adenocarcinoma）是子宫内膜腺上皮发生的恶性肿瘤。常发生于50岁以上的围绝经期或绝经后妇女。随着人的寿命延长和围绝经期激素替代疗法的应用，其发病率呈上升趋势。糖尿病、不孕症、肥胖和吸烟为本病的高危因素。

肉眼观，子宫内膜腺癌分为局限型和弥漫型。局限型多位于子宫底或子宫角，常呈乳头状或息肉样，突向宫腔。弥漫型者表现为子宫内膜弥漫性增厚，表面粗糙不平，灰白色，质脆，常有出血、坏死或溃疡形成，并不同程度地浸润子宫肌层。镜下观，子宫内膜腺癌可呈高、中、低分化，以高分化腺癌最常见。

子宫内膜腺癌生长缓慢，较长时间内局限于子宫腔内。晚期可发生淋巴道和血道转移，转移到肺、肝及骨等处。

第二节　滋养层细胞疾病

滋养层细胞疾病（gestational trophoblastic disease）是一组由于胎盘绒毛的滋养层细胞发生异常所致的疾病，主要包括葡萄胎、侵袭性葡萄胎和绒毛膜癌。

一、葡萄胎

葡萄胎（hydatidiform mole）又称水泡状胎块，为胎盘绒毛的一种良性病变，可发生于育龄期任何年龄的妇女，以20岁以下和40岁以上多见，经产妇略多于初产妇。

（一）病理变化

肉眼观，病变仅局限于宫腔，不侵蚀肌层。胎盘绒毛高度水肿，形成透明或半透明状的水疱，内含清澈透明的液体，有蒂相连，外观呈葡萄状。若绒毛均呈葡萄状，称为完全性葡萄胎；若有部分绒毛被保留，伴有或不伴有胎儿或其附属器官，则称为部分性葡萄胎。

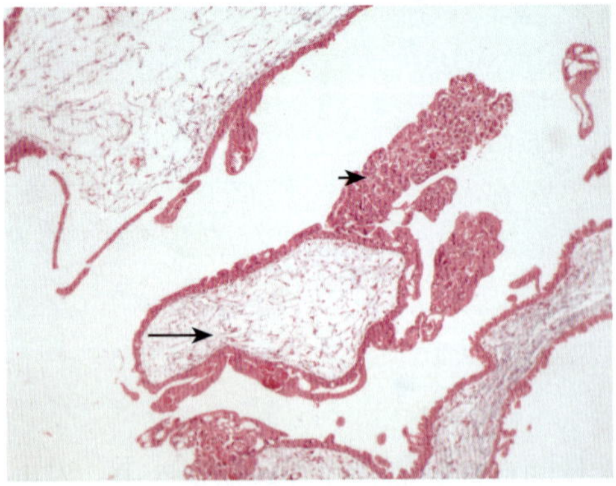

镜下观，葡萄胎有3个特征（图13-3）：①绒毛间质高度水肿；②绒毛间质血管消失，或保留有少量无功能的毛细血管，腔内无红细胞；③滋养层细胞有不同程度的增生，并有轻度异型性，此为葡萄胎的最重要特征。

（二）病理临床联系

患者子宫体积明显增大，远超过同月份正常妊娠子宫。听不到胎心音，患者也不觉胎动，扪不到胎体。于妊娠早期即可有少量阴道出血。患者血与尿中人绒毛膜促性腺激素（human chorionic gonadotropin，HCG）水平超出正常妊娠水平数倍

图13-3　完全性葡萄胎
长箭头所示为水肿的绒毛间质，短箭头为增生的滋养层细胞

到数十倍，尿妊娠试验呈强阳性。

约 15% 可恶变为侵袭性葡萄胎，3% 恶变为绒毛膜癌，因此一经确诊，应立即予以清除。

二、侵袭性葡萄胎

侵袭性葡萄胎（invasive mole），为介于葡萄胎与绒毛膜癌之间的交界性肿瘤，多继发于葡萄胎，也可一开始即为侵袭性葡萄胎。

侵袭性葡萄胎与葡萄胎的主要区别是水泡状绒毛侵入子宫肌层（图 13-4），形成出血性坏死结节，甚至侵犯宫外组织与器官，发生肺、脑等远处器官的转移。镜下，滋养层细胞的增生程度和异型性均比葡萄胎显著。

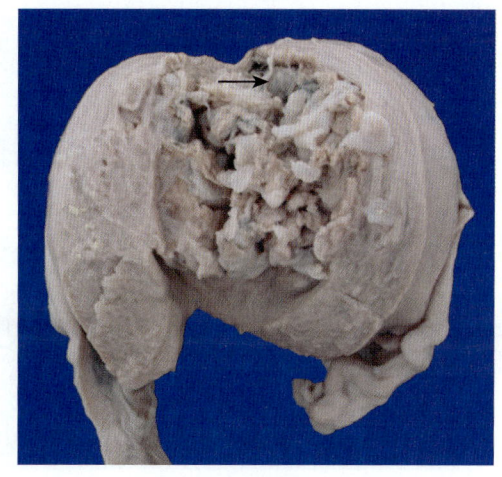

图 13-4　侵袭性葡萄胎
箭头所示为侵入肌层的水泡状绒毛

临床上，患者的血与尿中 HCG 持续阳性。患者常出现阴道间断或持续性不规则出血，甚至发生大出血。水泡状绒毛可经静脉转移至肺，引起咯血；可逆行性血道转移至阴道壁，形成暗红色的出血性结节。

三、绒毛膜癌

绒毛膜癌（choriocarcinoma）简称绒癌，是发生于滋养层细胞的高度恶性肿瘤。其发生大多与妊娠有关，约 50% 继发于葡萄胎，25% 继发于自然流产，20% 发生于正常妊娠后，5% 发生于早产和异位妊娠等。多见于 30 岁左右女青年，其发生机制不清。

（一）病理变化

肉眼观，肿瘤多发生于子宫底部，呈紫蓝色或暗红色结节状，单个或多个，质软，大者常突入宫腔并侵入深肌层，甚至可穿过子宫壁向浆膜外浸润，形成出血性结节（图 13-5）。

镜下观，癌组织不形成绒毛或水泡状结构，由分化不良的细胞滋养层与合体滋养层两种肿瘤细胞组成（图 13-6），肿瘤细胞混合排列呈不规则片状或索条状，偶尔见到主要由一种肿瘤细胞组成的癌巢。肿瘤组织内无血管，癌组织和周围正常组织出现明显的出血与坏死。

（二）扩散

绒毛膜癌的侵袭力很强，常侵犯和破坏子宫壁，并向宫外组织与器官直接蔓延，形成坏死与出血性结节。癌细胞侵袭血管后，极易发生血道转移，最常见的转移部位是肺和阴道壁，其次为脑、肝和肾等。

（三）临床病理联系

临床主要表现为葡萄胎、流产或妊娠结束后数月甚至数年后，出现持续性阴道不规则出血，子宫增大，血和尿中 HCG 持续明显升高。血道转移为本病的显著特点，不同部位的转移瘤可引起与其相应的临床表现，如肺转移常有咯血与胸痛，脑转移常出现头晕、头痛、肢体麻木、瘫痪与昏迷等。

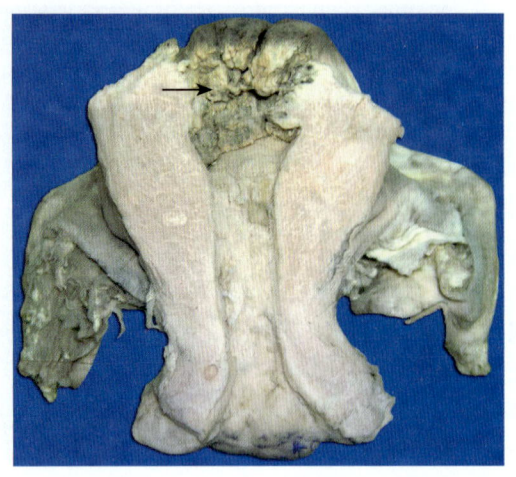

图 13-5　绒毛膜癌
箭头所示为肿瘤

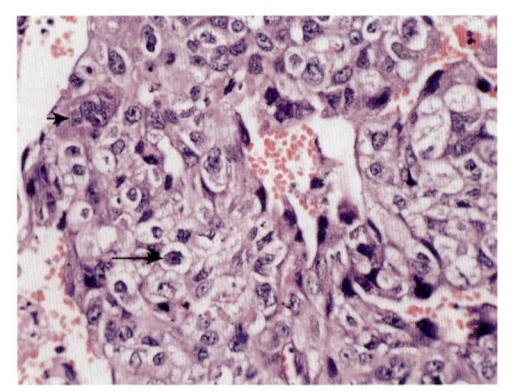

图 13-6　绒毛膜癌
长箭头所示为细胞滋养层细胞，短箭头所指为合体滋养层细胞

病例分析 13-2

女性，23岁。因葡萄胎刮宫术后4个月出现不规则阴道出血13天，伴咳嗽、咯血3天入院。化验检查，血HCG明显高于正常水平。X线检查，双肺可见多发斑片状阴影。于入院后8天突发进行性加重的胸闷、气短、发绀和心悸，伴咳嗽与咯血。

问题与思考：
1．本病的最可能诊断是什么？诊断依据有哪些？
2．您认为该患者出现发绀、咳嗽、咯血的可能机制是什么？

第三节　卵巢肿瘤

一、卵巢肿瘤的分类

卵巢肿瘤的结构复杂，种类繁多，根据其组织发生可分为三大类：

1．上皮性肿瘤　如浆液性肿瘤、黏液性肿瘤、子宫内膜样肿瘤、Brenner 肿瘤和透明细胞肿瘤等。

2．生殖细胞肿瘤　如无性细胞瘤、畸胎瘤、内胚窦瘤等。

3．性索－间质肿瘤　如颗粒－卵泡膜细胞瘤、支持－间质细胞瘤等。

二、常见卵巢肿瘤

卵巢上皮性肿瘤是卵巢最常见的肿瘤，大约占卵巢肿瘤的 60%，一般可分为良性、交界性和恶性。卵巢上皮性肿瘤大多来源于卵巢的表面上皮，是由胚胎发育时期覆盖于生殖嵴表面的体腔上皮转化而来。根据上皮的类型,可将卵巢上皮性肿瘤分为浆液性、黏液性和子宫内膜样肿瘤。

1. **卵巢浆液性肿瘤** 卵巢最常见的一类肿瘤,根据肿瘤细胞的分化程度以及生物学行为,分为:①浆液性囊腺瘤,最常见,可以是单房性,也可以是多房性,囊内壁可光滑,也可有乳头,被覆单层立方或柱状上皮,分泌浆液;②浆液性癌,多为囊实性或实性,肿瘤形成分支复杂的乳头或实性团,上皮细胞异型性显著,核分裂象多见,浸润包膜和间质;③交界性浆液性囊腺瘤,乳头分支复杂,细胞异型性明显,但无间质浸润,属低度恶性肿瘤。

2. **卵巢黏液性肿瘤** 卵巢黏液性肿瘤较浆液性者少见,根据肿瘤细胞的分化程度以及生物学行为,分为:①黏液性囊腺瘤,较常见,常为多房性,囊壁被覆单层柱状黏液上皮;②黏液性囊腺癌,呈囊性或囊实性,形成乳头,被覆上皮超过3层,细胞异型性明显,核分裂象多见,浸润包膜和间质;③交界性黏液性囊腺瘤,被覆上皮约2～3层,细胞中度异型性,核分裂象可见,无间质浸润,属低度恶性肿瘤。

第四节 乳腺疾病

一、乳腺纤维腺瘤

乳腺纤维腺瘤(breast fibroadenoma)是由乳腺腺上皮和纤维组织构成的最常见的乳腺良性肿瘤,可发生于青春期后的任何年龄,高发年龄为20～30岁。其发生与雌激素升高有关。

本病好发于乳腺的外上象限,常为单发,也可为多发。肉眼观,肿瘤呈圆形或卵圆形结节状,与周围组织分界清楚,表面光滑,质硬而韧。切面呈灰白色,可见裂隙状区域,常有黏液样外观。镜下观,肿瘤由增生的纤维间质组织和腺体构成。腺体呈圆形或卵圆形,可被周围增生的纤维间质组织挤压呈裂隙状(图13-7)。间质一般较疏松,富于黏多糖,可有较致密区域,甚至发生玻璃样变或钙化。

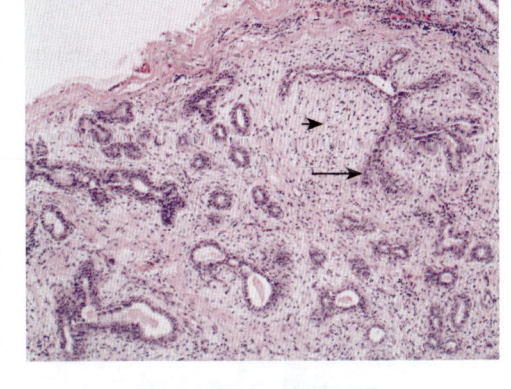

图13-7 乳腺纤维腺瘤
长箭头所示为增生的腺体,短箭头所示为增生的间质组织

二、乳腺癌

乳腺癌(carcinoma of the breast)是起源于乳腺终末导管小叶单元上皮的恶性肿瘤。常发生于40～60岁女性,是女性最常见的恶性肿瘤,男性患者罕见。

(一)病因和发病机制

本病的病因与发病机制还不十分清楚。目前认为本病的发生与以下因素有关:①高水平雌激素长期刺激;②乳腺增生性病变;③遗传性因素;④环境因素和生活方式;⑤长时间接触放射线。

> **知识链接**
>
> BRCA 1、BRCA 2基因：均属于抑癌基因，主要在DNA损伤修复、维护DNA的完整性和细胞的正常生长方面起重要作用。有人统计，有BRCA1基因突变者，患乳腺癌和卵巢癌的风险分别是50%～85%和15%～45%；有BRCA2基因突变者，患乳腺癌和卵巢癌的风险分别是50%～85%和10%～20%。这两种基因的突变均属于常染色体显性遗传。与普通妇女相比，携带有这种突变者具有很高的罹患癌症的可能性。

（二）病理变化

50%以上的乳腺癌发生于乳腺的外上象限，其次为乳腺中央区。根据病变的进程，可将乳腺癌分为非浸润性癌与浸润性癌两大类。浸润性癌主要包括浸润性导管癌和浸润性小叶癌。

1. 非浸润性癌　包括导管内原位癌和小叶原位癌，两者均来自终末导管小叶单元上皮细胞，肿瘤细胞局限于导管或腺泡的基底膜以内，未向间质或淋巴管、血管浸润。

（1）导管原位癌：病变导管明显扩张，癌细胞局限于扩张的导管内，导管的基底膜完整。

（2）小叶原位癌：其病变特点为扩张的乳腺小叶末梢导管和腺泡内充满呈实体排列的癌细胞，癌细胞较导管内原位癌者小，而且大小与形状较一致，核圆形或卵圆形，肿瘤细胞未突破基底膜。

2. 浸润性癌　浸润性癌包括浸润性导管癌、浸润性小叶癌和特殊类型的癌。

（1）浸润性导管癌：是最常见的乳腺癌类型。肉眼观，肿瘤呈不规则结节状，与周围组织分界不清，质地较硬；切面呈灰白色，有沙砾感，无包膜。镜下，组织学形态多种多样，癌细胞呈巢状或团索状排列，也可伴少量腺管样结构（图13-8）。癌细胞异型性明显、大小不等、形态各异、核分裂象多见。肿瘤间质有致密增生的纤维组织。

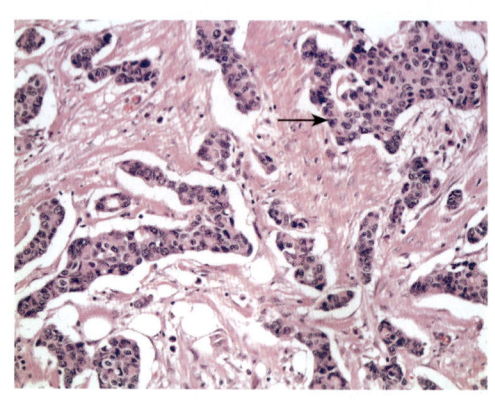

图13-8　乳腺浸润性导管癌
箭头处为肿瘤实质

（2）浸润性小叶癌：肉眼观，癌肿的切面呈橡皮样，色灰白、质地韧，与周围组织无明显界限。镜下，癌细胞呈单行串珠状或细索条状浸润于纤维间质之间，或环形排列于正常导管周围。癌细胞体积小、较均匀一致、核分裂象少见，细胞形态与小叶原位癌者相似。

（三）扩散方式

1. 直接蔓延　癌细胞可沿着乳腺导管侵犯相应的小叶腺泡；沿导管周围间隙浸润脂肪组织；随着肿瘤扩大，癌组织可向前侵犯皮肤，向内浸润胸大肌等。

2. 转移　淋巴道转移是乳腺癌最常见的转移途径，首先转移到同侧腋窝淋巴结，晚期可相继发生锁骨下淋巴结和锁骨上淋巴结转移；位于乳腺内上象限的癌组织，常转移到乳内动脉旁淋巴结，进一步至纵隔淋巴结；癌组织偶尔可转移至对侧腋窝淋巴结。晚期，癌细胞可经血道转移至肺、脑、肝和骨等器官。

（四）临床病理联系

临床上，患者常无意中发现乳房内有无痛性、单发、质硬的小肿块，其表面不光滑，与周围组织分界不清。随着肿块增大，可引起乳房隆起；若累及Cooper韧带，可出现皮肤凹陷；若皮下淋巴管被癌细胞阻塞，引起淋巴回流障碍，皮肤则呈"橘皮样"外观；临近乳头的癌肿侵入乳管，使之缩短，导致乳头偏向一侧、变扁平、回缩、凹陷等。

第五节 前列腺疾病

一、前列腺增生症

良性前列腺增生（benign prostatic hyperplasia）为50岁以上男性的常见病，其发病率随年龄的增加而递增。目前认为其发生与雄激素表达失调有关。进行性排尿困难是前列腺增生症的最重要症状，严重者可出现膀胱尿潴留。

肉眼观，前列腺呈结节状，质地和颜色与增生的成分有关。以腺体增生为主者，色淡黄，质地较软，切面可见大小不等的蜂窝状腔隙，挤压时有乳白色前列腺液流出；而以纤维结缔组织与平滑肌增生为主者，则呈灰白色、质韧，与周围正常组织分界不清。镜下观，增生的前列腺成分主要为腺体、纤维结缔组织和平滑肌，三者的比例因人而异。增生的腺体由两层细胞构成，基底膜完整。

二、前列腺癌

前列腺癌（prostate cancer）为来源于前列腺上皮的恶性肿瘤，为男性生殖系统中较常见的恶性肿瘤，发病年龄多为60岁以上，随年龄的增长，其发病率逐步升高。病因不明，可能与年龄、种族、环境因素和雄激素等有关。临床主要表现为排尿困难、血尿和局部疼痛。

大约70%肿瘤发生于前列腺的外周区，以后叶多见。肿瘤多为结节状，质地较硬、固定。切面呈颗粒状，淡黄色，可有出血与坏死。绝大多数前列腺癌为腺癌，少数为尿路上皮癌和鳞癌。免疫组织化学检查，前列腺特异性抗原阳性、前列腺酸性磷酸酶阳性。

前列腺癌可直接侵犯膀胱底、精囊腺和尿道，而很少直接侵入直肠。淋巴道转移可侵犯髂内、髂外、腹主动脉旁淋巴结；也可侵入腹股沟淋巴结。血道转移常转移到腰椎、骨盆、肋骨、肺、肝等。

（李子良）

思考题

1. 试述子宫颈癌的病理变化与扩散途径。
2. 试述葡萄胎、侵袭性葡萄胎和绒毛膜癌的主要区别。

第十四章 淋巴造血系统疾病

> **学习目标**
> 1. 掌握 恶性淋巴瘤的概念。
> 2. 熟悉 霍奇金淋巴瘤的临床病理学特点及分型。
> 3. 了解 淋巴造血系统肿瘤的分类，常见的淋巴瘤类型；白血病的分型。

淋巴造血系统包括髓样组织和淋巴样组织两个部分。髓样组织包括骨髓及其来源的细胞，如红细胞、粒细胞、单核细胞和巨核细胞，而淋巴样组织包括淋巴结、胸腺、脾、扁桃体以及分散的淋巴组织等。淋巴造血系统疾病可分为两大类，即红细胞疾病与白细胞疾病，涉及红细胞或白细胞质和量的变化。白细胞疾病包括非肿瘤性疾病和肿瘤性疾病两大类。白细胞的非肿瘤性疾病在临床上更为多见，包括白细胞减少症、反应性白细胞增多及反应性淋巴结炎等。肿瘤性疾病包括淋巴组织肿瘤、髓系肿瘤、组织细胞和树突状细胞肿瘤。与其他器官系统的疾病不同，淋巴造血系统的疾病并不局限于单一的解剖部位，常常会播散至全身，因而病变复杂而且是系统性的。本章主要介绍淋巴造血系统的常见肿瘤，包括淋巴瘤和白血病。

第一节 恶性淋巴瘤

淋巴瘤（lymphoma）是一组原发于淋巴结、结外淋巴组织及其他组织的具有淋巴细胞分化特点的恶性肿瘤，是我国常见的恶性肿瘤之一，发病率有明显上升趋势。根据肿瘤的组织形态学特点分为霍奇金淋巴瘤及非霍奇金淋巴瘤两大类。非霍奇金淋巴瘤又根据其免疫表型分为T细胞淋巴瘤、B细胞淋巴瘤和NK细胞淋巴瘤三大类。

一、霍奇金淋巴瘤

霍奇金淋巴瘤（Hodgkin lymphoma，HL）因1832年英国医生Thomas Hodgkin首先描述而得名，是淋巴瘤的一个独特类型。以肿瘤组织中出现Reed-Sternberg细胞（R-S细胞）为特征，并伴有多量混合性炎细胞浸润。临床经常表现为局部淋巴结无痛性、进行性肿大，由一组淋巴结逐渐发展累及下一组淋巴结，结外器官受累相对少见。本病在世界各地发病有差异，欧美发病率较高，我国发病率较低。肿瘤好发于青少年和中年人，幼儿和老年人少见。

(一)病因和发病机制

HL 的病因学及发病机制尚不清楚,遗传因素和环境因素均参与其中。EB 病毒(EBV)已被证实与 HL 的发生有关。25%～60% 的 HL 为 EBV 阳性。

(二)病理变化

肿瘤主要侵及淋巴结,以颈部、锁骨上淋巴结为常见,其次为纵隔、腹膜后、主动脉旁淋巴结。晚期可累及肝、脾等结外脏器。

肉眼观,淋巴结肿大,早期无粘连、可活动。晚期肿瘤侵犯被膜,淋巴结互相粘连不易移动。切面灰白鱼肉状。

镜下观,淋巴结结构部分或全部破坏,呈现多种包括淋巴细胞、嗜酸性粒细胞、组织细胞、中性粒细胞和浆细胞在内的炎细胞混合性浸润背景,其内散在分布数量不等的、体积较大的肿瘤细胞,瘤细胞体积 > 15μm,胞质丰富,双色性或嗜酸性、单核、双核或多核,核膜厚,有一个大的嗜酸性核仁,直径 3～4μm,核仁边界光滑、整齐,周围有一透明晕,这种细胞即 R-S 细胞。双核的肿瘤细胞,形似镜中之影,故称镜影细胞(图 14-1),具有诊断意义,称为诊断性 R-S 细胞。免疫学和分子生物学已证实 R-S 细胞为 B 淋巴细胞起源。

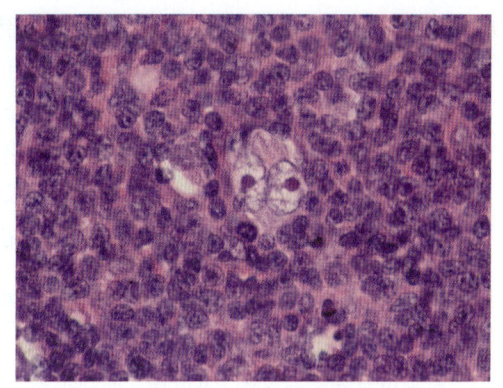

图 14-1　霍奇金淋巴瘤
中央可见一个镜影细胞

(三)组织学类型

世界卫生组织(WHO)分类将霍奇金淋巴瘤分为两大类:结节性淋巴细胞为主型霍奇金淋巴瘤和经典型霍奇金淋巴瘤。

1. **结节性淋巴细胞为主型霍奇金淋巴瘤**　此型淋巴瘤较少见,约占所有 HL 病例的 5%,发病高峰为 30～40 岁,男性多于女性。肿瘤由界限不清的结节组成,肿瘤细胞以多核性、"爆米花"样细胞常见,典型的 R-S 细胞很少或缺乏,背景中主要为淋巴细胞、组织细胞,浆细胞不常见,中性粒细胞及嗜酸性粒细胞罕见。此型瘤细胞免疫表型为 B 细胞,之后可进展为弥漫性大 B 细胞淋巴瘤。

2. **经典型霍奇金淋巴瘤**　根据肿瘤细胞的形态特点和背景细胞的成分将其分为 4 种亚型。

(1)富于淋巴细胞型:淋巴细胞和组织细胞大量增生,嗜酸性粒细胞及浆细胞较少,典型 R-S 细胞很少,不典型 R-S 细胞较多。在经典霍奇金淋巴瘤 4 个亚型中,此型预后最好。

(2)结节硬化型:纤维组织增生将淋巴结分隔成许多大小不等的结节,其内有典型的 R-S 细胞和陷窝细胞。有较多的淋巴细胞、嗜酸性粒细胞、中性粒细胞、浆细胞浸润。此型多见于青少年和妇女,预后较好。

(3)混合细胞型:此型由组织细胞、淋巴细胞、浆细胞、嗜酸性粒细胞和少量中性粒细胞混合组成背景,常有较多典型的 R-S 细胞。此型预后差于前两者。

(4)淋巴细胞消减型:淋巴细胞明显减少,R-S 细胞较多为其特点。发生于老年人,进展快,预后最差。

以上各类型在疾病进展过程中可以转化,如富于淋巴细胞型可转化为混合细胞型、淋巴细胞消减型,混合细胞型可转化为淋巴细胞消减型;少数也可以转化为非霍奇金淋巴瘤。

（四）临床病理联系

HL 多以无痛性淋巴结肿大为首发症状。可有低热、消瘦、盗汗、乏力、贫血和全身瘙痒等症状。实验室检查可有红细胞沉降率加快、中性粒细胞增多。病情发展快慢不一，缓慢者病程可迁延达 15 年之久。晚期由于机体免疫功能低下容易感染。感染和肿瘤扩散是 HL 患者死亡的重要原因。

二、非霍奇金淋巴瘤

非霍奇金淋巴瘤（non-Hodgkin lymphoma，NHL）是淋巴瘤的常见类型，占所有淋巴瘤的 80%～90%。约 2/3 的病例发生在淋巴结内（以颈部淋巴结受累为最常见），约 1/3 发生于结外组织。大多数（80%～85%）来自 B 淋巴细胞，小部分来自 T 淋巴细胞或 NK 细胞。

随着免疫学的发展，淋巴瘤的免疫分类接连出台，2008 年出版的世界卫生组织（WHO）分类（表 14-1）首先按细胞起源分为 B 淋巴细胞、T 淋巴细胞和 NK 细胞肿瘤，再根据细胞的成熟和不成熟详尽分类，直接指导临床的治疗和提示预后。非霍奇金淋巴瘤分型复杂，每型淋巴瘤为一独立的疾病，有其独特的临床表现和组织学特征、免疫表型、遗传学改变。

表 14-1　非霍奇金淋巴瘤的分类（WHO，2017 年）

一、前驱淋巴组织肿瘤	
1．B 淋巴母细胞白血病 / 淋巴瘤，非特指型	
2．B 淋巴母细胞白血病 / 淋巴瘤伴重现性遗传学异常	
3．T- 淋巴母细胞白血病 / 淋巴瘤	
4．NK- 淋巴母细胞白血病 / 淋巴瘤	
二、成熟 B 细胞淋巴瘤	三、成熟 T/NK 细胞淋巴瘤
1．慢性淋巴细胞性白血病 / 小淋巴细胞性淋巴瘤	1．T 幼淋巴细胞性白血病
2．B 幼淋巴细胞性白血病	2．T 细胞大颗粒淋巴细胞性白血病
3．脾 B 细胞边缘区淋巴瘤	3．慢性 NK 细胞淋巴增殖性疾病
4．毛细胞白血病	4．侵袭性 NK 细胞白血病
5．脾 B 细胞淋巴瘤 / 白血病，不能分类	5．儿童 EBV+T 细胞和 NK 细胞增殖性疾病
6．淋巴浆细胞性淋巴瘤 -Waldenstrom 巨球蛋白血症	6．成人 T 细胞白血病 / 淋巴瘤
7．意义未明单克隆免疫球蛋白血症	7．结外 NK/T 细胞淋巴瘤，鼻型
8．重链病 (HCD)	8．肠病相关性 T 细胞淋巴瘤
9．浆细胞肿瘤	9．肝脾 T 细胞淋巴瘤
10．结外黏膜相关淋巴组织边缘区淋巴瘤（MALT 淋巴瘤）	10．皮下脂膜炎样 T 细胞淋巴瘤
11．结内边缘区淋巴瘤	11．蕈样肉芽肿
12．滤泡性淋巴瘤 (FL)	12．赛塞里综合征（Sézary syndrome）
13．儿童型滤泡性淋巴瘤	13．原发皮肤 CD30$^+$ 的 T 淋巴组织增殖性疾病
14．伴 IRF4 重排的大 B 细胞淋巴瘤	14．原发皮肤的外周 T 细胞淋巴瘤，少见亚型
15．原发皮肤滤泡中心淋巴瘤	15．外周 T 细胞淋巴瘤，非特指型

16. 套细胞淋巴瘤	16. 血管免疫母细胞性 T 细胞淋巴瘤
17. 弥漫性大 B 细胞淋巴瘤	17. ALK（+）间变性大细胞淋巴瘤
18. 伯基特淋巴瘤	18. ALK（−）间变性大细胞淋巴瘤
19. 伴有 11q 异常的伯基特样淋巴瘤	19. 乳腺植入物相关的间变性大细胞淋巴瘤
20. 高级别 B 细胞淋巴瘤	
21. 介于 DLBCL 和经典霍奇金淋巴瘤之间不能分类的 B 细胞淋巴瘤	

介绍几种常见的非霍奇金淋巴瘤：

1. **慢性淋巴细胞性白血病/小淋巴细胞性淋巴瘤** 是一种成熟 B 细胞来源的惰性淋巴瘤。中老年男性多见，起病缓慢隐匿。大多数患者诊断时已累及外周血和骨髓。

病理组织学特点：淋巴结结构部分或完全被破坏，肿瘤细胞弥漫性增生浸润，瘤细胞稍大于正常的淋巴细胞，细胞核圆、染色质粗、无核仁，胞浆少，核分裂像少见。组织内常混杂少量散在或灶状、体积稍大、胞浆稍多、染色质疏松、有小核仁的副免疫母细胞。

免疫表型及遗传学特征：$sIgM^+$、$sIgD^{\pm}$，B 细胞相关抗原 $CD19^+$、$CD20^+$、$CD5^+$、$CD23^+$。IgH 和 IgL 克隆性重排。

2. **滤泡性淋巴瘤** 起源于滤泡生发中心 B 细胞。临床好发于中老年男性，多表现为淋巴结无痛性肿大，最常累及颈部淋巴结与腹股沟淋巴结。部分病例可伴有脾、骨髓的累及，偶可累及外周血。

病理组织学特点：淋巴结结构部分或全部破坏，代之为大小相近的增生滤泡，分布于皮质和髓质（图 14-2）。肿瘤性滤泡内的细胞以生发中心细胞为主，可有为数较多的生发中心母细胞。生发中心细胞比小淋巴细胞稍大，核不规则，有核裂，核仁不明显，胞质稀少。生发中心母细胞比

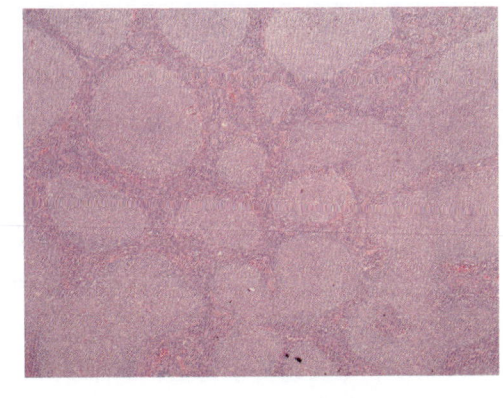

图 14-2 滤泡性淋巴瘤

正常淋巴细胞大 4～5 倍，核圆形或分叶状，染色质稀疏，有 1～3 个靠近核膜的小核仁。本型属低度恶性淋巴瘤，早期诊断且获得规范治疗者，预后较好。

免疫表型及遗传学特征：IgH 和 IgL 克隆性重排，t（14；18）(q32；q21)，$BCL2^+$、$CD10^+$、$CD19^+$、$CD20^+$、$CD5^-$、IgM^+、$IgD^{-/+}$。BCL2 是很重要的诊断滤泡性淋巴瘤的生物标志。

3. **弥漫性大 B 细胞淋巴瘤**（Diffuse Large B Cell Lymphoma，DLBCL） 好发于 40 岁以上中老年人，男性稍多于女性，是最常见的一型淋巴瘤，占成人非霍奇金淋巴瘤的 30%～40%。临床表现为淋巴结迅速增大，约 40% 的病例原发于结外，包括胃肠道、口咽环、骨、生殖系统等。肿瘤可一开始即为 DLBCL，但也可从其他低度恶性淋巴瘤转化而来。

病理组织学特点：DLBCL 的瘤细胞形态变化较大。经典细胞体积大，为正常淋巴细胞的 2 倍以上，胞质丰富，核大，圆形或卵圆形，核仁清楚，核分裂象多见。可呈大的生发中

心细胞、中心母细胞和免疫母细胞形态。

DLBCL 是一种侵袭性较强的肿瘤，但大部分病例对化疗敏感，此外，抗 CD20 的单克隆抗体利妥昔单抗的应用亦为其治疗增加了新的手段。研究发现，瘤细胞可起源于不同的 B 细胞，生发中心 B 细胞起源者比非生发中心的活化 B 细胞者的预后为好。

免疫表型及遗传学特征：肿瘤细胞 sIg^+、$CD20^+$、$CD22^+$、$CD5^{+/-}$。IgH 和 IgL 克隆性重排，由于 t（14；18），20%～30% 病例有 *BCL2* 基因重排，1/3 的病例有 *BCL6* 基因重排。

> **知识链接**
>
> 分子靶向治疗是在分子水平上针对已经明确的致癌位点来设计开发相应的治疗药物，药物进入体内会选择性地与致癌位点相结合后发挥作用，使肿瘤细胞特异性死亡，而不会波及周围的正常细胞，故又被称为"生物导弹"。靶向药物的共同特点是对正常组织影响较小、毒性轻微、起效慢，通过特异性针对一个或几个靶点而抑制肿瘤细胞的恶性生物学行为。在众多的靶向治疗药物中，利妥昔单抗（美罗华）是一个当之无愧的成功典范。美罗华为一种单克隆抗体，是专门针对 CD20 而设计的，也是第一个用于临床的分子靶向药物，它极大地提高了 B 细胞淋巴瘤的疗效。在发达国家，美罗华联合化疗已成为 B 细胞淋巴瘤的一线治疗方案。

4. **伯基特淋巴瘤** 是起源于生发中心 B 细胞的高度侵袭性肿瘤，多见于 4～8 岁儿童。临床上有非洲地区性、散发性和 HIV 相关性 3 种。本病与 EBV 感染有关，非洲 95% 的病例中肿瘤细胞有 EBV 基因。多发生于结外，常累及颌骨、肾和卵巢等。

病理组织学特点：肿瘤细胞弥漫增生浸润，细胞中等大小，形态比较一致，核圆形或卵圆形，染色质粗颗粒状，核膜厚，有时核呈空泡状，核仁小，核分裂象较多见，胞质少，凋亡明显。较特征性的改变是吞噬核碎片的巨噬细胞散在于瘤细胞之间，呈"星天"现象（图 14-3）。

免疫表型及遗传学特征：瘤细胞常表现为 sIg^+、$CD19^+$、$CD20^+$、$CD22^+$。IgH 和 IgL 克隆性重排，多数有 t（8；14），少数有 t（2；8）。

5. **外周 T 细胞淋巴瘤，非特殊类型**（peripheral T cell lymphoma, not otherwise specified, PTCL-NOS）PTCL 起源于胸腺后成熟 T 淋巴细胞，在我国和亚洲其他地区较常见。好发于中老年人，男女均可发病，大多数患者表现为淋巴结肿大，也可累及结外，包括皮肤、肝、脾及其他器官。可伴有皮疹、发热、体重下降或嗜酸性粒细胞增多。临床进展较快，属于高度侵袭性肿瘤。

病理组织学特点：淋巴结结构破坏，肿瘤细胞弥漫增生浸润。肿瘤细胞以小、中等或大细胞为主，也可混合存在，瘤细胞核有多形性，染色质细，胞质少。病变区可有数量不等的嗜酸性粒细胞和上皮样组织细胞。

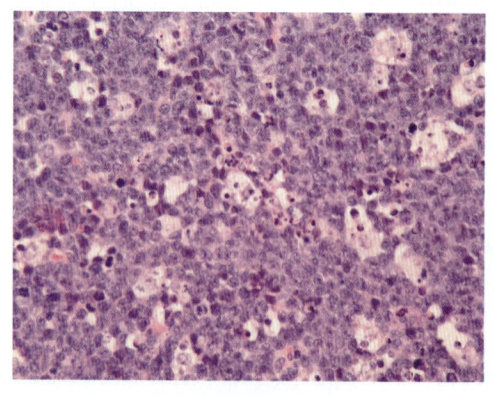

图 14-3　伯基特淋巴瘤

免疫表型及遗传学特征：瘤细胞 CD2$^+$、CD3$^+$、CD5$^+$，B 细胞抗原阴性。TCR 基因克隆性重排。

6. **结外 NK/T 细胞淋巴瘤，鼻型**（NK/T cell lymphoma, nasal type，NK/TCL）起源于细胞毒性 T 细胞或 NK 细胞，在我国相当常见，肿瘤发生与 EBV 感染高度相关。发病年龄多在 40 岁左右，男性多于女性。肿瘤绝大多数发生在结外，最常见部位为鼻腔，其次为腭部、口咽、鼻咽部等处。早期症状常有鼻塞、鼻出血及鼻腔分泌物增多等症状。随着病情发展，鼻区肿胀、鼻咽部黏膜坏死及溃疡形成，并向周围组织浸润破坏，甚至鼻中隔及上腭被破坏而穿孔。可伴有全身发热以及肝、脾大等症状，晚期患者体重下降。

病理组织学特点：病变区可见多形性瘤细胞增生浸润，大片凝固性坏死为典型特征。常累及血管。瘤细胞体积中等偏大，胞质淡染，核不规则、扭曲折叠。

免疫表型及遗传学特征：大多数肿瘤细胞表达 T 细胞抗原 CD2、CD3 和（或）NK 细胞标记 CD56，EBV 检测常阳性，细胞毒性颗粒蛋白 TIA-1 和粒酶 B（granzyme B）常阳性。NK 细胞来源的病例，TCR 和 Ig 基因无克隆性重排。

此型肿瘤恶性度较高，预后差。早期局灶性病变且对放疗敏感者 5 年生存率大于 60%，但伴有扩散性者侵袭性很强，5 年生存率不足 10%。

第二节　白血病

白血病（leukemia）是骨髓造血干细胞克隆性增生形成的恶性肿瘤。其特征是骨髓内异常的白细胞增生取代了正常骨髓组织，并常侵入髓外组织及外周血，导致外周血白细胞出现质和量的异常。髓外组织中尤以肝、脾、淋巴结最易受侵，晚期常致严重贫血和出血。严重贫血、出血和感染是白血病的主要并发症。在我国白血病患者中，急性白血病多于慢性白血病，粒细胞性白血病多于淋巴细胞性白血病，男性多于女性。

一、病因

白血病的病因尚不明确。主要相关因素有以下几种：

1. **遗传因素**　有家族性发病倾向。先天性愚型患儿发生白血病的概率比正常儿童高 15～20 倍。
2. **电离辐射**　放射科医生白血病发病率比一般医务人员高 9 倍。日本广岛原子弹爆炸后，白血病发病率增高。以慢性粒细胞性白血病多见。
3. **病毒**　研究发现一种 C 型逆转录病毒与人类白血病有关，即 HTLV1（人 T 细胞白血病病毒 1 型）。
4. **化学因素**　长期接触苯可诱发白血病。有些药物，如氯霉素、保泰松等可损伤、抑制骨髓，进而发展为白血病。

二、白血病的分类

1. 根据病情急缓、白血病细胞的成熟程度，分为急性与慢性白血病。
2. 根据白血病细胞的类型，分为髓性和淋巴细胞性白血病。
3. 根据末梢血中白血病细胞的数量，分为白细胞增多性和白细胞减少性白血病。
4. 在淋巴细胞性白血病中，根据白血病细胞的免疫表型，分为 T 细胞型、B 细胞型、非 T 非 B 细胞型等。

三、急性白血病

急性白血病（acute leukemia）起病急，白血病细胞为原始和幼稚的白细胞。病变累及骨髓，白血病细胞进入外周血，并浸润全身多脏器。多见于儿童、青少年，伴有发热、贫血、出血、疲乏等症状。

根据细胞形态学特点分为急性淋巴细胞性白血病、急性髓性白血病。骨髓涂片中，原始细胞数目应≥20%。

急性白血病的病理特点：骨髓内原始和幼稚的白血病细胞大量增生，取代正常骨髓组织，红系和巨细胞系生成受抑制。急性髓性白血病细胞可在骨膜下或软组织内形成肿块，切面呈绿色，称粒细胞肉瘤或绿色瘤。白血病细胞进入周围血中，使白细胞总数呈进行性升高，白细胞计数多在（25～50）×10^9/L，也有少数病例周围血白细胞总数不高，甚至降低。淋巴结肿大多见于儿童急性淋巴细胞性白血病，肿大的淋巴结常不粘连而富于弹性。由于白血病细胞浸润，导致肝、脾呈轻、中度增大。也可浸润其他脏器，如脑、心、睾丸和皮肤等部位。

临床病理学联系：白血病细胞浸润骨髓组织，破坏正常骨髓引起贫血和血小板减少，故易出血，如黏膜、皮肤出血点、出血斑。白血病时免疫功能和抵抗力低下，常伴发细菌和真菌感染，成为致死原因。

急性白血病病情急，预后差，死亡率很高。近年来新化疗药物的应用提高了缓解率，尤其是儿童急性淋巴细胞性白血病，缓解率达95%以上。

四、慢性白血病

慢性白血病起病缓慢，病程较长，有的病例可达10年以上。多见于成人。早期无明显症状，渐有乏力、消瘦、发热、脾大。白血病细胞为幼稚细胞，分布于脾和骨髓，末梢血中见大量各种成熟阶段的细胞，并浸润全身各脏器。根据细胞免疫表型，可分为慢性淋巴细胞性白血病和慢性髓性白血病，其中慢性粒细胞白血病往往可检测到 BCR-ABL1 融合基因 [Ph 染色体，t（9；22）（q34；q11.2）]。

知识链接

几乎所有的慢性粒细胞白血病都存在特征性 t（9；22）（q34；q11.2）易位，22号染色体的长臂易位到9号染色体长臂，形成 Ph 染色体（费城染色体），使得9号染色体长臂上的 ABL 原癌基因与22号染色体上的 BCR 基因序列发生拼接，形成 BCR-ABL1 融合基因，该融合基因编码210kD 具有酪氨酸激酶活性的蛋白质。动物实验证明 BCR-ABL1 融合基因的产生是 CML 发病的重要事件。

病理变化特点：慢性白血病外周血像白细胞总数明显增多，尤以慢性髓性白血病显著，可达（100～800）×10^9/L。细胞为较成熟的粒细胞和少量幼稚细胞，细胞有明显的嗜酸性和嗜碱性分化。骨髓增生活跃，充满较成熟的粒细胞或淋巴细胞。淋巴结受累，晚期粘连融合，以淋巴细胞性白血病时更为明显。大量白血病细胞浸润使脾明显增大，尤以髓性白血病显著，脾可重达4000g。肝为中度增大，淋巴细胞性白血病以浸润汇管区为特点，髓性白血病沿肝窦浸润。

临床病理学联系：慢性白血病晚期可发生急性变，以慢性髓性白血病常见。患者出现高烧、脾迅速增大、贫血、出血症状加重，周围血中原始和幼稚细胞突然增加。预后与急性白血病相同。

白血病的治疗在当今已有很大进展，自身和异体骨髓移植治疗白血病已取得可喜的成就。

病例分析 14-1

男性，18岁。无意中发现左侧颈部肿物，抗生素治疗无效，肿物进行性增大，遂到医院就诊。查体：左侧颈部淋巴结肿大，呈多结节状，无触痛，不活动。临床相关检查未发现其他异常。取淋巴结活检。形态学显示淋巴结结构破坏，混杂性细胞增生，其间散在数量不等的大细胞，胞质丰富，核大多形，可见大红核仁。免疫组化显示大细胞CD30阳性。

问题与思考：根据病史及形态学改变，此患者可能的诊断是什么？

思考题

1. 简述霍奇金淋巴瘤的病理变化特点及分型。
2. 简述白血病的分类。

（李 敏）

第十五章

内分泌系统疾病

> **学习目标**
>
> 1. 掌握　弥漫性非毒性甲状腺肿的病因及病理变化；甲状腺肿瘤的类型及病理变化；糖尿病的类型、病因及病理变化。
> 2. 熟悉　糖尿病的发病机制及临床病理联系。
> 3. 了解　甲状腺功能低下及甲状腺炎的病因及病理变化。

内分泌系统包括内分泌腺、内分泌组织（如胰岛）和散在于各系统或器官内的内分泌细胞。内分泌系统与神经系统共同对机体的生长发育、功能代谢和机体内环境稳定性的维持等进行着精细的调节。各种原因引起内分泌系统的组织、细胞发生炎症、增生、肿瘤等病变时，常使相应的激素分泌减少或增多，导致相应的内分泌功能减退或亢进，相应的靶器官或组织发生萎缩、增生或肥大。内分泌系统疾病很多，本章主要介绍甲状腺疾病和糖尿病。

第一节　甲状腺疾病

一、甲状腺肿

甲状腺肿（goiter）指甲状腺呈弥漫性或结节性肿大，是临床上常见疾病之一。根据其是否有甲状腺功能亢进，可被分为弥漫性非毒性甲状腺肿和弥漫性毒性甲状腺肿两种主要类型。

（一）弥漫性非毒性甲状腺肿

弥漫性非毒性甲状腺肿（diffuse nontoxic goiter）又称单纯性甲状腺肿，由于机体绝对或相对缺碘使甲状腺素分泌不足，促甲状腺素（thyroid stimulating hormone，TSH）分泌增多，甲状腺滤泡上皮增生和滤泡内胶质堆积，导致甲状腺肿大。本病常呈地方性分布，我国多分布于远离海洋的内陆山区与半山区；也可呈散发性，多见于女性。

1. 病因和发病机制

（1）碘缺乏：地方性水、土、食物中缺碘或青春期、妊娠期以及哺乳期机体需要碘增加时，机体绝对或相对缺碘为本病的主要原因。长期持续缺碘导致甲状腺素分泌减少，后者通过负反馈调节促使腺垂体的嗜碱性细胞分泌 TSH 增加。高水平的 TSH 促使甲状腺滤泡上皮增生；此外，滤泡上皮合成的甲状腺球蛋白因缺碘而呈非碘化状态，不能被上皮细胞摄取并合成甲状腺素，非碘化状态的胶质在滤泡内贮积，腺泡腔扩张，从而甲状腺发生肿大。

(2) 致甲状腺肿因子的作用：①水中含钙或氟过高可影响肠道对碘的吸收，使滤泡上皮细胞胞质的钙离子增多，甲状腺素的分泌被抑制；②某些食物，如卷心菜、木薯、菜花和大头菜等含有致甲状腺肿的物质（如木薯含氰化物）；③硫氰酸盐和过氯酸盐可抑制碘向甲状腺聚集；④某些药物，如磺胺药、硫脲类药、锂和钴等可抑制碘在甲状腺的聚集和甲状腺球蛋白的碘化。

(3) 其他因素：目前认为本病的发生还与摄碘过多以及遗传性因素和免疫性因素有关。

2. 病理变化 根据弥漫性非毒性甲状腺肿的发生、发展过程和病变特点，一般可将其分为3个时期。

(1) 增生期：又称弥漫性增生性甲状腺肿。肉眼观，甲状腺呈轻、中度弥漫性肿大，表面光滑，质较软；切面呈棕红色。镜下观，滤泡上皮增生活跃，细胞呈立方或低柱状，常伴有小滤泡和小假乳头形成，胶质较少，间质充血。

(2) 胶质贮积期：又称为弥漫性胶样甲状腺肿。肉眼观，甲状腺呈弥漫性对称性显著肿大，可重达200～300g（正常20～40g），偶尔可达500g以上，表面光滑；切面呈棕褐色、半透明胶冻状。镜下观，部分上皮增生活跃，可有小滤泡或小假乳头形成；大部分滤泡上皮细胞呈扁平状，滤泡腔高度扩大，腔内充满大量贮积的胶质，后者呈强嗜酸性；滤泡周边的胶质中，吸收小泡少见。

(3) 结节期：又称为结节性甲状腺肿（nodular goiter）。在弥漫性非毒性甲状腺肿的晚期，滤泡上皮增生、复旧或萎缩不一致、分布不均和间质纤维结缔组织增生，使甲状腺内出现结节。肉眼观，甲状腺呈不对称性结节状肿大，结节大小不一；切面可见部分结节与周围组织分界清楚，多无完整的包膜；结节内出现继发性出血、坏死、囊性变、钙化和瘢痕形成等（图15-1）。镜下观，部分滤泡上皮细胞呈柱状或乳头状增生，有小滤泡形成；部分上皮细胞发生复旧或萎缩，滤泡腔内有胶质贮积；间质纤维组织增生，并分隔、包绕甲状腺组织，形成大小不一的结节（图15-2）。

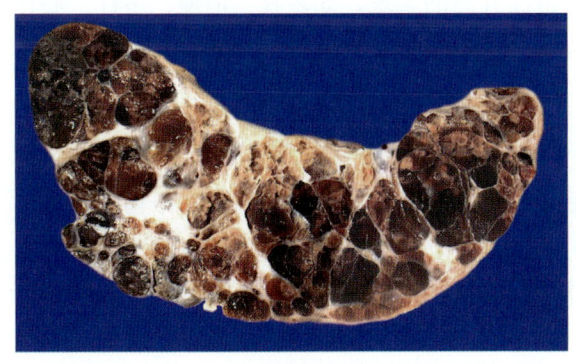

图15-1 弥漫性非毒性甲状腺肿

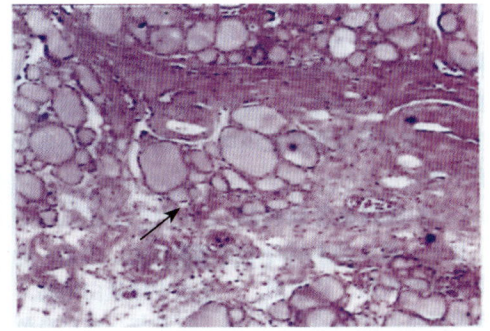

图15-2 弥漫性非毒性甲状腺肿（结节期）

3. 临床病理联系 患者主要表现为甲状腺肿大，压迫气管和喉返神经，出现呼吸困难和声音嘶哑等。一般本病不伴有明显的甲状腺功能减退，有1%～2%的患者可恶变为甲状腺癌。

（二）弥漫性毒性甲状腺肿

弥漫性毒性甲状腺肿（diffuse toxic goiter）又称为甲状腺功能亢进（hyperthyroidism），简称"甲亢"，指血中过多的甲状腺素作用于全身组织所引起的临床综合征。本病在临床上多见于中青年女性，男女之比为1：(4～6)。

1. 病因和发病机制　目前本病的病因与发病机制还不完全清楚，一般认为与下列因素有关：

（1）自身免疫性因素：一般认为本病是一种自身免疫性疾病，其根据为：①血中球蛋白增高，并有多种抗甲状腺的自身抗体，且本病常与其他自身免疫性疾病并存；②血中存在着与TSH受体结合的抗体和甲状腺生长刺激免疫球蛋白。

（2）其他：遗传性因素和心理因素与弥漫性毒性甲状腺肿的发生有关。

2. 病理变化　肉眼观，甲状腺呈弥漫性对称性肿大，可达正常的2～4倍，表面光滑，质地较软；切面呈灰红或棕红色、分叶状，胶质较少，质如肌肉。镜下观，①滤泡上皮明显增生呈高柱状，部分可呈乳头样增生，并有小滤泡形成；②滤泡腔内的胶质稀薄，可见滤泡周边的胶质出现许多大小不等的吸收小泡，此为甲状腺上皮细胞吞饮碘化的甲状腺球蛋白，进而产生甲状腺素功能增强的表现；③间质血管丰富，有明显的充血和淋巴细胞浸润，偶尔可形成生发中心（图15-3）。手术前经碘治疗后，病变常减轻，甲状腺体积变小，质地变实。镜下可见滤泡上皮细胞变矮，增生程度减轻，胶质增多、变浓，吸收小泡减少；间质微血管减少，充血减轻，浸润的淋巴细胞减少。

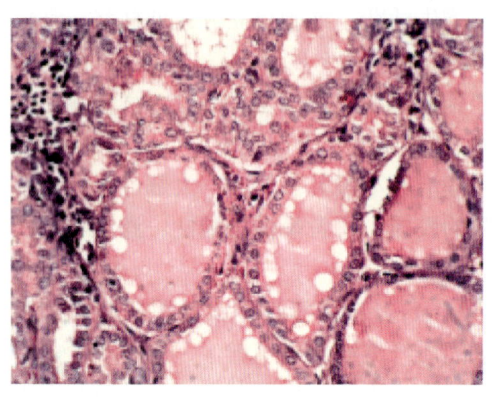

图15-3　弥漫性毒性甲状腺肿

除甲状腺病变外，患者可出现全身的淋巴组织增生，胸腺和脾大，心脏肥大，心腔扩张，心肌细胞和肝细胞可发生变性、坏死及纤维化。

3. 临床病理联系　弥漫性毒性甲状腺肿时，甲状腺滤泡上皮弥漫性增生使甲状腺呈弥漫性肿大。患者常出现基础代谢率和神经兴奋性升高的表现，如多食、消瘦、多汗、心悸、脉搏快、易怒、手震颤等。由于眼球外肌水肿、球后的纤维结缔组织与脂肪组织增生、淋巴细胞浸润和黏液水肿等导致眼裂增大和眼球外突。

二、甲状腺功能低下

甲状腺功能低下（hypothyroidism）是甲状腺素合成和释放减少或缺乏而出现的综合征。其主要病因为：①甲状腺肿瘤、炎症、外伤、放射等引起实质性损伤；②甲状腺发育异常；③缺碘、药物及先天或后天性甲状腺素合成障碍；④自身免疫性疾病；⑤垂体或下丘脑病变。

> **知识链接**
>
> 克汀病或呆小症：主要因为地方性缺碘，在胚胎时期或婴儿期从母体获得的或自身合成的甲状腺素不足，致生长发育障碍。主要临床表现有：大脑发育不全、智力低下、表情呆滞、愚钝相貌、骨成熟障碍、四肢短小。

> **知识链接**
>
> 黏液性水肿：少年及成人因甲状腺功能低下，组织间有大量的黏液（氨基多糖）积聚。光镜下，可见间质胶原纤维分解、断裂变疏松，充以蓝色的胶状液体。主要临床表现有：惧冷、嗜睡、月经不规律，动作、说话及思维减慢，皮肤凉、粗糙、非指凹性水肿。氨基多糖沉积的组织和器官可出现相应的功能障碍或症状。

三、甲状腺炎

甲状腺炎一般分为急性、亚急性、慢性3种。急性甲状腺炎是由细菌感染引起的化脓性炎症，比较少见；亚急性甲状腺炎通常被认为与病毒感染有关；慢性淋巴细胞性甲状腺炎是一种自身免疫性疾病；纤维性甲状腺炎病因尚不明确。

（一）慢性甲状腺炎

1. **慢性淋巴细胞性甲状腺炎** 也称桥本（Hashimoto）甲状腺炎或自身免疫性甲状腺炎。女性多见，临床主要表现为甲状腺肿大和功能减退。肉眼观，甲状腺呈对称性中度增大，质硬，包膜完整，切面灰白色、分叶状。镜下可见甲状腺结构被大量淋巴细胞、浆细胞、巨噬细胞等所替代，并有淋巴滤泡形成。甲状腺滤泡萎缩，上皮嗜酸性变，胶质含量少。随着病期延长，间质中有明显的结缔组织增生。

2. **慢性纤维性甲状腺炎** 又称Riedel甲状腺肿或慢性木样甲状腺炎，病因不清，罕见。男女比为1∶3，发病年龄30～60岁，早期临床症状不明显，甲状腺功能正常，晚期功能低下，增生的纤维组织压迫可出现声音嘶哑、呼吸及吞咽困难等症状。肉眼观，甲状腺中度肿大，病变的范围和程度不等，病变呈结节状，质硬似木，与周围组织粘连明显，切面灰白色。镜下观，甲状腺滤泡萎缩，小叶结构消失，大量纤维组织增生、玻璃样变性，有少量淋巴细胞浸润。

（二）亚急性甲状腺炎

亚急性甲状腺炎又称肉芽肿性甲状腺炎、巨细胞性甲状腺炎，是一种与病毒感染有关的巨细胞性或肉芽肿性炎。女性多于男性，中青年多见。临床起病急，有发热、颈部压痛，可有短暂的甲状腺功能异常，病程短，常在数月内恢复正常。

病理变化：肉眼观，甲状腺呈不均匀结节状，轻至中度增大，质实、橡皮样；切面呈灰白或淡黄色，可见坏死或瘢痕，与周围组织常有粘连。光镜观，病变呈灶性分布、范围大小不一、发展不一，部分滤泡被破坏，胶质外溢，引起类似结核结节的肉芽肿形成，并有大量的中性粒细胞及不等量的嗜酸性粒细胞、淋巴细胞、浆细胞浸润，可形成微小脓肿，伴异物巨细胞反应，但是无干酪样坏死（图15-4）。恢复期巨噬细胞消失，滤泡上皮细胞再生，间质纤维化，瘢痕形成。

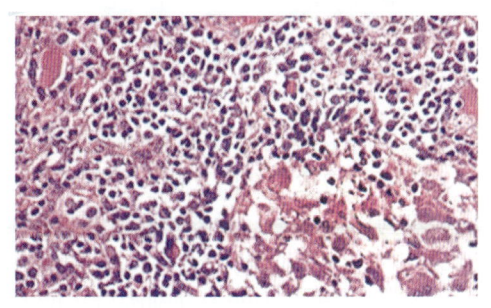

图15-4 亚急性甲状腺炎

四、甲状腺肿瘤

甲状腺肿瘤的种类较多,组织学分类也不一致。现就常见的甲状腺肿瘤进行扼要介绍。

(一)甲状腺腺瘤

甲状腺腺瘤(thyroid adenoma)是甲状腺滤泡上皮发生的一种常见的良性肿瘤。常在无意中发现,多见于中青年女性。肿瘤生长缓慢,随吞咽活动而上下移动。肉眼观,多为单发,圆形或椭圆形,直径3~5cm,切面多为实性,暗红或棕黄色,可并发出血、囊性变、钙化、纤维化,包膜完整,常压迫周围组织。

结节性甲状腺肿与甲状腺腺瘤的主要区别:①前者常为多发结节,无完整包膜;后者通常单发,包膜完整。②前者滤泡大小不等,通常比正常大;后者相反。③前者周围甲状腺组织无压迫现象,邻近的甲状腺内与结节内有相似病变;后者周围甲状腺组织有压迫现象,周围及邻近的甲状腺组织均正常。

(二)甲状腺癌

甲状腺癌是一种较常见的恶性肿瘤,占所有恶性肿瘤的1.3%以下,占癌症死亡病例的0.4%,占甲状腺原发性上皮性肿瘤的1/3。男女比例2:3,任何年龄均可发生,但以40~50岁多见。多数甲状腺癌患者的甲状腺功能正常,少数患者有内分泌功能紊乱的症状(甲状腺功能亢进或低下)。甲状腺癌的主要组织学类型如下:

1. 乳头状癌 是甲状腺癌最常见的类型,约占60%,青少年女性多见。肿瘤生长慢,恶性度较低,预后较好,10年存活率达80%以上,肿瘤大小及是否有远处转移与生存率有关,而是否有局部淋巴结转移与生存率无关,但局部淋巴结转移较早。肉眼观,肿瘤一般呈圆形,直径2~3cm,无包膜,质硬,切面灰白,部分病例有囊形成,囊内可见乳头。该瘤常伴出血、坏死、纤维化和钙化。镜下观,乳头分支多,乳头中心有纤维血管间质,间质内常见呈同心圆状的钙化小体,乳头上皮可呈单层或多层,癌细胞分化程度不一,核染色质少,呈透明或毛玻璃状,无核仁(图15-5)。此癌有时以微小癌(隐匿性癌)出现,直径小于1cm,多在尸检时发现,或因颈部淋巴结转移才被注意。甲状腺微小癌预后较好,远处转移也少见。

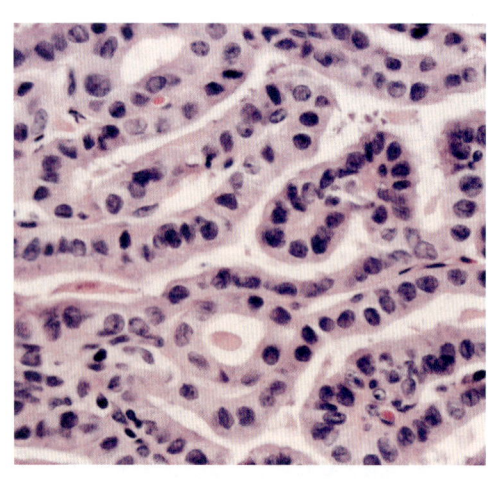

图 15-5　甲状腺乳头状癌

2. 滤泡癌 通常比乳头状癌恶性度高,预后差,较为常见。多发于40岁以上女性,早期即血道转移,癌组织侵犯周围组织或器官可引起相应的症状。肉眼观,结节状,包膜不完整,境界较清楚,切面灰白、柔软。镜下观,可见不同分化程度的滤泡,有时分化好的滤泡癌很难与腺瘤区别,需多处取材,依据是否有包膜或血管侵犯而鉴别;分化差的滤泡癌呈实性巢片状,肿瘤细胞异型性明显,滤泡少且不完整。

3. 髓样癌 由滤泡旁细胞发生的恶性肿瘤,又称C细胞癌,占甲状腺癌的5%~10%。40~60岁高发,部分为家族性常染色体显性遗传。90%的肿瘤分泌降钙素,致严重的腹泻和低钙血症。肉眼观，单发或多发，可有假包膜，直径 1～11cm，切面灰白或黄褐色，质实、软。光镜观，癌细胞圆形或多角形、梭形，核圆形或椭圆形，核仁不明显，瘤细胞呈实体片巢状或乳头状、滤泡状排列，间质内常有淀粉样物质沉着。

髓样癌免疫组织化学染色：降钙素阳性，甲状腺球蛋白阴性。滤泡癌、乳头状癌和未分化癌的甲状腺球蛋白阳性，降钙素阴性。

4. 未分化癌　又称间变性癌或肉瘤样癌，较少见，多发生在 50 岁以上，女性多见。肿瘤生长快，恶性度高，早期即可发生浸润和转移，预后差。肉眼观，肿块较大，不规则，无包膜，广泛浸润、破坏，切面灰白，常有出血、坏死。镜下观，癌细胞大小、形态、染色深浅不一，核分裂象多。

第二节　糖尿病

糖尿病（diabetes mellitus）是由于体内胰岛素相对或绝对不足或靶细胞对胰岛素敏感性降低，或胰岛素本身存在结构上的缺陷等而引起的糖、脂肪和蛋白质代谢紊乱，是一种慢性疾病，以血糖增高和糖尿为主要特点。本病的发病率日益增高，已经成为世界性的常见病与多发病。

一、病因及发病机制

糖尿病一般分为原发性糖尿病和继发性糖尿病，日常所称糖尿病就是指原发性糖尿病。原发性糖尿病又分为 1 型糖尿病和 2 型糖尿病。

（一）原发性糖尿病

1. 1 型糖尿病　又称为胰岛素依赖型（或幼年型）糖尿病，约占糖尿病的 10%。其主要特点是青少年发病，起病急、进展快、病情重，胰岛 B 细胞因严重受损而明显减少，胰岛素分泌绝对不足，血糖明显升高。目前认为 1 型糖尿病的发生是在遗传易感性的基础上，产生针对胰岛 B 细胞的自身性免疫反应，其诱发因素与病毒感染有关。

2. 2 型糖尿病　又称非胰岛素依赖型（或成年型）糖尿病，约占糖尿病的 90%。2 型糖尿病的主要特点为病情轻，起病与病情进展缓慢，胰岛 B 细胞数目正常或轻度减少，血中胰岛素正常、升高或降低，患者多消瘦，不易出现酮症酸中毒，一般不依赖胰岛素的治疗。

2 型糖尿病的发病机制还不十分清楚，但无胰岛 B 细胞的自身免疫性损伤。目前认为其发生与下列因素有关：①遗传易感性，现认为 2 型糖尿病是多基因疾病，具有广泛的遗传易感性。②胰岛素抵抗或胰岛素分泌缺陷是 2 型糖尿病发病机制的两个基本环节和特征。胰岛素抵抗是指机体对一定量胰岛素的生物学反应低于预计正常水平的一种现象，患者的胰岛素水平可正常或高于正常，但与胰岛素受体的结合能力以及结合后的生物效应均减弱。胰岛素分泌缺陷是指胰岛 B 细胞合成与分泌胰岛素障碍。③环境因素，肥胖、高热量饮食及体力活动减少是 2 型糖尿病患病最主要的环境因素。④婴儿期低体重。

（二）继发性糖尿病

继发性糖尿病是指胰岛素分泌功能不足的原因明确的糖尿病，常见于炎症、肿瘤、手术或其他原因使胰岛 B 细胞受损时，也可见于某些内分泌疾病（如 Cushing 综合征等）。

二、病理变化

（一）胰岛病变

1型糖尿病早期为非特异性胰岛炎，继而出现胰岛B细胞颗粒脱失、变性、坏死消失，胰岛变小、细胞数目减少，纤维结缔组织增生、玻璃样变性。2型糖尿病早期无明显病变，晚期B细胞也可减少，常见淀粉样物质沉积（图15-6）。

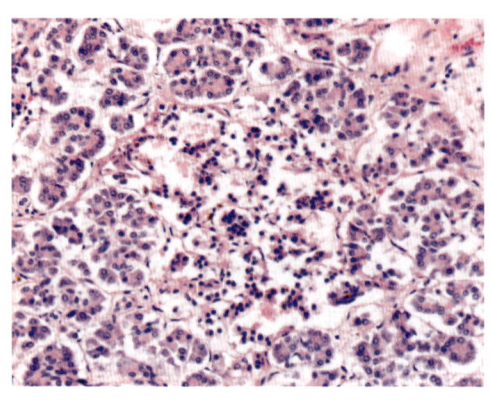

图15-6 糖尿病的胰腺

切片中央的胰岛体积变小，胰岛细胞减少，胰岛内少量淋巴细胞浸润，间质内可见淀粉样物质沉积

（二）血管病变

毛细血管和细、小动脉内皮细胞增生，基底膜明显增厚，血管壁增厚、玻璃样变性；部分血管壁发生纤维素样坏死，血管壁通透性增加；也可出现血栓形成，导致血液供应障碍。大、中动脉有动脉粥样硬化或中膜钙化，动脉粥样硬化进展快、病变程度重。

（三）肾病变

糖尿病时，肾的主要病变为：①肾小球缺血、纤维化和玻璃样变性，发生结节性或弥漫性肾小球硬化；②肾小管上皮细胞水肿，晚期萎缩；③肾间质水肿、纤维化和慢性炎细胞浸润，入球和出球小动脉硬化；④缺血并继发肾盂肾炎，引起肾乳头坏死。

（四）视网膜疾病

早期出现微小动脉瘤和视网膜小静脉扩张，继而出现水肿和微血栓形成，甚至出血等。因慢性缺氧的刺激，出现纤维结缔组织增生和新生血管形成等增生性病变。

（五）神经系统病变

以周围神经病变为主，脑细胞也可发生广泛变性。

三、临床病理联系

临床上主要表现为多食、多饮、多尿和消瘦。在胰岛素严重缺乏时，机体常出现脂肪分解亢进，大量酮体产生，引起酮血症与酮尿症，严重者出现酮症酸中毒，甚至出现糖尿病性昏迷。晚期常因严重的血管病变引起缺血性心脏病、脑血管意外、肾功能障碍等。

> **知识链接**
>
> 糖尿病患者多食、多饮、多尿和消瘦的原因如下：多饮是血中晶体渗透压过高，刺激下丘脑口渴中枢的结果；多食是血糖过高刺激胰岛素分泌，使患者产生饥饿感和食欲亢进的结果；多尿是由于血中葡萄糖浓度过高，经肾小球滤过的原尿中葡萄糖过多，超过了肾小管对葡萄糖的重吸收能力，从而出现渗透性利尿作用的结果；消瘦是由于糖代谢障碍，机体出现负氮平衡和脂肪分解亢进，机体出现消瘦。

案例分析

男性，65岁，主因多食、多饮、多尿、体重缓慢下降10年，进行性意识障碍5小时入院。既往有高血压病史14年，高血脂病史8年。

查体：体温36.5℃，脉搏105次/分，呼吸33次/分，血压80/50mmHg。意识模糊，皮肤干燥，眼窝深陷，呼吸深大，呼出气中有烂苹果味。化验：血糖27.3mmol/L，血pH为7.22，尿糖（+++），尿酮体（+）。

问题与思考：
1. 你认为患者所患何病？诊断依据是什么？
2. 患者的心脏和肾可能有哪些病变？

（周晓红）

思考题

1. 比较弥漫性非毒性甲状腺肿与弥漫性毒性甲状腺肿的异同。
2. 比较1型糖尿病和2型糖尿病的异同。

第十六章

传染病与寄生虫病

学习目标

1. 掌握 结核病、伤寒、细菌性痢疾、流行性脑脊髓膜炎、流行性乙型脑炎、尖锐湿疣、梅毒、获得性免疫缺陷综合征、血吸虫病的相关概念和基本病理变化。
2. 熟悉 结核病、伤寒、细菌性痢疾、流行性脑脊髓膜炎、流行性乙型脑炎、尖锐湿疣、梅毒、血吸虫病的病因和发病机制。
3. 了解 获得性免疫缺陷综合征的发病机制。

第一节 结核病

结核病（tuberculosis）是由结核分枝杆菌感染引起的慢性传染病，全身各器官均可发生，但以肺结核最多见。

一、病因和发病机制

结核分枝杆菌分人型、牛型、鼠型和鸟型，人结核病主要由前两型引起。结核杆菌含有3种成分：①脂质，与细菌毒力有关，特别是糖脂中的索状因子、腊质D，前者破坏线粒体膜、抑制白细胞游走、与肉芽肿形成有关，后者能引起强烈的变态反应；②蛋白质，具有抗原性，与脂质结合后能激发机体变态反应，引起组织坏死和全身中毒症状，并在结核结节形成中发挥作用；③多糖类，可引起局部炎症细胞浸润，并可作为半抗原参与免疫反应。

结核病主要经呼吸道传染，少数患者可因食入带菌食物经消化道感染，经皮肤伤口感染者极少见。结核病患者和带菌者是传染源。

机体受到结核分枝杆菌刺激后，T细胞被致敏。机体再次接触结核分枝杆菌时，致敏的淋巴细胞很快分裂、增殖，并释放各种淋巴因子，吸引巨噬细胞向结核分枝杆菌处移动并聚集，并且活化巨噬细胞，使其水解、消化和杀灭吞入的细菌。此外，激活后的T细胞还可释放结核分枝杆菌生长抑制因子，抑制结核分枝杆菌的繁殖。结核结节就是上述反应的形态表现。结核分枝杆菌所致的变态反应，属Ⅳ型变态反应，结核分枝杆菌素实验就是这种反应的表现。免疫反应和变态反应在结核病的发病学上起着主要作用，两者常同时发生并相伴出现。

二、基本病理变化

结核病是一种特殊类型的炎症，具备炎症的基本病变特点，即变质、渗出和增生。三种病变常同时存在，但以其中一种病变为主，并可以在一定条件下相互转化。其发生和发展取决于感染的菌量及其毒力大小、机体的免疫力和变态反应。结核病也有其相对特异表现，即结核结节和干酪样坏死，是病理诊断结核的相对特征性病变。

1. 渗出为主的病变　在结核性炎症的早期或机体抵抗力低下，细菌数量大，毒力强，或变态反应较强时，结核病变以渗出为主，表现为浆液或浆液纤维素性炎。好发于肺、浆膜、关节滑膜和脑膜等处。

2. 增生为主的病变　在菌量较少、毒力较低或人体免疫力较强时，结核病变以增生为主，形成大量结核结节。单个结节肉眼不易观察，三四个融合的结节才能看到，其境界分明，粟粒大小，灰白色或浅黄色。镜下，典型结核结节中央常见干酪样坏死，周围分布放射状排列的类上皮细胞和一些朗汉斯巨细胞，最外周是纤维母细胞和淋巴细胞。

3. 坏死为主的病变　在结核分枝杆菌数量大，毒力强，机体抵抗力低或变态反应强烈的情况下，病变组织发生干酪样坏死。

三、结核病基本病变的转化规律

（一）转向愈复

1. 吸收消散　渗出物经淋巴管、血管重吸收，是较小的渗出性病变愈复的主要方式。
2. 纤维化、纤维包裹及钙化　较小的干酪样坏死灶及未被吸收的渗出物可以通过机化反应导致纤维化和瘢痕形成。较大的干酪样坏死灶则发生纤维包裹，中心部分可钙化。钙化灶内仍残存结核分枝杆菌，日后可能复发为活动性病变。

（二）转向恶化

1. 病灶扩大　病灶恶化进展时，周围出现渗出性病变，进而形成干酪样坏死，病变逐渐扩大。
2. 溶解播散　干酪样坏死物在蛋白酶作用下溶解液化，液化物中的结核杆菌可经支气管、淋巴道、血道播散。

四、肺结核病

结核分枝杆菌大多通过呼吸道感染，故肺结核病最为常见。机体初次感染与再次感染结核分枝杆菌时的反应性不同，故病变特点有所不同，可分为原发性和继发性肺结核病两大类。

（一）原发性肺结核病

原发性肺结核病（primary pulmonary tuberculosis）是机体初次感染结核杆菌时发生的肺结核病。多见于儿童，也称儿童型肺结核病。

1. 病变特点　原发病灶通常只有一个，直径约1cm。位于通气较好的肺上叶的下部或下叶的上部靠近肺膜处，以右肺多见，是肺部最先接触结核分枝杆菌的部位。开始为渗出性病变，继而中央发生干酪样坏死，周围形成结核结节。因机体尚未建立对结核分枝杆菌的免疫力，细菌很快侵入淋巴管而到达肺门淋巴结，引起肺门淋巴结肿大和干酪样坏死。肺的原发病灶、淋巴管炎和肺门淋巴结结核三者合称为原发综合征（图16-1）。

2. 发展和结局

（1）自然痊愈：绝大多数原发性肺结核症状轻微而短暂，随机体免疫力逐渐增强，通过完全吸收、纤维化、包裹或钙化等方式愈合。

（2）病变恶化：少数病例因机体抵抗力低下，病变恶化进展，肺内及肺门淋巴结病变继续扩大。并通过以下途径播散：①支气管播散，引起邻近或远隔肺组织多发性小叶性干酪样肺炎；②淋巴道播散，累及多数肺门淋巴结及纵隔淋巴结，还可进一步累及肠系膜、颈部淋巴结；③血行播散，细菌入血随血流播散，引起血源性结核病，如全身粟粒性结核病、肺粟粒性结核病、肺外器官结核病等。

（二）继发性肺结核病

继发性肺结核病（secondary pulmonary tuberculosis）是机体再次感染结核分枝杆菌后发生的肺结核病。多见于成年人，又称成年人型肺结核。其感染源有

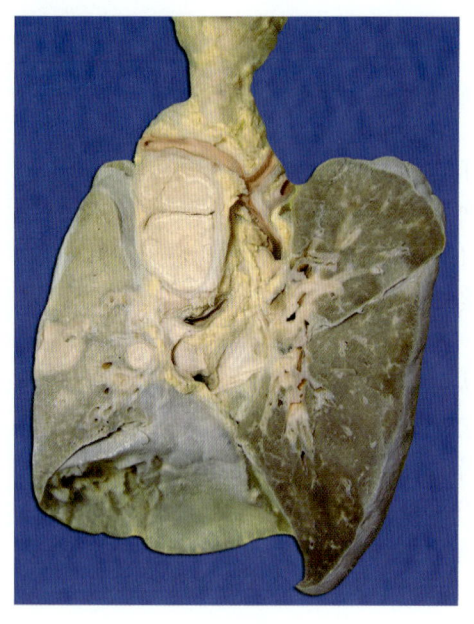

图 16-1　肺结核原发综合征

两种：一是外源性再感染；另一是内源性再感染，即体内原有结核病灶中结核分枝杆菌的再燃。研究表明，内源性再感染的可能性更大，因此预防和彻底治疗原发性肺结核病具有重要意义。

1. 病变特点　由于机体对结核分枝杆菌已有一定免疫力和过敏性，所以其病变与原发性肺结核相比，有以下不同：

（1）病变多起始于肺尖部，以右肺多见。原因是此处局部血液循环较差、通气不畅，局部组织抵抗力较低，结核分枝杆菌易在此处繁殖而致病。

（2）由于变态反应，病变发生迅速且剧烈，易发生干酪样坏死；同时由于免疫反应使病变局限化，肺门淋巴结一般无明显病变，全身粟粒性结核也极少见。病变在肺内主要通过受累的支气管播散。

（3）病程较长，病情随着机体免疫力和变态反应的消长呈波浪式起伏，病变轻重及新旧不一，复杂多样，上重下轻。

2. 病变的类型　继发性肺结核病的病变和临床经过比较复杂，分为以下几种主要类型：

（1）局灶型肺结核：属无活动性肺结核。多位于右肺尖，一个或多个病灶，约 0.5～1cm 大小，多数以增生性病变为主，常有钙化，周围有纤维包裹。X 线显示肺尖部有单个或多个结节状病灶影，界限清楚。

（2）浸润型肺结核：属活动性肺结核，大多是局灶型肺结核发展的结果。病变中央有较小的干酪样坏死灶，周围有明显慢性炎。X 线检查，可见边缘模糊的云雾状阴影。若治疗及时，可通过纤维化、包裹和钙化而痊愈。若治疗不及时，干酪样坏死灶扩大可侵蚀邻近的支气管，液化的坏死物通过支气管排出，形成急性空洞。空洞壁薄且参差不齐，内壁附有干酪样坏死物。

（3）慢性纤维空洞型肺结核：属开放性肺结核，多在急性空洞的基础上发展而来。肺内有一个或多个厚壁慢性空洞形成。病变新旧不一。洞壁分三层：内层为干酪样坏死物质，其中有大量结核分枝杆菌；中层为结核性肉芽组织；外层为增生的纤维组织。临床上，病程常

历时多年，时好时坏。较小空洞通过瘢痕愈合，较大空洞经治疗后，洞壁坏死物质脱落净化，洞壁结核性肉芽组织逐渐转变为纤维瘢痕组织，与空洞邻接的支气管上皮增生并向空洞内延伸，覆盖于空洞内面，虽然空洞仍然存在，但已属愈合。这种愈合方式称开放性愈合。

（4）干酪样肺炎：发生在机体免疫力低而变态反应较强时，由浸润型肺结核或急性、慢性空洞内的细菌经支气管播散而致。根据病变范围分为小叶性和大叶性干酪样肺炎。肉眼观，肺叶肿大变实、切面呈黄色干酪样、坏死物质液化排出后可有急性空洞形成。X线检查可见不均匀的致密阴影。患者有严重中毒症状。如未及时治疗，可迅速死亡。此型已很少见。

（5）结核球：又称结核瘤（tuberculoma），是孤立的、有纤维组织包裹、境界分明的球型干酪样坏死灶，直径2～5cm。病变相对静止，临床上多无症状，多采取手术切除。

（6）结核性胸膜炎：在原发性和继发性肺结核病各个时期均可发生，分为渗出性和增生性两种。①渗出性结核性胸膜炎：较为多见，患者多为较大的儿童或青年，病变主要表现为浆液纤维素性炎，如经积极治疗，一般在1～2个月后完全吸收而痊愈，如渗出物中纤维素较多，可发生机化而致胸膜增厚和胸腔粘连。②增生性结核性胸膜炎：是由肺膜下结核病灶直接蔓延至胸膜所至，常发生于肺尖部，多为局限性，病变以增生性改变为主，很少有胸腔积液，一般通过纤维化而痊愈，并常使局部胸膜增厚和发生粘连。

五、肺外器官结核病

淋巴结结核是由淋巴道播散所至；消化道结核可由咽下的食物或痰液直接感染；皮肤结核可通过皮肤伤口直接感染；其他肺外器官的结核病，多是原发性肺结核病经血源播散形成的潜伏病灶在机体抵抗力下降时发展的结果。

（一）肠结核病

肠结核病多继发于活动性空洞型肺结核，患者年龄多为21～40岁。少数患者为儿童，因饮用带结核分枝杆菌的牛奶而引起原发性综合征（肠壁原发性结核性溃疡、结核性淋巴管炎及肠系膜淋巴结炎）。以回盲部好发，与该部位淋巴组织丰富、食物停留时间长、易发生机械损伤有关。

依病变特点的不同分为两型：①溃疡型，特点为发生干酪样坏死，坏死物破溃后形成溃疡。由于肠壁淋巴管呈环形，因此溃疡多呈环状并与肠长轴垂直。溃疡愈合后常因瘢痕形成引起肠腔狭窄。②增生型，特点为肠壁内有大量结核性肉芽组织形成和纤维组织显著增生，使肠壁高度肥厚变硬，肠腔狭窄。右下腹常可扪及包块，易误诊为结肠癌。

（二）结核性腹膜炎

大多继发于肠结核、肠系膜淋巴结结核或输卵管结核。分为湿性和干性：①湿性，除腹膜大量结核结节外，腹腔可见大量黄色混浊或血性腹水；②干性：腹膜上可见大量结核结节和纤维素性渗出物，机化后引起腹腔器官广泛粘连。

（三）结核性脑膜炎

以小儿多见，主要由于结核分枝杆菌血行播散所致。常为全身粟粒性结核病的一部分。由于颅内压增高，可有头痛、喷射状呕吐，甚至惊厥、昏迷。肉眼观察，脑膜充血，病变主要为渗出性，以脑底最重，该处蛛网膜下腔内有多量灰黄色混浊胶样渗出物积聚，偶见粟粒大小的灰白色结核结节。镜下可见蛛网膜下腔内炎性渗出物主要由浆液、纤维素、巨噬细胞、淋巴细胞组成。常见干酪样坏死，偶见典型结核结节形成。脑脊液压力增高，混浊，细胞数量增多，以淋巴细胞为主，糖和氯化物含量下降，可查到结核分枝杆菌。

（四）肾结核病

患者多为20～40岁，男性多于女性。多为单侧。病变始于皮髓质交界处或肾乳头，初为局灶性病变，病灶继续扩大并发生干酪样坏死，坏死物沿尿路排出，形成空洞。结核分枝杆菌随尿液下行，可累及输尿管和膀胱。结核菌也可逆行感染对侧肾。

（五）生殖系统结核病

男性多由尿道感染所致，以附睾结核多见。女性多由血道或淋巴道播散所致，以输卵管结核多见。均可引起继发性不孕症。

（六）骨与关节结核病

多由血源播散所致，常见于儿童和青少年。

骨结核以脊椎结核最常见。多侵犯第10胸椎至第2腰椎，病变起于椎体，常发生干酪样坏死，破坏椎间盘和邻近椎体。液化的干酪样坏死物可沿筋膜间隙向下流注至远离病变部位（腰大肌鞘膜下、腹股沟韧带下及大腿部），形成寒性脓肿（冷脓肿）。

关节结核多继发于骨结核，病变通常开始于骨骺或干骺端，发生干酪样坏死。当病变发展侵入关节软骨和滑膜时则成为关节结核。关节滑膜内有结核性肉芽组织形成，关节腔内有浆液纤维素性渗出物，关节附近的软组织呈水肿和慢性炎症，关节明显肿胀。可造成关节强直，失去运动功能。

（七）淋巴结结核病

以颈部淋巴结结核多见。淋巴结肿大粘连。病变可穿破皮肤，形成经久不愈的窦道。

知识链接

抗酸杆菌属于分枝杆菌属，可分为结核分枝杆菌、非结核分枝杆菌和麻风分枝杆菌三大类型。该类细菌的细胞壁脂质含量较高，特别是有大量分枝菌酸包围在肽聚糖层的外面，可影响染料的穿入。当以5%苯酚品红加温染色后可以着色，并且能够抵抗酸性乙醇的脱色作用，可以被染成红色，故称抗酸杆菌。

病例分析 16-1

女性，55岁，患系统性红斑狼疮1年，小剂量糖皮质激素规律治疗。胸背部疼痛1个月。查体：脊柱胸段棘突间轻度叩击痛，四肢活动正常。自发病以来食欲、睡眠可。体温37.5℃。CT显示：胸12椎体骨质破坏，压缩性骨折。遂行胸12椎体穿刺检查。椎体穿刺组织在显微镜下可见干酪样坏死性肉芽肿。

问题与思考：
1. 胸12椎体的病理诊断是什么？
2. 患者系统性红斑狼疮和椎体病变之间有什么关系？

第二节 伤 寒

伤寒（typhoid fever）是伤寒沙门菌引起的一种急性传染病。病原体主要侵犯单核巨噬细胞系统，使巨噬细胞反应性增生，尤以回肠淋巴组织的改变最明显。临床症状有高热、缓脉、玫瑰疹、脾大和白细胞减少等。患者痊愈后可获得对本病的持久免疫。

一、病因和发病机制

致病菌是伤寒沙门菌。菌体（O）抗原、鞭毛（H）抗原和表面（Vi）抗原，使人体产生相应抗体。血清凝集试验（肥达反应）就是通过测定 O 和 H 抗体的效价来辅助诊断。伤寒患者和带菌者是传染源。经粪 - 口途径传播。

进食含有伤寒沙门菌的食物或水后，如菌量较少可被胃液杀死，菌量多时部分细菌可到达小肠并侵入肠壁淋巴组织，被单核巨噬细胞吞噬并在其中繁殖。沿淋巴管扩散到肠系膜淋巴结，之后经胸导管入血，从而引起全身各脏器单核吞噬细胞增生。

二、病理变化和临床病理联系

基本病变为全身单核巨噬细胞系统的增生性炎症。增生的巨噬细胞胞质丰富、染色较浅、核圆，胞质内可见被吞噬的红细胞、淋巴细胞、细胞碎屑及伤寒沙门菌等，称为伤寒细胞。这些细胞常聚集成堆，称为伤寒肉芽肿或伤寒小结（图 16-2）。

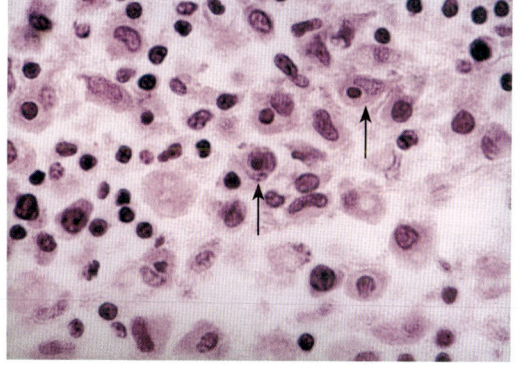

图 16-2　伤寒肉芽肿

（一）肠道病变

以回肠下段集合淋巴结和孤立淋巴小结的改变最明显。可分为 4 期，每期病程约 1 周。

1. 髓样肿胀期　患病第 1 周，集合淋巴结和孤立淋巴小结增生肿胀，凸出黏膜表面，呈灰白色，质软，外形呈脑回状。镜下在淋巴组织中可见大量伤寒细胞。

2. 坏死期　第 2 周，增生的淋巴组织及其表面的肠黏膜坏死，坏死部分凹陷，周围的淋巴组织略高凸，故呈脐状。

3. 溃疡期　第 3 周，坏死组织逐渐脱落形成溃疡。溃疡形状与孤立淋巴小结和集合淋巴结一致，长轴与肠的长轴平行。溃疡一般深及黏膜下层，严重者可达浆膜，甚至引起穿孔。

4. 愈合期　第 4 周，溃疡底部长出肉芽组织，逐渐将溃疡填平，表面的黏膜再生而使溃疡完全愈合。

（二）其他单核巨噬细胞系统的病变

肠系膜淋巴结、脾、肝内巨噬细胞增生，并有伤寒肉芽肿和灶性坏死形成，导致淋巴结肿大、脾大、肝大。骨髓亦有伤寒肉芽肿及灶性坏死。外周血中性粒细胞减少可能是骨髓中巨噬细胞的挤压作用及受细菌毒素的抑制所致。

（三）其他器官的病变

1. 心肌和肾　都可发生细胞肿胀。由于细菌毒素对心肌的影响或使迷走神经兴奋性增高，引起重脉、缓脉。

2. 皮肤和肌肉　表皮下毛细血管内的细菌栓塞可形成玫瑰疹。腹直肌及大腿内收肌可发生凝固性坏死，临床上出现肌痛及皮肤感觉过敏。

3. 胆囊　伤寒杆菌由血道侵入胆囊，即在胆汁中繁殖，并不断排入肠中。伤寒患者在临床上虽已痊愈，但细菌在胆道中尚可继续生存，故在一定时期内成为带菌者，为本病的重要传染源。

（四）并发症及结局

肠伤寒的常见并发症是肠出血、肠穿孔以及支气管肺炎。

在无并发症的情况下，伤寒一般经过 4～5 周痊愈，病后可获得较强的免疫力。自从使用抗生素治疗以后，病程显著缩短，临床症状也大为减轻，但复发率也有一定增加。

> **知识链接**
>
> 　　单核-巨噬细胞系统：单核细胞和巨噬细胞的起源相同，但存在部位不同，两者共同构成单核-巨噬细胞系统。两者均起源于骨髓干细胞，在骨髓中发育为单核细胞后释放入血，随血流到达全身各种组织，进入组织中即转变成巨噬细胞，如肝中的肝巨噬细胞，结缔组织中的组织细胞，脾和淋巴结中的巨噬细胞等。血液中的单核细胞进入组织转变为巨噬细胞后，一般不再返回血液循环。巨噬细胞在组织中虽有增殖潜能，但很少分裂，主要通过血液中的单核细胞补充。

> **病例分析 16-2**
>
> 　　女性，50岁，突发右下腹剧烈疼痛、恶心呕吐1天。10余天前开始持续发热，体温最高达40.5℃，伴右下腹疼痛、轻度腹泻及食欲减退。入院查体：体温40℃，脉搏70次/分，呼吸20次/分，血压90/50mmHg。肝、脾轻度大。腹部明显压痛及肌紧张，以右下腹及脐周为著。血液检查：WBC 10×10^9/L。血清肥达反应阳性。以肠穿孔继发急性腹膜炎行急诊手术。术中发现腹腔内淡黄色浑浊腹水500ml。回肠末端可见直径约0.5cm肠穿孔，切除穿孔周围部分回肠。
>
> 　　思考与问题：
>
> 　　请分析患者回肠穿孔的原因可能是什么？可能会有哪些组织学表现？

第三节　细菌性痢疾

细菌性痢疾（bacillary dysentery）是志贺菌属引起的常见肠道传染病。全年均可发生，但以夏秋季多见。儿童发病率一般较高。

一、病因和发病机制

致病菌是志贺菌属。患者和带菌者是传染源。经粪-口途径传播。志贺菌属对结肠黏膜上皮细胞有高度亲和力和侵袭力，细菌产生的内毒素使上皮细胞溶解破坏。

二、病理变化和临床病理联系

细菌性痢疾的病理变化主要在结肠末端，尤以乙状结肠和直肠为重。主要病理改变是结肠黏膜的纤维素性炎症。根据肠道炎症特征、全身变化和临床经过的不同，可分为以下3种：

1. 急性细菌性痢疾　初期呈急性卡他性炎。进一步发展为本病特征性的假膜性炎，表现为黏膜坏死，大量纤维素渗出，纤维素与坏死组织、中性粒细胞、红细胞和细菌混合在一起形成假膜。假膜脱落后形成浅表性溃疡。临床上，患者出现发热、头痛、乏力、食欲减退等全身症状和白细胞增高、阵发性腹痛、腹泻、里急后重和排便次数频繁、黏液脓血便等症状。急性细菌性痢疾的自然病程为1~2周，在适当治疗下大多痊愈，少数转为慢性。

2. 中毒性细菌性痢疾　起病急骤。肠道局部病变和症状常不明显，但有严重的全身中毒症状，多见于2~7岁儿童。

3. 慢性细菌性痢疾　病程超过2个月，肠道病变此起彼伏，新旧陈杂。

知识链接

"里急后重"是医学术语，属于直肠刺激症状。"里急"是指肠痉挛既疼痛又想大便，"后重"是指大便刺激肛门时产生的便意。患者自诉下坠感，想便时又无便感或大便很少，只是少量水样便或极少量伴有脓血样的大便，但是患者一直有便意。里急后重是痢疾非常典型的一个症状，但溃疡性结肠炎等累及直肠的病变也可有里急后重感。

第四节　流行性脑脊髓膜炎

流行性脑脊髓膜炎（epidemic cerebrospinal meningitis）（简称"流脑"）是脑膜炎奈瑟菌感染引起的急性传染病。患者以小儿多见。多为散发性，可在冬春季流行。

一、病因和发病机制

致病菌主要是脑膜炎奈瑟菌，患者及带菌者是传染源，借飞沫经呼吸道传播。细菌进入上呼吸道后，大多数只引起局部炎症，成为带菌者。少数抵抗力低下的机体，细菌从上呼吸道黏膜侵入血流，并在血液中繁殖，定位于脑脊膜引起炎症。

二、病理变化

病理特点是软脑膜和蛛网膜的化脓性炎症。脑膜血管高度扩张充盈，软脑膜和蛛网膜之间的蛛网膜下腔充满灰黄色脓性渗出物，使脑的沟回结构不清。病变弥漫累及蛛网膜下腔，但以大脑顶部最重。镜下可见大量的中性粒细胞、纤维素及单核细胞。脑脊液穿刺可见大量脓细胞。

三、临床病理联系

由于蛛网膜下腔充血、脓性渗出物堆积、脑水肿、脑脊液吸收障碍等因素，引起头痛、喷射状呕吐、小儿前囟饱满等颅内压增高的症状。由于脑脊膜炎症，临床上出现颈强直、角弓反张、Kernig 征（屈髋伸膝）阳性等脑膜刺激症状。脑脊液压力增高，含大量脓细胞，蛋白质增多，糖减少，涂片及培养检查可查到病原体。基底部脑膜炎症常累及Ⅲ、Ⅳ、Ⅴ、Ⅵ、Ⅶ对脑神经，可出现相应的神经麻痹征。

由于抗生素的应用，大多数患者经及时治疗可痊愈。如治疗不当，可发生脑积水、脑神经麻痹、脑缺血和脑梗死等并发症。

> **知识链接**
>
> 脑膜和蛛网膜下腔：颅骨与脑脊髓之间有3层膜，由外向内依次为硬脑膜、蛛网膜和软脑膜，三层合称脑膜。软脑膜紧贴在大脑和脊髓表面，蛛网膜和软脑膜之间的腔隙名叫蛛网膜下腔，内含脑脊液。蛛网膜下腔在腰部最大，因此蛛网膜下腔穿刺抽取脑脊液时，一般选在第3~4或第4~5腰椎间进行，此处不容易伤及脊髓。穿刺针依次穿过如下各层结构：皮肤-皮下-棘上韧带-棘间韧带-黄韧带-硬膜外腔-硬脊膜-蛛网膜-蛛网膜下腔。

第五节 流行性乙型脑炎

流行性乙型脑炎（epidemic encephalitis B）是乙型脑炎病毒感染引起的急性传染病。

一、病因和发病机制

乙型脑炎病毒是 RNA 病毒，具有嗜神经性。由蚊虫传播，患者及带病毒者是传染源。猪、牛、马等家畜有很高的隐性感染率，也是本病的重要传染源。机体被携带病毒的蚊虫叮咬后，引起短暂的病毒血症。在免疫力正常时，病毒不能穿过血-脑屏障，成为隐性感染。抵抗力低下时，病毒可穿过血-脑屏障进入中枢神经系统，引起病变。

二、病理变化

神经细胞变性坏死是乙型脑炎的主要病理特点。病变广泛累及中枢神经系统灰质，但以大脑皮质及基底节、视丘最显著，小脑皮质、延髓、脑桥次之，脊髓病变最轻。

肉眼检查可见脑膜充血，脑水肿明显，脑回宽、脑沟狭。组织学检查，可见如下病变：①神经细胞变性、坏死，表现为尼氏小体消失、胞质内空泡形成、细胞核固缩及偏位、细胞核溶解消失；②软化灶形成，软化灶处的神经细胞、轴索、胶质细胞均坏死液化；③胶质细胞增生，可弥散性增生，也可聚集成团而形成胶质小结；④小血管扩张，周围出现多量淋巴细胞呈"套袖状浸润"。

三、临床病理联系

患者可出现头痛、嗜睡、昏迷等中枢神经受损的症状，严重时出现反复抽搐。由于脑水肿，患者出现头痛、呕吐等颅内压增高症状。严重的颅内压增高可引起脑疝，其中小脑扁桃体疝可压迫呼吸循环中枢而致死。脑脊液呈无色透明，压力轻度升高，白细胞计数增高，早期以中性粒细胞为主，后期以单核细胞为主。

本病病死率在10%左右。轻型和普通型患者，变性坏死的神经细胞数量少，患者大多数恢复。重型患者死亡率较高，恢复后常出现痴呆、语言障碍、肢体瘫痪及脑神经麻痹等。

> **知识链接**
>
> 颅腔被大脑镰和小脑幕分割成压力均匀、彼此相通的各分腔。小脑幕以上称幕上腔，又被大脑镰分隔成左右两部分，容纳左右大脑半球；小脑幕以下称为幕下腔，容纳小脑、脑桥和延脑。某些原因使某一分腔压力增高时，脑组织即可在压力的作用下通过解剖间隙或孔道向低压区移位，从而产生脑疝。疝出的脑组织压迫临近的神经、血管等组织结构，引起相应组织缺血、缺氧，造成组织损伤功能受损。按照脑疝部位分为如下三类：①小脑幕切迹疝；②枕骨大孔疝；③大脑镰下疝又称扣带回疝。

第六节　常见性传播疾病

一、尖锐湿疣

尖锐湿疣（condyloma acuminatum）由低危型人乳头瘤病毒（HPV）感染引起，主要是HPV 6型和11型。主要通过性接触传播，新生儿也可通过产道受感染。潜伏期数周到数月不等，平均为3个月。

女性患者好发于皮肤与黏膜交界处的鳞状上皮，外阴、肛周、阴道和子宫颈黏膜均可受累。男性患者好发于包皮系带、冠状沟、尿道、阴茎、肛门周围和阴囊。也可发生在口腔和咽喉部。

多数患者无症状。初期在病变部位可见多个小而尖的赘生物，逐渐长大或增多。可扩大呈斑片状，甚至融合呈菜花状。镜下，被感染的鳞状上皮呈乳头状或疣状增生，表面角化过度及角化不全，棘细胞层增生，表皮中上层可见挖空细胞。挖空细胞核大、深染、扭曲呈葡萄干状，核周可见空晕，是核周细胞骨架被溶解所致。免疫组织化学染色显示HPV抗原阳性。多数患者经治疗可以消退。

二、梅毒

梅毒（syphilis）是苍白密螺旋体（梅毒螺旋体）感染引起的慢性传染病。梅毒患者是传染源。95%经性接触传播，少数可经输血、接吻、胎盘（先天性梅毒）等方式传播。

梅毒螺旋体从皮肤或黏膜破损处侵入机体，之后进入血循环播散全身，激发免疫反应和变态反应。体液免疫使者在感染6周后血清中出现特异性抗体，有血清学诊断价值。细胞介导的迟发性变态反应导致树胶肿形成。

梅毒的两大基本病变是血管炎病变（灶性闭塞性动脉内膜炎及血管周围炎）和树胶肿。在受累血管周围可见单核细胞、淋巴细胞和浆细胞浸润，大量浆细胞的出现是本病的特征之一。树胶肿（gumma）是类似结核的肉芽肿，该肉芽肿质韧而有弹性，质地如树胶，因而得名。其镜下结构颇似结核结节，中央为坏死，但坏死不彻底，弹力纤维染色尚可见到组织内原有的血管壁轮廓。坏死周围的肉芽组织中富有淋巴细胞和浆细胞，且必有小动脉的动脉内膜炎和血管周围炎，上皮样细胞和朗汉斯巨细胞则较少。树胶肿可被吸收、纤维化，最后使器官变形。

三、获得性免疫缺陷综合征

获得性免疫缺陷综合征（acquired immunodeficiency syndrome，AIDS）简称艾滋病，由人类免疫缺陷病毒（human immunodeficiency virus，HIV）感染引起。HIV选择性地破坏Th细胞，导致T细胞免疫功能缺陷，患者出现机会感染和继发性肿瘤。本病具有传播迅速、发病缓慢、病死率高的特点，预后差，预防是至关重要的。

（一）病因及发病机制

艾滋病患者和HIV携带者是传染源，HIV存在于患者及携带者的淋巴细胞和体液中，可经性接触、血液、母婴等途径在人群中传播。

HIV是一种RNA逆转录病毒，主要的外膜蛋白是gp120和gp41。病毒通过gp120与Th细胞表面的CD4蛋白结合感染Th细胞，在细胞内转录出完整的病毒颗粒。大量病毒颗粒的产生，使被感染的Th细胞溶解死亡。Th细胞减少，进一步引起巨噬细胞、B淋巴细胞、Ts细胞的功能减弱，最终导致细胞免疫反应和体液免疫反应全部受损，发生各种机会性感染和肿瘤。

急性期发生在感染后2～6周，出现类似感冒的症状。潜伏期可持续2～10年，仅出现抗HIV抗体阳性，而无临床症状。艾滋病前期，患者出现全身淋巴结肿大、发烧、体重下降，Th细胞数下降，Th/Ts比例倒置。艾滋病全盛期，Th细胞严重缺陷，出现致命的机会性感染，发生各种恶性肿瘤。

（二）病理改变

1. 淋巴结的变化 在病变早期，淋巴滤泡明显增生，髓质出现较多浆细胞，淋巴结肿大；在病变中期，滤泡外套层淋巴细胞减少或消失，副皮质区淋巴细胞逐渐减少，浆细胞增多；到了晚期，淋巴结一片荒芜，淋巴细胞消失殆尽，仅见巨噬细胞和浆细胞残留，不见淋巴滤泡。

2. 机会性感染 多发性机会性感染是本病的重要致死原因，具有感染范围广，累及器官多的特点。包括各种病毒（EB病毒、巨细胞病毒、疱疹病毒、乳头瘤病毒等）、细菌（结核杆菌、鸟型分枝杆菌、志贺菌属、沙门菌属等）、真菌（新型隐球菌、曲菌、毛霉菌、卡氏肺囊虫等）、寄生虫（弓形虫、隐孢子虫等）。呼吸系统、消化系统、中枢神经系统、内分泌系统、泌尿生殖系统、淋巴造血系统的大多数器官均可受累。约有50%的病例有卡氏肺囊虫感染，对本病的诊断有一定参考价值。约有70%的病例有中枢神经系统受累。

3. 肿瘤 卡波西肉瘤（Kaposi）、恶性淋巴瘤等恶性肿瘤是艾滋病患者发生的常见肿瘤。约30%的病例可发生卡波西肉瘤，该肿瘤起源于血管内皮，广泛累及皮肤、黏膜和内脏。肉眼观察，肿瘤呈暗蓝或紫红色的斑块。镜下显示成片的梭形细胞，具有明显异型性，其间可见毛细血管间隙。

> **知识链接**
>
> 　　机会性感染：是指一些致病力较弱的病原体，寄生在免疫功能正常的机体时不致病，但在免疫力下降的机体可致严重感染。随着器官移植、免疫抑制剂治疗、细胞毒药物治疗、放射治疗和抗生素等治疗的普遍应用，以及一些创伤性的新医疗技术的开展，机会性感染日益增多。

> **病例分析 16-3**
>
> 　　男性，51岁，肺炎反复发作。半月前因肺炎再次发作入院。查体：全身衰竭，显著消瘦。四肢可见多处注射痕迹。外周血T淋巴细胞显著减少。血清抗HIV-1抗体阳性。因呼吸衰竭不治死亡。尸体解剖双肺弥漫分布斑片状灰白色明显实变区，肺泡腔内大量纤维素和少量中性粒细胞渗出，并见大量真菌菌丝和团块。
> 　　问题与思考：
> 　　请分析导致患者死亡的直接原因是什么？为什么患者有反复发作的肺炎？

第七节　血吸虫病

血吸虫病（schistosomiasis）是血吸虫寄生于人体引起的地方性寄生虫病。在我国只有日本血吸虫病流行。

一、病因及传播途径

血吸虫卵自患者粪便排入水中，卵内毛蚴孵化而出，钻入钉螺体内发育为尾蚴。尾蚴穿透皮肤侵入人体，发育成童虫，经静脉或淋巴管入血，在肠系膜下静脉内发育为成虫（图16-3）。一条成熟成虫日产卵达 1000～3000 个，虫卵经肠黏膜进入肠腔，随粪便排出，重演其生活周期。

二、病理变化

尾蚴、童虫及成虫、虫卵均可引起病变，但以虫卵引起的病变最严重，危害也最大。

1. **尾蚴及童虫引起的病变**　尾蚴侵入皮肤后，皮肤表面出现红色小丘疹、奇痒。镜下见真皮毛细血管扩张充血、出血及水肿，周围有中性粒细胞、嗜酸性粒细胞和单核细胞浸润。在肺部可见点状出血及白细胞浸润，并有血管炎改变。

2. **成虫引起的病变**　成虫代谢产物可使机体发生贫血、嗜酸性粒细胞增多、脾大、静

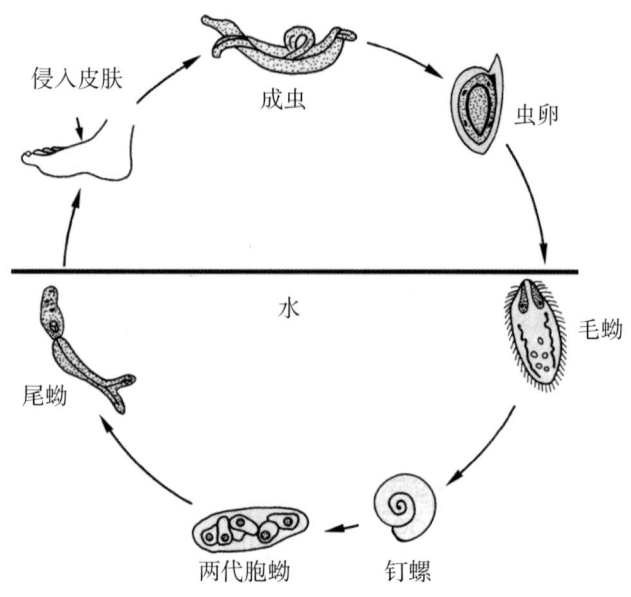

图 16-3　血吸虫生活史

脉内膜炎及静脉周围炎等。肝、脾的单核巨噬细胞内，常见有黑褐色血吸虫色素沉着。死亡虫体周围形成嗜酸性脓肿。

3. 虫卵引起的病变　基本病变是虫卵结节形成，分为急性虫卵结节和慢性虫卵结节。急性结节的中央有 1～2 个成熟虫卵，卵壳上附有放射状嗜酸性的棒状体，已证实为抗原抗体复合物。虫卵周围是一片无结构的坏死物质及大量嗜酸性粒细胞浸润，故称嗜酸性脓肿。随后虫卵周围产生肉芽组织层。虫卵内毛蚴死亡后，虫卵破裂或钙化，周围出现由组织细胞转变而来的类上皮细胞、异物巨细胞和淋巴细胞。最后，结节发生纤维化。

三、主要脏器病变及其后果

1. 结肠　病变通常弥漫分布于大肠，尤以乙状结肠和直肠最为显著。肉眼观察，早期肠黏膜红肿，呈急性卡他性炎，有散在分布的点状出血及浅表小溃疡。镜下可见黏膜下层呈纤维性增厚，其中有多量虫卵。慢性期常有息肉形成，肠壁增厚，肠腔狭窄，并有癌变可能。

2. 肝　在感染早期，肝外形不变，表面及切面可见多数散在灰白色粟粒大小的急性虫卵结节，晚期则肝缩小，变硬，形成血吸虫性肝硬化。在肝表面有散在的浅沟纹，将肝表面划分成大小不等、不整形之微突起的分区。切面则可见沿门静脉分支增生的纤维组织呈树枝状分布。镜下见小叶间汇管区内有多数陈旧的虫卵结节形成，小叶间结缔组织增生。由于虫卵阻塞在门脉小分支内，引起静脉内膜炎、门脉血栓形成和机化，造成窦前性阻塞，故门脉高压症状较门脉性肝硬化严重，临床上常出现腹水、巨脾、食管静脉曲张等后果。

3. 脾　患者脾大，尤以晚期为甚。脾重量可超过 1000g，临床上出现脾功能亢进症状。

4. 其他器官　血吸虫卵可以通过门－腔静脉吻合支进入肺，引起肺虫卵结节。虫卵还可进入肺静脉，由动脉血带入脑内，形成脑内虫卵结节，引起脑炎、癫痫发作及占位性症状。

> **知识链接**
>
> 　　正常情况下腹部一般摸不到脾。脾大的程度与疾病有关。①轻度肿大：深吸气时脾下缘在肋缘下2~3cm，见于某些病毒感染、细菌感染、立克次体感染、心力衰竭、结缔组织病等。②中度肿大：下缘超出肋缘下3cm至脐水平。见于淋巴造血系统肿瘤、慢性贫血等。③重度肿大：或称巨脾，下缘超出脐水平以下。见于肝硬化、淋巴造血系统肿瘤、疟疾、血吸虫病等。

（杨邵敏）

1．简述继发性肺结核病的病例特点，列出主要类型。
2．比较肺结核病的急性空洞和慢性空洞的异同。
3．列出艾滋病常见机会性感染和机会性肿瘤。
4．比较流行性脑脊膜炎和流行性乙型脑炎的异同。

中英文专业词汇索引

A

癌（carcinoma） 122
癌基因（oncogene） 114
癌前病变（precancerous lesions） 126
癌症（cancer） 123

B

白色血栓（pale thrombus） 32
白细胞介素-1（interleukin-1，IL-1） 105
白细胞介素-6（interleukin-6，IL-6） 105
白血病（leukemia） 257
膀胱尿路上皮癌（urothelial carcinoma of bladder） 241
包膜（capsule） 118
变性（degeneration） 15
变质（alteration） 93
标准碳酸氢盐（standard bicarbonate，SB） 77
病毒性肺炎（viral pneumonia） 169
病毒性肝炎（viral hepatitis） 197
病因学（etiology） 6
玻璃样变性（hyaline change） 16

C

肠源性发绀（enterogenous cyanosis） 177
充血（hyperemia） 27
充血性心力衰竭（congestive heart failure，CHF） 150
出血（hemorrhage） 29
促红细胞生成素（erythropoietin，EPO） 180

D

大肠癌（carcinoma of large intestine） 218
大气性缺氧（atmospheric hypoxia） 176
大叶性肺炎（lobar pneumonia） 166
代谢性碱中毒（metabolic alkalosis） 84
代谢性酸中毒（metabolic acidosis） 78
氮质血症（azotemia） 233
等容量性低钠血症（isovolemic hyponatremia） 61
等容量性高钠血症（isovolemic hypernatremia） 64
等渗性脱水（isotonic dehydration） 64
低动力性缺氧（hypokinetic hypoxia） 177
低钾血症（hypokalemia） 67
低钠血症（hyponatremia） 59
低容量性高钠血症（hypovolemic hypernatremia） 62
低渗性脱水（hypotonic dehydration） 59
低张性缺氧（hypotonic hypoxia） 176
凋亡（apoptosis） 20
动脉性充血（arterial hyperemia） 27
动脉粥样硬化（atherosclerosis，AS） 135
端粒（telomere） 115
端粒酶（telomerase） 115
多器官功能障碍综合征（multiple organ dysfunction syndrome，MODS） 50

E

恶病质（cachexia） 122
恶性黑色素瘤（melanoma） 132
二氧化碳麻醉（CO_2 narcosis） 74

F

发病学（pathogenesis） 7
发绀（cyanosis） 176
发热（fever） 103
发热激活物（pyrogenic activator） 103
乏氧性缺氧（hypoxic hypoxia） 176
反常性碱性尿（paradoxical alkaluria） 70
反常性酸性尿（paradoxical aciduria） 69
非霍奇金淋巴瘤（non-Hodgkin lymphoma，NHL） 254
非酯型胆红素（unconjugated bilirubin） 204
肺硅沉着病（silicosis） 170
肺泡性肺气肿（alveolar emphysema） 162
肺气肿（pulmonary emphysema） 162
肺炎（pneumonia） 166
分化（differentiation） 117

分级（grading） 120
分期（staging） 121
风湿病（rheumatism） 144
副肿瘤综合征（paraneoplastic syndrome） 122

G

干扰素（interferon，IFN） 105
肝功能不全（hepatic insufficiency） 209
肝肾综合征（hepatorenal syndrome） 210
肝性脑病（hepatic encephalopathy） 210
感染（infection） 90
高胆红素血症（hyperbilirubinemia） 204
高胆红素血症（hyperbilirubinemia） 209
高钾血症（hyperkalemia） 69
高钠血症（hypernatremia） 62
高热惊厥（febrile convulsion） 108
高容量性低钠血症（hypervolemic hyponatremia） 61
高容量性高钠血症（hypervolemic hypernatremia） 64
高渗性脱水（hypertonic dehydration） 62
梗死（infarction） 37
功能性分流（functional shunt） 186
骨肉瘤（osteosarcoma） 131
固定酸（fixed acid） 73
过热（hyperthermia） 103

H

横纹肌肉瘤（rhabdomyosarcoma） 131
红色血栓（red thrombus） 33
呼气性呼吸困难（expiratory dyspnea） 184
呼吸功能不全（respiratory insufficiency） 182
呼吸衰竭（respiratory failure） 182
呼吸性碱中毒（respiratory alkalosis） 86
呼吸性缺氧（respiratory hypoxia） 176
呼吸性酸中毒（respiratory acidosis） 81
华-弗综合征（Waterhouse-Friderichsen syndrome） 43
化脓性炎（suppurative inflammation） 99
化生（metaplasia） 14
坏疽（gangrene） 19
坏死（necrosis） 18
黄疸（jaundice，icterus） 204
挥发酸（volatile acid） 73
混合型酸碱平衡紊乱（mixed acid-base disorders） 88
获得性免疫缺陷综合征（acquired immunodeficiency syndrome，AIDS） 278
霍奇金淋巴瘤（Hodgkin lymphoma，HL） 252

J

机化（organization） 20
肌红蛋白（myoglobin，Mb） 180
基底细胞癌（basal cell carcinoma） 129
畸胎瘤（teratoma） 123, 132
急性呼吸窘迫综合征（acute respiratory distress syndrome，ADRS） 52
急性弥漫性增生性肾小球肾炎（acute diffuse proliferative glomerulonephritis） 224
急性肾衰竭（acute renal failure，ARF） 230
急性炎症（acute inflammation） 101
疾病（disease） 5
继发性肺结核病（secondary pulmonary tuberculosis） 270
甲状腺功能亢进（hyperthyroidism） 261
甲状腺腺瘤（thyroid adenoma） 264
甲状腺肿（goiter） 260
假性神经递质（false neurotransmitter） 213
尖锐湿疣（condyloma acuminatum） 277
间变（anaplasia） 117
间接胆红素（indirect bilirubin） 204
间质（mesenchyma，stroma） 116
碱剩余（base excess，BE） 77
健康（health） 5
结核病（tuberculosis） 268
结核瘤（tuberculoma） 271
结节性甲状腺肿（nodular goiter） 261
静脉血掺杂（venous admixture） 186
巨噬细胞炎症蛋白-1（macrophage inflammatory protein-1，MIP-1） 105

K

卡波西肉瘤（Kaposi） 278
康复（rehabilitation） 9
抗利尿激素（antidiuretic hormone，ADH） 58
抗利尿激素分泌失调综合征（syndrome of inappropriate ADH secretion，SIADH） 61
克隆性（clonal） 111

L

阑尾炎（appendicitis） 197
朗汉斯巨细胞（Langhans giant cell） 101
良性前列腺增生（benign prostatic hyperplasia） 251
裂体细胞（schistocyte） 44

淋巴道转移（lymphatic metastasis） 119
淋巴管瘤（lymphangioma） 130
淋巴瘤（lymphoma） 252
鳞状细胞癌（squamous cell carcinoma） 128
流行性脑脊髓膜炎（epidemic cerebrospinal meningitis） 275
流行性乙型脑炎（epidemic encephalitis B） 276
漏出液（transudate） 65，94

M

慢性炎症（chronic inflammation） 101
慢性支气管炎（chronic bronchitis） 160
慢性子宫颈炎（chronic cervicitis） 243
慢性阻塞性肺疾病（chronic obstructive pulmonary disease，COPD） 160
梅毒（syphilis） 277
弥漫性非毒性甲状腺肿（diffuse nontoxic goiter） 260
弥散性血管内凝血（disseminated inravascular coagulation，DIC） 50
弥散性血管内凝血（disseminated intravascular coagulation，DIC） 39
弥散障碍（diffusion impairment） 185
膜性肾小球肾炎（membranous glomerulonephritis） 225

N

脑死亡（brain death） 10
内毒素（endotoxin，ET） 104
内生致热原（endogenous pyrogen，EP） 103
内稳态（homeostasis） 1
尿毒症（uremia） 238
尿路上皮癌（urothelial carcinoma） 129

P

皮肤色素痣（pigmented nevus） 132
贫血性缺氧（anemic hypoxia） 176
平滑肌瘤（leiomyoma） 130
平滑肌肉瘤（leiomyosarcoma） 131
葡萄胎（hydatidiform mole） 246

Q

前列腺癌（prostate cancer） 251
侵袭性葡萄胎（invasive mole） 247
醛固酮（aldosterone） 58
缺血性缺氧（ischemic hypoxia） 177
缺氧（hypoxia） 175
缺氧性肺血管收缩（hypoxic pulmonary vasoconstriction，HPV） 179

R

热限（febrile ceiling） 106
人类免疫缺陷病毒（human immunodeficiency virus，HIV） 278
绒毛膜癌（choriocarcinoma） 247
肉瘤（sarcoma） 122
肉芽组织（granulation tissue） 23
乳头状瘤（papilloma） 127
乳腺癌（carcinoma of the breast） 249
乳腺纤维腺瘤（breast fibroadenoma） 249

S

伤寒（typhoid fever） 273
上皮内瘤变（intraepithelial neoplasia） 127
射血分数降低型心力衰竭（heart failure with a reduced ejection fraction，HF-REF） 149
射血分数正常型心力衰竭（heart failure with preserved ejection fraction，HF-PEF） 150
肾衰竭（renal failure） 230
肾细胞癌（renal cell carcinoma） 240
肾盂肾炎（pyelonephritis） 228
渗出（exudation） 93
渗出液（exudate） 65，94
实际碳酸氢盐（actual bicarbonate，AB） 77
实质（parenchyma） 116
食管癌（carcinoma of esophagus） 216
适应（adaptation） 12
树胶肿（gumma） 278
栓塞（embolism） 34
栓子（embolus） 34
水中毒（water intoxication） 61
水肿（edema） 64
死腔样通气（dead space-like ventilation） 186
死亡（death） 10
酸碱平衡紊乱（acid-base balance disturbance） 72
碳氧血红蛋白（carboxy hemoglobin，HbCO） 177
糖尿病（diabetes mellitus） 265
体温调定点（set point） 103
体液（body fluid） 55
透明血栓（hyaline thrombus） 33

外致热原（exogenous pyrogen） 103
微小病变性肾小球病（minimal change glomerular disease） 225
胃癌（carcinoma of stomach） 216
胃炎（gastritis） 192
吸气性呼吸困难（inspiratory dyspnea） 184
细胞内液（intracellular fluid，ICF） 55
细胞外液（extracellular fluid，ECF） 55
细菌性痢疾（bacillary dysentery） 274
夏科-雷登（Charcot Leyden） 162
纤溶酶原激活物抑制物-1（plasminogen activator inhibitor type-1，PAI-1） 40
纤维斑块（fibrous plaque） 138
显性水肿（frank edema） 65
限制性通气不足（restrictive hypoventilation） 183
腺癌（adenocarcinoma） 129
腺瘤（adenoma） 127
消化性溃疡（peptic ulcer） 194
小叶性肺炎（lobular pneumonia） 168
心房钠尿肽（atrial natriuretic peptide，ANP） 58
心功能不全（cardiac insufficiency） 148
心肌梗死（myocardial infarction，MI） 139
心力衰竭（heart failure） 148
心源性水肿（cardiac edema） 66
新月体性肾小球肾炎（crescentic glomerulonephritis） 224
休克（shock） 46
血道转移（hematogenous metastasis） 120
血管瘤（hemangioma） 130
血管肉瘤（angiosarcoma） 131
血栓栓塞（thromboembolism） 35
血栓素A_2（thromboxane A_2，TXA_2） 48
血栓形成（thrombosis） 30
血吸虫病（schistosomiasis） 279
血液性缺氧（hemic hypoxia） 176
循环性缺氧（circulatory hypoxia） 177

Y

亚健康（subhealth） 5
炎症（inflammation） 89
炎症介质（inflammatory mediator） 91
氧利用障碍性缺氧（dysoxidative hypoxia） 178
异型性（atypia） 117
异型增生（dysplasia） 126

阴离子间隙（anion gap，AG） 77
隐性水肿（recessive edema） 65
印戒细胞癌（signet-ring cell carcinoma） 129
淤血（congestion） 28
淤血性缺氧（congestive hypoxia） 177
原癌基因（pro-oncogene） 114
原发性肺结核病（primary pulmonary tuberculosis） 269
原发性肝癌（primary carcinoma of liver） 219
原位癌（carcinoma in situ） 126

Z

真性分流（true shunt） 187
症状（symptom） 5
支气管哮喘（bronchial asthma） 162
支原体肺炎（mycoplasma pneumonia） 169
脂多糖（lipopolysaccharide，LPS） 104
脂肪瘤（lipoma） 130
脂肪肉瘤（liposarcoma） 130
直接蔓延（direct spread） 119
酯型（结合）胆红素（conjugated bilirubin） 204
致癌物（carcinogen） 112
肿瘤（tumor，neoplasm） 111
肿瘤坏死因子（tumor necrosis factor，TNF） 105
肿瘤胚胎抗原（oncofetal antigen） 114
肿瘤异质性（tumor heterogeneity） 119
肿瘤抑制基因（tumor suppressor gene） 114
种植性转移（seeding，implanting metastasis） 120
粥样斑块（atheromatous plaque） 138
转移（metastasis） 119
滋养层细胞疾病（gestational trophoblastic disease） 246
子宫颈浸润癌（cervical carcinoma） 244
子宫颈上皮内瘤变（cervical intraepithelial neoplasia，CIN） 244
子宫内膜腺癌（endometrial adenocarcinoma） 246
子宫平滑肌瘤（leiomyoma of uterus） 245
阻塞性肺气肿（obstructive emphysema） 162
阻塞性通气不足（obstructive hypoventilation） 183
组织间液（interstitial fluid） 55
组织性缺氧（histogenous hypoxia） 178
组织因子（tissue factor，TF） 39
组织因子途径抑制物（tissue factor pathway inhibitor，TFPI） 40

主要参考文献

1. 任玉波 茅幼霞．病理学．2版．北京：科学出版社，2008．
2. 王蓬文 徐军全．病理学．北京：高等教育出版社，2009．
3. 李玉林．病理学．8版．北京：人民卫生出版社，2013．
4. U-N.里德．里德病理学．上海：上海科学技术出版社，2007．
5. 王建枝，殷莲华．病理生理学．8版．北京：人民卫生出版社，2013．
6. 李桂源．病理生理学．2版．北京：人民卫生出版社，2014．
7. MARCELL．Disseminated Intravascular Coagulation [J]．Critical Care Medicine．2007：35（9）：2191-2195．
8. 吴立玲．病理生理学．2版．北京：北京大学医学出版社，2011．
9. 张敏吉．病理生理学．3版．北京：人民卫生出版社，2010．
10. 王吉耀．内科学．2版．北京：人民卫生出版社，2010．
11. 王岩梅，杨德兴，刘圆月．病理生理学．2版．武汉：华中科技大学出版社，2014．
12. 宫恩聪，吴立玲．病理学．北京：北京大学医学出版社，2002．
13. 吴立玲．病理生理学．4版．北京：北京大学医学出版社，2014．
14. 胡野．疾病学基础．北京：人民卫生出版社，2014．
15. 孙保存．病理学．8版．北京：北京大学医学出版社，2013．
16. 张海鹏，吴立玲．病理生理学．北京：高等教育出版社，2009．
17. 王学江．病理生理学．2版．北京：人民卫生出版社，2014．
18. 戚仁铎．诊断学．4版．北京：人民卫生出版社，1997．
19. 步宏．病理学与病理生理学．3版．北京：人民卫生出版社，2012．
20. 唐建武．病理学．3版．北京：人民卫生出版社，2013．
21. 翟启辉，周庚寅．病理学．北京：北京大学医学出版社，2015．
22. SWERDLOW S H, CAMPO E, HARRIS N L, et al．WHO classification of tumors of haematopoietic and lymphoid tissue．Lyon：IARC, 2008．